現場のプロがやさしく書いた

Webサイトの分析・改善の教科書

Googleアナリティクスと、
その他ツールを使った実践的ノウハウ

小川 卓［著］

マイナビ

本書のサポートサイト

http://book.mynavi.jp/support/pc/5116/

訂正情報や補足情報などを掲載していきます。

はじめに

本書はWebサイトのコンバージョンを増やすための主要施策の分析方法と改善の考え方をまとめた書籍になります。筆者の4冊目の書籍となりますが、最も「施策」と「実践」を意識した一冊です。

Chapter 1では、施策の説明に入る前に抑えておいていただきたい、コンバージョンの設定とデータの見方について説明をしています。コンバージョンの設定では「ビジネスロードマップ」という手法を使って、どのようにビジネスゴールとKPIを決めるかを事例を交えて紹介しています。また、データの見方に関しては、データからサイトの課題や特徴を発見するために「トレンド」と「セグメント」を使う方法を紹介しています。Chapter 1の内容を理解し、実践することで、Webサイトを分析する目的と方法を学べます。

Chapter 2では、12個の施策を取り上げています。集客からスマートフォンに渡る多岐な内容となっており、施策の基本的な知識や背景、分析方法と改善などを学ぶことができます。皆さんが普段使っている施策であれば、効果を上げるための手法を学ぶことができますし、使っていない施策に関しては理解を深めることができるでしょう。また、ECサイトおよびBtoBサイトに特化した内容も取り上げています。コラムもいくつか用意させていただき、より深いあるいはマニアックな施策や分析事例を読むことができます。

Chapter 3に関しては、改善施策を行い、成果を出すためのプロセスにフォーカスしました。得られた気づきをどう施策にまでもっていくのか。そのために必要なPDCAの考え方と、実践方法を筆者の経験に基づいて紹介しています。

Chapter 4は、Googleアナリティクスで絶対に押えておかないといけない機能を紹介しています。本書ではGoogleアナリティクスを活用した分析手法を沢山紹介しています。Googleアナリティクスは更新頻度が高く、多種多様な書籍やリソースがあります。それらを参考にしていただきながらも、本書で外せない機能に関してはおさえておきましょう。Googleアナリティクスの使い方を学びたい方は、初心者向けの資料を用意いたしましたので、よろしければ本書のサポートサイトからダウンロードの上、活用してください。また、本書で紹介したいくつかのテンプレートも公開しています。

最後に、様々な内容を本書で紹介していますが、最終的に大切なのは皆さんが自分のサイトあるいはクライアントさんのサイトでその内容を実践してみることです。本書では施策や分析の考え方を事例を交えて紹介していますが、その内容が全てのサイトにおいて正しいとは考えていません。本書の考え方を元に、皆さんのサイトならではの「虎の巻」や「改善サイクルの回し方」を作ってください。その内容こそが、Webサイト改善の最高のコンテンツになるでしょう。本書がそのための一端を担えれば嬉しい限りです。では、本書をお楽しみください！

2014年7月　小川 卓

Contents

Contents

Contents

Chapter 1

改善ポイントの見つけ方

Section 1　ゴールとKPIの設計①　ゴールを設計する

Section 2　ゴールとKPIの設計②　目標からKPIへの落とし込み

Section 3　ゴールとKPIの設計③　目標設定とKPIの事例

Section 4　データの見方と分析方法①　分析を始める前に

Section 5　データの見方と分析方法②　トレンド

Section 6　データの見方と分析方法③　セグメント

Chapter 1 ▶ Section 1

ゴールとKPIの設計①
ゴールを設計する

Chapter 1では「改善ポイントの見つけ方」と題して、データをどのように活用して改善方法を見つければ良いかという手法を紹介いたします。改善ポイントを見つけるためには3つのことを理解する必要があります。その3つとは「ゴールとKPIの設計」「トレンドの理解」「セグメントの理解」です。サイトおよびビジネスの改善には不可欠な考え方になります。それではまずSection1からSection3で、「ゴールとKPIの設計」を見ていきましょう。

ゴールを設定する大切さ

多くのビジネスやサイトにとって、データを見る最大の目的は、**ビジネスやサイトの目標を達成すること**になります。「人に多く訪れてほしい」のも「資料請求をたくさんして欲しい」のも「ブランドをより多くの人に認知してもらいたい」のもビジネスゴールがあるからです。多くのビジネスにとって、それは売上ではないでしょうか。オンライン・オフライン問わず何かしらのお金をいただくことによって多くの企業は成り立っています。ということは、サイトを分析して改善するのもこのゴールのためであるということになります。

そもそも、データを見なくてもサイトを作ることはできますし、それなりの売上を上げることができるかもしれません。では、何故わざわざデータを見るのでしょうか？　筆者はこのように考えています。ビジネスを「航海」と例えたときに、そのゴールは「**目的地**」でありデータは「**羅針盤**」や「**地図**」であるということです。

ビジネスゴールをより効率良く確実に達成するためにデータは必須となります。そのためにはまず**正しく「ゴール」が設定されている**必要があります。目的地を決めずに航海に出る人はいないでしょう。皆さんのサイトやビジネスについてゴールを決めていない、あるいは、知らないというのは目的地なしの航海に出ているのと同じことです。

そしてデータがあることによって「正しい方向に進んでいるのか」「このままのペースで食料がなくなる前に目的地にたどり着くことができるのか」「南回り、北回りどちらで行く方がより目的地にたどり着く可能性が高いのか」といったことをより精度高く判断することができます。船長が思い付きで「なんとなく南回りの方が早そうだから、そっちから行こう」と決めていたとしたら船員は安心できるでしょうか？　経験や数値の根拠がない判断は大きな失敗や徒労を招いてしまう可能性があります。

しかし、「南回りだと3日後に嵐に遭遇してしまう可能性が非常に高い。北回りは1日長くなってしまうが、食料には1週間分の余裕があるので、北周りで行こう」という判断内容の方が、判断をした側もされた側もよっぽど安心できるのではないでしょうか。
データがあってもゴールに確実にたどり着くわけではないし、安心はできません。しかし、正しく目的地を設定し、データに基づいた判断を行えば、**ゴールにたどり着く可能性は大きく上がります**。

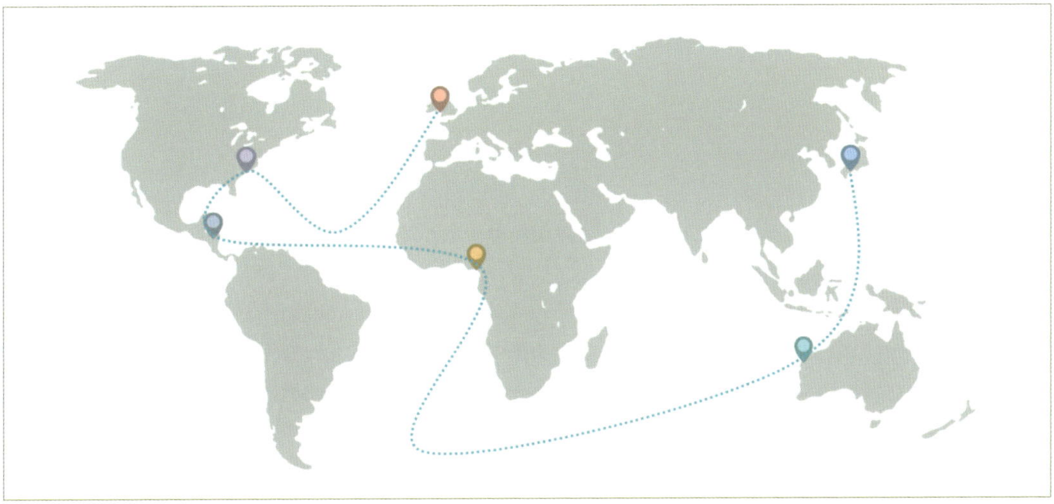

図1 ゴールにたどり着くには航海路が大切

ゴールを設定するには

目的地がなければ、あるいは、知らなければデータを見ても意味がありません。何故なら、改善の判断ができないからです。
Googleアナリティクスのようなアクセス解析ツールでも、データを見ることで現状は分かるかもしれませんが、「**目標設定**」をしていなければ改善に利用することは決してできません。ぜひ目標設定を行いましょう。
では、このゴールの設計はどのように行えば良いのか。ゴールには「3つの要素」が必須となります。それは「指標」「値」「期間」の3つです。このいずれが欠けてもゴールとは言えません。1つずつ確認をしていきましょう。

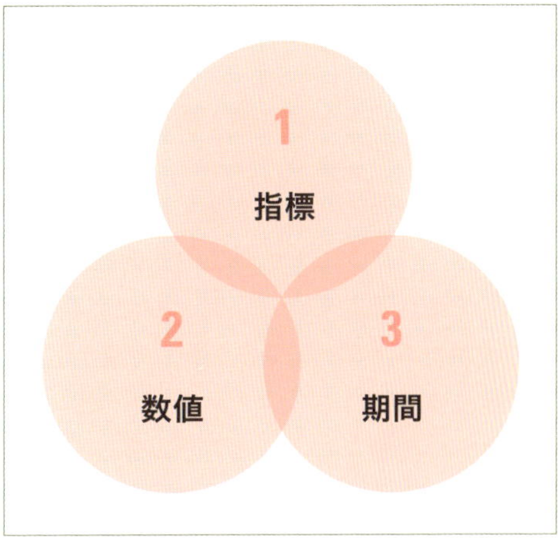

図2 ゴール設定で決めるべき3要素

指標

指標とは「**物事を判断したり評価をしたりするための目印**」です。ビジネスにおいて目指している最終目的やアクションでもあります。何かしらのビジネスを行っているのであれば、その指標は「売上」になります。ほかにも該当するケースとしてNPO法人などであれば「**寄付金**（これも売上の一種かもしれませんが)」になりますし、政府のサイトなどであれば「**訪問者数**」かもしれません。
ここで気を付けないといけないのが、サイト上において売上が発生しないケースです。その場合、「**オンラインでの資料請求**」や「**会員獲得**」、「**お問い合わせ数**」などの指標が考えられるかもしれません。
しかし、もしその資料請求や会員獲得から、契約や申し込みなどを経て売上につながる場合は、やはり設定するべき指標は「**売上**」になります。何故なら「売上」がそのビジネスにとっての最終目的であるからです。

値

指標を設定するということは、そこに何かしらの値をセットすることも必要になります。「売上」が指標であれば「1億円」「500万円」といったものが「値」になります。つまり指標に対してどれくらい獲得したいのかというのが「値」です。
これは通常は社長や取締役会などで設定されるものです。そこで設定した売上目標が、部署やサービスごとに分けられて伝えられることもあるでしょう。全体の売上目標が100億円で、Web経由のお問い合わせの売上貢献目標が20%であれば、設定するべき値は「20億円」となります。設定する、設定されるいずれの立場に関わらず、**値は明確にしておきましょう**。それはどんな役職や立場であっても変わってはいけません。

期間

設定された目標を**いつまでに達成するのか**も非常に大切です。「目的地はニューヨークだけど、いつたどり着いても良い」と言われても困ることでしょう。来月までに、今年中までにといった期間設定が大切です。
通常ビジネスのゴールは**年**・**四半期**・**月**などで設定されていることが多いです。すでに設定されている場合は、基本的にはその内容を活用しましょう。しかし、サイトを担当している方の場合、基本的には長くても**月**、可能であれば**週**や**日**単位の目標設定を行いましょう。どれくらいの「**粒度**（＝細かさ）」にするかは、その**サイトの更新や改善施策を実施できる頻度**に依存します。
サイトを改修できるのが、月に数回であれば「月」単位で目標を設定し、日単位でも改善施策を反映することができる場合は「日」単位で設定しましょう。これは会社の規模や行っているビジネスにも大きく依存します。コミュニティサイトやソーシャルゲームのように、ちょっとした変更や改修が売上にダイレクトに影響を与える場合は「**日**」単位が良いでしょう。逆にBtoB[※1]のサイトで商品や商材がすぐに変えられず、主にサイト内のUI[※2]や機能などをそれなりの時間をかけて改修する場合は「**月**」が良いでしょう。期間に正解はありませんが、短い方が気づきと施策を行うスピードが上がり、精度が上がりやすくなります。

※1　企業での購入や導入などを対象としたサイト。対義語は「ECサイト」。
※2　UI：ユーザーインターフェイス
サイトでいうと、メ.ニューやナビゲーション、レイアウトなど画面表示やその操作のしやすさなどを示す。

良い目標設定と悪い目標設定の例

先ほど説明した3つの要素をすべて備えているのが「**良い目標**」になります。

さらに**季節変動**などを取り入れるとより精度が高くなります。たとえば「2013年9月の売上目標は2,000万円」などは分かりやすく、かつ良い目標です。逆に「2013年度の毎月の平均売上は2,000万円」は逆にあまり良くない目標設定です。皆さんのサービスやビジネスの売上が毎月同じような金額で、月や週など固有の変動がない場合は問題ありません。しかし、特定の月や週だけ訪問者が増えて売上が大きく変わる場合は「**平均売上**」という設定は良くありません。なぜなら、売上が増える月は確実に達成することが見えてしまい、改善しなくても良いというふうになってしまうからです。**季節変動も加味した目標設定**を行いましょう。

さらに、たとえば去年は8月の売上が9月の売上の1.5倍で、それが「夏休みに子供が見るサイト」というように、今年もそのような売上増が期待できるような季節変動の場合は、「平均2,000万円」ではなく、「8月は3,000万円、9月は2,000万円」といった目標設定にしましょう。

逆に季節要因ではなくても、**集客施策の実施**などにより、売上の増減が見える場合は、その内容も加味しましょう。たとえば去年、Aという女性雑誌に掲載した際に訪問者が20,000人増えて、売上が500万円増えた場合、今年も掲載が決まっているのであれば、その要素も目標の値と期間に加味しましょう。

逆に悪い目標とは(このパターンが一番多いのですが)、3つの要素のうち、いずれか(あるいはすべてが)**設定されていない**、あるいは**把握できていない**という状況です。特に、設定しているのに、それを把握していないのは担当者の怠慢と言えるでしょう。本当にサイトやビジネスを改善しようと考えているのであれば、目標が設定されていて、それを把握していることは必須です。

もしかしたら、Webの担当者として「資料請求を集める」ことがミッションということもあるかもしれません。そして売上はオフラインで発生するので、知らなくても良いという考え方かもしれません。しかし、同じ資料請求を集めるにしても「費用をいくらくらいまで使っていいのか」「来月は新製品が出るので、オフラインでの成約率が高まる可能性がある」「来期は売上も大切だが、利益率15%を確保したい」といったような情報を把握しておかないと、最適な資料請求獲得プランを準備できないはずです。ぜひ、**数値を把握**しておきましょう。

ほかにも「設定されている数値がおかしい」といった状況もあるかもしれません。数値と期間を設定している、そこには何かしらの「意図」や「目的」があるはずです。これは設定をした人に確認するのが早いです。**設定された意図や目的を理解し納得した上で**、改善を進めていきましょう。

目標が設定されていないサイトは、サイトの改善を行う優先順位が下がってしまいます。目標に対して現在の見立てを理解し、その差を埋めることが改善のモチベーションの源泉になります。目標は必ず確認、あるいは、設定をしましょう。オフラインで売上が発生し、普段のWebサイトの改善活動と距離が遠すぎる場合は、オンラインの資料請求や会員登録など、Webサイト上での最終アクションをゴールとして設定しても構いません。しかし、こちらに関しても極力、金額換算を行うようにしましょう。1件の資料請求や会員登録がどれくらいの売上を生むのか。オンラインの最終ゴールから、オフラインでの売上発生までの割合や平均単価を確認することで、その価値を算出することができます。ぜひ、取り組んでみてください。

Chapter 1 ▶ Section 2

ゴールとKPIの設計②
目標からKPIへの落とし込み

ゴールを設定したら、次はそのゴールに向かうためにどこを改善していけばいいのかを考えることになります。ゴールに向かうために有効なポイントを探して比較し、選定する作業を行っていきます。

KPIを設計するには

目標の設定が実現しても、サイトあるいはビジネスのどこを改善すれば良いかが必ずしも明確になりません。たとえば来期の売上目標が今の1.5倍の1,500万円になったとしましょう。そして、あなたが担当しているサイトは、あるメール配信システムを販売しているサイトだとします。オンライン上で資料請求や営業との打ち合わせの申し込みが行われ、その後に商談そして受注というフローになっています。

さて、売上を1.5倍にするためには、何をすれば良いのでしょうか。いくつかの方法が考えられます。「サイトへの訪問者数を1.5倍にする」、「資料請求される割合を1.5倍にする」、「お問い合わせから商談につながる数を1.5倍にする」、「商談から受注の確率を1.5倍にする」、「購入単価を1.5倍にする」。どの方法も有効です。

この中からどの部分を改善して目標達成を行うのかを決めるのが、**KPI設計**になります。KPIとはKey Performance Indicatorの略称であり「**重要業績評価指標**」の意味を持ちます。つまりこのKPIを設計し、そこを改善することによって業績のアップ（＝ゴール）につながるというものです。

このKPIはどのように設定すれば良いのか？　それは3つの要素によって判断されます。しかし、判断をする際に、まずはKPIの候補となり得るものを洗い出す必要があります。そのために、便利で、さらに関係者の目線を合わせるために利用できるのが「ビジネスロードマップ」という図表です。

この図表の作成方法を説明しながら、KPIについてさらに詳しく見ていきたいと思います。

「ビジネスロードマップ」とは？

図1が、完成形のビジネスロードマップの例になります。長方形と矢印、そしていくつかの数値が書かれているのが分かるかと思います。ビジネスロードマップとは「**売上が発生するまでのプロセスを可視化したもの**」です。この図ではユーザーとの最初の接点（コーポレートサイトや業種別サイト）から、最

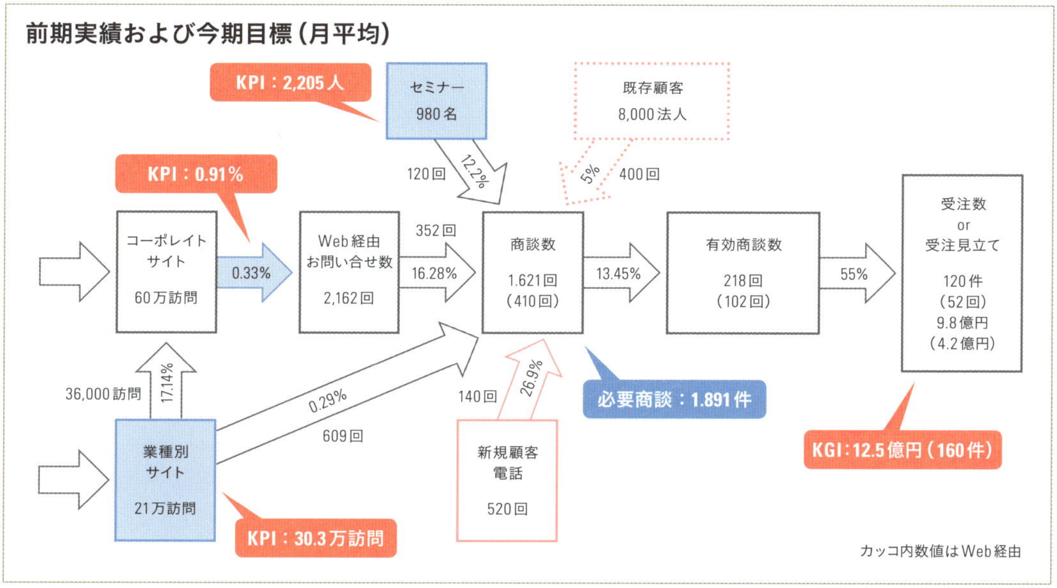

図1　ビジネスロードマップの完成形

後の売上までの接点（受注数）の部分まで左から右にそのプロセスが描かれています。

□や⇨のところにはその**量**や**割合**をあらわす数値が書かれており、吹き出しで**KGI**（ゴール）や**KPI**が書かれています。これがビジネスロードマップになります。ビジネスを俯瞰することができ、改善ポイントを明確にするために筆者が考えたものになります。

ビジネスロードマップのメリットと作成方法

ビジネスロードマップにはたくさんのメリットがあります。ここでは5つのメリットを紹介いたします。

- **ビジネスの現状を1枚の図で把握することができる**
- **ビジネスにおける課題発見と目標およびKPI設計ができるようになる**
- **ビジネスの内容を説明するのに便利で、社内外で簡単に共有が可能**
- **ビジネスにおいて可視化できていないことを把握することができる**
- **コミュニケーションのベースとして利用することが可能**

この5つがビジネスロードマップ作製のメリットになります。では、ここからは6つのSTEPに分けて具体的な作成方法を紹介します。なお作成に関しては1人で行うのではなく、関係者や責任者を交えながら1STEPずつ確認を行いましょう。合意形成をしておかないと、作成した後にひっくり返されてしまう可能性があります。

STEP 1 目標

Chapter 1の最初で書いた通り、まずは**目標を明確**にしてください。「**指標**」「**値**」「**期間**」の3つを書き出してみましょう。分からなければ知っている人に確認をしてください。

STEP 2 図示

ビジネスロードマップにおける「□」と「⇨」の部分を描いていきます。「□」は主に「**場**」をあらわします。サイト・セミナー・打ち合わせ・掛けた電話数・購入数など、数値でその量があらわせる単位のものを描いてください。「⇨」は場同士の移り変わり、つまり「**遷移**」をあらわすものになります。「コーポレイトサイト訪問者」から「Web経由のお問い合せ」をつなぐもの、あるいは「商談」から「受注」をつなげるものになります。紙の左側が購買者との最初の接点になり、右側がビジネスゴールになるように描き入れてみましょう。

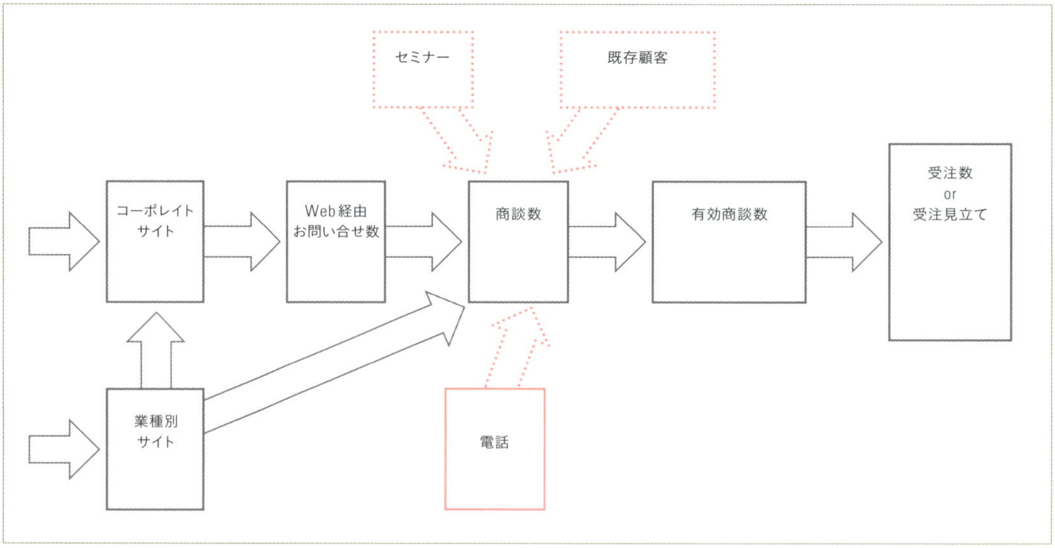

図2 「場」と、その間をつなぐ⇨を描いたところ

STEP 3 数値

次のSTEPは□と⇨に数値を入れていくプロセスです。まずは□に**数値**を入れていきましょう。たとえば「サイト」であれば「サイトの訪問者数」を、「商談」であれば「商談数」といった形になります。記入する数値はどの期間のものを入れるかに関してですが、設定されている目標が月単位であれば月の数値を、四半期であれば四半期の数値を入れましょう。季節変動[※1]が存在する場合は、目標を設定している期間の前年同月や前年同四半期を、季節変動がない場合は直前の月あるいは四半期の数値を記入しましょう。

※1 季節変動：提供している商品やサービスの特性上、特定の月や季節に売り上げが変動することが分かっているもの。たとえば、暖房や毛布、花粉症対策グッズなど。

そして、□の間をつなぐ⇨に、どのぐらいの割合で遷移しているかの数値を入力します。

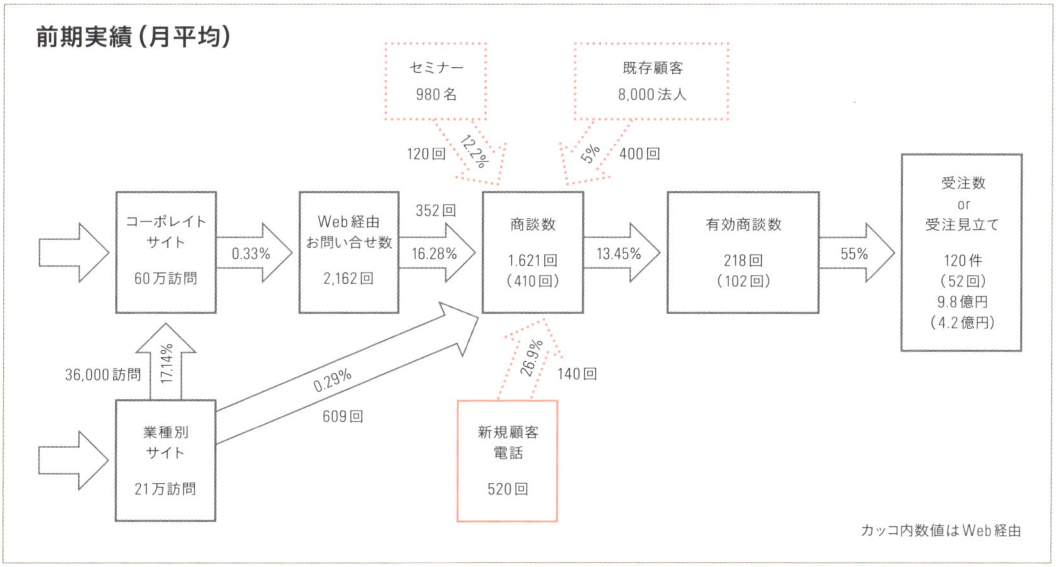

図3 □と⇨に数値を記入したところ

このプロセスを実施していくと、いくつか数値が**取得できない部分**があるかもしれません。取得できない場合は書く必要がありません。しかしビジネスロードマップはビジネスのプロセスを可視化したものなので、そこの数値が取得できていないことは改善できる個所の候補を1つ減らすことと同義です。技術的に取得できない場合を除き、**取得できそうな値は今後取得を進めていく**必要があります。

STEP 4 選定

ビジネスロードマップに数値を入れることができたら、次に**改善するポイントを選定する**必要があります。すべてを改善できれば良いのですが、人・技術・お金のリソースの問題があるかもしれませんし、それらがクリアできているとしても、**優先順位**をつけることは大切です。改善するのは□か⇨の数値のうちいずれか（複数）になります。

□や⇨の対象が広すぎる場合は、更にその中の一部に絞り込んでも問題ありません。例えば既存顧客を増やす場合、見込みが高い上位1,000法人に絞るのも良いでしょう。または、サイト全体の訪問を増やすという考え方ではなく、**リスティング**や**検索エンジン対策**で増やすといった形も可能です。

絞り込むためには3つの条件「**規模**」「**改善施策の実現度**」「**期待効果**」で考えます。すべての□や⇨に対してこの条件を確認していき、最もその3つが高いものを選定していきます。

規模

「規模」は名前の通り、その大きさを意味します。□あるいは⇨を見比べ、**より数値が大きい箇所**を優先順位高く考えましょう。流入が100件しかない箇所に対して施策を行うより、10,000件ある箇所に対して施策を考えた方が同じ1割の改善でも次のステップに進む人数は増えます。ただし、現在は規模が小さくても、数値を大きく伸ばせそうな施策を思いついた場合は、優先順位を上げても問題ありません。

改善施策の実現度

「**改善施策の実現度**」は、該当の「□」や「⇨」で**改善施策が実現できる度合い**をあらわします。この実現度は2つの要素によって検討します。1つは「**出てくる施策のアイデア数**」です。より多くのアイデアが出てくる方が、実現できる可能性が高くなります。1個しかアイデアが思いつかない箇所より、10のアイデアが思いつく箇所の方が実現度と改善する可能性は高くなってきます。該当箇所を直す方法が思いつくか、思いつかないかは非常に大切です。
もう1つの要素は「**実現難易度**」です。これは、思いついたアイデアを本当に実現できるのか？ということです。改善する方法を思いついたのだが、技術的にできない、あるいは予算が足りないためどうしてもできないこともあります。ビジネスは放っておいても改善しません。何かしらの「**施策**」を行うことで、改善する可能性が生まれます。打席に1回だけ立つのではなく、10回立った方がヒットを打つ本数（≠打率）が上がる可能性があります。したがって「**アイデアがたくさん思いつき、なおかつ、施策として実現できそう**」なものを高めの優先度にします。

期待効果

最後の要素は「**期待効果**」になります。これは、「**該当箇所の改善が成功する確率**」と置き換えることもできます。最終的には施策を行ってみないと分からない部分もありますが、過去の実績や経験あるいは調査結果などを活用して判断します。一般的には、「**あまり施策を行っていなかったところの方が改善する可能性が高い**」、そして「**普通の数値を良い数値にするより、悪い数値を普通の数値にする方が可能性が高い**」と言えます。ここは、関係者で一緒に議論して、決める部分になります。

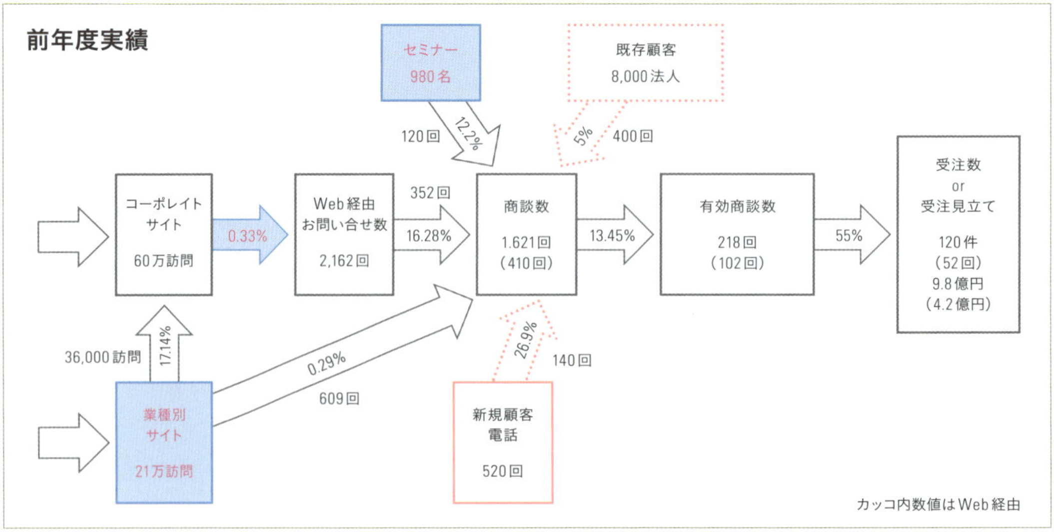

図4　改善するポイントを3つ選定したところ

この3つの要素を表にしてまとめ、「◎、○、△、×」などの評価付けを行いましょう。その中から、改善する指標を**2つ**、**最大で4つ**ほど選択しましょう。少なすぎると、1つの指標が改善目標を達成できなかったときのリスクが大きく、5つ以上だと絞り込みができていないと言えます。筆者は3つに絞り込むことが多いです。このあたりは、施策を行える社内のWeb担当者の人数なども加味して決めましょう。大企業ではすべての項目に関して目標を設定し、各部署で達成を実現するというケースもあります。

指標	規模	施策の実現度	期待効果	最終評価
コーポレートサイトの訪問数	◎	△ 自然検索やメールマガジンは実施済みだが、流入の2割存在するリスティングは若干改善の余地あり	△ リスティングに関しては改善の余地があるが、最大でも現在の訪問の1.2倍程度に落ち着きそう	△
業種別サイトの訪問数	△	○ 人気3業種のうち1種類しか業種別サイトを作ることができておらず、少ない工数でサイトを作ることが可能	◎ 改善の余地大。業種別サイト全体で今の訪問数の2倍〜3倍は期待できる	○
Web経由お問い合せ率	△	○ 用途にあった入力フォームの作成、スマートフォン対応など施策に関しては種類も多く、実現できる可能性が高い	○ 最終的な効果は読みづらいが、自社の他サイトを見る限りは、改善の余地がまだあり、短期間で効果がでる可能性が高い	○
業種別サイトからのお問い合せ率	△	× 基本、コーポレートサイトのお問い合わせに誘導しているので、大きな改善は難しいと思われる	× 数値の改善は難しいと思われる	×
お問い合わせからの商談率	○	× 現在の仕組みでは最適化されている。大きなシステム改修や入れ替えが必要なため、直近での実施は難しい	× 施策がすぐにできるものが無いため、効果も期待できない	×
セミナー集客人数	△	○ 取り組みを始めたばかりで、敢えて集客を最小限にしていたが、運営ノウハウが溜まってきたため、今後集客を一気に行いたい	○ 数値に改善の余地はあり、現在の2倍〜3倍の集客は可能と考えられる	○
既存顧客への営業	○	× リストの最新化・重要クライアントとの接点強化を既に実施している	× 施策が限られている	×
新規顧客への営業	△	△ 営業手法やリストの精査は必要だが、さらに新規を獲得するための手法が限られている	× 費用対効果が悪い	×

STEP 5 設定

選んだ指標に対して、最後は**目標値を設定**します。指標は目標値と合わさって初めて「**KPI**」と言えます。たとえば「検索エンジンからの流入数」が指標だとすると、「検索エンジンからの流入を今年の9月までに100万件にする」というのがKPIです。

では、目標値はどのように設定すれば良いのか。基本的な考え方は以下の通りです。

選んだ指標数「n」に対して、「n-1」の指標を $\frac{1}{n-1}$ 改善した場合にビジネス目標が達成できる値を設定する

数式が出てきて分かりにくいので、数値を代入した状態で説明してみます。

指標が3つの場合は「**それぞれの指標を50%ずつ改善する**」という形になり、指標が4つの場合は「**それぞれの指標を33%ずつ改善する**」という形になります。例を見ながら説明をしていきます。

目標が2,000万で、現在の値が1,500万だとします。ということは差分が500万であり、その50%にあたる+250万を1つの指標で達成する必要があります。現在、Webサイトの訪問者は100万人で、100人に1人が平均5,000円の購入を行ってくれるとします。つまり、+250万円の売上を上げるためには、**250万÷5,000＝500件**の追加購入が必要です。

500件の追加購入を得るためには、**500×100＝5万人**の追加流入が必要となります。つまりサイトの訪問者がKPIとなる場合は、訪問者数を**100万人➡105万人**にすることで達成できます[※2]。

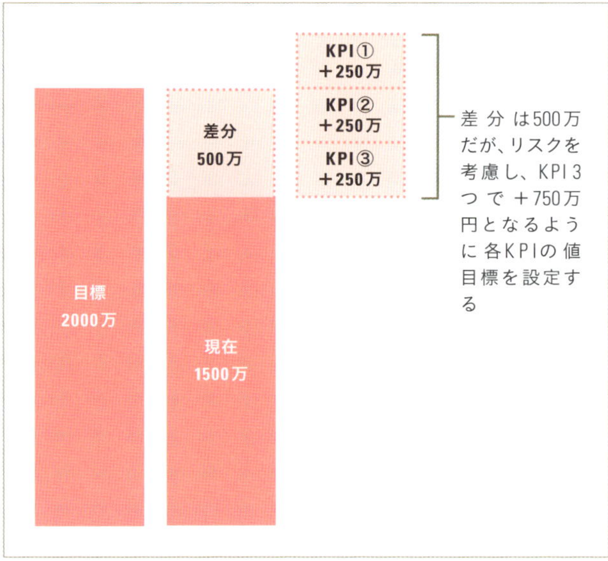

図5　目標値は、100%以上の改善を目指して設定する

このように1つの指標あたり50%分の改善をしていくと、3つ改善した場合は150%になってしまい、目標に対して150%の達成となってしまうのではとお気づきの方も多いかと思います。これは意図的にこのような設定を行っています。その理由は、施策を実施しても、思った通りに改善しなかったり、いくつかの施策が実施できなくなってしまったり、1つのKPIの改善が、他のKPIを下げてしまうという**リスクを回避するため**です。150%にしておけば、1つの箇所が20%分の達成でも、残りは40%分ずつで達成できますし、ある指標が全く改善できなかったとしても、残り2つの指標を予定通り改善すれば目標が達成できるためです。思った通りに改善がいくとは限らず、上手くいかなかったときに手遅れとなってしまう事態に陥らないために、150%の改善を目指すような施策をたくさん出し、それを一部成功させて100%を達成するという方が、**より確実に目標にたどり着く**ことができます。これは航海において「**余分な食料を用意しておく**」という考え方にも似ています。数値目標が決まったら、目標数値をビジネスロードマップ内に書き入れておきましょう。また、今回はどの指標も均等の割合で改善する方法を紹介しましたが、それぞれの指標ごとに改善割合を変えても問題ありません。ただし、その場合もすべての指標を目標通り改善したら、目標に到達する数値ではなく、目標を越える数値をKPIとして設定しましょう。

STEP 6 方針をまとめる

ビジネスロードマップを書いたら、最後に方針をまとめましょう。このSTEPに関しては決まったフォーマットはありませんが、次のような内容を、目標設定をする人やその改善を担う人と議論して決定していきましょう。

※2　ここでは訪問者が増えたときに、コンバージョン率と単価が変わらないことを前提としています。より厳密に行うのであれば、増えたときのコンバージョン率と単価がどのように変わるのかというデータを元に必要な訪問者数を設定することも可能です。

● **状態目標を設定する**

現状と目標を設定した月で、サイトやビジネスがどのような変わっているかを言語化します。新たにどのような価値をユーザーに提供しているのか、社内での業務フローがどのように変わるのかなどが挙げられます。

● **課題の洗い出し**

目標達成に向けて現段階で分かっている課題を書き出します。サイトそのものだけではなく、業種に関する課題、社内における課題なども書き出しておきましょう。

● **成立条件を定義する**

目標を達成するためには、どのような状態を実現している必要があるかを書き出します。新しいメール配信システムの導入・中途採用の実現などが挙げられます。課題に対する基本的な解決策も書いておきましょう。

Column

Webサイトでビジネスゴールが達成されるサイトの注意点

今回はBtoBの事例として、オンライン・オフラインをまたぐケースのビジネスロードマップを紹介してきました。ECサイトに代表されるような、Web上で流入から購入（＝ビジネスゴール）が完了するケースでも、ビジネスロードマップの考え方は有効ですが、以下の3点に気をつける必要があります。

1. ECサイトの場合、ビジネスゴールである売上は、「**訪問×コンバージョン率×平均単価**」で算出することができます。しかし、「訪問」「コンバージョン率」「平均単価」をそのままKPIとして設定してしまってはいけません。KPIは基本「Actionable（実効性がある）」ものでないと、施策を考えるのが難しくなってしまいます。ざっくり「訪問」を増やすといっても、さまざまな流入経路や施策があります。そこで、「訪問」の中でも、「規模」「改善施策の実現度」「期待効果」という視点から、自然検索の流入を増やすのか、リスティングを増やすのか、ソーシャルメディア経由の流入を増やすのかを考える必要があります。ほかの指標に関しても、コンバージョンまでのプロセスでどこを改善するのか、どのユーザー層やデバイス利用者の平均単価を上げるのかといった形で、同じように考えてみましょう。
   また売上の因数分解に関しては、上記に紹介したものではなく、「売上＝新規売上＋既存売上」あるいは「売上＝1,000円未満の売上＋1,000円以上5,000円未満の売上＋5,000円以上の売上」という形に分解して、それぞれに対して施策を考えるという方法も有効です。

2. ビジネスロードマップをそのまま描いてしまうと、サイトという1つの□で終わってしまいます。そこで、このようにサイトだけで完結する場合は、サイトをいくつかのプロセスに分けてビジネスロードマップを描いてみましょう。具体的には「流入」「商品一覧」「商品詳細」「カート」「購買開始」「購買完了」あたりが良いでしょう。

3. 通常の購買プロセスだけではなく、商品のラインナップ・固定費や人件費・リピーターの獲得など視点を広げて、目標達成のための施策を検討してみましょう。サイトを直すより、商品のラインナップを増やすことが売り上げにつながりやすいケースもあります。

Chapter 1 ▶ Section 3

ゴールとKPIの設計③ 目標設定とKPIの事例

ここまで、目標とビジネスロードマップを用いたKPIの設定方法を紹介してきました。では、実際に世の中にあるサイトはどのように設定をしているのでしょうか？　以下ではいくつかの例を取り上げてみます。

ECサイト「メンズファッションプラス」の場合

ここからは、目標とKPIの設定について、事例を紹介していきます。まずは「メンズファッションプラス」というECサイトを例に紹介を行います。本書ではこのサイトを中心に事例を紹介していく予定です。名前の通り、男性服の通販サイトで、オンラインで商品を購入できる、いわゆる**ECサイト**です。

図1　「メンズファッションプラス」http://mensfashion.cc/

ゴール設定

本サイトでは、月ごとに**売上目標**を設定しており、この売上を各月で達成することがゴールとなっています。
売上は以下の方程式によって算出されます。

月の売上＝（訪問者数×1人あたりの平均訪問回数）×コンバージョン率×平均単価

つまり、訪問者が多く、その訪問者が高い頻度でサイトを訪問し、訪問したときに購入する確率が上がり、購入時に利用する金額が高ければ、売上が上がっていくという考え方になります。

ビジネスロードマップの作成

ロードマップやKPI選定を始める前に、関係者に**ヒアリング**を行うことが大切です。**今までの施策の取り組み**や、**見てきたレポート**、**現状感じている課題**などを確認しておくことで、より施策を実現しやすいKPI設計を行うことができます。
今回はメンズファッションプラスの代表である、永上 裕之氏にお話を伺い、上記の内容を確認させていただきました[※1]。
その中で見えてきたことは、

- 自然検索およびリスティングに関してはしっかり施策を行ったり、コンテンツを作ったりしている。また自社以外の有識者にも見てもらっているとのこと。
- 商品が洋服なので購入頻度は高くないが、1年を通じて各季節4回の購買を促すチャンスがあるため、リピート購入者を増やしたいということ。
- 比較的購入単価が高いが、マネキン買い（＝いわゆるセット売り）を更に促進。
- スマートフォンからの流入が大きく伸びているが、同じような勢いでスマートフォンの売上が伸びているわけではない。

といったことでした。
上記の情報も参考に、まずはビジネスロードマップ（次ページの図2）を作成しました。

※1　作者注：本内容を確認させていただいたときの内容で、現状とは変わっている可能性があります。

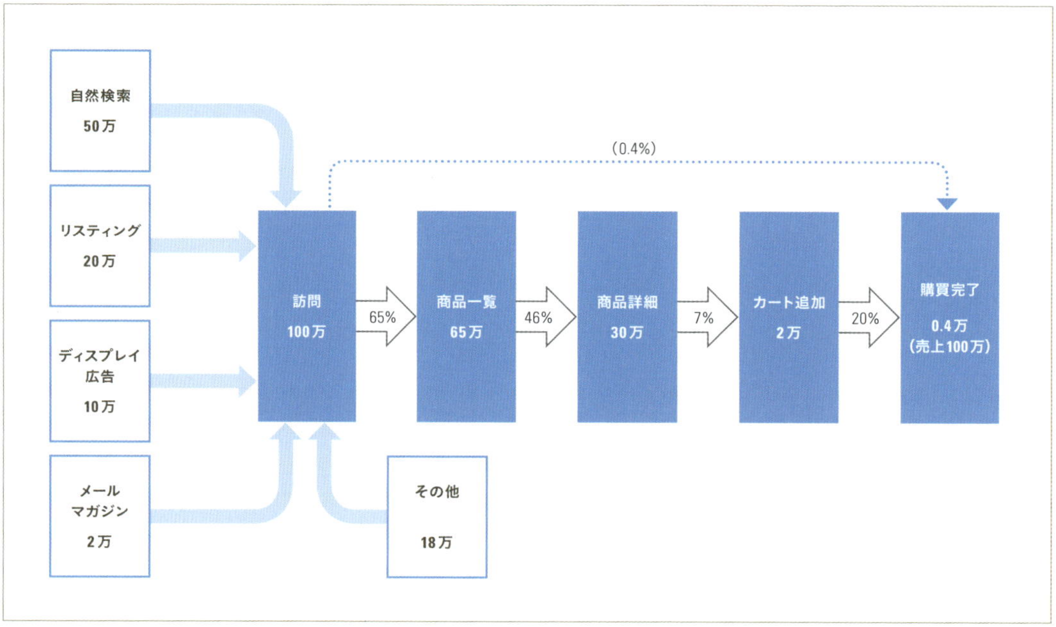

図2 「メンズファッションプラス」のビジネスロードマップ。数値は仮

KPIの選定

その中で、本書で書いた通りの方法で、KPIを4つ選択しました。その4つとは以下の通りです。

1. 商品詳細から購入のコンバージョン率

理由：ビジネスロードマップとヒアリングから、規模・施策の数・期待効果共に最も大きそうだったため。

2. 累計2回以上購入した人の購入金額合計÷購入金額合計

理由：ヒアリングの中から生まれたKPI。リピート売上の比率を見ており、リピート化のための施策がまだ弱かったため、改善効果が期待できる。

3. 購入金額が20,000円以上の購入割合

理由：マネキン買いを促進すれば、購入金額に影響を与えるため。20,000円という数値に関しては、現状の数値から現実的な改善目標として設定。

4. メールマガジン経由の流入と売上貢献割合

理由:流入量の割には売上貢献が大きかった。メールマガジンの内容や件名を工夫することで、流入量を更に増やせる可能性があったため選定。

検索エンジンやリスティングに関しては規模は大きいのですが、継続的に取り組みを行われており、別途評価しているということで、今回のKPIからは外しています。

KPIが決まった後は、その数値や進捗を確認するために、目標（売上）とKPIに対して、月ごとの目標を設定し、管理するためのシートを作りました。

図3がその内容になります。

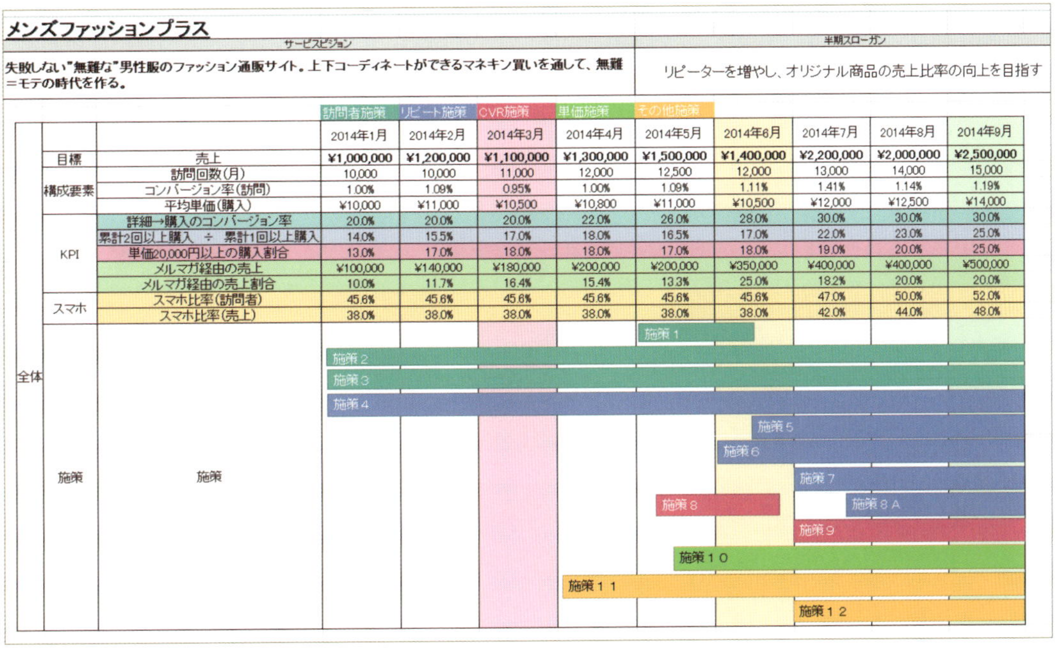

メンズファッションプラス

サービスビジョン	半期スローガン
失敗しない"無難な"男性服のファッション通販サイト。上下コーディネートができるマネキン買いを通して、無難＝モテの時代を作る。	リピーターを増やし、オリジナル商品の売上比率の向上を目指す

訪問者施策　リピート施策　CVR施策　単価施策　その他施策

			2014年1月	2014年2月	2014年3月	2014年4月	2014年5月	2014年6月	2014年7月	2014年8月	2014年9月
全体	目標	売上	¥1,000,000	¥1,200,000	¥1,100,000	¥1,300,000	¥1,500,000	¥1,400,000	¥2,200,000	¥2,000,000	¥2,500,000
	構成要素	訪問回数(月)	10,000	10,000	11,000	12,000	12,500	12,000	13,000	14,000	15,000
		コンバージョン率(訪問)	1.00%	1.09%	0.95%	1.00%	1.09%	1.11%	1.41%	1.14%	1.19%
		平均単価(購入)	¥10,000	¥11,000	¥10,500	¥10,800	¥11,000	¥10,500	¥12,000	¥12,500	¥14,000
	KPI	詳細→購入のコンバージョン率	20.0%	20.0%	20.0%	22.0%	26.0%	28.0%	30.0%	30.0%	30.0%
		累計2回以上購入　÷　累計1回以上購入	14.0%	15.5%	17.0%	18.0%	16.5%	17.0%	22.0%	23.0%	25.0%
		単価20,000円以上の購入割合	13.0%	17.0%	18.0%	18.0%	17.0%	18.0%	19.0%	20.0%	25.0%
		メルマガ経由の売上	¥100,000	¥140,000	¥180,000	¥200,000	¥200,000	¥350,000	¥400,000	¥400,000	¥500,000
		メルマガ経由の売上割合	10.0%	11.7%	16.4%	15.4%	13.3%	25.0%	18.2%	20.0%	20.0%
	スマホ	スマホ比率(訪問者)	45.6%	45.6%	45.6%	45.6%	45.6%	45.6%	47.0%	50.0%	52.0%
		スマホ比率(売上)	38.0%	38.0%	38.0%	38.0%	38.0%	38.0%	42.0%	44.0%	48.0%
	施策	施策									

図3　目標やKPIを管理するためのシート

上部の方に**目標**や**KPI**などを設定し、色に対応する形で**実施する施策の種類**とその**タイミング**を記載しています。

後は施策を行いつつ、設定した月別の目標に売上とKPIを達成しているかを確認しながら、スケジュールや施策などを変更していきます。

目標設定とKPIの事例

ここからは、メンズファッションプラスとは別の2つのサイトを例に筆者がどのように目標とKPIを設定してきたかを紹介いたします。KPI設計までのプロセスやビジネスロードマップの内容を参考にしてみてください。

ケース1：ECサイトの場合

サイトの特徴	・記念日などにお祝いで贈る商品の販売サイト ・購入者が送り先を指定し、オンライン上で決済を行い、送り先を指定して送る ・いろいろな種類の記念日（例：結婚式・誕生日・開店祝いなど）を用意しているが、最も売れているのは結婚式のもので、なおかつ季節要因が大きい ・スマートフォンの流入量がPCを逆転したが、PCサイトの売上はスマートフォンサイトの2倍近くある
状態目標	・同業他社の中でナンバー1の知名度 ・結婚式以外のときにも商品を購入してもらえるようなサービスとなっていること
課題の洗い出し	・スマートフォン対応ができていない ・結婚式以外に安定して売れる商材を作れていない ・サイト改善をほとんど行っていなかったのでどこから手をつけたら良いか分からない
成立条件を定義する	・サイト内改善ポイントの発見と実行 ・スマートフォン専用のレイアウトを作るかを決定する ・結婚式以外の商材の特定

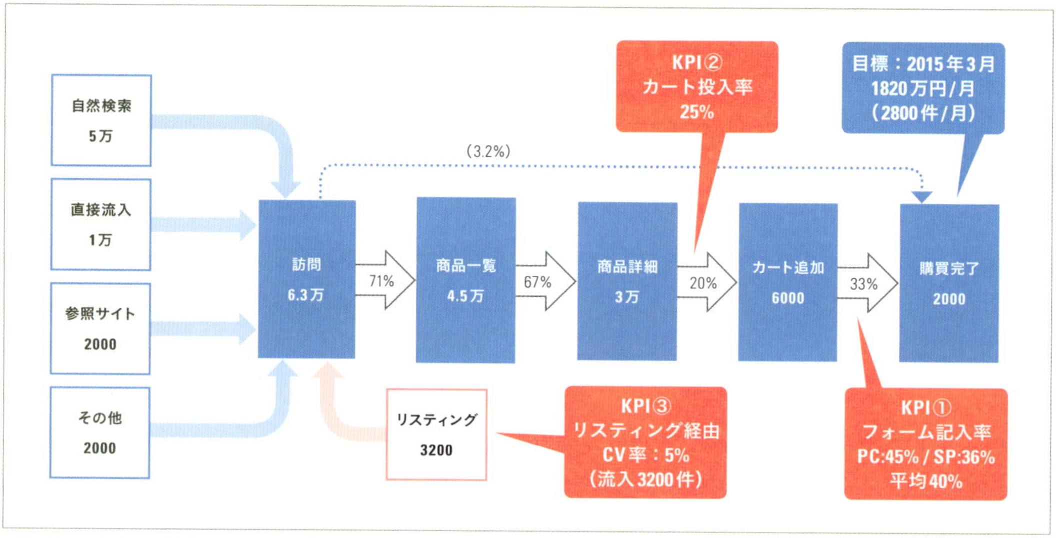

図4 「ケース1」のビジネスロードマップ

以下が、ビジネスロードマップを作成して決めた目標とKPIです。

目標	・2015年3月の売上1,820万円、2,800件（現在は1,300万円、2,000件）
KPI①	・フォーム記入率を33%から40%に改善。フォーム部分のみスマートフォン対応を行う ・また同業他社と比べてフォームのクオリティが低いため項目の見直し・レイアウトの変更を行う
KPI②	・カート投入率を20%から25%まで改善する。主に商品詳細ページのボタンの大きさや掲載位置の見直しによって実現する ・商品一覧から直接カートに投入できる導線を用意する
KPI③	・リスティング経由のコンバージョン率を5%にする ・新たにリスティングを始めて、流入3,200件・コンバージョン率5%・購入件数160件の増加を実現する
KPIをすべて達成した場合の購入件数	・カート追加へのアクセス数…3万×25%＋400件（リスティング分）＝7,900件 ・購入完了数…7,900件×0.4＝3,160件（2,054万）
結婚式以外に関して	誕生日およびクリスマス・バレンタインなどのプレゼントが絡むイベントに関する商品や特集を強化していく

ケース2：BtoCサイトの場合

サイトの特徴	・留学のサポートを行うサイト。サイトには留学先やホームステイに関する情報などを網羅 ・オンライン上で資料請求や電話・FAXでのお問い合わせなどが可能 ・契約は会社が提供しているいくつかのオフィス（カウンター）に来てもらい行う ・同業他社も旅行会社を中心に数多く、独自性を打ち出せないか考えている ・スマートフォンでの利用も多く、スマートフォンに最適化されたサイトやアプリなどもすでに用意されている ・自社サイト以外にも一括資料請求サイトなどに登録をしているが、効果は芳しくない
状態目標	・留学を決定する前の検討段階から利用してもらえるようなサイトを作る ・留学先を選ぶためのハードルを下げるための機能・仕組み・コンテンツを追加し、サイトに来た人がより気軽にお問い合わせや相談ができるようにする
課題の洗い出し	・同業他社との差別化 ・留学前の情報が足りていない、留学における手続きや進め方などの初心者向けのコンテンツが弱い。
成立条件を定義する	・コンテンツの拡充。同業他社との違いを明確にし、当該サイトを選んでもらえるようなアピールの仕方を用意する ・USP（Unique Selling Proposition：その会社独自の強み）の定義 ・集客拡大のための方針を決める

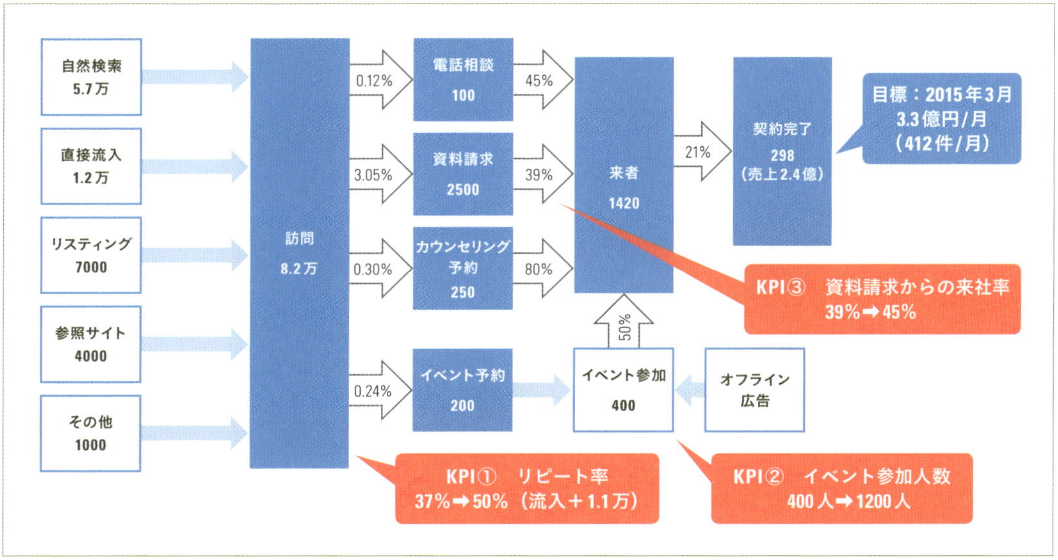

図5　「ケース2」のビジネスロードマップ

以下が、ビジネスロードマップを作成して決めた目標とKPIです。

目標	・2015年3月の売上3.3億円、412件（現在2.4億円、298件）
KPI①	・リピート率の改善37%→50% ・留学前のコンテンツ充実、メールマガジンの登録と発行、リターゲティング広告などによって、一度来たことがある人にまた来てもらう
KPI②	・イベント参加人数を400人→1200人 ・オフラインでの告知強化・大学や高校との連携強化などによって、今まで以上の集客をしっかり実現する
KPI③	・資料請求からの来社率を39%→45%に改善 ・資料の中身見直し、最寄りのカウンターの地図を付与、フォローメールの送信などによって来社率を改善する
KPIをすべて達成した場合	・451件/月、3.61億

Chap
1-4

Chapter 1 ▶ Section 4

データの見方と分析方法①
分析を始める前に

データはただ眺めてもいても改善につながる気づきを得ることができません。このSectionではデータから改善につながるヒントをどのように読み取ればいいのかについて学びましょう。

データから気づきを得るために必要なこと

たとえば右のようなデータがあったとしましょう。
ここから何か**気づき**を発見することができるでしょうか？
このようにただ事実が羅列されているだけですと、何かしら改善につながるヒントなどを見つけるのは難しそうです。

指標	今月の数値
ページビュー数	50,000PV
コンバージョン率	1.5%
売上	100万円

では右のデータの場合はどうでしょうか？（サイトや期間は上記の表と同じです）
こちらのデータであれば、サイト改善のヒントが見つかりそうです。具体的には「商品売上ランキング」のページビュー数は、「スタッフブログ」を見ているページビュー数と比較しても小さいのですが、閲覧した人があげている売上は「商品別売上ランキング」の方が高いということです（他のデータも見てみないといけませんが）。
商品売上ランキングのページビュー数を増やすために、リンクを貼ったり、ランキングの種類を増やしたりすることで、更なる売上アップにつながる可能性がありそうです。

商品売上ランキングを閲覧した人の情報

指標	今月の数値
ページビュー数	3,000PV
コンバージョン率	2.8%
売上	27万円

スタッフブログを閲覧した人の情報

指標	今月の数値
ページビュー数	6,000PV
コンバージョン率	0.4%
売上	15万円

では、同じように以下のデータはどのような気づきがあるでしょうか（こちらも最初の表と同じサイトのデータです）。

指標	先月の数値	前年同月の数値	今月の数値
ページビュー数	40,000PV	55,000PV	50,000PV
コンバージョン率	1.1%	1.9%	1.5%
売上	80万円	140万円	100万円

過去のデータを追加することによって新たな発見が生まれました。今月は、先月よりは数値が良いのですが、前年同月（今月が2013年10月であれば、2012年10月）と比べると数値が悪くなっています。前年同月と比べて数値が悪くなっているということは、①去年この月に行った施策が当たって売上が上がった、あるいは ②今月何かしらの失敗を行ってしまった、ということが考えられます。さらにデータを確認して原因を特定するきっかけを得ることができました。

このようにデータは単体で見るのではなく、**他のデータを与えてあげることで**、サイトの改善につながる情報を発見することができます。

他のデータとは何か？　2つの考え方があります。1つは「**トレンド**」そしてもう1つは「**セグメント**」という考え方です。

Chapter 1の残りではこの2つについてその考え方・利用事例などを見ていきます。この2つの分析方法を理解しておけば、分析は何も恐れることがありません。

最初に「仮説」ありき

「トレンド」と「セグメント」の深い話に入る前に、両方に共通して必要なことを最初にお伝えしておきます。それは「仮説」を必ず立ててから分析するということです。データから何かしらの**気づき**を得ようとするときに、最もやっていけないことは「**ツールのレポートを1つずつ上からなんとなく眺める**」ということです。皆さんもこのような経験があるのではないでしょうか。これはツールの価値を下げてしまうとともに、皆さんにとっても時間の無駄になってしまいます。

筆者がサイトを分析するときに最初に行うことは、決してアクセス解析ツールにログインすることではありません。筆者が最初に行っているのは、**対象のサイトやサービス（および同業他社のサイトやサービス）をじっくり使うこと**、そして、**サイトやサービスの作成者にビジネスモデル・ゴール・課題などをヒアリングすること**です。

この2つのアクションの目的は、とにかく「**仮説**」を洗い出すことになります。

「たとえば、同業他社と比較して、トップページがごちゃごちゃしていて分かりにくい」ようであれば「トップページの離脱率や直帰率※1がサイトの平均より高いのでは」と考えます。これが仮説です。そしてその**仮説が正しいかをデータで確認**するという流れです。あるいは、ヒアリングをした結果、「このキャンペーンは多くの流入と売上につながっているはず」という担当者の言葉をもとに、実際にその結果をデータで確認してみるという流れです。

※1　直帰率：サイトを訪問した人が、最初の1ページだけ見て離脱してしまう割合

分析の基本的なフローは以下のようになっています。

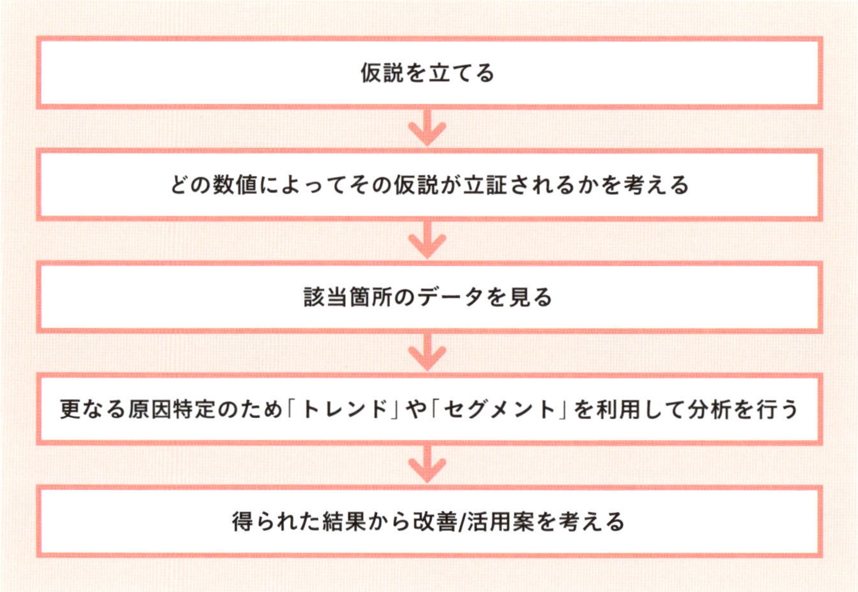

それでは、まずは仮説を立てるところから始めましょう。仮説がなければデータを見ても意味がないということを筆者は断言できます。
「仮説」を立てるための方法は主に3つあります。
1つ目の方法は、自社あるいは同業他社のサイトを、様々なシナリオを立てながら、活用していくというものです。たとえば「商品を購入した後にキャンセルをしたい」というシナリオを立てて、実際にそれぞれのサイトを利用してみましょう。その中で自社サイトで使いにくさを感じたのであれば、どこで感じたかを記録しておき、後ほど数値で本当にそのような状態になっているかを確認しましょう。
2つ目の方法は、利用者および運営者の声を集めることです。カスタマーサポートに来ている問い合わせ内容や、スマートフォンアプリであればレビューのコメント、運営者へのヒアリングは、データからは考えもつかない、仮説や分析するポイントを入手できるかもしれません。
3つ目の方法は、過去の目標設計や施策などを確認してみることです。目標設計の意図や、施策の振り返りの結果はもちろんこと、過去に作成されているレポートなどあれば、ぜひ確認をしてみてください。

それでは、仮説が用意できたという前提のもと、トレンドとセグメントについて紹介をしていきます。

データの見方と分析方法②
トレンド

データから改善につながる情報を読み取るための方法の1つ目、「トレンド」の読み方についてご紹介していきます。トレンドは、時系列での変化に沿ってデータを読み解く方法です。

トレンドとは

Web分析における「**トレンド**」とは「**時系列での変化**」をあらわします。トレンドを見ることで、サイトにおける「規則的な特徴」や「特異点」を見つけることができます。早速、例を見てみましょう。

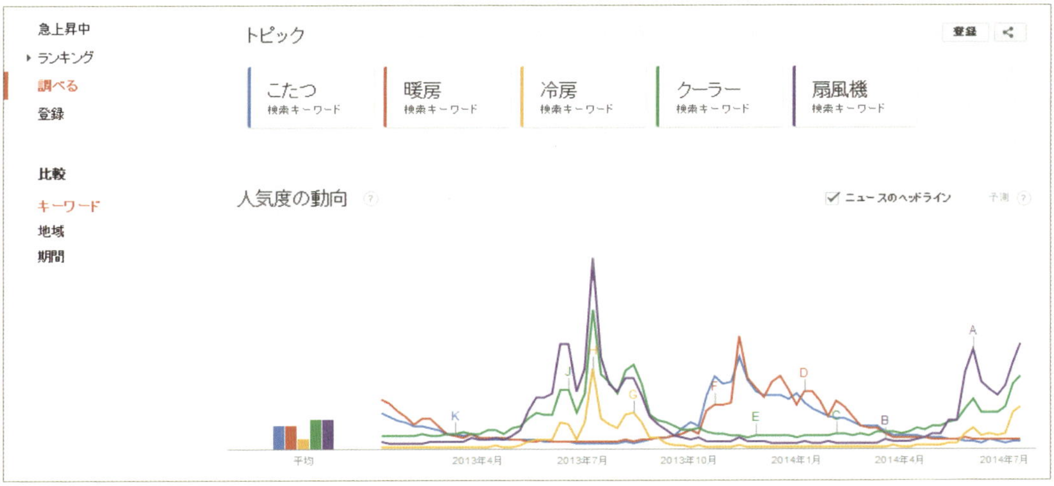

図1　「Google Trends」で5つのワードの検索回数を比較

上記は「**Google Trends**※1」というグーグル社が提供している「相対的な検索回数を調べる」ためのツールです。ここでは期間を2013年1月～2014年7月に設定し、「こたつ」「暖房」「冷房」「クーラー」「扇風機」という5つのワードを比較しました。
もし皆さんのサイトが上記の家電を取り扱っているとしたら、それぞれのコンテンツに関する特設ペー

※1　http://www.google.co.jp/trends/

ジをいつごろ作成しますか？　また、どの優先順位で作成しますか？　このGoogle Trendsから得られた「トレンド」のデータはたくさんの気づきを与えてくれています。

まずは、冬に使うであろう検索ワード「こたつ」と「暖房」を確認してみましょう。この2つのワードは検索ボリュームも傾向も非常に似ています。10月くらいから検索の数が上がり始め、ピークは11月〜12月になります。そして数値が減って落ち着くのが3月頃です。担当者であれば、8月に企画を考え、9月に商材を集めてコンテンツを作り、10月の前半にはページを用意しておきたいです（検索エンジンのクローリング※2の日数も加味して）。

夏に使うであろう検索ワードは、それぞれ違ったトレンドを見せています。夏に向けて検索が増えていくのはどのキーワードも変わらないのですが、「冷房」に関しては検索数も少なく、7月に入ってからようやく伸び始めるという状態です。

「クーラー」は年間を通して一定の検索量があり、こちらも7月に入ってから伸び始めます。最も特徴的なのは「扇風機」です。GW明けくらいから**検索の回数が一気に増え始めます**。数値が落ち着くのは他のワードと同じく10月頃ですが、検索ボリュームが他のワードサイトと比べて圧倒的に高いことが分かります。まだ肌寒い日もあるGW前には他のワードに先んじて扇風機のページを用意しておくと流入が期待できます。

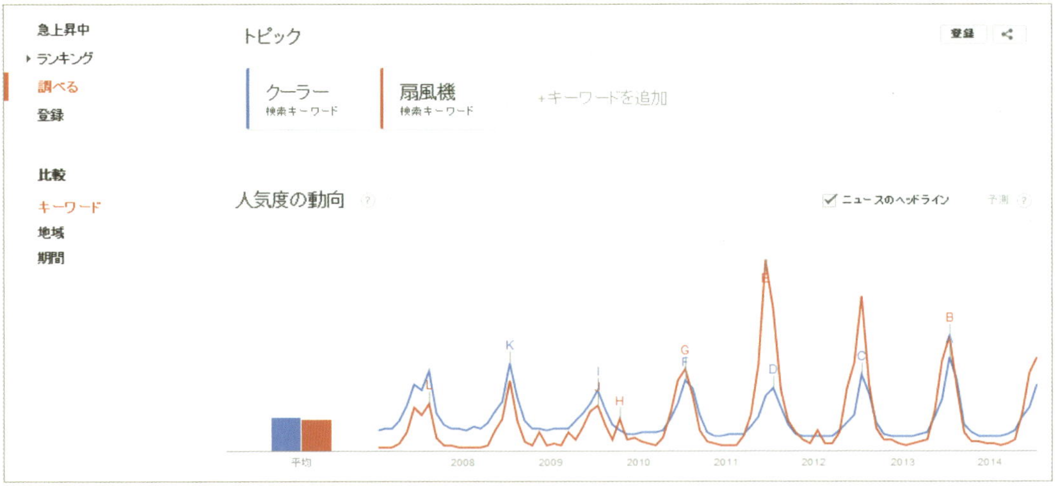

図2　「Google Trends」で「クーラー」と「扇風機」の検索回数を比較

なお、面白いことに「クーラー」と「扇風機」の検索回数を2007年から見てみると、「クーラー」の検索回数やトレンドはあまり変わらないのですが、「扇風機」は2010年以降、クーラーを逆転していることが分かります。このようにトレンドは取り扱うべき製品やタイミング、用意するべきページなどについても教えてくれます。

以下に別の事例を2つ用意しておきます。皆さんだったらこの結果をどう活かすかをぜひ考えてみてください。

※2　クローリング：検索サイトがプログラムでサイトのデータを収集していく仕組み

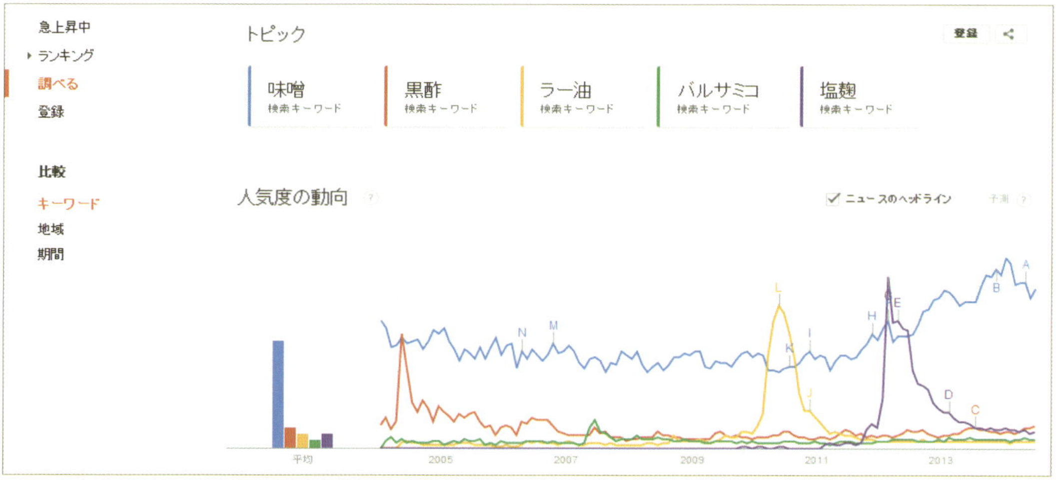

図3 「味噌」「黒酢」「ラー油」「バルサミコ」「塩麹」の検索回数を比較

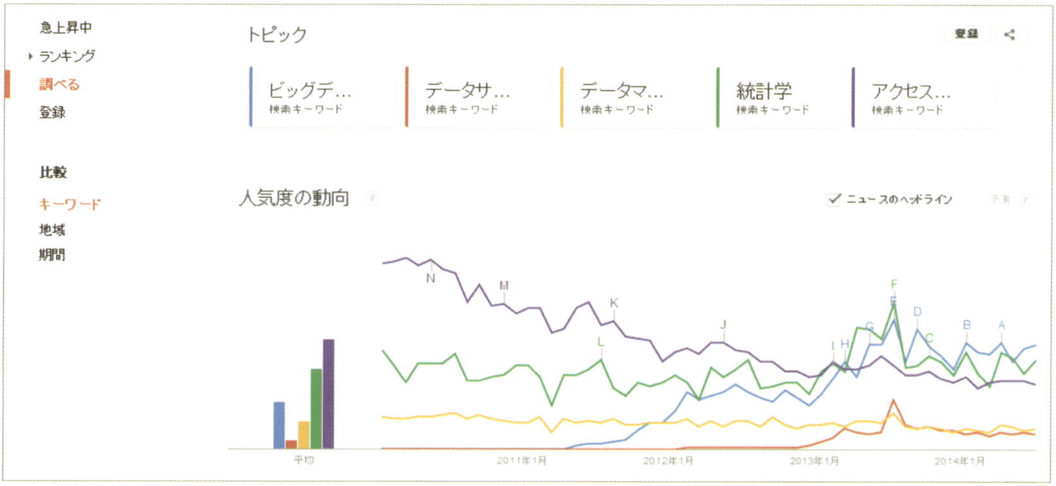

図4 「ビッグデータ」「データサイエンティスト」「データマイニング」「統計学」「アクセス解析」の検索回数を比較

「規則的な特徴」と「特異点」とは

トレンドから気づきを発見するためには「**規則的な特徴**」と「**特異点**」に着目することが大切です。2つの用語に関して解説をいたします。

「**規則的な特徴**」というのは、**ある期間に決まって増えたり減ったりするポイント**を指します。先ほどの例でいうと「扇風機」の検索が毎年ゴールデンウィーク明けくらいに増えるという部分になります。規則的な特徴が分かっていれば、それを見越して施策を打つことが可能になります。

「**特異点**」とは「**トレンドから外れた値**」を指します。直前の例で説明すると「2010年のラー油」や「2012年の塩麹」などが該当します。このような急激な変化が起きた場合はその原因を特定して活用することが大切です。「ある番組で取り上げられて話題になった」などはまさにその典型で、すぐにそれに**乗っかることができる施策**を考えると良いでしょう。また、このような大規模なものではなくても、サイト内外で自ら行った施策がサイトへの流入やゴールの増加につながっていたことが分かった場合は、それを再度行うことができないかをぜひ検討してみましょう。

アクセス解析ツールにおける事例

Google Trendsを使った事例をいくつか紹介してきました。アクセス解析ツールでも同じようにトレンドからたくさんの気づきを発見することが可能です。早速いくつかの例を紹介してみたいと思います。

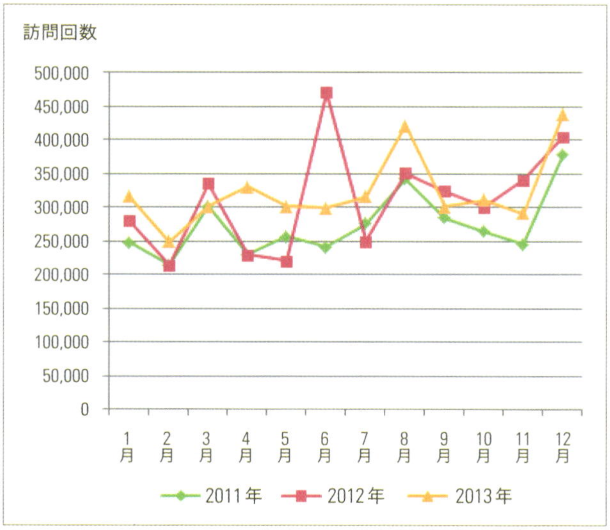

図5　あるサイトの3年間の訪問者数

図5はあるサイトの月ごとの訪問者数の推移を3年間表したものになります。どのようなトレンドがあるでしょうか？　先ほど紹介した「規則的な特徴」と「特異点」という観点から探してみましょう。
まずは「規則的な特徴」ですが、3月・8月・12月に訪問者数が増えていることが分かります。このサイトは実は、小中学生をターゲットにしたコンテンツのサイトになります。**春休み**・**夏休み**・**冬休みに訪問者が増える**という特徴を見せています。
次に「**特異点**」ですが、2012年の6月に訪問者数が倍近くなっていることが分かります。このときに何が起きていたのでしょうか？　そのときに行った施策を確認してみたところ、ある**ネットメディアに取材された**ことがきっかけでした。そのメディアからの流入はもちろん、多くのブログなどで取り上げていただき、流入が一気に増えていました。コンバージョン数は1.2倍程度に収まっていましたが、効果があったことは間違いありませんでした。
では、この施策はもう一度行うことが可能なのか？　筆者でしたら、改めて取材していただけるかのお願いをまずはそのサイトの担当者に確認してみようと思います。

次ページの図6は、Googleアナリティクスから取得してきたデータになります。
こちらはサイト全体の流入と、「検索トラフィック[※3]」「ノーリファラー[※4]」「参照トラフィック[※5]」の流入の内訳で見た結果になっています。一目瞭然の結果になっていますね。ある日を境に流入が一気に減っています。この原因を確認してみたところ、いくつかのページからGoogleアナリティクスの計測記述

※3　検索トラフィック：検索によってサイトにたどり着いたアクセスの数。
※4　ノーリファラー：ブラウザへのURLの入力やブックマークからのアクセスにより、サイトにたどりついたアクセスの数。
※5　参照トラフィック：どこか別のサイトのリンクからサイトにたどりついたアクセスの数。

が外れていました（ある特定のページ群へのアクセスが全くなくなっていたところから気づきました）。このように外部要因だけではなく、**ミスの発見**にもトレンドは役立ちます。

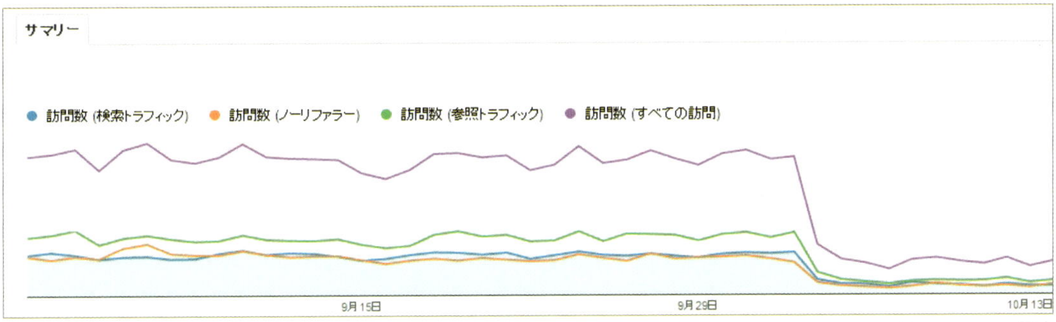

図6　Googleアナリティクスの管理画面で［レポート］を開き、［ユーザー→サマリー］を開き、上部で「検索トラフィック」「ノーリファラー」「参照トラフィック」のセグメントを追加

以下は、あるBtoBサイトの「月」と「週」という2つの**粒度**で訪問数を表したデータになります。

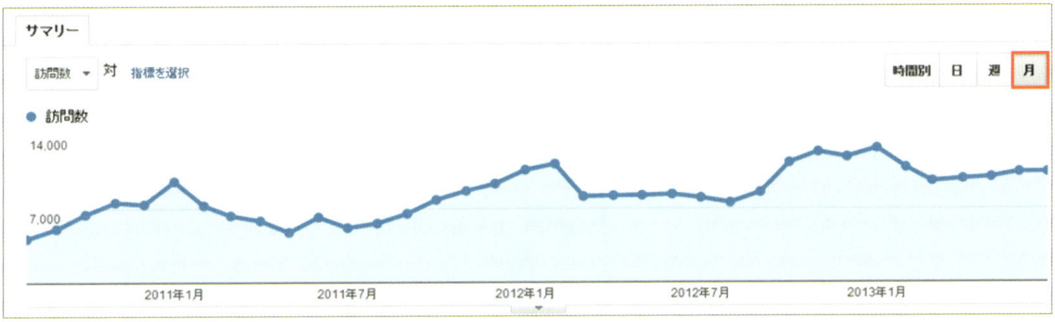

図7「ユーザー→サマリー」を開き、グラフ右上で「月」を選択

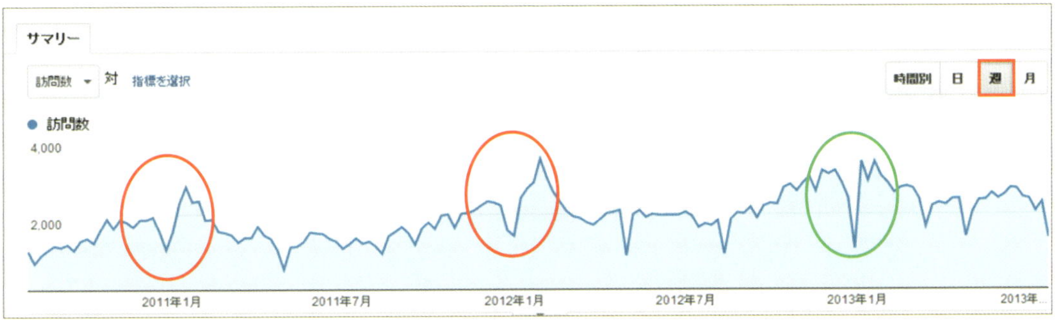

図8　図7の画面で、今度は「週」を選択

月のデータを見ると大きく2つの気づきがあります。サイト全体として訪問数が成長していることと、冬のアクセス数が多いということです。こちらの会社では業務用のヒーターなどを取り扱っているため、需要が高まる冬にアクセスが多いことが分かります。
週のデータを見ると、違った2つの気づきがあります。1つ目は定期的に「谷」があることです。これらはゴールデンウィーク・シルバーウィーク・年末年始など一般的に企業がお休みとされる期間です。企業に勤めている人がサイトを見ているため、逆にお休みのときは見ていないということが見てとれます。もう1つは年初の数値の部分です。2011年および2012年の年初は前年末と比較しても、訪問数が数割高いことが分かります（赤で囲んだ部分）。しかし、2013年の月初は2012年末とほぼ訪問数が変わりません（緑色で囲んだ部分）。これは、2011年や2012年の年始はお得意様に年賀状とあわせて1年の取り組みや商品案内などの冊子を送っていたのですが、今年は送らなかったためということが分かりました。このように粒度が違うと得られる気づきは大きく変わります。

2種類のデータから見るトレンド

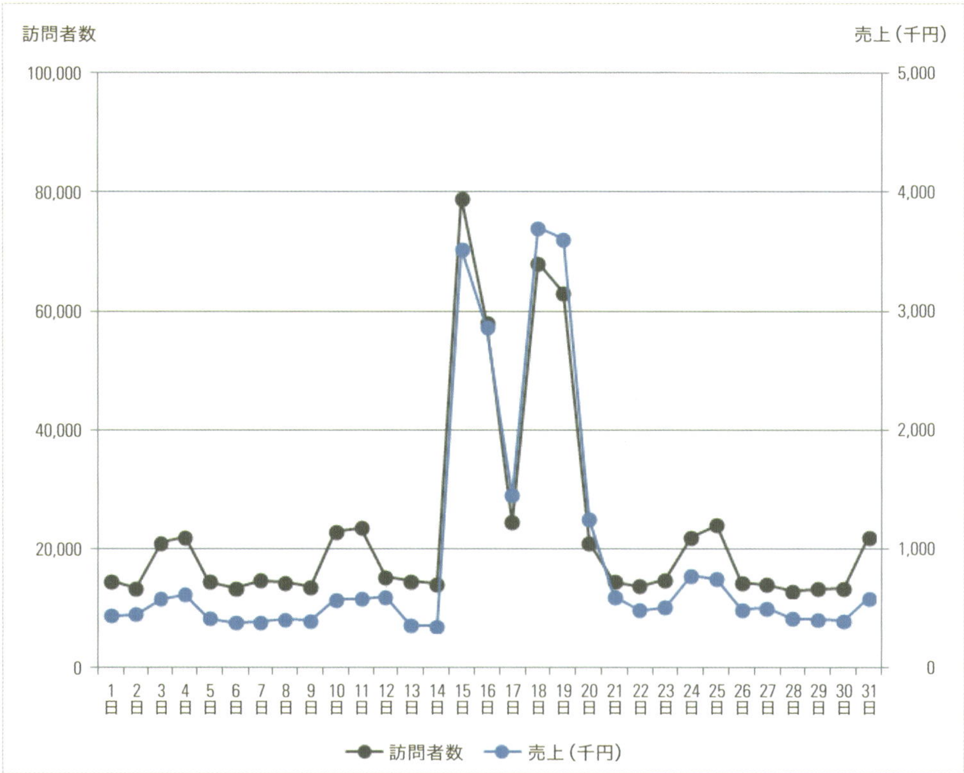

図9　ECサイトの訪問者数と売上の推移

最後に紹介する事例は、複数のデータを組み合わせたトレンドの事例です。図9はあるECサイトの例で、「**日ごとの訪問者数**」と「**売上**」のデータになります。どのようなトレンドがあるでしょうか？

「**規則的な特徴**」と「特異点」があることがお分かりいただけるでしょうか。

「規則的な特徴」は少し見えにくいのですが、**週末に訪問者数や売上が上がりやすい**傾向があります。

「**特異点**」に関しては**月の半ばに売上が大きく増えている**ことが分かります。しかも、その変化にはちょっとした癖があります。最初のピークは15日にあり、その後に16日・17日も高いのですが、もう

1つのピークが18日・19日にあるのです。
この変則的なピークは何故起きたのか？ Webサイトの担当者に聞いてみたところ、「サイトでは特に何も行っていないのだけど、雑誌の発売日が15日であることが原因なのでは」という情報を得ることができました。確かに、このサイトでは雑誌を店頭で毎月15日発売しています。そのため、15日のピークは発売日に雑誌を購入された方が、サイトに訪れて商品を購入しているという説明がつきそうです（実際にブランド名での検索キーワード数も増えていました）。
それでは、18日および19日のピークはどのような原因が考えられるのでしょうか。雑誌の販売数が18日・19日にどうやら伸びているというわけではありません。しかし、サイトの行動を見ると雑誌に載っている**クーポンコードの利用者**は18日/19日に増えているようです。
雑誌を購入された方や編集者に確認したところ、原因は「雑誌を購入した人が、週末に家族と相談してから購入しているのでは」ということでした。直接証明する方法はないのですが（ユーザーアンケートなどを利用すれば可能でしょう）、どうやら原因としては非常に納得できるものではないでしょうか。
サイト側も「**雑誌が販売された最初の週末**」という条件をもとにトップページや特集ページの見直しを行うことがどうやら考えられそうです。

データを「トレンド」で見ることが気づきを得られることを理解いただけたのではないでしょうか。トレンドを様々な粒度で見て、「規則的な特徴」と「特異点」を確認することで得られる気づきは格段に増えます。ぜひ、皆さんも仮説を持って「トレンド」での分析を行ってみてください。

データの見方と分析方法③ セグメント

データから改善につながる情報を読み取るための方法の2つ目、「セグメント」の読み方についてご紹介していきます。セグメントは、データを何かの基準を持って分解して見る方法です。

セグメントとは

セグメントは「**同軸による分解**」を意味します。Chapter 1-4で紹介した「商品売上ランキング経由の売上」と「スタッフブログ経由の売上」などがセグメントの例になります。データは様々な条件で分割することで気づきを発見することができます。
セグメントを利用することによって、最初に改善するべきポイントや施策につながる具体的な情報を得ることができるため、トレンドと同じように強力な分析方法です。

主なセグメント

一般的に利用されるアクセス解析におけるセグメントは以下の通りです。本書ではこの中からいくつかの項目をピックアップして3つの事例を紹介したいと思います。

セグメントする内容
訪問者数/ページビュー数
ページ/コンテンツ別
離脱率/直帰率
コンバージョン/売上
平均滞在時間/平均閲覧ページ数

×

セグメントのための軸
新規/リピート
訪問回数
ページ/コンテンツ別
流入元別
商品別/ジャンル別

セグメントを使った分析例①　直帰率×入口ページの場合

あるサイトの**直帰率**（＝1ページだけ見て離脱してしまう割合）が「65%」だとします。この数値だけでは気づきや改善ポイントが全く見つからず、ただ1つの事実を表しているだけにすぎません。直帰率の情報を入口ページ（＝最初に見たページ、図では「ランディングページ」）ごとにセグメントした結果が以下の通りです。

ランディング ページ	集客			行動		
	セッション	新規セッション率	新規ユーザー	直帰率	ページ/セッション	平均セッション時間
	492,754 全体に対する割合: 100.00% (492,754)	74.44% サイトの平均: 74.38% (0.08%)	366,827 全体に対する割合: 100.08% (366,534)	73.61% サイトの平均: 73.61% (0.00%)	2.29 サイトの平均: 2.29 (0.00%)	00:01:20 サイトの平均: 00:01:20 (0.00%)
1. /lp/top.html	149,458 (30.33%)	79.35%	118,600 (32.33%)	85.82%	1.49	00:00:38
2. /hmp/show_login.html	25,094 (5.09%)	38.77%	9,730 (2.65%)	54.47%	2.85	00:02:45
3. /	20,220 (4.10%)	50.27%	10,165 (2.77%)	35.58%	5.83	00:04:20
4. /lp/reform02.html	15,045 (3.05%)	82.59%	12,425 (3.39%)	92.48%	1.25	00:00:18
5. /?ref=cojp	7,457 (1.51%)	62.80%	4,683 (1.28%)	35.34%	5.52	00:03:42
6. /lp/roof.html	4,923 (1.00%)	79.75%	3,926 (1.07%)	90.19%	1.31	00:00:41
7. /lp/bath_3.html	4,284 (0.87%)	82.59%	3,538 (0.96%)	92.60%	1.27	00:00:29
8. /lp/a/gaiheki.html	3,855 (0.78%)	80.05%	3,086 (0.84%)	92.27%	1.26	00:00:32
9. /lp/t-point.html?re_adpcnt=7yp_Y	3,731 (0.76%)	93.76%	3,498 (0.95%)	85.53%	1.67	00:00:46
10. /lp/cms/parts_0041.html	3,603 (0.73%)	81.46%	2,935 (0.80%)	91.42%	1.32	00:00:39

図1　Googleアナリティクスの管理画面で［レポート］を開き、［行動→サイトコンテンツ→ランディングページ］を開く

入口となった上位10ページの結果になります。（当たり前ですが）流入したページごとに直帰率が変わっています。たとえば1位のページは86%とサイトの平均より高いですが、2位のページは54%とサイトの平均より低いことが分かります。

もし皆さんがサイトの担当者だったら、どのページから改善を行うべきだと思いますか？　答えは1位のページからになります。理由は「**流入のボリュームが多くて直帰率が高いから**」です。
流入が多いということは、同じ1%でも、10位のページとはその実数が大きく違います。10位のページを10%改善すれば、サイト内を回遊してくる人が360人（＝3,603×0.1）増えますが、1位のページの場合は14,946人（＝149,458×0.1）と40倍近くの差が生まれます。
また一般的に「**良いページをさらに良くするより、悪いページを普通にする**」方が難易度は低いです。その理由ですが、「良いページをさらに良くする方法」というのはサイト内にあまり参考になる前例や事例がありません。しかし、「**悪いページを普通にする**」というのは、サイト内で「悪いページから普通になった」ページが見つかりやすいため、それらのページを参考にできるからです。
すでに直帰率が良いページの特徴を発見し、それを悪いページに適用することを考えるのが最も効率が

良いでしょう。

単一の直帰率を、入口ページごとに分解することによって、改善するべきページを見つけることができます。これがセグメントの特徴です。

しかし、改善するページを見つけたのは良いのですが、どのように改善すれば良いのか？　また、その原因が何なのかまでは発見することができませんでした。しかし、データをさらに「**セグメント**」することで、ヒントを見つけることができます。

以下の2つのデータはある直帰率が高いページを「**流入元別**」にさらにセグメントしたものです。2つの結果を見てみましょう。1つ目は先ほど紹介したページのデータになります。

	ランディング ページ	参照元	訪問数	訪問別ページビュー	訪問時の平均滞在時間	新規訪問の割合	直帰率
			13,283 全体に対する割合: 21.04% (63,136)	1.50 サイトの平均: 2.59 (-41.89%)	00:00:59 サイトの平均: 00:01:50 (-46.13%)	80.97% サイトの平均: 72.61% (11.51%)	73.70% サイトの平均: 62.45% (18.01%)
□	1.	google	7,351	1.48	00:00:59	80.71%	74.64%
□	2.	yahoo	4,543	1.52	00:00:53	80.81%	72.75%
□	3.	bing	574	1.43	00:01:18	80.14%	73.34%
□	4.	(direct)	407	1.45	00:01:20	87.71%	74.69%
□	5.	goo.ne	73	1.53	00:01:04	79.45%	64.38%
□	6.	search.fenrir-inc.com	69	1.48	00:00:43	82.61%	78.26%
□	7.	biglobe	41	1.80	00:00:52	92.68%	73.17%
□	8.	google.co.jp	38	1.89	00:01:19	86.84%	63.16%
□	9.	rakuten	37	1.32	00:00:52	78.38%	70.27%
□	10.	babylon	23	1.48	00:01:26	69.57%	56.52%

図2　図1の状態から、調べたいランディングページのURLをクリックし、さらに［セカンダリディメンション］で［集客→参照元］を選択

見ての通り、どの流入元から入ってきても、**基本的には直帰率が高い**という例になります。この場合、原因はページそのものにあることがほとんどです。「単一のページだけで満足できるような内容になっている」「次にどのページに遷移すれば良いかが分からない」「表示にものすごく時間がかかっている」などが考えられます。**直帰率が低いページと比較をして**、原因を特定し改善策を考えてみましょう。

次に別のサイトのランディングページを見てみましょう。

	ランディング ページ	参照元	セッション	新規セッション率	新規ユーザー	直帰率
			8,191 全体に対する割合: 9.50% (86,233)	68.87% サイトの平均: 69.22% (-0.51%)	5,641 全体に対する割合: 9.45% (59,691)	53.56% サイトの平均: 61.40% (-12.77%)
1.	/greetings/	google	5,087 (62.10%)	72.14%	3,670 (65.06%)	54.24%
2.	/greetings/	yahoo	1,721 (21.01%)	56.48%	972 (17.23%)	43.23%
3.	/greetings/	(direct)	797 (9.73%)	74.28%	592 (10.49%)	67.63%
4.	/greetings/	t.co	139 (1.70%)	23.02%	32 (0.57%)	34.53%
5.	/greetings/	u1sokuhou.ldblog.jp	132 (1.61%)	97.73%	129 (2.29%)	90.15%
6.	/greetings/	bing	113 (1.38%)	78.76%	89 (1.58%)	43.36%
7.	/greetings/	m.facebook.com	24 (0.29%)	95.83%	23 (0.41%)	66.67%

図3 図2とは別のサイトのあるページについて、図2と同じように画面を開いたところ

流入元によって直帰率が大きく違うことが分かります。「t.co（twitter）」から流入した場合の直帰率は34.53%と低いのですが、「u1sokuhou.ldblog.jp」から流入した訪問は90.15%とかなり違いがあります。また検索エンジンによっても直帰率が違うことが分かります。

このようなページの原因は**流入元**にあると考えられます。もしかしたら「**リンクするべきページを間違えている**」かもしれないし「**内容が不適切**」なのかもしれません。例え話になりますが『ある記事で「ミカン」のオススメサイトであると紹介していて、リンクをクリックしたら「リンゴ」のページだった』というようなことです。ここまで極端なことはなかったとしても、似たような事象が起きていることを筆者はたくさん見てきました。

はっきりさせるためにも、実際にページを確認して原因を特定してみましょう。もし可能であれば、リンク元に内容を直してもらうことも検討しましょう。このようなケースの場合は、いくらランディングページを直しても改善しないので、注意が必要です。

セグメントを使った分析例② コンバージョン×閲覧ページ

次の事例では「**コンバージョン**」につながるコンテンツを発見するという観点でセグメントを行ってみます。以下のデータは筆者のブログ（「リアルアクセス解析[※1]」）のデータになります。早速確認してみましょう。

次の図は、4つのブログ記事を取り上げて、ブログ記事ごとに「すべての訪問（全データ）」と「コンバージョンが達成された訪問」でセグメントをしたものになります。筆者のブログにおける「コンバージョン」とは「**3つ以上の記事を読む**」と定義して設定を行っています。

このデータを見ることによって、どの記事が多く閲覧されたかだけではなく、どの記事がコンバージョ

※1 http://d.hatena.ne.jp/ryuka01/

ンにつながっているかを発見することができます。

	PV数	訪問	滞在	直帰	新規
7. アクセス解析やTwitter分析など、3年間でレビューした100個のツールをまとめた『ウェブ分析ツール大全』を公開！ - リアルアクセス解析					
すべての訪問	15,468	12,069	00:02:42	77.54%	69.83%
コンバージョンが達成された訪問	3,698	1,520	00:03:38	0.00%	21.98%
8. ウェブサイトの課題発見のために、筆者が普段から使っている「解析系ツールボックス」の中身を紹介！ - リアルアクセス解析					
すべての訪問	13,752	12,698	00:04:50	86.87%	84.91%
コンバージョンが達成された訪問	1,519	901	00:07:55	0.00%	28.64%
9. アクセス解析だけでは分からない、サイト上でのユーザー動向を追うツール8＋2種 - リアルアクセス解析					
すべての訪問	12,493	10,707	00:03:30	82.26%	76.74%
コンバージョンが達成された訪問	448	361	00:02:50	0.00%	23.44%
10. Twitter解析ツール１５種比較レビュー(2011年版) - リアルアクセス解析					
すべての訪問	12,138	11,269	00:05:31	88.11%	83.70%
コンバージョンが達成された訪問	1,905	1,324	00:08:10	0.00%	37.59%

図4　筆者ブログ記事4つについて、「すべての訪問」と「コンバージョンが達成された訪問」を表示したところ

7位と9位の記事を確認してみましょう。

7位の記事はPV数が15,468回、そのうち3,698回がコンバージョンにつながったPVになります。つまりコンバージョンにつながった率は23.9%になります。9位のページはPV数が12,493回で（7位の記事と大きく変わらないのですが）、コンバージョンにつながったPV数はわずか448回で、3.6%になります。このように記事によって**コンバージョンへの貢献が大きく違う**ことが分かりました。

では、これはどのような原因によってもたらされているのか。コンバージョン貢献が高いページと低いページをピックアップして実際に自分のブログ記事を確認してみました。その結果、主に3つの**気づき**がありました。「記事の最後だけではなく、途中でも参考になる他の記事へのリンクを追加する」「連載物の記事は必ず記事の最初と最後に他の記事へのリンクを追加する」「記事の上部にスクリーンショットがあり、長すぎない」の3つでした。

その後は、この3つを活かしながらブログの記事を書くように気を付けています。その結果、コンバージョン率を1%から5%まで改善することができました。

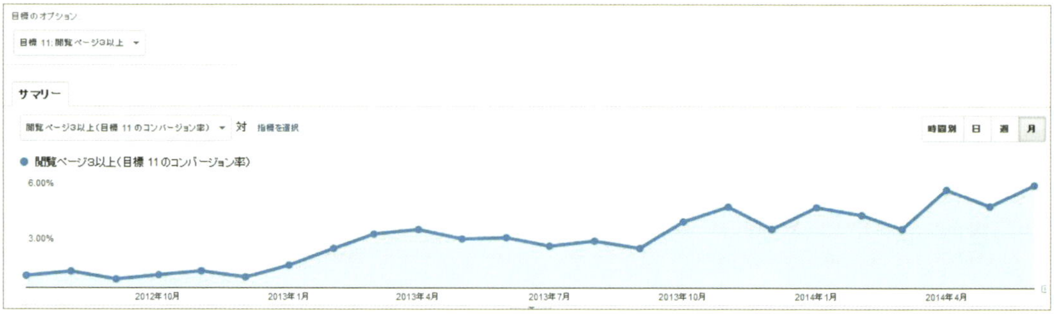

図5　コンバージョン率の推移

セグメントを使った分析例③　トレンド×セグメントの合わせ技

最後に紹介する事例は、トレンドとセグメントを組み合わせたものになります。それぞれ別に説明をしてきましたが、一緒に利用することでさらにサイトの特徴や改善点を発見することができます。
図6は、あるサイトの訪問者数の「**トレンド**」のデータになります。

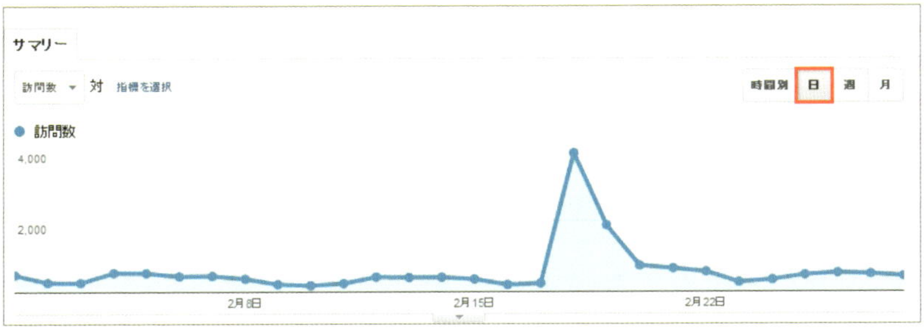

図6　［ユーザー→サマリー］の画面を開き、グラフ右上で［日］を選ぶ

ご覧の通り、2月18日にアクセス数が増えて、数日間のアクセス数が過去より高いことが分かります。これがトレンドにおける「**特異点**」になります。
このような変化が起きた原因を特定するために「セグメント」を利用します。実際に上記のデータを流入元でセグメントしてみた結果が図7の通りです。

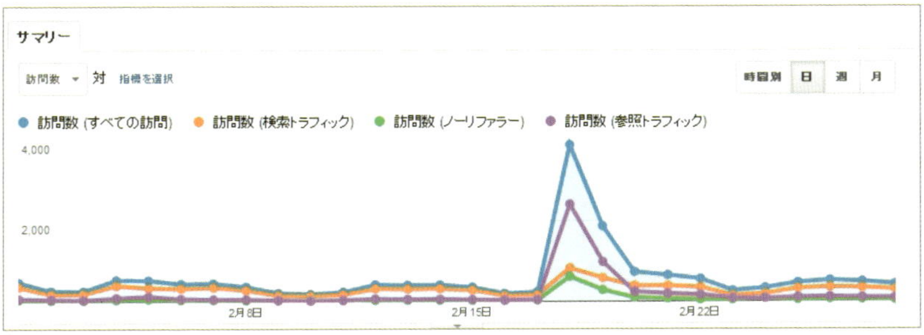

図7　図5の画面から、［参照トラフィック］のセグメントを追加

2月18日のデータを見ると、どの流入も増えているのですが、今まではほぼ流入がなかった「参照トラフィック」からの流入が一気に増えて、「検索トラフィック」や「ノーリファラー」と逆転しています。仮説として「**あるサイトで取り上げられたことで参照トラフィックからの流入が増え、その日の訪問が増えた**」と言えそうです。
では、具体的にどこからの流入が増えたのかを確認するため、参照トラフィックのレポートを確認してみましょう。

Chap 1-6

参照元	訪問数	訪問別ページビュー	訪問時の平均滞在時間	新規訪問の割合	直帰率
	45 全体に対する割合: 18.91% (238)	1.51 サイトの平均: 1.27 (18.69%)	00:02:45 サイトの平均: 00:01:17 (115.17%)	15.56% サイトの平均: 22.27% (-30.15%)	80.00% サイトの平均: 86.13% (-7.12%)
1. matome.naver.jp	8	1.12	00:01:20	12.50%	87.50%
2. m.chiebukuro.yahoo.co.jp	7	1.43	00:03:49	0.00%	85.71%
3. www-ig-opensocial.googleusercontent.com	5	1.60	00:02:19	0.00%	80.00%
4. detail.chiebukuro.yahoo.co.jp	4	1.00	00:00:00	50.00%	100.00%
5. google.co.jp	3	1.33	00:00:02	0.00%	66.67%
6. book.mycom.co.jp	2	1.00	00:00:00	50.00%	100.00%

図8　2月17日のデータ。[集客→すべての参照] を選択

参照元	訪問数	訪問別ページビュー	訪問時の平均滞在時間	新規訪問の割合	直帰率
	2,397 全体に対する割合: 62.03% (3,864)	1.09 サイトの平均: 1.12 (-3.08%)	00:00:21 サイトの平均: 00:00:26 (-18.27%)	8.68% サイトの平均: 13.07% (-33.60%)	93.49% サイトの平均: 91.98% (1.65%)
1. b.hatena.ne.jp	783	1.08	00:00:26	8.56%	94.00%
2. t.co	323	1.07	00:00:12	10.84%	93.81%
3. facebook.com	231	1.13	00:00:40	9.09%	89.61%
4. google.co.jp	136	1.09	00:00:23	8.09%	92.65%
5. www-ig-opensocial.googleusercontent.com	120	1.07	00:00:33	5.83%	94.17%
6. hatena.ne.jp	69	1.09	00:00:08	10.14%	97.10%

図9　2月18日のデータ

ソーシャルメディアやブックマークからの流入がものすごく多いことが分かります。1位の「はてなブックマーク」、2位の「Twitter※2」、3位の「Facebook」などからの流入が該当します。したがって、どうやら**ソーシャル上で話題になった**ということが、参照サイトのデータでセグメントすることで分かりました。

ここまで来ればあと一歩です。この日にどのような行動を行ったのかというのを確認するだけです。実はこのデータも筆者のブログからの例になるのですが、チェックしてみたところ「Googleアナリティクスでよく聞かれることに答えるためのオススメサイト8つ＋記事20本※3」というタイトルの記事を書いており、これを多くの方にシェアやブックマークしていただいたことが原因でした。

このようにトレンドとセグメントを利用することで原因を特定することができました。後は、アクセス数を増やすために、どのような記事を書けば良いかを、上記の記事などを参考に活かしていくことになります。

というわけで、Chapter 1ではゴールの設計やKPIに関して「**ビジネスロードマップ**」を利用して紹介してきました。また、「**トレンド**」と「**セグメント**」という2つの分析方法も説明させていただきました。

データを分析する前に、ゴール設計と分析手法に関しては必ず理解しておいてほしい内容になります。慣れてくると、分析を始める前にこれらのことを、無意識にできるようになるでしょう。そうすれば皆さんの分析精度やビジネスゴールへの貢献度合いは確実に上がっていきます。

※2　Twitterを経由して訪問したアクセスの参照元は、「t.co」あるいは「twitter.com」になります。
※3　http://d.hatena.ne.jp/ryuka01/20130218/p1

Chapter 2

項目別の改善策とノウハウ

Chapter 2 ▸ Section 1

自然検索・リスティング

▸ Section 1-1

自然検索の目的を定義する

Chapter 2で最初に紹介するのは「**自然検索（Organic Search）**」に関してです。自然検索とは、検索エンジンで検索したときに表示される結果ページ（SERP = Search Engine Result Page）において、広告ではない部分を指します（図1）。

掲載順番は検索サイトによって違います。日本では、二大検索エンジンである**Yahoo!**と**Google**はどちらも、Googleの検索エンジン（検索の結果を表示するためのデータ収集から表示までの仕組み）を利用しているため、ほぼ同じ順番となります。

検索エンジンの特徴やロジックを理解し、そのロジックを理解した上でページやコンテンツを作ることにより検索エンジンから自社サイトへの流入を増やし、コンバージョンを上げる施策全般を**SEO（Search Engine Optimization）**といいます。

図1　検索エンジンの「自然検索」の表示エリア

自然検索からの流入は、利用者が能動的に探しているしるし

他の集客施策と違い、自然検索に関しては、利用者が何かを**能動的に探している**というところが最大の特徴です。つまり、たまたま目に入ったから訪問したというわけではなく、利用者が情報を探してきているため、基本的にはクリックをしてサイト内に入ってきたときの滞在、あるいはコンバージョンする可能性は（一般的には）他の集客施策と比較して高くなります。これはバナー広告などと比較して「たまたま目に入ったから訪問した」というような形ではなく、何かを探すという検討工程において後期のプロセスにあるためです。

有名な**AISASモデル**[※1]で言うと、バナー広告はAttentionやInterestにあたりますが、検索はコンバージョン（Action）直前のSearchになるため、よりコンバージョンしやすいと言えるのではないでしょうか。

流入元はSERPに限られている

また、**掲載箇所が限られている**という意味でも非常に特徴的です。いろいろなサイトに掲載したり、メールマガジンのように直接送ったりと、いろいろな場に対して配信することはできず、SERPしかアピールできる場所はありません。これはPCやスマートフォンなどのデバイスによらず、共通です。決まったエリアを他のサイトと競い合って奪い合い、そこにはお金が直接的には発生しないということが、特徴としてあります。

SEOに関する基本的な知識

SEOは検索エンジンからの流入とコンバージョンを増やす上では大変重要な施策です。多くのサイトが検索エンジンからの流入とコンバージョンを増やすために、コンテンツを作成したり、最適なページの作成に注力したりしています。

SEOには大きく分けて3つの要素があります。「**検索順位**」「**検索結果での説明内容（＝ディスクリプション）**」そして「**ランディングページ**」です。この3つの要素のうち「検索順位」への注目が高くなりがちですが、すべての要素を考えて対策を行うことで初めて検索エンジンからのコンバージョンを増やすことができるようになります。簡単にそれぞれの項目を確認してみましょう。

検索順位

自社サイトやページが特定の検索ワードに対して何位に出てくるかを意味するものです。基本的には順位は高ければ高いほど良いです。図2や図3の通り、検索結果の順位が高ければ高いほどクリック率が上がるという形になります。

※1　AISAS：インターネット登場後の消費者の行動プロセスを定義づけたもの。このモデルでは、消費者はAttention（認知し）、Interest（興味を持ち）、Search（検索し）、Action（購買し）、Share（共有する）というステップで行動するとされています。

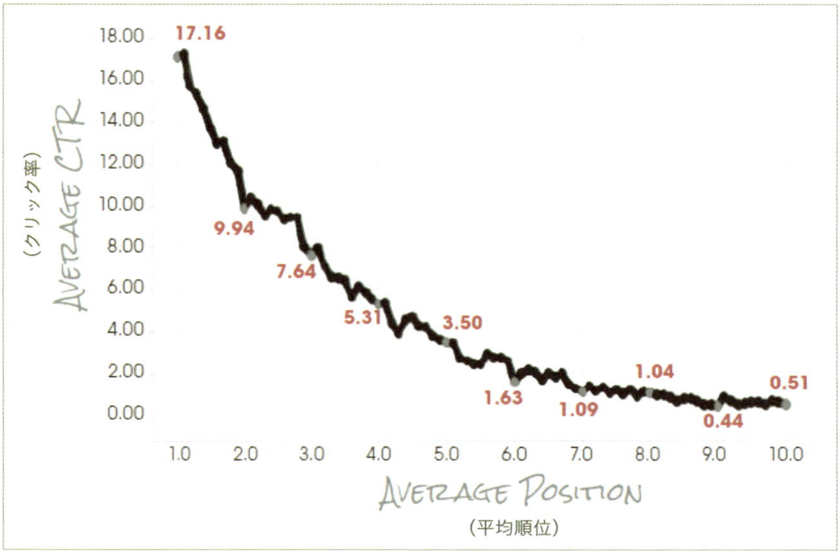

図2　検索順位によるPCサイトのクリック率の変化（Google:2013年）Catalyst調査
http://www.catalystsearchmarketing.com/pubs/google-ctr-study/

AVERAGE POSITION	DESKTOP	MOBILE
1.00	17.16	16.72
2.00	9.94	9.14
3.00	7.64	7.07
4.00	5.31	3.98
5.00	3.50	2.81
6.00	1.63	1.32
7.00	1.09	0.74
8.00	1.04	0.60
9.00	0.44	0.45
10.00	0.51	0.38

図3　PCとスマートフォン順位ごとのクリック率（Google:2013年）　Catalyst調査

●順位はどのように決まるのか？

では、この順位はどのようにして決められているのでしょうか？　ここが検索エンジンの肝の部分になり、各検索エンジンはそのロジックを明確には公開していません。仕組みとしては、検索エンジンが**クローリング**（＝Web上にある各ページの中身を確認する行動）を行い、その中身やいくつかのロジックによって順位に関するポイントが計算され、そのポイント通りに並ぶという考え方です。
どのような要素が影響を与えるかに関しては「**moz**」というサイトが定期的に有識者への調査や実データから公開をしています。この要素で計算されているということではなく、この要素が良いほど上位に入りやすいという傾向があるという結果になっています※2。
毎年大きく変わらない要素としては「ページへのユニークなリンク数やリンク元ドメイン」「オーソリ

※2　詳細は「http://moz.com/search-ranking-factors」にアクセスすると確認できます（英語）。

ティ(権威)」「ページやタイトル内のキーワード」「ソーシャルメディア上での話題」などが上げられます。ページ内にどれくらいキーワードやコンテンツがあるかということも大切ですが、あわせて、権威性が高いサイトやページ(例：Yahooなど)からのリンクに関しても評価を行っているようです。
つまり、検索順位を上げるためには、**良質なコンテンツ**と**良質なサイトからのリンク**が基本的には必要になります。ここで言う「良質」とはより多くの人にとって有益であることを意味します。
逆に「ページの表示速度」「URLやドメインの文字数」などは遅いほど、または長いほど順位降格の要因になっています。

ディスクリプション

SERPに表示される内容も順位と同じくらい大切です。いくら順位が上でも、リンクをクリックしたいと思えない内容になっていては流入にはつながりません。図4は「オレンジジュース」で検索したSERPになります。

図4 「オレンジジュース」の検索結果

基本的には3つの内容が表示されます。「**タイトル**」「**URL**」「**説明文**」です。この3つを最適な状態にすることで、よりクリック率を上げることができます。

「タイトル」の最適化

「**タイトル**」は、多くの場合、各ページのタイトルタグ(<TITLE></TITLE>の中身)が表示されているようです(必ずしもその通りとは限りません)。表示できる文字数の上限の観点から、半角換算(＝全角の場合1文字を2文字としてカウント)**70文字以内**に収めると良いでしょう。Googleの検索結果ページでは、タイトルで表示される長さを文字数で決めていません(幅のピクセル数で決めていると言われています)。70文字であれば通常問題なく表示されるため、この長さに収めると良いでしょう。また、内容が明確で具体性のあるタイトルを簡潔に設定すると良いでしょう。間違ってもサイトの全ページを同じタイトルにしてはいけません。

●「URL」の最適化

「URL」に関しては**サイト運営者によるコントロールは非常に難しい**です。また必ずしも、URLそのものが表示されるわけではなく、パンくずリスト形式で表示される場合もあります。図5は「スニペットURL」で検索した結果になります。一部のサイトに関してはURLではなく、サイトのこのカテゴリ内にあるという形式で表示されているのが分かります。

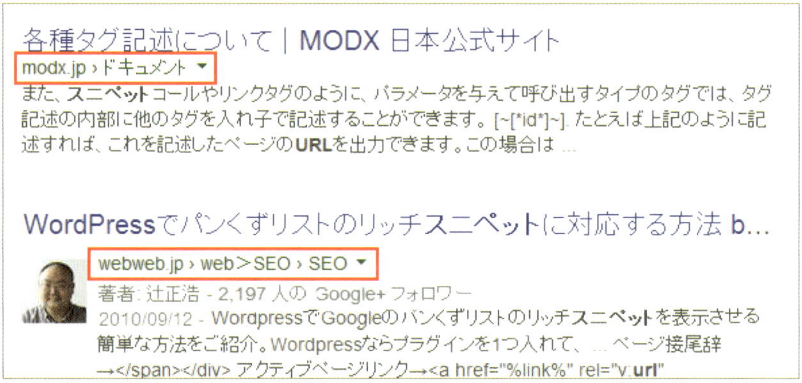

図5 「スニペットURL」での検索結果

●「説明文」の最適化

「説明文（＝スニペット）」は、**サイトの説明文**になります。この内容はページ内の<meta name =” description” content=“ここに説明文”>に書いてある説明文から持ってくることが多いようですが、ページ内に該当キーワードが入った箇所の前後の文章が利用されることもあります。文字数も最大で半角156文字と言われていますが、必ずしもそうとは限らないようです。
検索エンジンでは、**地図**や**画像**などが表示される場合もあり、SERPで表示される内容は多岐に渡ります。たとえば図5に関しては、著者・画像・Google+などのフォロワー数が表示されています。これはGoogleが提供しているSNSサービス「Google+」に登録をしていると表示される場合があるようです。
本書はSEOの専門書ではないので、細かいテクニックは省略しますが、順位だけではなく説明文も大切であることはお分かりいただけたかと思います。

● ランディングページ

ランディングページは検索エンジンから入ってきて最初に表示されるページになります。検索エンジンからいくら流入をしても、表示される内容が悪いと利用者は離脱してしまいます。そのため、検索エンジンから入ってくる主なページに関しては、その内容を最適化して、離脱を減らし、次のページに進んでもらうためのページ改善が必要となります。
ランディングページに関してはChapter 2-5で詳しく説明いたします。

サイトの内容にマッチし、利用者にとって有益なコンテンツを作成する

筆者のSEOに対する考え方はシンプルです。**SEOを行うために「やってはいけない」ことを正しく理解し、後はサイトの目的×コンテンツ×利用者の組み合わせを考える**というものになります。
まずは、やってはいけないことを把握しておきましょう。「他のサイトにお金を払ってリンクを貼ってもらう」であったり、「不必要なサイトをたくさん立ち上げ、自社サイトにリンクを貼る」といった禁止されている行為などをまずは確認しておきましょう。他にも検索エンジンにとって分かりにくい記述やページ表示などにも気をつけましょう。
この辺を把握しておくためには、SEOに関する情報を定期的に入手・確認しておく必要があります。
筆者は主に以下の9つのサイトを確認し、必要であればほかのサイトも参照しています。

Google公式

ウェブマスターセントラル　https://productforums.google.com/forum/?hl=ja#!forum/webmaster-ja
Webmaster Central Blog　http://googlewebmastercentral.blogspot.jp/

日本語：ブログ

SEMリサーチ　http://www.sem-r.com/
SEO Japan　http://www.seojapan.com/blog/
SEO検索エンジン最適化　http://www.searchengineoptimization.jp/
海外SEO情報ブログ　http://www.suzukikenichi.com/blog/

海外：ブログ

MOZ blog　http://moz.com/blog
Search Engine Watch　http://searchenginewatch.com/seo
Seach Engine　Land http://searchengineland.com/

最新の情報のキャッチアップだけでは難しい場合は、検索エンジンに関する業務を行っている会社やコンサルタントに相談するというのも1つの方法です。

では、「利用者にとって有益なコンテンツ」という部分を考えてみましょう。コンテンツ作成時に気をつけなければいけないことは4点あります。それぞれ確認をしていきましょう。

1点目は「**サイトを訪れる人が望むであろう情報をしっかり用意すること**」です。ユーザーが必要としているコンテンツに関してはユーザーの声を拾っていくことが大切です。
アクセス解析のデータであれば、**サイト内でよく見られているコンテンツ**、**流入している検索キーワード**、**サイト内検索で利用されている語句**などが考えられます。
また、アクセス解析以外のデータであれば、お問い合わせの内容、利用者の声、レビューやコメントなど多岐に渡ります。また、必要であればアンケートやグループインタビューの実施も有効でしょう。

大切なのは、すべての声に答えようとすることではなく、**より大勢の人が必要としているもの**、また**狙っているユーザー属性が必要としているもの**を優先的に用意することです。
そして、可能であれば世の中のトレンドも把握し、それを有効活用できると良いでしょう。自社サービスの業界に関する最新のトピックスやトレンドをいち早く取り入れてコンテンツを作成することは、特に検索エンジンからの流入という意味では有効です。

2点目は「**定期的にコンテンツを作成してアップデートしていくこと**」です。
検索エンジンは順位付けを行う上でサイトの**更新頻度**も加味しています。すべてのコンテンツをアップデートすることは難しくても、人気のコンテンツや必要性が高いものは定期的に情報を追加していきましょう。利用事例・ユーザーの声・よくある質問などは、更新できると良いでしょう。

3点目は「**サイトの目的につながるように意識すること**」です。
ただ必要なコンテンツを用意しているだけでは意味がありません。必要なコンテンツから誘導をかけるためのリンクやバナーの設置、また明確にコンバージョンにつながるようなコンテンツが必要なケースもあります。ぜひ、目的を意識したコンテンツ作りも忘れないようにしてください。

最後に大切なのは「**このサイトならではの強み**」を用意することです。
どのサイトにも負けない「何か」を用意する必要があります。どのように考えれば良いか、悩んでしまう方も多いかもしれません。同業他社のコンテンツも比較しながら、自分たちの業界において、この情報や内容に関しては誰にも負けないというものを絞り込んで作成しましょう。
その業界のナンバーワンではなくても、その業界の中における特定の領域のナンバーワンを目指すことは可能なのではないでしょうか。**オリジナルで負けないコンテンツ**は閲覧者にも強い印象を残しますし、検索エンジンからの流入という意味でも、そのワードの組み合わせにおいては1位を狙いやすくなります。

▶ Section 1-2

自然検索を分析する

自然検索の分析はサイトに入る前と後に分けることができます。サイトに入る前に大切なのは、「**検索回数**」「**検索順位**」「**流入数(≒クリック数)**」となり、サイトに入ってからは「**直帰率**」と「**コンバージョン率**」が大切になります。
また分析の単位としてはキーワードごとに細かく見る場合もありますが、キーワードでの流入が多いサイトに関してはキーワードをグループ化して見ることで特徴を発見しやすくなります。

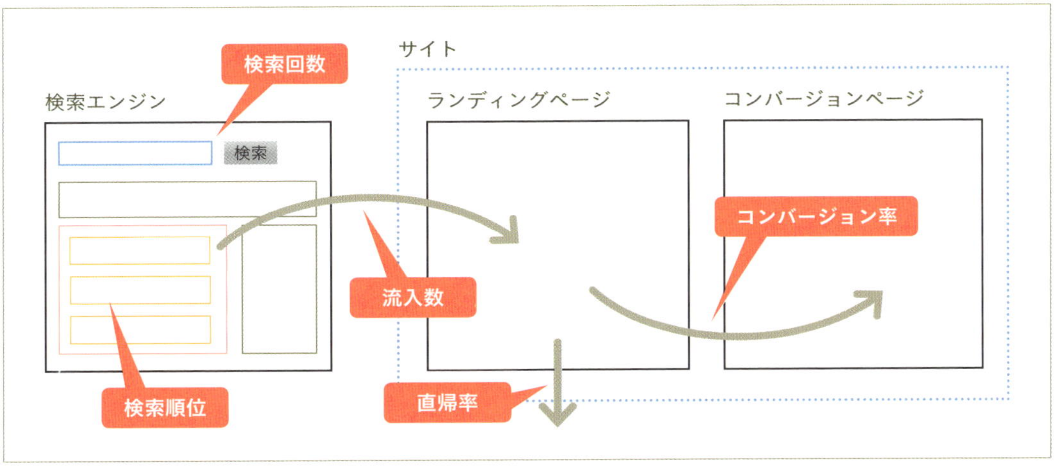

図1　自然検索で重要な数値

流入に関する分析

では、まず流入に関する分析から確認をしていきましょう。最初に見るべきポイントはSEOをしたいと思っている用語の「**検索回数**」になります。検索回数を調べるツールは様々な種類があるのですが、まずはGoogleやYahoo!の公式ツールを利用するのが良いでしょう。

分析ツールの紹介

Googleキーワードプランナー

https://adwords.google.com/ko/KeywordPlanner/

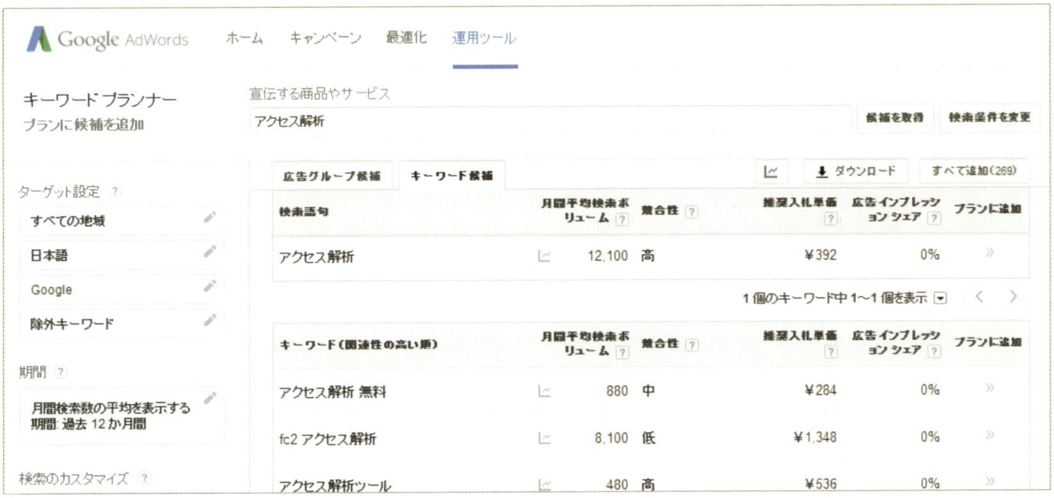

図2　キーワードごとの検索数や、推奨入札価格などを見ることができる

Yahoo! キーワードアドバイスツール

https://promotionalads.business.yahoo.co.jp/Advertiser/Tools/KeywordAdviceTool?

キーワード候補　検索ボリューム推移　属性別検索割合

キーワード追加　キーワードをテキスト形式で表示　抽出結果をダウンロード(CSV)

キーワード	競合性	月間検索数	推定平均CPC	推定平均掲載順位	推定クリック率	推定インプレッション数(日)	推定クリック数(日)	推定コスト(日)
無料ツール		4,000	5	1.0	1.60	4,688	75	349
- PC・タブレット		3,900	5	1.0	1.60	4,688	75	349
- スマートフォン		100	-	-	-	-	-	-
- モバイル		-	-	-	-	-	-	-
アクセス解析		19,000	277	1.0	1.71	1,605	27	7,581
- PC・タブレット		16,000	299	1.0	1.75	1,339	23	6,971
- スマートフォン		2,600	150	1.0	1.53	266	4	610
- モバイル		-	-	-	-	-	-	-
サイト解析		700	189	1.0	0.41	779	3	591
- PC・タブレット		700	189	1.0	0.41	779	3	591
- スマートフォン		-	172	1.0	-	0	0	0
- モバイル		-	-	-	-	-	-	-
ログ解析		2,800	262	1.0	1.65	543	9	2,347
- PC・タブレット		2,700	262	1.0	1.65	543	9	2,347
- スマートフォン		100	-	-	-	-	-	-
- モバイル		-	-	-	-	-	-	-
ホームページ 無料		6,400	172	1.0	2.10	397	8	1,435
- PC・タブレット		5,500	291	1.0	3.92	85	3	964
- スマートフォン		900	94	1.0	1.61	313	5	470
- モバイル		-	-	-	-	-	-	-
ブログ 解析		200	225	1.0	1.60	6	0	20

図3　キーワードごとの検索数や、推定CPC（1クリックあたりの料金）などを見ることができる

またGoogleとYahoo! を横断で確認できるツールもあります。

Aramakijake.jp

http://aramakijake.jp/keyword/index.php

「アクセス解析」の月間推定検索数　Yahoo! JAPAN **17,310**　Google **11,933**

▸ データをCSVで保存する

「アクセス解析」の月間検索アクセス予測数

	Google	Yahoo! JAPAN
1位	5,048	7,322
2位	1,422	2,063
3位	1,007	1,461
4位	720	1,044
5位	580	841
6位	476	691
7位	402	583
8位	356	516
9位	338	490
10位	354	514

図4
GoogleおよびYahoo!での月間推定検索数を見ることができる

調べた数値をどう活用するか

筆者が普段から利用している感覚ですと、**検索回数が3桁以下の場合**は、それほど数値は正確ではなさそうです。これらのツールを利用する上で大切なのは、単純に検索回数を調べるだけではなく、それをどう活用するかを考えることです。
公式のツールでは関連キーワードも確認することができます。調べたワード以外で検索回数が多いワードがあったら、それをコンテンツ作成対象ワードや、後述するリスティングの入札対象ワードにしても良いでしょう。
また、キーワードの検索トレンドを調べることも大切です。どの時期に検索回数が増えるかは、コンテンツを作成するタイミングを考える上でも非常に大切です。

以下はGoogle Trends（http://www.google.co.jp/trends/）というサービスを利用して、5つのフルーツの検索トレンドを表示したものです（2012年1月〜2014年1月）。

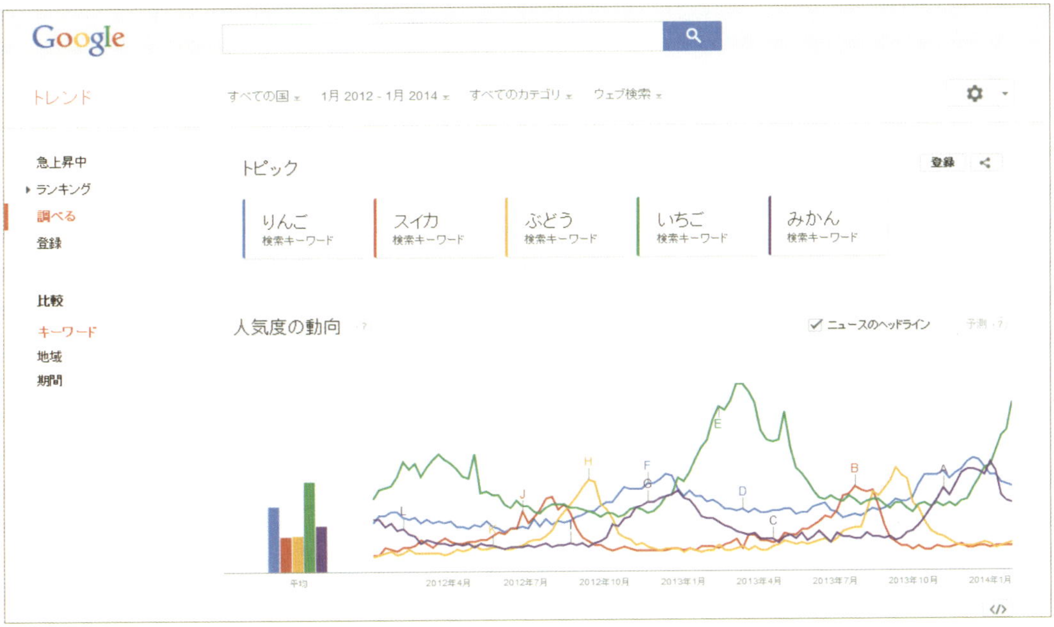

図5　Google Trendsで5つのキーワードを比較したところ

見ての通りフルーツの種類によって**検索のピーク**が大きく違うのが分かります。特定フルーツのコンテンツをいつ用意するべきかの参考になるのではないでしょうか。また、**どの地域での検索が人気だったか**を確認することも可能です。

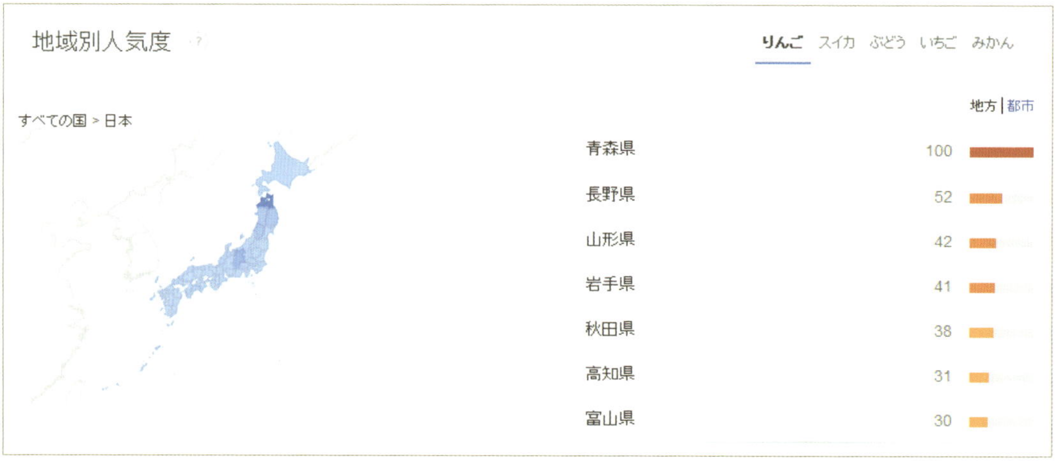

図6 「りんご」の検索数を地域別に表示したところ

たとえば、「りんご」であれば、青森県では他の都道府県の2倍近く検索されていることが分かります。検索回数の分析をする上で大切なのは、検索回数そのものを見るだけではなく、**流入が増やせそうな新しいワードの発見**や、**季節によって回数が増えるなどのトレンド**を把握してコンテンツを作成するタイミングを図るなど活用方法を常に意識しながらデータを見ることです。

検索順位の確認

次に「**検索順位**」を確認していきましょう。検索順位に関しては、実際に自分で検索し、確認をしてみるのも良いのですが、特にGoogleやYahoo!にログインしているユーザーに関しては、過去の検索履歴やクリックした結果などによって検索結果の順番や内容が変わることがあります。調査をする場合は、クッキー※3を削除する、あるいは、Chromeブラウザの「シークレットウィンドウ」などの機能を使った上で、非ログイン状態で検索すると良いでしょう。また、検索エンジンでの検索順位を定期的に記録するのに便利なのが「**GRC**」という名前の無料ソフトウェアです。検索エンジンに関する業務につく方の多くは使っている、非常に有名で使い勝手が良いツールです。

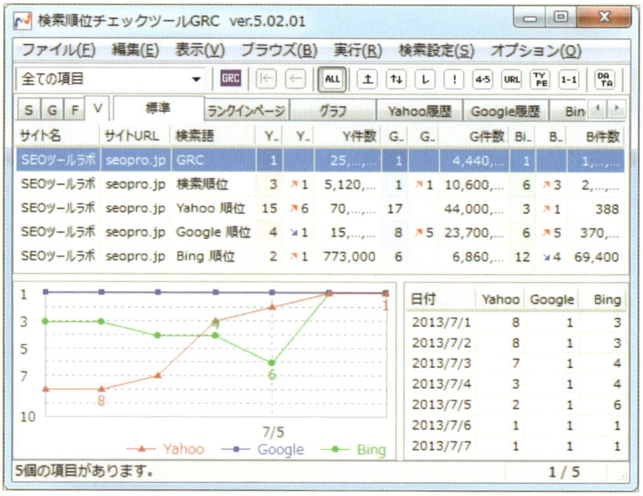

図7 GRCで、検索順位を時系列で表示させたところ

GRC

http://seopro.jp/

※3 クッキー：Webサイトが訪問者の属性などの情報を残しておく仕組み。訪問者側のパソコンに情報が保存される。

3つの検索エンジン（Google、Yahoo!、Bing）での自サイトの検索順位を確認できます。定期的にデータを取得し、グラフを作成することもできます。

SEOの効果測定や競合サイトとの順位比較などが簡単に行える便利なツールです。ツールそのもの使い方は上記サイトでご確認ください。ここでは、このツールを使って見るべきポイントを紹介いたします。

まず、最初に見ておくべきは、**検索順位の急激な変化がないか**です。SEOをしたいと考えているワードに関しては登録をしておき、毎日起動して順位を確認しておきましょう。急激な上昇や下降があればいち早くそれに気づくべきですし、場合によっては対策が必要かもしれません。また、自社だけではなく**同業他社との比較**も簡単に行えますので、順位の変更があった場合は実際に同業他社のサイトにアクセスしてみて、ページ内に何か変化があったかなどを確認してみると良いでしょう。

検索順位はSEOのための施策に効果があったかを把握するという意味でも非常に大切な指標です。前述の通り流入数に最も影響する変数なので、自社サイトに関連のある主要ワードに関しては常にチェックをしておきましょう。

また、アクセス解析ツールでの流入数をあわせて確認しておくことで、「**検索順位の変動がどう流入に影響を与えるか？**」というのを確認することができるようになります。

1位から3位に落ちると流入やコンバージョンにどれくらい影響を与えるかということも定量的に判断できるようになるかもしれません。またGoogleアナリティクスでも、自社サイトへの流入数が多いワードに関しては検索順位を確認することができます。

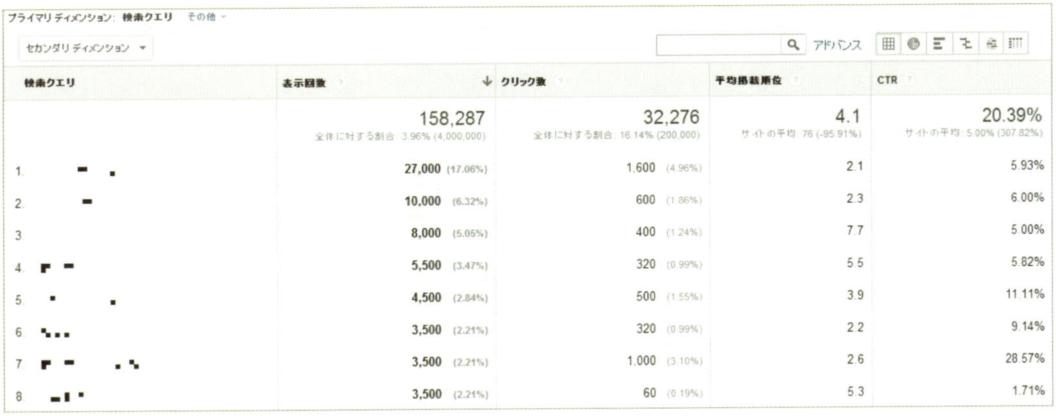
プライマリ ディメンション: 検索クエリ　その他
セカンダリ ディメンション
アドバンス

検索クエリ	表示回数	クリック数	平均掲載順位	CTR
	158,287 全体に対する割合: 3.96% (4,000,000)	32,276 全体に対する割合: 16.14% (200,000)	4.1 サイトの平均: 76 (-95.91%)	20.39% サイトの平均: 5.00% (307.82%)
1. [redacted]	27,000 (17.06%)	1,600 (4.96%)	2.1	5.93%
2. [redacted]	10,000 (6.32%)	600 (1.86%)	2.3	6.00%
3.	8,000 (5.05%)	400 (1.24%)	7.7	5.00%
4. [redacted]	5,500 (3.47%)	320 (0.99%)	5.5	5.82%
5. [redacted]	4,500 (2.84%)	500 (1.55%)	3.9	11.11%
6. [redacted]	3,500 (2.21%)	320 (0.99%)	2.2	9.14%
7. [redacted]	3,500 (2.21%)	1,000 (3.10%)	2.6	28.57%
8. [redacted]	3,500 (2.21%)	60 (0.19%)	5.3	1.71%

図8 ［集客→検索エンジン最適化→検索クエリ］を参照

「流入数」に関しては、サイトに導入しているアクセス解析ツールで確認をするのが良いでしょう。この次の「直帰率（1ページだけ見て離脱した割合）」とあわせて紹介いたします。

サイト内に関する情報

「**流入数**」と「**直帰率**」に関しては同時に確認を行いましょう。主要アクセス解析ツールであれば、キーワードごとの流入数と直帰率は確認できます。以下はGoogleアナリティクスのオーガニック検索レポートです。

「流入数」と「直帰率」を確認する

サイトにどういうワードで何回流入しているかが、一番左の列（「セッション」）に表示されており、右から3つ目の列（「直帰率」）で直帰率を確認することができます（図9）。
まずはボリュームを把握し、特に流入量が多いキーワードで直帰率が高い場合は対策を行う必要があります。せっかく多くの流入があるのに、ほとんどの訪問が1ページだけで終わってしまっているという非常にもったいない状態となってしまっています。
まず、確認するべきなのは、これらのキーワードでどのページに流入しているかです。実際に検索をして確認してみても良いですし、Googleアナリティクス内でも確認できます。
Googleアナリティクス内で確認する場合は、気になるキーワードをクリックし、［セカンダリディメンション］のプルダウンから［ランディングページ］を選択してください（図10）。そうすると、キーワードに対してどのページに流入していたのかを確認できます。

プライマリ ディメンション: キーワード　参照元　ランディング ページ　その他

グラフに表示　セカンダリ ディメンション　並べ替えの種類: デフォルト

キーワード	集客 セッション	新規セッション率	新規ユーザー	行動 直帰率	ページ/セッション	平均セッション時間
	115,122 全体に対する割合: 75.25% (152,981)	16.54% サイトの平均: 6.96% (137.55%)	19,036 全体に対する割合: 178.76% (10,649)	81.69% サイトの平均: 81.91% (-0.27%)	1.33 サイトの平均: 1.33 (-0.54%)	00:01:00 サイトの平均: 00:01:01 (-1.50%)
1. (not provided)	48,494 (42.12%)	11.33%	5,496 (28.87%)	78.88%	1.41	00:01:21
2. twitter アクセス解析	6,077 (5.28%)	20.90%	1,270 (6.67%)	73.65%	1.32	00:00:49
3. twitter 解析	2,989 (2.60%)	19.00%	568 (2.98%)	78.76%	1.27	00:00:46
4. ツイッター アクセス解析	2,950 (2.56%)	23.02%	679 (3.57%)	81.49%	1.24	00:00:41
5. ツイッター 解析	1,843 (1.60%)	20.18%	372 (1.95%)	79.06%	1.26	00:00:39
6. twitter 分析	1,627 (1.41%)	19.18%	312 (1.64%)	80.15%	1.27	00:00:45
7. アトリビューション分析	605 (0.53%)	20.66%	125 (0.66%)	79.83%	1.70	00:01:42
8. ブログ アクセス解析	533 (0.46%)	24.02%	128 (0.67%)	94.56%	1.08	00:00:20
9. twitter 分析ツール	521 (0.45%)	18.23%	95 (0.50%)	70.06%	1.44	00:00:57
10. twitter 解析ツール	498 (0.43%)	19.48%	97 (0.51%)	75.10%	1.34	00:00:56

図9　キーワードレポート。Googleアナリティクスの管理画面で［レポート］を開き、［集客→キーワード→オーガニック検索］を開く

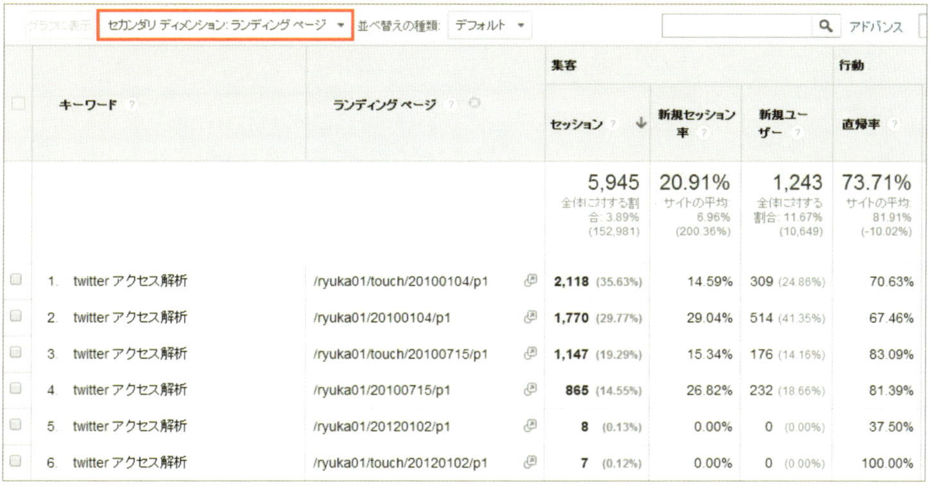

グラフに表示 セカンダリ ディメンション: ランディング ページ ▾ 並べ替えの種類: デフォルト ▾ アドバンス

	キーワード	ランディング ページ	集客 セッション	新規セッション率	新規ユーザー	行動 直帰率
			5,945 全体に対する割合: 3.89% (152,981)	20.91% サイトの平均: 6.96% (200.36%)	1,243 全体に対する割合: 11.67% (10,649)	73.71% サイトの平均: 81.91% (-10.02%)
1.	twitter アクセス解析	/ryuka01/touch/20100104/p1	2,118 (35.63%)	14.59%	309 (24.86%)	70.63%
2.	twitter アクセス解析	/ryuka01/20100104/p1	1,770 (29.77%)	29.04%	514 (41.35%)	67.46%
3.	twitter アクセス解析	/ryuka01/touch/20100715/p1	1,147 (19.29%)	15.34%	176 (14.16%)	83.09%
4.	twitter アクセス解析	/ryuka01/20100715/p1	865 (14.55%)	26.82%	232 (18.66%)	81.39%
5.	twitter アクセス解析	/ryuka01/20120102/p1	8 (0.13%)	0.00%	0 (0.00%)	37.50%
6.	twitter アクセス解析	/ryuka01/touch/20120102/p1	7 (0.12%)	0.00%	0 (0.00%)	100.00%

図10　キーワードとランディングページのかけあわせレポート。図9の画面で調べたいキーワードをクリックし、[セカンダリディメンション] で [行動→ランディングページ] を選択

ランディングページを確認する

ランディングページを特定できたら実際にページを確認してみましょう。検索して流入してきたキーワードとマッチする内容は、分かりやすい場所に用意されているでしょうか。もし内容が分かりづらかったり、探しにくかったりした場合は離脱をしてしまう可能性が高いです。**同じような検索順位にいる他のサイト**と比較をして課題を発見してみるのも良い方法です。
また、もしかしたら内容には問題がなく、そこから先の**遷移**に問題があるかもしれません。つまり、次のページに遷移するためのリンクが分かりづらかったり、足りなかったりという可能性があります。ページの下まで商品説明を読んだけど、下部まで遷移してしまうと、ページの上に戻らないとリンクが見つからないといった形です。

キーワードではなくこのようなデザインやユーザーインターフェースが課題の場合は、検索エンジンからの流入だけではなく、他の流入元からこのページに入ってきた場合も直帰率が高くなってしまっている可能性があります。確認をするためには、**ランディングページと流入元をかけあわせる**ことで、そのようなことが起きているかを確認してみましょう。

流入元による差異を確認する

図11は、ランディングページに対して、[セカンダリディメンション] で [集客→参照元] 元を追加した結果になります。画像では、「ソース」の欄に流入元が表示されています。

	ページ	ソース	閲覧開始数	直帰数	直帰率
1.	/ryuka01/20100104/p1	google	**15,482**	13,205	85.29%
2.	/ryuka01/20100104/p1	twitter.com	**3,146**	2,817	89.54%
3.	/ryuka01/20100104/p1	yahoo	**2,875**	2,369	82.40%
4.	/ryuka01/20100104/p1	(direct)	**1,959**	1,775	90.61%
5.	/ryuka01/20100104/p1	b.hatena.ne.jp	**1,438**	1,291	89.78%
6.	/ryuka01/20100104/p1	google.co.jp	**860**	747	86.86%
7.	/ryuka01/20100104/p1	reader.livedoor.com	**416**	361	86.78%
8.	/ryuka01/20100104/p1	google.com	**412**	371	90.05%
9.	/ryuka01/20100104/p1	markezine.jp	**393**	334	84.99%
10.	/ryuka01/20100104/p1	news109.com	**374**	358	95.72%

図11　1つのランディングページに対して、流入元を表示させたところ。［行動→サイトコンテンツ→ランディングページ］を開き、調べたいランディングページをクリック。［セカンダリディメンション］で［集客→参照元］を追加（バージョンアップにより、画面が異なる場合があります）

上記の例の場合は、どの流入元でも直帰率が80%を超えており、キーワードとランディングページの相性の問題ではなく、**ページそのものが欠陥を抱えている**ということが分かります（図11）。

逆に次の例の場合、検索エンジンからの流入に関しては直帰率が低いことが分かり、キーワードとランディングページの組み合わせに関しては問題ないことが分かります（図12）。
ランディングページの分析方法についてはChapter 2-5でも詳しく触れます。

	ページ	ソース	閲覧開始数	直帰数	直帰率
1.	/index2.html	(direct)	**18,152**	6,871	37.86%
2.	/index2.html	yahoo	**17,388**	4,593	26.42%
3.	/index2.html	google	**6,228**	1,640	26.33%
4.	/index2.html	[illegible]	**5,497**	2,386	43.42%
5.	/index2.html	[illegible]	**3,112**	2,911	93.56%
6.	/index2.html	[illegible]	**2,003**	712	35.58%
7.	/index2.html	[illegible]	**1,059**	423	39.94%
8.	/index2.html	[illegible]	**781**	246	31.57%
9.	/index2.html	[illegible]	**650**	566	87.04%
10.	/index2.html	[illegible]	**545**	420	76.97%

図12　ランディングページに対して、流入元を表示させたところ（図11とは別の例）

コンバージョン率を確認する

最後に見ておくべき指標は**コンバージョン率**になります。いくら流入をして、その後離脱しなかったとしても、サイトのゴールに到達してくれなければ、ビジネスにとっては意味がありません。キーワードで流入したことによりサイトのことを知り、その後、ブランドワードでの流入やブックマーク経由で流入することも考えられますが、まずは**流入してきたキーワードでコンバージョンしてもらうこと**を大切にしましょう。すべてのワードでのコンバージョンは現実的ではありませんが、少なくともサービスや商品に関連するワードの場合はコンバージョンしてもらうことを意識しましょう。
では、どのキーワードでコンバージョン率が高いかを確認してみましょう。Googleアナリティクスの場合、「オーガニック検索」のレポートで、コンバージョン率の降順に並び替えることでコンバージョン率が高いキーワードを発見することができます。以下がその結果になります。

キーワード	セッション	コンバージョン率	平均目標値	業者紹介申込み（目標 1 のコンバージョン率）
	199,851 全体に対する割合: 28.95% (690,388)	0.62% サイトの平均: 1.17% (-47.22%)	￥0 サイトの平均: ￥0 (0.00%)	0.62% サイトの平均: 1.17% (-47.22%)
大阪	1 (0.00%)	100.00%	￥0	100.00%
センサー取り付け業者	1 (0.00%)	100.00%	￥0	100.00%
福島	1 (0.00%)	100.00%	￥0	100.00%
バス リフォーム 神奈川	1 (0.00%)	100.00%	￥0	100.00%
バランス釜 給湯器 千葉	1 (0.00%)	100.00%	￥0	100.00%
フローニングの塗装	1 (0.00%)	100.00%	￥0	100.00%
フローリングの塗装リフォーム	1 (0.00%)	100.00%	￥0	100.00%
風呂 リフォーム	1 (0.00%)	100.00%	￥0	100.00%
壁凹み	1 (0.00%)	100.00%	￥0	100.00%
料金 会員	1 (0.00%)	100.00%	￥0	100.00%

図13 ［集客→キーワード→オーガニック検索］を開き、コンバージョン率が高い順に並べたところ（バージョンアップにより、画面が異なる場合があります）

見ての通り、流入が1件のものばかり並んでしまいます（図13）。
これではたまたまそのワードでコンバージョンしたということもありえます（つまりコンバージョンしていなければ0%です）。
そこで、流入量も加味した結果を確認するために流入量も加味した「**加重**」を利用します。「並べ替えの種類」のプルダウンから「加重」を選ぶと、次ページの図14のような結果に変わります※4。

流入量が一定以上あり、**コンバージョン率が高いキーワード**を発見できます。コンバージョンを効率良く増やすためには、まずはこれらのワードの流入量を増やすことを考えるのが一番の近道です。
他にも流入量が多いけれど、コンバージョン率が低いワードに関しては、追加でのコンテンツ作成などが必要かもしれません。しかしあまりにも自社サービスとかけ離れている、あるいは、どうしてもコンバージョンにつながらないようなワードに関しては無視しても良いでしょう。

※4 表示順の仕様に関しては、筆者のブログを参考にしてみてください。
http://d.hatena.ne.jp/ryuka01/20100927/p1

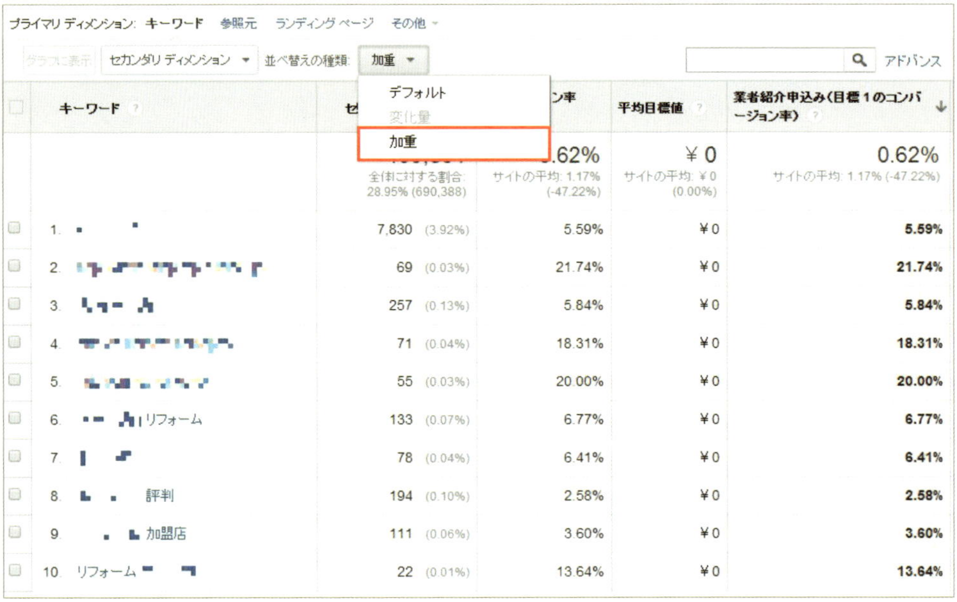

図14　コンバージョン率が高い順にキーワードを並べ、さらに加重を加えたところ（モザイク部分はブランド名）

キーワードの分析を行う単位

小さいサイトでも数百〜数千種類のキーワード、大規模サイトになると数百万種類のキーワードでサイトに流入してきます。これらのキーワードをすべて確認していくことは現実的ではありません。キーワードをいくつかの**グループにまとめて**分析を行うと良いでしょう。
分類はサイトの種類や特性によりますが、ECサイトなどであれば、

- **ブランド名：**〇〇ショップ など
- **商品カテゴリ名：**ジャケット・Tシャツ・ジーンズ など
- **商品カテゴリ×条件名：**ジャケット　安い・ジャケット　春・ジャケット　レザー など
- **商品名：**△△シューズ など
- **その他のワード：**着こなし術・洋服　ランキング など

といった分類が良いかもしれません。
通常はカテゴリ単位で「**アドバンスセグメント**」（P.340参照）を作成して各種数値を把握しておき、必要に応じて細かくキーワード単位で確認し、原因を特定するという方法を使っても良いでしょう。
もちろん常に細かい単位で確認できるに越したことはないのですが、レポートの作成や確認に時間がかかってしまうこと、そして、細かく確認すると全体的な増減が把握しにくいという可能性もあります。

▶ Section 1-3

リスティングの目的を定義する

リスティング広告とは

リスティング広告について、まずはその内容を紹介します。**リスティング**とは、検索エンジンで検索したときに表示される結果ページ（SERP ＝ Search Engine Result Page）において、広告である部分を指します（図1）。

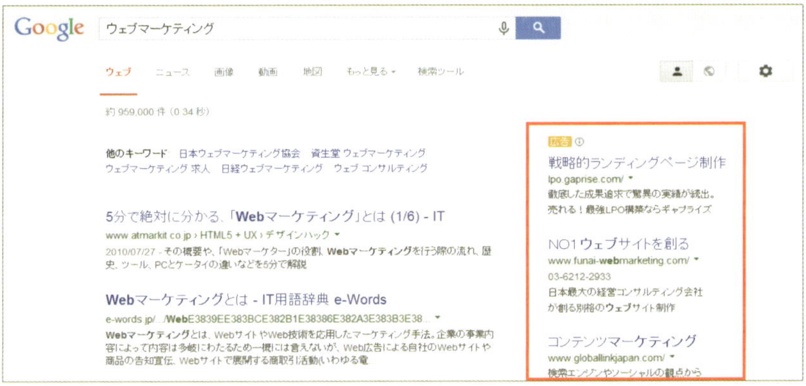

図1　検索エンジンの「リスティング」の表示エリア

自然検索と同じように、能動的に検索した人のSERPに表示される検索連動型の広告となっています。また、リスティングは検索エンジンの結果ページだけではなく、リスティング広告の表示を行っているサイトで表示されることもあります。図2は、「Yahoo!知恵袋」で表示されているものになります。

図2　Yahoo!知恵袋のリスティング広告

こちらに関しては、コンテンツと関連性が高いものが表示される形式となっているため、どのページでも共通で表示されるバナー広告などよりは、利用者を絞って働きかけることが可能となっています。

リスティング広告の料金形態

リスティング広告は**PPC（＝Pay Per Click）**という形式を取っており、クリックすると広告を出稿している会社にその金額が請求されます。リスティング広告ではキーワードを表示するために「入札」を行います。入札額が高く、コンテンツや説明文がマッチしており、クリックの実績が高い場合、より上位に表示されます。入札金額だけでは決まりませんが、大きな要素の1つであることは間違いありません。

リスティング広告が人気の理由

リスティング広告がなぜ多くの会社で利用されているのか。その理由は主に3つあると考えられます。

コスト面のメリット

1つ目は「**コンバージョン獲得コストが他の広告と比べて安い**」ということです。自然検索と同じように利用者が能動的に検索をして情報や商品を探しているため、**利用者のモチベーションが高い**（＝よりコンバージョンする可能性が高い）ということです。この点は自然検索と同じです。

始めやすさ

2つ目は「**比較的低予算で簡単に始められる**」からです。バナー広告を出稿するにはそれなりに予算が必要ですし、メールマガジンの配信でも最初に読者を集める必要があります。しかしリスティング広告であれば、数千円からお試ししてみることも可能です。
複雑な実装などもなく登録を行い、リスティングの配信設定を行えばそれこそ個人でも広告を配信することができます。低予算から始めることが可能というのは、中小企業でもまずは試しやすいというメリットがあります。

Point

リスティングを始めるには、それぞれのサービスでアカウントを取得し、クレジットカードを登録し、キーワードを設定すれば開始できます。

【Google】
Google AdWords　http://adwords.google.co.jp
AdWordsアカウントを作成する　https://support.google.com/adwords/answer/1704354?hl=ja

【Yahoo!】
Yahoo! プロモーション広告　http://promotionalads.yahoo.co.jp/
お申し込みから掲載までの流れ　http://promotionalads.yahoo.co.jp/service/howto.html

停止・再開のしやすさ

3つ目の理由は「**いつでも簡単に停止・再開できる**」ということです。メールマガジンは一度配信を始めたものをすぐに終了するのは利用者から見ても印象が悪いですし、バナー広告であれば、掲載停止はできますが手間もかかりますし、支払ったお金は返ってきません。しかし、リスティング広告であればクリック1つで開始・停止を行うことができます。思ったより効果が出ていなかったら停止をしたり、効果が出ていたら金額を増やしたりということが自由に自分のコントロール下で行うことができます。有料広告を始めるのであれば、筆者もまずはリスティングから実施することを推奨します。

リスティングで表示される内容

リスティングも自然検索と同じように「**タイトル**」「**URL**」「**説明文**」の3つの要素が表示され、考え方は自然検索と近いものになります。しかし、自然検索では検索エンジン側で決められていた「URL」や「説明文」ですが、リスティングではすべて自ら設定することが可能です。そのため、URLや説明文をどう表現するかが、より大切になります。
図3はGoogleのリスティングシステム「AdWords」の管理画面での、設定ページになります。

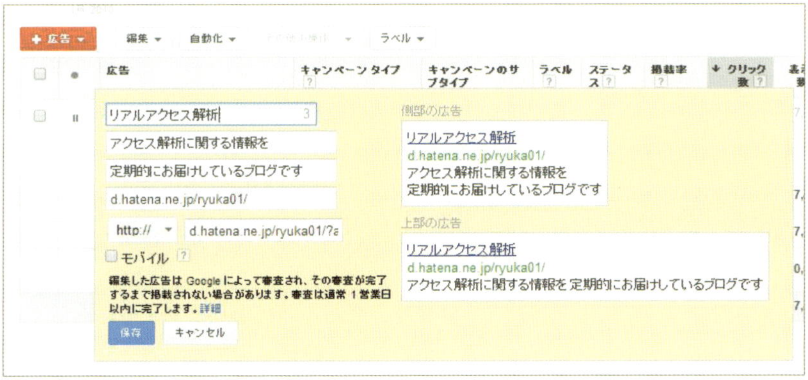

図3 「AdWords」の管理画面

見ての通り、タイトル・URL・説明文を自由に設定することができます。タイトルは全角12文字・説明文は**全角34文字**（17文字×2行）、URLは**半角35文字**まで表示されます。また特徴として、表示されるURLと実際に飛ぶページのURLを変えることも可能です。これは広告経由であることを計測するために、実際に飛ぶURLには広告パラメータを設定しておき、表示上はシンプルなURLにしておくというケースなどで利用されます。

リスティングで大切なのは想像力

自社のサイトやサービスの利用や購入を促すためには、どのキーワードで入札し、どういった説明文を書き、どのランディングページを設定するのか。考えることは多岐に渡ります。その中でもっとも大切なのは、利用者の行動や思いを想像して、**仮説をしっかり立ててから**、タイトルと説明文を考えて入札などを行うということです。皆さんが提供しているサービスは**どういう人が必要としていて**、その人は**どういうキーワードで検索をしてくるのか**（少なくともブランド名だけではありません）、そしてどういう情報があれば更に詳しく見てみたいと思うのでしょうか。ユーザーの視点に立って頭を働かせることが大切です。
また、同じキーワードで入札している同業他社も確認しつつ、差別化を検討しましょう。
たとえば温泉宿のサイトを運営しているとしましょう。利用者は「温泉に入り、宿に泊まりたい」と思ってサイトに訪れるのでしょうか。「温泉に入り、宿に泊まりたい」というのは何かしらの結果における行動です。
なぜ、そのような行動をおこしたいと思ったのか、その**背景**を考えてあげましょう。疲れているのか、気分転換したいのか、友達と二人で楽しみたいのか、家族と楽しみたいのか、いろいろな思いや選択肢があるのではないでしょうか。
それぞれの思いや目的に響くタイトルやスニペット（サイトの説明文）を考えてみましょう。タイトルやスニペットに正解はありません。そして、重要なキーワードに関しては、時々内容を変更して、テストを行ってみましょう。

Section 1-4

リスティング広告を分析する

リスティング広告の分析も基本的には、自然検索と大きく変わりません。同じようにサイトに入る前と後に分けることができます。しかし、リスティングは自然検索の分析方法に加えて、コストに関しても考える必要があります。

リスティング広告のコスト

リスティングの場合は自然検索と違い、**直接的なコスト**というものが発生します。従って単純にコンバージョン率やクリック率が高いというだけではなく、「**コストに見合っているのか**」という要素も考慮をする必要があります。広告と自然検索の要素を両方共兼ね備えたのがリスティングです。
まずは以下のデータを見てましょう。もし皆さんが広告運用担当者だったら、どちらの広告の方を改善したいと思いますか？

広告A　コンバージョン数100件・コンバージョン率0.5%・売上10万・コスト20万
広告B　コンバージョン数50件・コンバージョン率0.3%・売上8万・コスト2万

広告Aの方がコンバージョン数や率が高くても、売上とコストを見たときに赤字となっていることが分かるかと思います。広告運用担当者だったら、まずは広告Aをどうにかしなければと思うのではないでしょうか。このように広告のお金に関する観点も大切になり、それを見るためにいくつかの指標が用意されています。まずはこれらの指標を確認してみましょう。

インプレッション単価とクリック単価

まずは「**インプレッション単価**」と「**クリック単価**」という指標について説明します。「インプレッション単価」はインプレッション（表示）あたりのコスト、「クリック単価」はクリックあたりのコストになり、計算式は以下の通りとなります。

インプレッション単価 ＝ コスト ÷ インプレッション数
クリック単価 ＝ コスト ÷ クリック数

なお、インプレッション単価は「CPI（＝Cost Per Impression）」、クリック単価は「CPC（＝Cost Per Click）」と略されることが多いです。
以下の画像はAdWordsの管理画面のデータになります。この中で「平均クリック単価」と表示されている部分が「クリック単価」になります。インプレッション単価に関しては、画面上に直接の結果は表示されていませんが、「費用÷表示回数」で計算することが可能となっています。

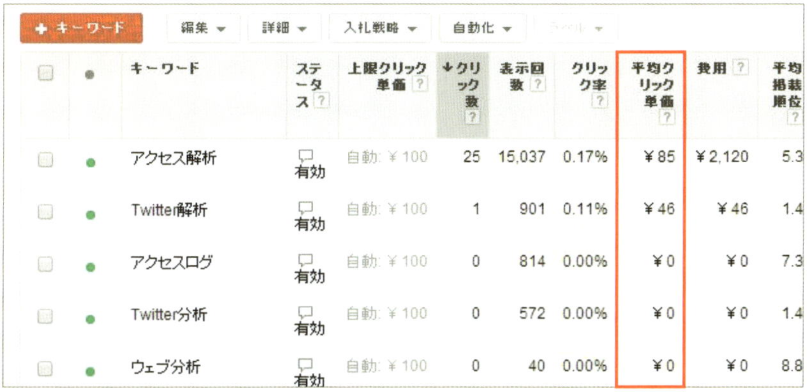

キーワード	ステータス	上限クリック単価	↓クリック数	表示回数	クリック率	平均クリック単価	費用	平均掲載順位
アクセス解析	有効	自動: ¥100	25	15,037	0.17%	¥85	¥2,120	5.3
Twitter解析	有効	自動: ¥100	1	901	0.11%	¥46	¥46	1.4
アクセスログ	有効	自動: ¥100	0	814	0.00%	¥0	¥0	7.3
Twitter分析	有効	自動: ¥100	0	572	0.00%	¥0	¥0	1.4
ウェブ分析	有効	自動: ¥100	0	40	0.00%	¥0	¥0	8.8

図1　自然検索で重要な数値（AdWordsの管理画面）

基本的には、**インプレッション単価もクリック単価も安い方が良い**という考え方になります（しかし、後述するコンバージョン単価の方がもっと重要です)。コストを減らし、インプレションやクリックを増やせればこのような状態を実現することができます。

コストの減らし方 ~ 入札単価が低いキーワードを探す

コストを減らすためにできることは主に2つです。1つは**入札単価※5が低いキーワードを発見すること**です。たとえば「保険」や「賃貸」など多くの企業が狙っている、検索回数が多い人気のワードは入札金額がどうしても高くなってしまいます。入札単価が高い = 悪いというわけでは必ずしもないのですが、検索回数が多くて、上位に入るために必要な入札金額が低いキーワードを発見できれば、それに越したことはありません。
たとえば「スマートフォン」という単語では月間平均検索回数が60,590回・推奨入札単価が419円となっていますが、「ドコモ スマートフォン」ですと14,800回・43円となっていました(2014年3月現在)。
このような平均検索回数や推奨入札単価に関しては、AdWords内にある[キーワードプランナー※6]というツールで調査が可能です。下記の画像は今、紹介した「スマートフォン」での結果になります。

図2 [キーワードプランナー]で「スマートフォン」について調べた画面

図2を見ての通り、入力したキーワードおよびその関連キーワードに関しての検索回数や想定入札単価などを表示してくれます。このようなツールを使いながら、入札単価が低いワードをさがしてみましょう。また、自然検索の時に言及した「サイトの強み」や「オリジナルコンテンツ」に関するキーワードも入札候補に入れて、確認をしましょう。

※5 入札単価:対象のキーワードが1度クリックされるための単価。ディスプレイ広告などでは、1度の表示に対して入札できる場合もある。
※6 https://adwords.google.co.jp/KeywordPlanner

コストの減らし方 ～ 入札単価の見直し

コスト削減のためにできるもう1つのことは、**入札単価の見直し**になります。つまり、現在出稿しているキーワードに対して、入札単価を減らすあるいは入札そのものをなくすという考え方です。当然、すべてを停止してしまえば、コンバージョンも0になってしまうので、むやみに減らせば良いというものではありません。

たとえば入札単価を減らし、掲載順位が1つや2つ下がってもクリック率やコンバージョン率が下がらなければコストを減らすことができるようになります。他にもスニペットやタイトルの見直しなどを行ったものの、全くコンバージョンにつながっていない（けれどコストが発生している）キーワードに関しては入札そのものを辞めてしまっても良いでしょう。このようなに**無駄を省く**という形でコストを下げる方法もあります。また、入札停止によって空いた予算を他のキーワードに入札することも可能です。

キーワードの入札やスニペットなどの見直しは、**検索回数や入札単価が高いワード**から始めましょう。いくら細かい見直しを行っても検索回数が月10件や20件ではその改善効果は微々たるものになってしまいます。

CPC、CPIを下げる ～ クリック数やインプレッション数を増やす

クリック数やインプレッション数を増やすということもCPCやCPIを抑える上では大切になります。クリック数は、クリック率が同じであればインプレッション数が高いほど増えるということになります。しかしインプレッション数は自社だけでコントロールすることが比較的難しいです。ブランドワードであれば知名度をあげるための施策を行うことができますが「保険」や「賃貸」といったワードは社会的な事件や大きな出来事がないと増やすのは難しいと言えます。インプレッション数は入札するキーワード自体を増やしてしまえば自社サイトへの流入対象となりインプレッション数は増えますが、コストも上がってしまいます。

そこでインプレッション数を増やすより大切なのは**クリック率を上げる**ということになります。ここは自然検索と考え方が一緒です。すでに紹介したように、自然検索と違うのは自分で表示する内容を決められる点ですので、自由度はより高くなります。ボリュームが多いキーワードから改善に取り組んでいきましょう。

コンバージョンあたりのコストと売上

次にコンバージョンあたりのコストと売上を確認してみましょう。まずはそれぞれの定義を確認します。

コンバージョンあたりのコスト ＝ 該当キーワードにかかったコスト ÷ コンバージョン数
コンバージョンあたりの売上 ＝ 売上 ÷ コンバージョン数

コンバージョンあたりのコストは「**CPA**（＝Cost Per Acquisition）」、コンバージョンあたりの売上は「**SPA**（＝Sales Per Acquisition）」と略されることが多いです。SPAが高く、CPAが低いほど良いキーワードとなります。
この数値に関してはCPIやCPCとは違い、**サイトのコンバージョンまで加味した数値**になっています。つまりいくらCPIやCPCが低くても、サイトに入ってきたあとにコンバージョンする可能性が低ければ、CPAは高くなってしまいます。そのためキーワードのチューニングだけではなく、ランディングページやサイト内の遷移とあわせて改善していかないといけない指標になります。
SPAやCPAに関しては単体で見ないようにすることも大切です。最終的に大切なのは売上になりますので、効率性だけではなくボリューム（つまり、売上やコストそのもの）もあわせて加味してください。

広告費用の回収率と利益ベースの投資対効果

最後に紹介する指標は**リスティングに対する投資が適切だったか**を判断する、2つの指標です。さっそく定義を確認してみましょう。

広告費用の回収率（%）＝（売上÷コスト）× 100
利益ベースの投資対効果（%）＝（利益額 － コスト）÷ コスト × 100

広告費用の回収率は「**ROAS**（Return on Advertising Spend）」そして利益ベースの投資対効果は「**ROI**（Return on Investment）」と略されることが多いです。ROASが100%以上であれば、かけたコスト以上の売上を確保することができており、ROIが0%を超える場合は、該当する広告が利益をあげたということが言えます。以下の例を確認してみましょう。

リスティング経由の売上＝45万円
1購入あたりの利益＝400円
自サイトでの販売数＝450個
自サイトでの利益額＝18万円（400円×450個）
リスティングのコスト＝30万円

ROAS＝（450,000÷300,000）×100＝150%
ROI＝（180,000－300,000）÷300,000×100＝－40%

この数値が意味することは、「かけたコスト以上の売上を上げることができているが、赤字になっている」ということです。売上を増やそうとしているのであればこの広告は（改善は必要だと思いますが）出稿し続けても良いですし、利益を確保しようとしているのであれば、この広告は出稿停止あるいは大きな見直しが必要となります。

ROASとROIは便利な指標なのですが、その数値の評価は上記の通り、**目的に応じて変わってきます**。基本はROASで100%以上・ROIで0%以上を満たせるように改善を行っていくことになります。

なお、ROIに関してはROASと比較すると**計測が難しい指標**です。「商品あたりの利益がそもそも算出できるのか」「それを解析ツール上に反映できるのか」「リスティングの入札金額以外の運用に関する人件費などのコストもある」といった要因が難易度を上げています。利益の算出が難しい場合は、まずはROASのみを使って広告の評価を行いましょう。

Googleアナリティクスとリスティングの連携

リスティングに関してはGoogleアナリティクスと連携することでより多くの情報を確認できるようになります。Googleが提供しているAdWordsと、Yahoo!が提供しているYahoo!リスティングではその手法が違うので、別々に紹介いたします。

AdWordsをGoogleアナリティクスから確認するための設定

AdWordsとGoogleアナリティクスは同じ会社（Google）が提供しているということもあり、相互のデータを相互のツールで見ることができるようになっています。Googleアナリティクス側から見た設定方法を紹介いたします。

01 ［AdWordsのリンク設定］を開く

「アナリティクス設定」内の「プロパティ」から［AdWordsのリンク設定］を選択します（図3）。

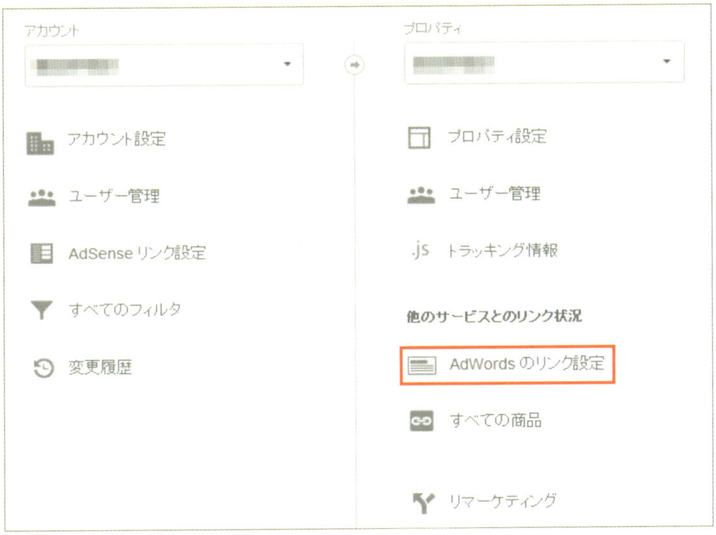

図3 ［AdWordsのリンク設定］をクリック

02 リンクの設定を行う

「＋新しいリンク」を選択し、「アカウントの選択」では、紐付けたいアカウントを選択します。「リンクの設定」では、どのGoogleアナリティクスのレポートとリンクを行うかを選択してください（図4）。

図4　「リンクの設定」で、紐付けたいアカウントを選択

03 オプションの設定を行う

リンクを完了した後に、必要であれば追加の設定を行います（図5）。追加の設定を行わなくても、これでGoogleアナリティクス側で各種レポートを確認できるようになりますが、以下の設定を行うことも可能です。特にAdWords側でアナリティクスの数値を確認したい場合は重要な項目になります。

- **AdWordsでのアナリティクスのエンゲージメント指標の指示**

  AdWordsでGoogleアナリティクスの一部データを表示するために設定します。AdWordsの管理画面をよく見る場合は設定することを推奨します。

- **アナリティクスでのリマーケティング リストの作成**

  Googleディスプレイ広告などを利用する際に、Googleアナリティクスのデータが利用可能になる設定です。Google ディスプレイ広告などを利用する場合は設定することを推奨します。

- **AdWordsへの目標とeコマーストランザクションのインポート**

  Googleアナリティクスの目標やeコマース（売上）に関する情報をAdWordsに反映したい場合に利用する設定です。

図5　オプション項目は必要に応じて設定

Googleアナリティクスで表示されるレポート

設定を行うことで、[集客]内にある「AdWords」配下の各種レポートを確認できるようになります。図6がそのメニューの一覧になります。

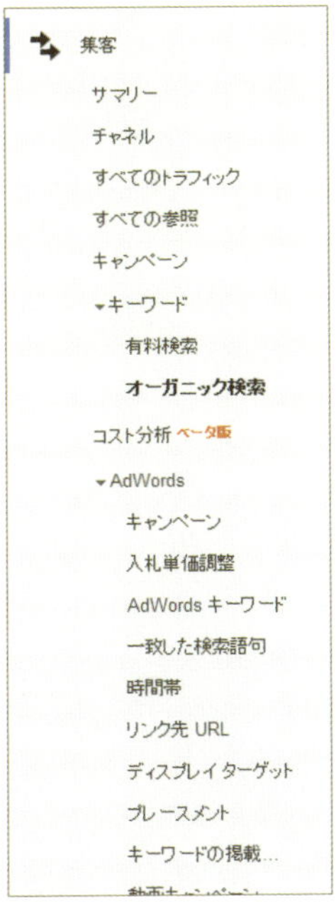

図6

メニュー項目	内容
キャンペーン	AdWordsで登録されている複数の入札キーワード条件をまとめたグループ単位での結果表示
入札単価調整	地域やデバイスなどによって入札単価を引き下げている場合、その設定内容や結果を確認できるレポート
AdWordsキーワード	設定した入札キーワード条件ごとのレポート
一致した検索語句	AdWords経由でサイトに訪れたキーワード単位でのレポート（図7参照）
時間別	時間や曜日単位でのレポート
リンク先URL	ランディングページ別のレポート
ディスプレイターゲット	ディスプレイターゲットでは、検索エンジン以外の箇所での広告表示（P.65 図2を参照）の表示回数やクリック回数、年齢・性別などの情報を確認できる
プレースメント	自動あるいは手動プレースメント別の数値。プレースメントとは、検索エンジンではないリスティング広告の掲載場所を指し示している。この場所（サイト）を任意で決めている場合は手動、Googleにまかせている場合は自動となる
キーワードの掲載順位	キーワード別にどの順位のときに何回流入やコンバージョンがあったかを確認できるレポート（図8参照）
動画キャンペーン	動画広告を利用している場合のレポート

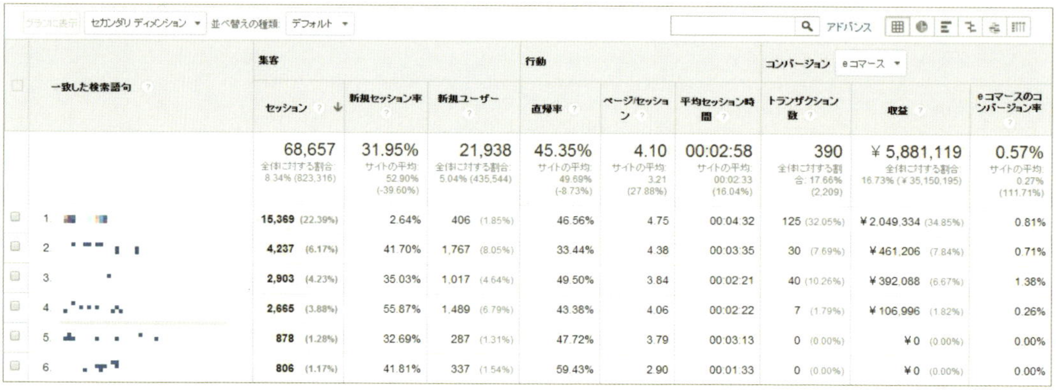

グラフに表示 セカンダリ ディメンション ▼ 並べ替えの種類: デフォルト ▼ アドバンス

	集客			行動			コンバージョン eコマース ▼		
一致した検索語句	セッション ↓	新規セッション率	新規ユーザー	直帰率	ページ/セッション	平均セッション時間	トランザクション数	収益	eコマースのコンバージョン率
	68,657 全体に対する割合: 8.34% (823,316)	31.95% サイトの平均: 52.90% (-39.60%)	21,938 全体に対する割合: 5.04% (435,544)	45.35% サイトの平均: 49.69% (-8.73%)	4.10 サイトの平均: 3.21 (27.88%)	00:02:58 サイトの平均: 00:02:33 (16.04%)	390 全体に対する割合: 17.66% (2,209)	¥ 5,881,119 全体に対する割合: 16.73% (¥ 35,150,195)	0.57% サイトの平均: 0.27% (111.71%)
1. [redacted]	15,369 (22.39%)	2.64%	406 (1.85%)	46.56%	4.75	00:04:32	125 (32.05%)	¥ 2,049,334 (34.85%)	0.81%
2. [redacted]	4,237 (6.17%)	41.70%	1,767 (8.05%)	33.44%	4.38	00:03:35	30 (7.69%)	¥ 461,206 (7.84%)	0.71%
3. [redacted]	2,903 (4.23%)	35.03%	1,017 (4.64%)	49.50%	3.84	00:02:21	40 (10.26%)	¥ 392,088 (6.67%)	1.38%
4. [redacted]	2,665 (3.88%)	55.87%	1,489 (6.79%)	43.38%	4.06	00:02:22	7 (1.79%)	¥ 106,996 (1.82%)	0.26%
5. [redacted]	878 (1.28%)	32.69%	287 (1.31%)	47.72%	3.79	00:03:13	0 (0.00%)	¥ 0 (0.00%)	0.00%
6. [redacted]	806 (1.17%)	41.81%	337 (1.54%)	59.43%	2.90	00:01:33	0 (0.00%)	¥ 0 (0.00%)	0.00%

図7 「一致した検索語句」のレポート例

図8 「キーワードの掲載順位」のレポート例

最も重要な「クリック」レポート

Adwordレポート配下の「キャンペーン」「AdWordsキーワード」「一致した検索語句」レポートなどでは、複数のレポートを見ることができます。その中で筆者が最も大切だと考えているのは、「キャンペーン」レポート内の「クリック」タブのレポートになります（図9）。リスティングの改善ポイントを発見するために必要な数値がすべて1つのレポートにまとまっています。

左から順に簡単に指標を紹介しておきます。

訪問数（セッション）：サイトへの訪問回数※7

表示回数：インプレッション数。検索回数と結果表示ページ数に依存

クリック数：広告がクリックされた回数

費用：クリックによって発生したコスト

クリック率（CTR）：クリック数÷表示回数

クリック単価（CPC）：費用÷クリック数

収益単価：売上÷クリック数　クリックあたりの想定売上

投資収益率（ROI）：（利益額－コスト）÷コスト×100

利益率：（利益額－コスト）÷収益×100

※7　訪問回数はそのリスティングでの訪問だけではなく、次の広告に触れるまでのすべての訪問が、ここで訪問としてカウントされます。そのため通常は「訪問数≧クリック数」になります。

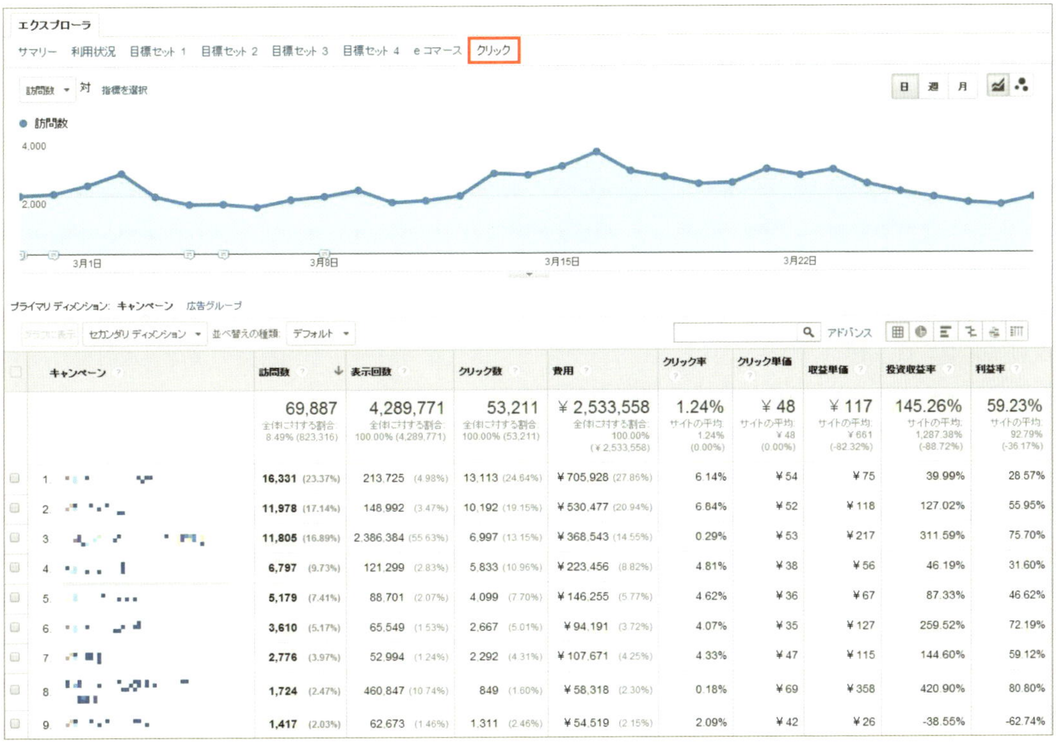

	キャンペーン	訪問数	表示回数	クリック数	費用	クリック率	クリック単価	収益単価	投資収益率	利益率
		69,887 全体に対する割合: 8.49% (823,316)	4,289,771 全体に対する割合: 100.00% (4,289,771)	53,211 全体に対する割合: 100.00% (53,211)	¥2,533,558 全体に対する割合: 100.00% (¥2,533,558)	1.24% サイトの平均: 1.24% (0.00%)	¥48 サイトの平均: ¥48 (0.00%)	¥117 サイトの平均: ¥661 (-82.32%)	145.26% サイトの平均: 1,287.38% (-88.72%)	59.23% サイトの平均: 92.79% (-36.17%)
1.		16,331 (23.37%)	213,725 (4.98%)	13,113 (24.64%)	¥705,928 (27.86%)	6.14%	¥54	¥75	39.99%	28.57%
2.		11,978 (17.14%)	148,992 (3.47%)	10,192 (19.15%)	¥530,477 (20.94%)	6.84%	¥52	¥118	127.02%	55.95%
3.		11,805 (16.89%)	2,386,384 (55.63%)	6,997 (13.15%)	¥368,543 (14.55%)	0.29%	¥53	¥217	311.59%	75.70%
4.		6,797 (9.73%)	121,299 (2.83%)	5,833 (10.96%)	¥223,456 (8.82%)	4.81%	¥38	¥56	46.19%	31.60%
5.		5,179 (7.41%)	88,701 (2.07%)	4,099 (7.70%)	¥146,255 (5.77%)	4.62%	¥36	¥67	87.33%	46.62%
6.		3,610 (5.17%)	65,549 (1.53%)	2,667 (5.01%)	¥94,191 (3.72%)	4.07%	¥35	¥127	259.52%	72.19%
7.		2,776 (3.97%)	52,994 (1.24%)	2,292 (4.31%)	¥107,671 (4.25%)	4.33%	¥47	¥115	144.60%	59.12%
8.		1,724 (2.47%)	460,847 (10.74%)	849 (1.60%)	¥58,318 (2.30%)	0.18%	¥69	¥358	420.90%	80.80%
9.		1,417 (2.03%)	62,673 (1.46%)	1,311 (2.46%)	¥54,519 (2.15%)	2.09%	¥42	¥26	-38.55%	-62.74%

図9 「クリック」のレポート例。[集客→AdWords→キャンペーン] を開き、グラフ上部で [クリック] を選択(バージョンアップにより、画面が異なる場合があります)

様々な指標があるため、どの項目を見れば良いか分かりにくいと感じた方もいるのではないでしょうか。どの指標も説明してきた通り、重要なものばかりですが、このレポートで特に見ておきたいのは「**クリック単価**」と「**収益単価**」の差になります。「**収益単価ークリック単価**」の値が大きいほど、より利益を産んでくれているキャンペーンやキーワードということになります。逆にマイナスの数値(図9の最下部の9位のキャンペーンなど)の場合は赤字であることが分かります。このようなキャンペーンやキーワードは見直しの優先順位が高くなります。

Yahoo! リスティングをGoogleアナリティクスから確認するための設定

別の会社ということもあり、機能としてYahoo! リスティングとGoogleアナリティクスを連携するものは用意されていません。そこでYahoo! リスティングからの流入であることを特定するため、Yahoo! リスティングに入稿するURL(つまり、サイトを利用者が訪れるURL)にパラメータを付与し、そのパラメータでの流入数やコンバージョン率を計測する手法を使います。
パラメータの付与方法についてはChapter 4のP.343にて詳しく紹介していますので、ご確認ください。

Section 1-5

自然検索とリスティングの分析事例

BtoBサイトでの分析事例を紹介いたします。
このサイトは工業製品を対象としたサイトで様々な部品を取り扱っています。サイトに訪れた企業の人がその商品に関してお問い合わせをしたり、カタログをダウンロードしたりしてその後商談を行い、発注と受注につながるといった形です。というわけで、主な成果（コンバージョン）は「**お問い合わせ**」「**カタログダウンロード**」の2つになります。リスティングは月数万円〜10万円程度の予算で運用を行っていますが、まだ改善が必要な状態です。

サイト全体・検索エンジン・リスティングの傾向を確認する

まずは現状を確認してみましょう。検索エンジン（organic）・リスティング（paid）・その2つを合わせたもの（o+p）・サイト全体での数値を比較します。

トラフィックの種類	訪問数	訪問別ページ数	平均滞在時間	新規訪問の割合	直帰率	お問い合わせ率	カタログDL率	初めての方ページ	製品を探す率	製品情報	FAQ詳細	会社所在地
organic	8,905	2.69	0:01:44	68.16%	64.39%	1.65%	1.39%	2.04%	6.23%	82.74%	3.60%	1.01%
paid	3,430	2.94	0:01:45	72.45%	60.35%	1.25%	1.17%	1.78%	19.65%	55.89%	0.50%	0.23%
o+p	12,335	2.76	0:01:44	69.36%	63.27%	1.54%	1.33%	1.97%	9.96%	75.27%	2.74%	0.79%
サイト全体	13,659	2.75	0:01:46	69.39%	63.24%	1.63%	1.33%	2.14%	9.53%	71.87%	2.60%	0.90%

サイト流入の9割を自然検索（表の「organic」）とリスティング（同「paid」）が占めており、**検索エンジンに依存したサイト**になっていることが分かります。いくつか数値を確認していくと、リスティングに関しては、お問い合せとカタログダウンロードといった2つの主要な成果に関しては**自然検索よりリスティングの方が低く**課題点であると言えそうです。また「製品を探す率」が自然検索より多いのですが、その後の**「製品情報」への到達比率は低い**ということも分かります。自然検索の方は全体の中での割合が多いことからサイト平均と数値がかなり近く、この時点で大きな気づきを発見するのが難しそうです。これは後ほど詳しく確認をしていきましょう。

リスティングキーワードの詳細を確認していく

主要な流入キーワードについて確認をしていきます。今回は比較的規模が小さいサイトを事例にしているため、**キーワード単位**で確認しますが、Chapter 2-1-2の最後に書いたように、規模が大きいサイトで何千・何万ワードと入札をしている場合は、グループ単位で確認した方が良いでしょう。

以下がリスティングからの流入上位15キーワードの結果になります。

キーワード	訪問数	訪問別ページ数	平均滞在時間	新規訪問の割合	直帰率	お問い合わせ率	カタログDL率	製品を探す率	お問い合わせ数	カタログDL数	製品を探す数
商品1	651	2.71	0:01:45	65.47%	59.28%	1.95%	1.63%	51%	13	11	335
商品2	197	2.38	0:01:32	86.02%	76.34%	0.00%	0.00%	100%	0	0	197
商品3	189	3.82	0:02:06	77.53%	40.45%	0.53%	6.74%	22%	1	13	42
商品4	144	2.78	0:01:14	82.35%	57.35%	1.47%	0.69%	24%	2	1	34
商品5	121	4.88	0:03:08	73.68%	33.33%	0.83%	3.51%	53%	1	4	64
商品6	117	1.82	0:00:51	76.36%	70.91%	1.82%	0.86%	100%	2	1	117
商品7	117	3.51	0:02:10	87.27%	43.64%	0.86%	0.00%	29%	1	0	34
商品8	87	5.07	0:04:38	73.17%	34.15%	0.00%	1.15%	49%	0	1	42
商品9	78	2.19	0:02:00	75.68%	62.16%	0.00%	1.27%	27%	0	1	21
商品10	72	1.15	0:00:37	85.29%	91.18%	0.00%	0.00%	100%	0	0	72
商品11	72	3.62	0:02:28	41.18%	61.76%	0.00%	0.00%	82%	0	0	59
商品12	68	3.53	0:03:21	53.12%	53.12%	4.42%	1.47%	100%	3	1	68
商品13	68	2.91	0:01:37	90.62%	62.50%	0.00%	0.00%	100%	0	0	68
商品14	64	3.07	0:01:34	83.33%	60.00%	3.14%	1.57%	17%	2	1	11
商品15	59	4.5	0:06:17	50.00%	53.57%	1.68%	0.00%	100%	1	0	59

見ての通り商品名が上位に並んでいます。実は本サイトの場合は、リスティングにおいて**商品名における部分一致での入札**しか行っていないため、考えられる1つ目の改善点として**自社ブランド名**や**商品ジャンル**や**業界名**などを入れていくことも必要かもしれません。

商品ごとに詳しく数値を見ていくと、商品1が、流入が最も多くコンバージョンにつながっています。しかし直帰率に関しては60%と決して低くなく、該当キーワードのランディングページを確認した上で**コンテンツのさらなる拡充や導線の見直し**が必要かもしれません。またクリック率やCPCも確認したのですが、掲載順位が5位と低く、他のワードと比較してもCPCやCPAが安く、この商品に限っては**予算をより多く配分**するということも可能だと筆者は判断しました。

逆に商品2に関しては2番目に流入が多いにも関わらず**1件もコンバージョンにつながっていません。**直帰率も76%と比較的高く、クリエイティブやランディングページを確認した上で、直せそうであれば修正を行い、難しそうであればキーワードの入札を取り下げても良いかもしれません。上記は1ヶ月分のデータなのですが、3ヶ月で見てもカタログダウンロードが1件と効率が悪いワードとなっていました。

また商品3に関してはカタログダウンロードの数が多いのですが、こちらは**ページ内に複数箇所、カタログダウンロードへのリンクがあった**ことの影響が大きかったようなので、同じ種類のページに関しては同じようにダウンロードへのリンクを増やす形でさらなるコンバージョン率改善を実現したいと考えています。

なお、商品2・商品6・商品10のように、「製品を探す率」が100%になっているページが複数ありましたが、これは該当商品が含まれるジャンルの商品一覧ページへの流入となってしまい、多くの商品で直帰率が高くなっています。またリスティングのクリエイティブにも「商品の詳細をチェック！」といった形の文言があり、**ランディングページとクリエイティブがマッチしていない**という問題もあるため、こちらも修正する必要がありそうです。

自然流入キーワードの詳細を確認していく

では、同じように自然検索のキーワードも確認してみましょう。
以下が上位15流入キーワードの数値になります。

キーワード	訪問数	訪問別ページ数	平均滞在時間	新規訪問の割合	直帰率	お問い合わせ率	カタログDL率	製品を探す率	お問い合わせ数	カタログDL数	製品を探す数
(not provided)	1,620	3.2	0:02:23	69.50%	59.16%	3.80%	1.57%	53%	62	25	852
会社名	1,416	5.18	0:04:10	32.04%	23.35%	5.39%	5.69%	88%	76	81	1,240
商品15	502	3.15	0:02:30	75.53%	65.82%	0.00%	0.84%	100%	0	4	502
商品18	447	1.85	0:01:05	87.20%	79.15%	0.47%	0.28%	100%	2	1	447
商品18のバリエーション	331	1.6	0:00:57	87.82%	77.56%	0.00%	0.23%	100%	0	1	331
商品11	310	3.55	0:02:10	39.73%	52.74%	2.74%	2.05%	82%	8	6	254
商品18のバリエーション	305	1.58	0:00:29	82.64%	73.61%	1.39%	0.00%	100%	4	0	305
商品12	252	5.37	0:04:31	58.82%	27.73%	2.52%	1.68%	100%	6	4	252
商品6	199	2.65	0:02:12	69.15%	60.64%	0.00%	0.00%	100%	0	0	199
株式会社＋会社名	180	5.26	0:02:41	56.47%	28.24%	7.07%	4.72%	81%	13	8	145
商品17	167	1.28	0:00:37	89.87%	88.61%	0.00%	0.70%	59%	0	1	98
商品16	159	1.67	0:01:08	90.67%	82.67%	0.00%	0.00%	36%	0	0	57
商品19	151	2.56	0:01:03	87.32%	53.52%	0.70%	1.41%	32%	1	2	49
商品8	140	2.44	0:02:03	68.18%	59.09%	0.00%	0.00%	61%	0	0	85
商品20	112	3.21	0:02:37	50.00%	44.64%	0.00%	0.00%	38%	0	0	42

リスティングと同じ商品番号は同じ検索キーワードであることを表している

会社名に関しては想定通り、お問い合せやカタログDL数が高いことが分かります。これはすでにこの会社がどのような商品やサービスを提供しているかを把握して流入しているためです。それ以外の部分で注視するべきは「商品18」とそのバリエーションに関する部分です（ここでいうバリエーションとは英語表記に対しての漢字表記や平仮名表記といった形です）。
商品18に関してはバリエーションも含めると1,000件以上の検索流入があります。もっとも流入が多い単一の商品になり、ランディングページも該当商品のページに進んでいるのですが、そこからのお問い合せやカタログDL数が少ないということも分かります。なぜ、このようなことが起きてしまっているのか。商品ページを確認してみると主に「商品に対する説明が不足している」「ページ下部まで読んだ後にカタログダウンロードへのリンクがない」「購入ではなくその商品について知るために来ている可能性が高い」といったことを発見することができました。**コンテンツの拡充やリンクの見直し**、**提供しているサービスが理解できるページへの誘導**などが必要そうです。
他のキーワードに関しても、商品11に関しては比較的コンバージョン率や数が高いことが分かりました（件数が少ないので仮説ベースですが）。ただリスティングのときの同ワードではコンバージョンが一切ありませんでした。改めて流入しているページを確認したら、**リスティングと自然検索で流入しているページが違った**ため、リスティングの方のランディングページ先を変更することにしました。
このように、キーワードごとの数値と、該当キーワードのランディングページを確認することでいくつかの改善ポイントを見つけることができました。キーワードは種類も多いため、細かい分析を行うことも可能なのですが、ボリュームが少ないと改善インパクトも少ないため、まずは**上位の流入キーワードから分析**を行っていくと良いでしょう。

Column

ブランドワードをリスティングで出稿するべきか？

リスティングに関する質問でよく聞かれるものが、「ブランドワード※をリスティングで出稿するべきか？」という内容です。
ブランドワードで検索した場合は必ず1位に出てくるため必要がないのでは？と考える方も多いかと思います。しかし、私は2つの視点から出稿したほうがメリットが大きいと考えています。

1つは、「同業他社がそのキーワードで入札していた場合にクリックを奪われてしまう」という自衛の観点からです。
もう1つは、「より上に表示されるため、クリック率が上がる可能性が高い」という流入を増やす観点です。

流入量がどれくらい増えるかに関してはいろいろな調査があります。自然検索のクリック数以上にはならない場合が多く、筆者の感覚値ですが、リスティングに出稿した場合は、出稿しないときと比較して1.2倍～1.7倍程度かと思われます。ブランドワードでのリスティング経由の流入量・コンバージョン率・コストなどを見ながら判断をしていきましょう。逆にリスクとしては、「コストに見合わない可能性がある」という点が最も大きいでしょう。この場合は様子を見ながら出稿を停止しても良いかもしれません。

※　ここでの「ブランドワード」とは、会社名やサイト名の総称のことです。

Column

検索エンジン最適化のためにおすすめのサービスやツール7選

検索エンジン最適化のために便利なサービスやツールを紹介します。すべてのツールは筆者も利用経験があり、その目的によって利用頻度などは変わってきますが、気づきを発見したり、業務効率化を行ったりするという観点では便利なものばかりです。試していただき、便利だと思えば日常の業務に取り込んでいただければ幸いです。ここでは、公式のツールおよびアクセス解析ツールに関しては外しています。

1.GRC

http://seopro.jp/grc/
Chapter 2-1-2でも、紹介した検索エンジン順位をモニタリングするためのツールです。

2.キーワードウォッチャー

https://www.keywordwatcher.jp/
過去に遡って検索回数の推移などを確認することができるツールです。キーワードツールでも似たような機能がありますが、複数のツールで数値を確認しておくことはズレの確認という観点でも大切です。

3.Google Trends

http://www.google.co.jp/trends/
こちらもChapter 2-1-2で紹介した、検索エンジンのトレンドを把握するためのツール。地域での絞り込みや、長期間での比較に優れています。

4.Majestic SEO

http://www.majesticseo.com/support/tools
SEOに関する様々な情報を取得し分析することができるサービスが用意されています。会員登録が必要ですが、無料で利用できるものも多く、新しいサイトを分析する際に、筆者はまずこのツールを最初に利用することが多いです。

5.SEOチェキ!

http://seocheki.net/
URLを入力すると、サイトのSEO回りに関連する様々な情報を入力してくれる「サイトSEOチェック」をはじめ、複数のツールが存在します。自社と同業他社の比較などにも便利です。

6.goodkeyword

http://goodkeyword.net/
キーワードを入力すると、サジェスト機能を使って、入力したキーワードとの組み合わせやワードや関連ワードなどを表示してくれます。コンテンツ作成やリスティングの入札ワードの参考にすることができます。

7.GinzaMetrics

http://www.ginzametrics.jp/
有料ツールですが、ワンストップで検索エンジンに関する分析が行え、Googleアナリティクスとの連携なども備えています。SEOに本格的に取り組み、常に数値を確認し、改善を進める場合にオススメしたいツールになります。

Chapter 2 ▶ Section 2

メールマガジン

▶ Section 2-1

メールマガジンの目的を定義する

メールマガジンの特徴

メールマガジン（以下、「メルマガ」）は他の集客チャネルと同じように、サイトへの誘導を行い、サイト内でのコンバージョン達成を促すための集客メディアの1つです。しかし、他のメディアとは大きな違いがあり、**それは運営者自らが読者に向けて直接配信を行う**という部分に当たります。

メルマガの登録元

メルマガはその登録元に、大きく分けて2種類の場があります。1つは「**自社サイト**」です。サイトに訪れたときに購読の申し込みをもらったり、あるいは、購入時の入力フォームで配信を許可してもらったりといった形です。このようなケースの場合、自社の商品やサービスを深く検討している、あるいは、すでに購入をしているという方が対象になります。件数にもよりますが、多くのサイトではメルマガを配信するシステムやソフトウェアを利用しているかと思います。これらの仕組みを利用すれば、属性に応じた配信や文言の挿入、エラーアドレスの削除なども行えるようになります。
もう1つの方法は「まぐまぐ」あるいは「メルマ！」などに代表される「**メルマガ配信サービス**」を利用することです。これらのサービスは基本、無料で利用することができるため運用コストが安く、比較的読者も集めやすいのですが、配信サービスの広告が挿入されるといった特徴もあります。また、「自社サイトの商品やサービスに興味を持っている」というよりは、「配信内容に対して興味や関心がある」という購読動機が高いと思われ、自社サイト経由での登録者とは違ったニーズがあります。商品ではなく、サービスや情報を販売している場合などに、より適しています。
いずれのケースにせよ、利用者が自らの意思で登録しているケースが多いので、他メディアと比較すると、圧倒的にリピーターが多く、適切なターゲティングや内容での配信ができればコンバージョン率も高くなる傾向になります。このような特性があるため、メールマガジンは野球で言うところの「クローザー（抑え）」になるケースが多いです。筆者が昔担当したECサイトでも、メルマガからサイトへの流入は全体の1%程度ですが、売上の貢献で見ると10%以上を占めていました。またリピート購入の20%がメルマガ経由でした。

メルマガで大切なこと

クローザーであるということは2つの意味を持っており、1つは「クローザーであることを意識したコンテンツが大切である」ということ。具体的な**商品の提示**や、**お得な情報**を伝えるということが、まずは大切になります。また、購読者の方にはすでに商品を購入されている方もいるでしょう。その場合は、**アフターフォロー**や**購買した商品に関連する商品の提示**などが効果的です。ターゲティングに関しては後で詳しくふれますが、作成コストとメリットのバランスを考慮して、可能であれば、数種類のメールマガジンを配信できるようになると、コンバージョン率が目に見えて上がってきます。
もう1つは「クローザーが機能するには『先発』が必要」ということです。メールマガジンに登録をする人は、多くの場合、メルマガ以外の流入経路でサイトあるいはサービスに触れていることが多いです。これはメールマガジン購読完了ページ（あるいは購入完了ページ）の新規率などを見ていただければ分かるのですが、大半はリピーター（初回の訪問者ではない）になっているかと思います。
流入経路別のコンバージョン率だけを見てしまうとメルマガは一見高そうなのですが、高いコンバージョン率を誇れるのも、（直接コンバージョンには結びつかない）別の流入経路でサイトに流入したことがあるからです。**メールマガジンの購読につながった流入元を評価する**という考え方もぜひ取り入れてみてください。

最後に記しておきたい内容があります。メールマガジンの目的はコンバージョンだけではありません。メールマガジンを通して、**自社のサービスやブランドを認知してもらう**ことも大切です。他のメディアと比較し、その内容を自由に作れることから、運営者の声や思いを届けやすいという特徴もあります。不動産・車といった人生に一度の買い物、大型家電や家具など購入頻度が少なく、かつ購入後もケアが必要な商品などに関しては、「安心して、信頼して買いたい」という思いが皆さんもあるかと思います。メールマガジンではこのような関係を築くという意味でも、実行がしやすいメディアとなっています。

Point

メールマガジンの目的

- クローザーとしてコンバージョンを達成させる
- 購入を迷っている人に対しての最後の一押し
- すでに購入をした人に対してのリピート購入の促し
- 定期的にサービスを認知してもらい、利用者が必要なときに思い出してもらう

▶ Section 2-2

メールマガジンを分析する

メールマガジンにおける指標

メールマガジンに関連する指標は以下の図を参考に考えることができます。

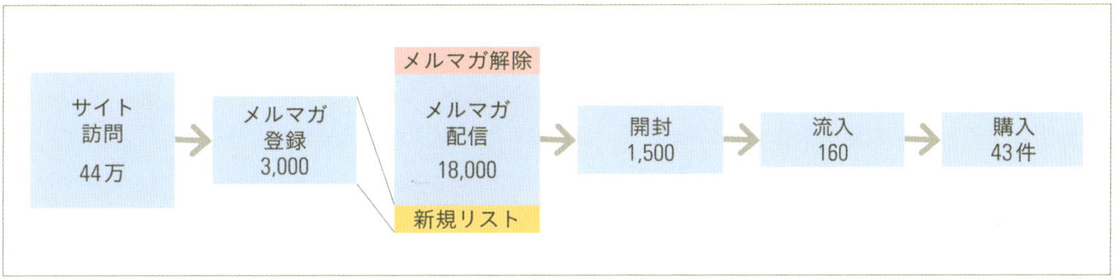

図1　メールマガジンの登録からコンバージョンまでの流れ

メルマガ登録数・登録率

まずは、「**メルマガ登録数**」と「**メルマガ登録率**」について説明していきます。

メルマガ登録数：メルマガに登録した人数（メールアドレス数）
メルマガ登録率：メルマガ登録数÷サイト訪問者数
計測方法：メルマガ配信システムの機能　および　アクセス解析ツール

「メルマガ登録数」と「メルマガ登録率」は、メールマガジンの送信を許可してもらう部分の指標にあたります。この数値に影響を与える主な要素は、

・サイトへの訪問者数
・メールマガジン登録へのリンクの分りやすさ
・メールマガジンそのものの魅力やメリット
・メールマガジンのサンプルが確認できるか否か
・入力フォームの項目内容とその数
・メールマガジン登録を促す場所

となります。この中でも特に大切なのは、メールマガジンが「どういう内容で」、「どういうメリット」があるかをちゃんと訴求できるか否かです。どういう内容が送られているか分からないのにメールアド

レスを提供してくれる人はほとんどいません。また、そういった読者を増やしても最終的なコンバージョンにはつながらないでしょう。メールマガジンの内容が事前に確認できて安心感を持って登録できること、(運営者ではなく読者にとって)どういうメリットがあるのか、解約の方法が明確といった部分は最低限揃えておかないといけない内容になります。
計測にはメール配信システムを使うか、あるいは(精度は若干下がります)Googleアナリティクスなどのアクセス解析ツールでメールマガジン登録完了ページの回数を見ます。

メルマガ配信数

メルマガ配信数：メルマガを送った人数(メールアドレス数)
計測方法：メルマガ配信システムの機能

「**メルマガ配信数**」は配信するメール数をあらわす指標です。正確には「実際に届いた件数」の方がよいでしょう。一部のメール配信サービスやツールでは、エラーで届かなかった件数なども表示をしてくれます。これらを除いた数値にすることで、リーチできている件数が分かります。つまり「**現在の有効配信数＋新規配信数ー解約数**」という形で計算することができます。数も大切なのですが、その次の「開封」につながらないと意味がないため、「なんでも良いのでメール登録者数を増やす」あるいは「解約をさせにくくする」ことには意味がありません。筆者としては「**今までに一度でも開封をしてくれたメールアドレスの数**」を、もし可能であれば指標として利用してもらいたいと思っています。これは、より正確に現在の読者をカウントすることができるからです。しかし、一部の有料ツールでしかデータを取得できないため、当面はメルマガ配信数が指標として利用されることでしょう。

開封数・開封率

開封数：メルマガを開いた人数(メールアドレス鵜)
開封率：メルマガを開いた人数 ÷ メルマガ配信数
計測方法：HTMLメール　かつ　画像表示を許可した場合にのみ計測可能。テキストメールでの計測は不可

「**開封数**」はメールマガジンを実際に開いた件数になり、配信数で割ることで「開封率」を算出することができます。開封率はその計測の仕組み上、HTMLメールで場合のみ計測することができます。ただ、HTMLメールを配信すればただちに計測できるわけではありません。具体的には、小さな透明画像を追加し、その画像が読み込まれたユニークな回数をカウントするという方法で計測が行われており、メルマガ配信システムなどを利用して画像の追加を行うことが必要です。

開封数・開封率についての注意点

開封率は「件名」に大きく依存するので、開きたいと思わせるクリエイティブをいかに作成できるかが腕の見せ所です。しかし、先程の「配信数」と同様に、開かせることだけが目的ではありません。開いた後にクリックをしてくれないと意味がないため、本文とは関係ない内容を件名にいれないようにしましょう。またGmailやHotmail、iPhoneやAndroidのメーラーで表示される文字数なども参考に、なるべくシンプルかつ短い件名を作成しましょう。件名の長さについは、Chapter 2-2-3やコラムでも詳しく見ていきます。開封率の計測にはメールマガジンの配信システムを利用する必要があります。

流入数

流入数：メールマガジン内のリンクを押してサイトに流入した回数
計測方法：アクセス解析ツール　あるいは　メルマガ配信システムの機能

この数値は、メールマガジンから見た場合は「**クリック数**」、サイトから見た場合は「**流入数**」になります。メールマガジン内では購買を完了させることができないので、サイトへのリンクという形で誘導を行う必要があります。

流入数についての注意点

クリックをしてもらうためには、メールマガジンのレイアウトやリンクの位置と分りやすさという**UI的な観点**、そしていかにその先を見てみたいと思わせる**クリエイティブの観点**、両方が必要になってきます。また、「開封」と「流入」は一緒に考える必要があり、件名で訴えた内容が、メルマガ内の分かりやすい位置にあることも大切です。
計測はメルマガ配信システムの機能でも行えますが、メルマガ経由のコンバージョンまで追いかけるためにも、基本的にはアクセス解析ツールを利用して行いましょう（一部の高機能なメルマガ配信システムでは、コンバージョンページに計測記述を入れることでコンバージョンまで追いかけることも可能です）。

メールマガジン	配信日	流入数	流入率(流入数÷開封数)	コンバージョン率
Vol25:オススメ商品	2014/4/15	248	12.1%	6.5%
Vol26:オススメ商品	2014/4/22	150	7.1%	6.7%
Vol27:オススメ商品 GW直前号	2014/4/29	428	20.1%	8.9%
Vol28:オススメ商品	2014/5/13	202	9.4%	5.4%
Vol29:お客様事例	2014/5/20	450	20.7%	0.9%
Vol30:オススメ商品	2014/5/27	277	12.6%	6.5%
Vol31:号外！新商品リリース	2014/6/1	586	26.2%	11.1%
Vol32:オススメ商品	2014/6/3	310	13.6%	4.2%
Vol33:オススメ商品	2014/6/10	285	12.3%	4.2%
Vol34:お客様事例	2014/6/17	398	16.2%	1.5%
Vol35:オススメ商品	2014/6/24	224	8.9%	9.4%
Vol36:ディスカウント商品	2014/7/1	712	26.8%	8.3%

図2　あるBtoBサイトのメールマガジンごとの流入数・流入率・コンバージョン率

その際には、Chapter 4-1のP.343で紹介している「広告パラメータを利用した計測」などを利用して、どのメールマガジンからの流入であるかが分かるようにしておきましょう。

●流入数の見方のコツ

なお「流入数」については、**メルマガ全体からの流入を見るのか**、**メルマガ内の各リンクからの流入を見るのか**、2つの粒度（細かさ）で見るケースが考えられるかと思います。どちらが正解ということはありませんが、商品数やキャンペーンが多いなど、サイトへの誘導方法が複数ある場合は、リンクごとに見ることができるように、広告パラメータをリンクごとに分けてあげると良いでしょう（ただ、その分手間はかかります）。
さらに余談にはなりますが、テキストメールの場合は、広告パラメータをつけてしまうとURLが長くなってしまうという観点から、短縮URLサービスなどを利用してURLを短くするということも検討しても良いかもしれません。ただし、その場合は自社ドメインでないと、「どこに飛ばされるか分からない」という不安を読者が抱いてしまうため、可能であれば自社ドメインで運用できる、「Yourls（http://yourls.org/、P.129参照）」のような仕組みを利用することもあわせて検討しましょう。

●コンバージョン数・率

コンバージョン数：メルマガ経由のコンバージョン達成回数
コンバージョン率：コンバージョン達成回数÷メルマガ経由の流入数
計測方法：アクセス解析ツール

メールマガジンからサイトに訪れた後に、購入につながった回数をあらわす指標です。メールマガジンの配信数や開封率が少なくても、最終的にはこの数値を増やしていくことが大切です。

●コンバージョン数・率についての注意点

購入につながるか否かは、**直帰率**（そのページだけ見て離脱した割合）と大きく関わってきます。直帰の理由は、メールマガジンをクリックして訪れたページが「クリックした人の想定と違った（内容があっていない）」「どこをクリックすれば良いかが分からない（分かりにくさ）」「商品が思ったほど魅力的ではなかった（期待値とのギャップ）」などがあげられます。
メールマガジンの内容で「煽りすぎてしまう」と、クリックはされても結局、購入につながらないということはよくあります。配信数が多いあるいは特に重要なリンクに関しては、メールマガジン専用のランディングページを用意するのも1つの方法です。

重要視するべき指標と分析方法

メルマガに関する指標をいくつか紹介してきました。コンバージョンまで複数のステップがあり、どの部分を改善すれば良いか迷われるかと思います。改善を進める上で大切なのは、「施策のアイデア数をたくさん出して、手軽に実施できる部分から始める」ということです。

メールマガジンの改善で特にお勧めしたい指標は「**開封**」と「**メルマガ経由の流入**」の2点になります。開封は説明の通り「件名」に依存しているので1行でさまざまなテストが行えますし、メルマガ経由の流入はメルマガ内の中身や見せ方を変えることで比較的手が入れやすい部分になります。またメルマガの開封や流入を計測し始めると、効果が良かったメルマガ・悪かったメルマガも一目で分かるようになるので、メルマガ経由のコンバージョンを改善するのであれば、まずはこの2つから試してみましょう。

ただ、この内容に関しては1つだけ例外があり、それはメルマガの登録者数がまだ極端に少ない場合は、メルマガ登録の部分を見直した方が良いということです。10通しか配信していないのであれば、そもそも中身を見直した結果、コンバージョン率が倍になったとしても売上のインパクトという観点では非常に少ないです。1つのガイドラインは**500件の配信**になります。これくらいの配信数が集めるまでは、まずは読者を増やすことを最優先としましょう。

▶ Section 2-3

メールマガジンの改善施策

このSectionでは、メールマガジンの具体的な改善施策を確認していきましょう。
前のSectionで紹介した下記の図を利用して、各ステップを確認していきましょう。

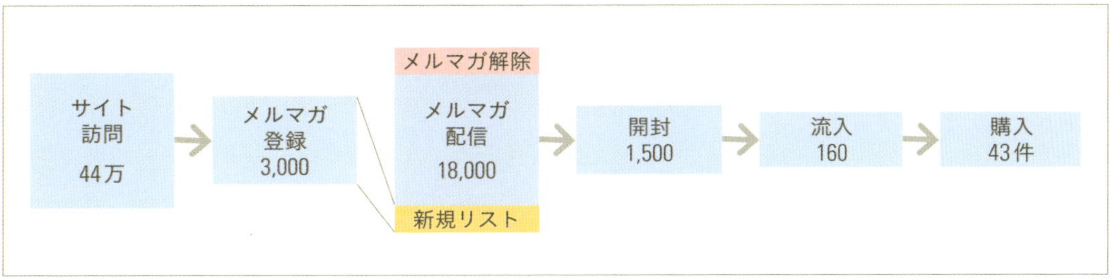

図1　メールマガジンの登録からコンバージョンまでの流れ

サイト訪問 ➡ メルマガ登録

メルマガに登録をしてもらうための仕掛けを考える部分になります。
登録を促す方法は主に2つあります。

メールマガジン専用登録ページからの登録

読者のメリットを明確にする

1つは「メールマガジン専用登録ページ」を用意し、その中でメールマガジンを取得するメリットをしっかり訴求することです。

図2　「メンズファッションプラス」のメールマガジンのメリット訴求
https://mensfashion.cc/fs/mensfashion/MailMagazineEntry.html

このページ経由で登録する人の多くは、まだ購入に至っていなく、**購入を検討している可能性が高い**です（メンズファッションプラスでも同様でした）。そこで、図の「特典1」に書いてあるような「500円割引券」などはニーズにフィットした内容になっています。
また、ほかにも大切な要素として「事前にメルマガの中身が確認できる」という点があります。「何が届くか見せないけど、住所などの情報を教えて」といって教える人はほとんどいないかと思います。しかし、Webサイトの多くでは、事前にどういう内容が分からないのにメールアドレスの入力欄だけを用意し、登録をさせようとするサイトが非常に多いです。これでは登録者が増えないのも当たり前です。**メルマガのサンプル**、そして、**どれくらいの頻度で配信するのか**を事前に伝えてあげることで、安心して登録を行うことができます。

メルマガページへの誘導を適切に配置する

もう1つだけ重要な要素をあげるとしたら、メルマガページへの誘導をどこから行うかということになります。たとえばすべてのページのヘッダーにメルマガ申し込みへのリンクを入れる必要があるかといえば、必ずしもそうではありません。ポイントは「サイト閲覧者がいつメールマガジン購読を検討するか」ということになります。サイトで販売しているサービスや商品によるかと思いますが、サイト内での購読ということを考えると、初めてサイトに訪れたときというよりは、「**このサイトでじっくり検討してみたい**」あるいは「**購入直前にお得な割引がないかを確認したい**」といったケースなどが考えられるのではないでしょうか。このような形で仮説を考え、その仮説がマッチするページにリンクを用意するのが良いでしょう。

上記の方法はいわゆる「メールマガジン」だけではなく、「登録をしてもらって資料をダウンロードしてもらう」あるいは「コンテンツが主体のメールマガジン」でも活用することができます。ぜひ、皆さんのサイトにあった仮説を考えてみてください。

購入時の登録を促す

メールマガジン登録者数の確保という観点では、多くのサイトで使われている方法になります。購買時にメールアドレスをはじめとしたさまざまな情報を入力するので、そのタイミングでメールマガジン購読の有無を確認するという方式です。

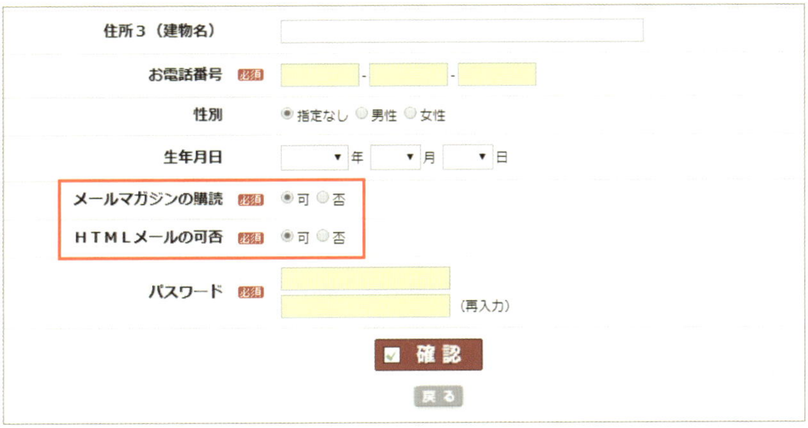

図3　メンズファッションプラスの購買入力フォーム

多くのサイトで見かける形式で、筆者も必ずこの方式は採用した方が良いと考えています。すでに実装していない場合はすぐにでも実装しましょう。しかし、実施するうえで気をつけるべきポイントがいくつかありますので、確認をしておきましょう。

ラジオボタンのデフォルトをどうするか

まず議論にあがるのは「デフォルトで『可』にするのか『不可』にするのか」という考え方です。筆者は以前、両方のパターンを試したことがあるのですが、不可を最初に選んでおくと登録率は半分以下になりました。そこで、すぐ隣に「不可」を設置して、利用者がすぐに変更できることを前提に、**デフォルトでは「可」にしておいた方が良い**でしょう。

メールマガジンの頻度や内容の説明をするかどうか

また、多くのフォームでは、このタイミングでどういう頻度や内容が配信されるかを説明していません。購買直前ということで、メールマガジンの内容に気を取られて、購買行動の邪魔をしたくないという思いから、購読有無だけを確認しているというのが背景かと思われます。これは試してみるしかないのですが、別ウィンドウで配信頻度を伝えたり、内容のメリットを訴求するリンクを用意しても購読率が落ちないのであれば、このような関連情報を用意した方が良いでしょう。利用者がより納得して登録をしてくれるため、開封率が上がることが期待されます。

●入力フォームのどこに配置するか

最後に、メールマガジンの登録可否を入力フォームのどの辺で配置するかということですが、基本的には「**メールアドレス入力直下**」あるいは「**確認ボタンの近く**」が自然かと思われます。

メルマガ配信 ➡ 開封

●件名

メルマガの開封は、どういった経路や状態でそもそも登録を行ったかにも影響を受けますが、もっとも大切なのは**件名**になります。メールマガジン本文は（当たり前ですが）開かないと見えないため、件名で多くの人が判断をしています。皆さんもそうかと思われます。
件名にはいくつかのパターンがあり、代表的な6つを以下に紹介いたします。

パターン	件名例
流行訴求型	今年の夏話題の○○を入荷！
ブランド型	（アイドル名）もオススメの商品名は…
価格訴求型	複数の着こなしができる商品名が1,980円
時間限定型	残り3日間。人気の商品名を販売中
問題解決型	服を選ぶ時間を節約。オススメのマネキン買い
追い込み型	在庫残りわずか。商品名を買うならいまでしょ

同じ商品でも伝え方で受ける印象は変わってきます。件名は比較的試しやすい箇所になるので、3パターンほど考えて、配信の1/3ずつ配信できると、その効果が一目で分かるかと思います。なお、前述の通り、開封率は、配信形態をHTMLメルマガにして、かつあらかじめ設定をしないと計測ができません。しかしメルマガ本文の内容が同じであれば、それぞれのパターンからの流入数を確認すれば、間接的ではありますが、流入数の差≒件名によってもたらされた差、と言えるのでテキストメールでのテストも可能ではあります。

●件名の長さ

そして件名で特に大切なのは、「**件名」の長さ**になります。
図4はiPhoneでメルマガを受信したときのスクリーンショットです。

図4

図4の「TO」の後の文字列が「件名」の部分ですが、「メンズプラスファッション＋通信」という文字列でほぼ埋まってしまい、その後に書かれている大切な部分が見ることができません。基本的には重要な内容を件名の最初に持ってくるようにしましょう。そして可能であれば重要な部分は**15文字以内**に収めると良いでしょう。

●差出人

上記の図4を見ていただくと、1つ気付くことがあるかと思います。それは件名より目立っているのが「**差出人**」の部分です。「メンズファッションプラス」の場合はブランド名が入っているので、あえて件名に「ブランド名＋通信」といれる必要はないかもしれません。逆に他社のメールマガジンでは個人名になっていたり、件名が極端に長いものもあります。GmailやHotmailなどでもまずは差出人が目につくことが多いので、どのような差出人になっているかを確認しておきましょう。

開封 ➡ クリック

開封された内容に対して、クリックをしてくれるか否か。せっかく配信して開いてもらっても、クリックをしてサイトに訪れてもらうことができなければ、認知という意味では効果があったとしても、もっとも大切なコンバージョンにつなげることができなくなってしまいます。

リンク先をきちんと明記する

では、クリック率が高いメールマガジンはどういうものがあるのか？　さまざまなTIPSや考え方があります。「途中まで見せて後はサイトで、という形の誘導」「大きな画像一枚を用意し、それをクリックしてもらう」「アンケートや抽選で何かが当たるといった実利を訴求する」「件名や文章の最初に差込でその人の名前を入れる」などはその一例です。しかしもっとも大切なのは納得して**クリックを行ってもらうこと**です。
そのために最低限必要なのは、そこにあるリンクが何であるかをしっかりと説明しておくことです。なんとなくリンクを入れても、その先に何があるか分からなければクリックをしてもらえない、あるいは、クリックしても直帰してしまいます。まずは、メルマガ内にある各リンクに対して、**セットで説明があるか**を必ず確認しましょう。

読者が必要としている内容を提供する

そして当たり前といえば当たり前なのですが、「**読者が必要としている内容を提供できているか**」という部分につきます。これに関してはメールマガジンの内容を見直しながら、繰り返し実験を進めていくしかありません。
しかし、メールの中身をいろいろ試してテストするのは手間もかかるし、効果が出るかが分からないところに時間を使うのは大変です。件名より作成に時間がかかるしという問題もあります。

●ターゲティング配信

そこで、その精度を上げるために利用するべきなのが、「**ターゲティング配信**」と「**複数の配信形式の使い分け**」です。「ターゲティング配信」は、名前の通りターゲットを絞って配信するという方式です。メールマガジン登録あるいは購入時に性別を聞いておけば、その性別にあった商品を配信することがメール配信システムによっては可能です。男女分からずに配信するのと、配信が分かった上で最適な内容を配信するのでは、読者にとってもマッチ度も大きく変わってきます。あるいは購買履歴を元に、関連する商品をメルマガでお伝えするという方法もあります。

必要なデータが増えれば増えるほどより複雑かつ的確な配信が行えるようになりますが、その分手間もかかってしまいます。メルマガを送る上で**セグメントは多くても5つ**で十分ですし、そのセグメントに該当する人数あるいは売り上げの割合が1割未満の場合は優先度を下げても良いでしょう。ボリュームが多いところから始めていくのが得策です。ただし、このような配信システムを利用するには数万円/月はかかるので、現在のメルマガ経由の売り上げを加味して利用の判断を行いましょう。

●複数の配信方式の使い分け

「複数の配信方式の切り分け」についてもその内容を確認していきましょう。通常のメルマガ以外に、代表的な配信内容を4つあげてみました。

●イベントメール

特定の記念日やタイミングにあわせて配信するメール。誕生日登録をしている、あるいは、季節性が強いサービスの場合は特に有効

●ウェイクアップ(あるいはカムバック)メール

半年以上サービスを利用していない、商品を購入していない人などの休眠ユーザーに送るメール。割引クーポンとあわせて送ると効果的

●フォローアップメール

購入後に一度送るメール。関連商品の案内や、購入した商品のメンテナンス情報、お問い合わせ先などを記載し、購入後にも接点を作る

●ステップアップメール

登録当日、3日後、7日後といった形で、登録から決まった日数に応じて配信を行う。連続で分けて伝えたい内容や情報がある場合、あるいは接点を維持し続けることに意味がある場合に有効

そして、この4つを簡単に分類してみました(図5)。

サイトを訪れてから比較的新規あるいは購入経験あり(X軸)とそのユーザーのサービスに対する認知や来訪度合い(Y軸)の2軸になっています。

ECサイトであればオススメしたいのが、「**フォローメール**」です。購入完了から1日後〜3日後くらいに送るメールです。購入したら終わりではなく、今後の繰り返し購入や、認知のために有効な方法です。

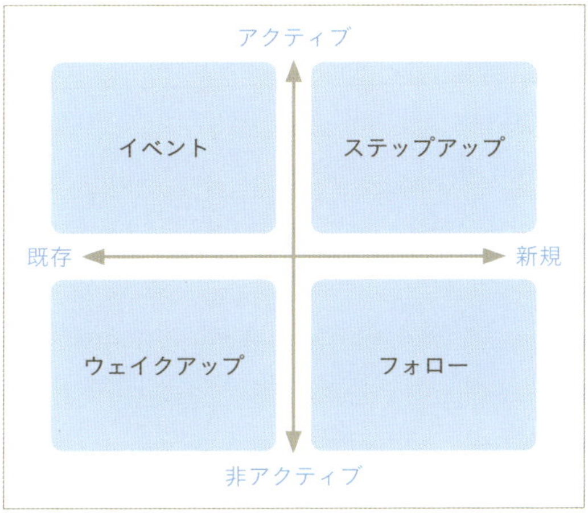

図5

今回紹介した4つのメール配信形式は、一度コンテンツを作成してしまえば、その内容をしょっちゅう変える必要がないという観点で、毎回内容を変える必要があるメルマガよりも運用が楽というメリットもあります。

今回紹介した内容と、皆さんのメールマガジンに使える時間を加味しながら、施策をぜひ検討してみてください。

▶ Section 2-4

メールマガジンの改善事例

「メンズファッションプラス」のメールマガジンを元に、分析と施策の考え方を紹介いたします。筆者がどのような形で施策まで考えたかという流れでの紹介となっています。

メールマガジンからの現状の流入量

まずは現状の数値に関して確認を行っておきましょう。

主要な流入元で見るとメールマガジンは5番目の流入元となっています。ボリュームとしては大きくありませんが、メールマガジンという特性上、コンバージョン率は他の流入元の数倍以上あります。また外部のメール配信スタンドなどを利用していないこともあり、メールマガジンからの流入者のほぼ全員がリピーターであることも分かっています。

購入までのメールマガジンからの流入数

購入までのメールマガジンからの流入回数の数値も見てみましょう（図1）。

見ての通り、1回のメルマガ流入での購入は、メルマガ経由購入者の1/3程度しかなく、**繰り返し流入してもらう**ことで購入につながっていることが分かります。

また数値はここでは表示できないのですが、大半のメールマガジン登録は**購入時にチェックを入れても**

らうことからの購読となっています。
メールマガジンの申し込みページもありますが、そこからの獲得は限定的です。そのため、今回はメールマガジンの登録以降の部分を中心に改善施策を考えていきたいと思います。

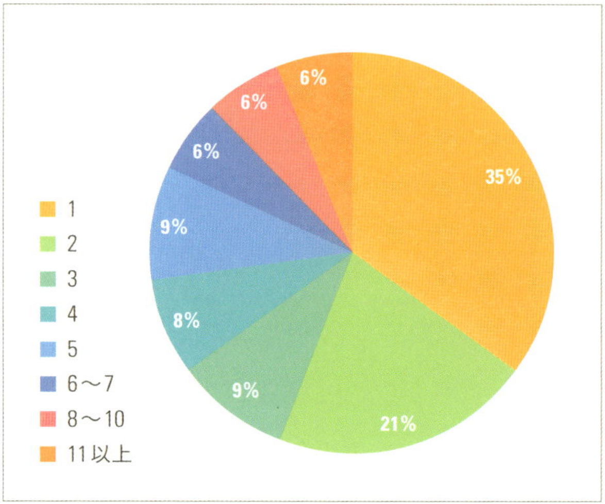

図1　購入に至るまでのメールマガジンからの流入回数

結果につながるメールマガジンの特徴

コンバージョン率や売上につながるメールの特徴を確認していきましょう。
こちらを確認するためには、P.87で紹介したようなメールマガジン経由の流入とコンバージョン率の数値を確認することで実現できます。
「メンズファッションプラス」の数値を確認してみると、全くコンバージョンしていないメールマガジンから、サイト平均の10倍近くコンバージョンしているメールマガジンまで、内容によって大きくコンバージョン率が違うことが分かりました。そこでメールマガジンの改善ポイントを発見するために、コンバージョン率が高いメールマガジンと低いメールマガジンを詳しく比較してみることにしました。

	参照元/メディア	訪問数	平均値	eコマースのコンバージョン率	平均訪問単価
		2,625	¥13,503	1.64%	¥221
1.	201308011sun / email		¥16,554	2.29%	¥378
2.	20130804sun / email		¥14,201	2.54%	¥361
3.	20130807wed18 / email		¥11,497	0.98%	¥113
4.	20130826mon / email		¥0	0.00%	¥0
5.	20130821wed / email		¥7,450	1.05%	¥78
6.	20130801thu18 / email		¥13,792	2.65%	¥365
7.	201308018sun / email		¥17,465	2.38%	¥416
8.	20130822thu18 / email		¥6,600	0.64%	¥42
9.	20130809fri18 / email		¥14,350	0.94%	¥135
10.	20130731wed / email		¥10,153	3.53%	¥358

図2　［集客→チャネル］を開き、表上部で［参照元/メディア］をクリック（バージョンアップにより、画面が異なる場合があります）

コンバージョン率が低いものは0%から高いものは3.53%とそれなりに差があることが分かります。また変化値も同様にレンジがあります。単価に関しては紹介する商品などに依存しますが、紹介しないといけない内容を大きく変えることは難しいため、まずはコンバージョン率の改善という観点からチェックをしてみましょう。

コンバージョン率が最も高かったメールを確認する

ちなみに2013年8月のメールマガジンで最もコンバージョン率が高かったのは、以下の書き出しから始まるテキストメールでした。

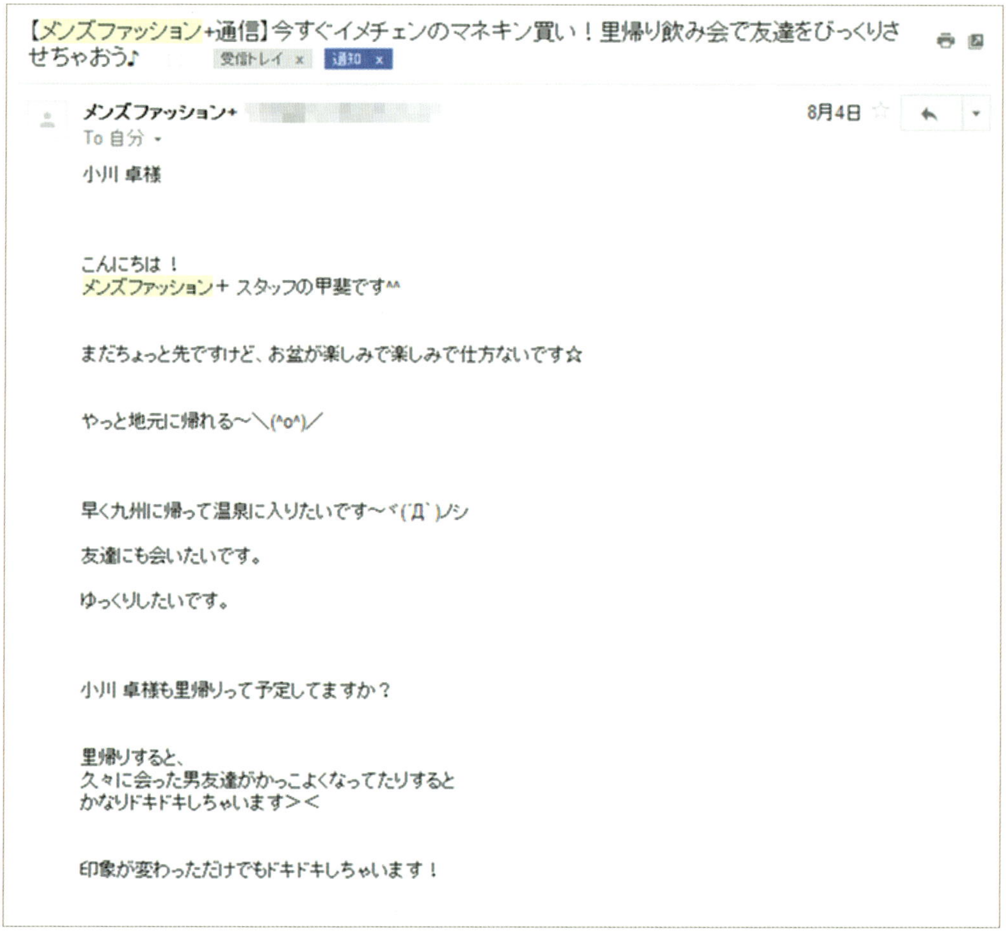
【メンズファッション+通信】今すぐイメチェンのマネキン買い！里帰り飲み会で友達をびっくりさせちゃおう♪ 受信トレイ × 通知 ×

メンズファッション+
To 自分
8月4日

小川 卓様

こんにちは！
メンズファッション+ スタッフの甲斐です^^

まだちょっと先ですけど、お盆が楽しみで楽しみで仕方ないです☆

やっと地元に帰れる～＼(^o^)／

早く九州に帰って温泉に入りたいです～ヾ(´Д`)ノシ

友達にも会いたいです。

ゆっくりしたいです。

小川 卓様も里帰りって予定してますか？

里帰りすると、
久々に会った男友達がかっこよくなってたりすると
かなりドキドキしちゃいます＞＜

印象が変わっただけでもドキドキしちゃいます！

図3

気づきをまとめる

他のメールマガジンの内容も1つずつ確認しながら共通項や違いを見つけていった結果いくつか気づきがありました。

❶ シンプルなテキストメールの方が流入とコンバージョン率が高かった
❷ 商品を羅列するよりは、リンク＋タイトル＋オススメポイントを用意した方がクリック率（＝流入数）は高かった
❸ メールマガジンの最後にリンクを置いてある方はクリック率が高かった（ただしリンクごとのクリック率は取得していないため仮説）
❹ 件名に関しては特徴を見つけることができなかった

図4は、❷の参考画像です。**リンク＋タイトル＋オススメポイント**を用意した例です。

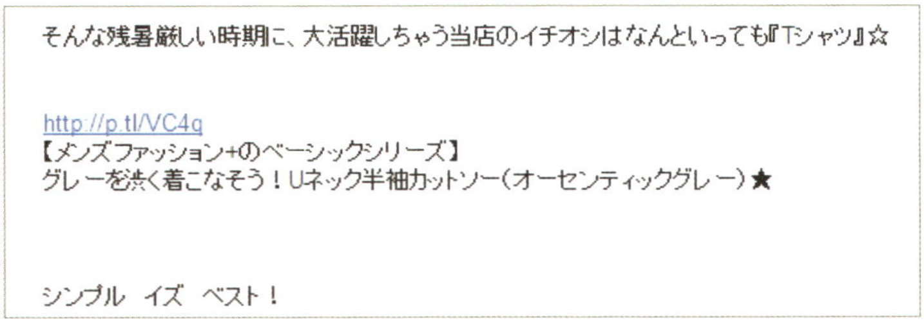
そんな残暑厳しい時期に、大活躍しちゃう当店のイチオシはなんといっても『Tシャツ』☆

http://p.tl/VC4q
【メンズファッション+のベーシックシリーズ】
グレーを渋く着こなそう！Uネック半袖カットソー（オーセンティックグレー）★

シンプル　イズ　ベスト！

図4　❷の参考画像

図5は、❸の参考画像です。これはメールマガジンの最下部の画像なのですが、見ての通り商品へのリンクが画面内に見当たりません。メールはWebページと違い、「TOPに戻る」などのボタンもありませんし、上までスクロールしなおすケースは少ないのではと考えています。
そのため、右記画面内に商品へのリンクを用意できれば、クリック率が増えるのではという仮説を立てました。

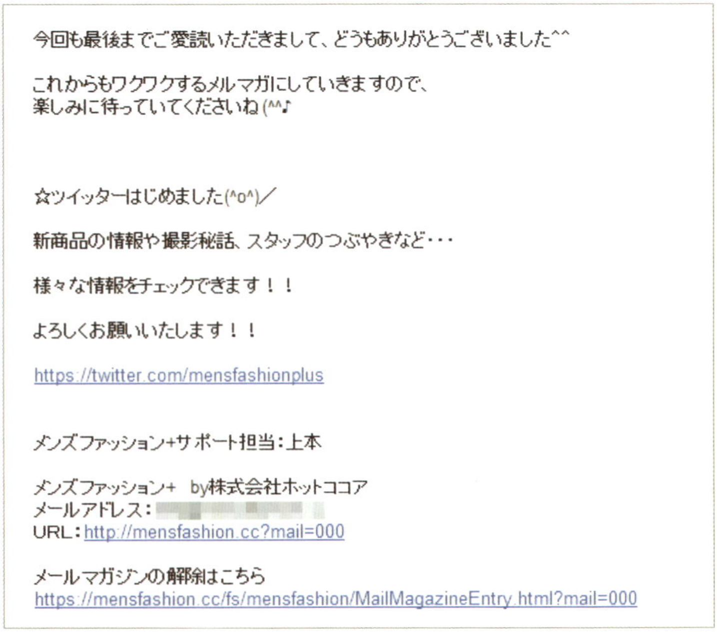
今回も最後までご愛読いただきまして、どうもありがとうございました^^

これからもワクワクするメルマガにしていきますので、
楽しみに待っていてくださいね(^^♪

☆ツイッターはじめました(^o^)／

新商品の情報や撮影秘話、スタッフのつぶやきなど・・・

様々な情報をチェックできます！！

よろしくお願いいたします！！

https://twitter.com/mensfashionplus

メンズファッション+サポート担当：上本

メンズファッション+　by株式会社ホットココア
メールアドレス：[illegible]
URL：http://mensfashion.cc?mail=000

メールマガジンの解除はこちら
https://mensfashion.cc/fs/mensfashion/MailMagazineEntry.html?mail=000

図5　❸の参考画像

また、件名に関しては特徴を見つけられなかったと書いたのですが、前のSectionでも紹介した通り、件名が長くスマートフォンだと内容が全く分からないという問題がありました。図6と図7は、PCとスマートフォンで受信したときにどのようにメーラーで見えるかです。

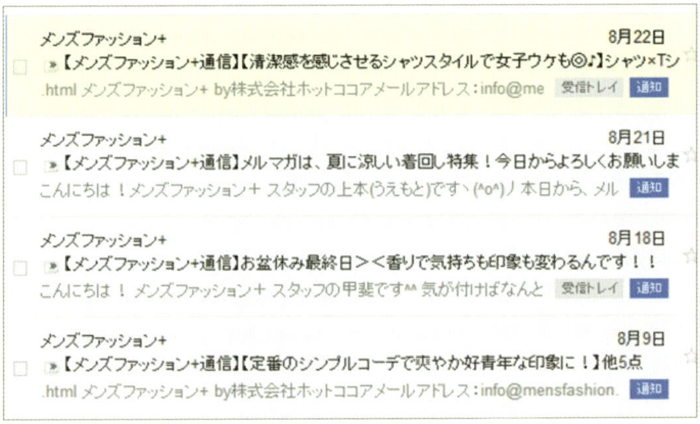

図6　PCの場合

図7　スマートフォンの場合

改善の提案

上記の数字やメールマガジンを実際に読んだり、リンクを押してサイトに訪れたりしたときに得られた気付きから、以下の4つの内容を提案いたしました。

❶ 様々なパターンの件名をテストしてみる
❷ 件名と差出人を見直して短くする
❸ メルマガ内でクリックしてほしいリンクを明確にする
❹ ステップメールの配信を行ってみる

❶ および ❷ に関しては、すぐにでも実施してほしい内容であり、開封率の低下につながっているという観点から提案した内容でした。

❸ に関しては、特にテキストメールにおいて最後までスクロールしたのにクリックできるのがTwitterのアカウントだけだったり、クリックしてみないと何が表示されるか分からないリンクがあったりということで、こちらもすぐに改善できる内容だと感じました。

❹ に関しては、今後というところも含めての提案内容になります。メンズファッションプラスでは購入時にメールマガジン登録されることが多いので、購入を促すステップアップメールではなく、購入後のサポートやフォローという観点での提案をしています。

上記の内容に関して早速、いくつかのアイデアを取り入れてもらい、以下のような形に変わりました。

件名最初の「メンズファッション通信」という文言を移して、開かなくてもどんな内容かを件名から想像できるようになりました（図8）。

またリンクもその前後にどういう内容かをしっかり書き、クリックしたくなる形に改善されていました（図9）。また、本メールでは商品に関するリンクはこちら1つで、本文の下部の方にあるということでクリックがしやすい場所においてあります。

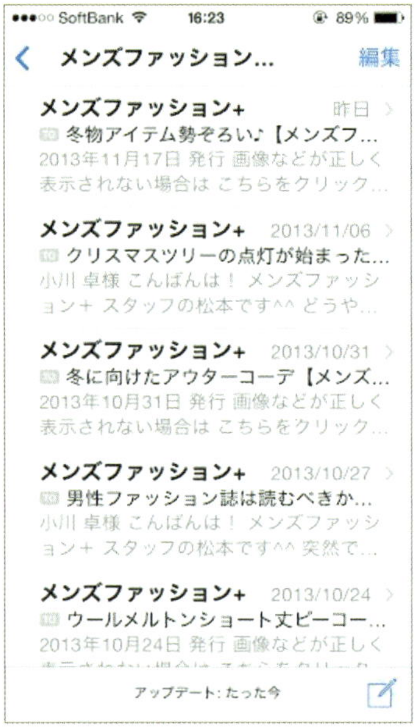

図8

図9

	メルマガ（改善前）	メルマガ（改善後）	改善前 → 改善後の期間のサイト全体の伸び率
流入数	1	2.4	1.3
コンバージョン数	1	3.8	1.4
売上	1	4.1	1.8

その結果が上記の通りとなります。
メルマガ改善前の月の流入・コンバージョン数・売上を「1」としたときに、改善を開始した数ヶ月後の数値になります。どの指標も数倍の改善を見せています。特に売上に関しては4倍と大きく改善することができました。その結果、メールマガジンの施策だけではありませんが、サイト全体でも数値が改善していることが分かります。

メルマガは自社内ですべてコントロールできるという観点から比較的、施策を行いやすいメディアになります。ぜひ改善に向けてのチャレンジを行ってみましょう。

Column

メールマガジンにまつわるデータあれこれ

「世の中のメールマガジンの開封率は何%くらいが平均なのか」「何時台の配信がもっとも流入につながるのか」といったベンチマークに関する情報が欲しい、あるいは、何%くらいが「適正」なのかを教えて欲しいという意見をいただくことが時々あります。
そのようなデータを、米国の事例にはなりますが、まとめているサイトがありましたので、その中から4つのグラフをピックアップして解説していきたいと思います。

データを提供しているサイトは「mailer mailer (http://www.mailermailer.com/)」というメール配信システムを提供している会社になります。2004年から毎年、メールマガジンの配信に関するレポートを公開しており、今回はこちらのデータを利用させていただきました。対象となったメール配信数は14億件にものぼります。

1. メールマガジンの開封率は？

全体的に減少傾向にありますが、10%がまずは目指すべきラインになりそうです。ただ、こちらのサイトでは業界別のデータも公開されていますので、自分の業界がどこに属するかを確認の上、ガイドラインとして利用すると良いでしょう。また開封の9割は配信から60分以内に行われています。

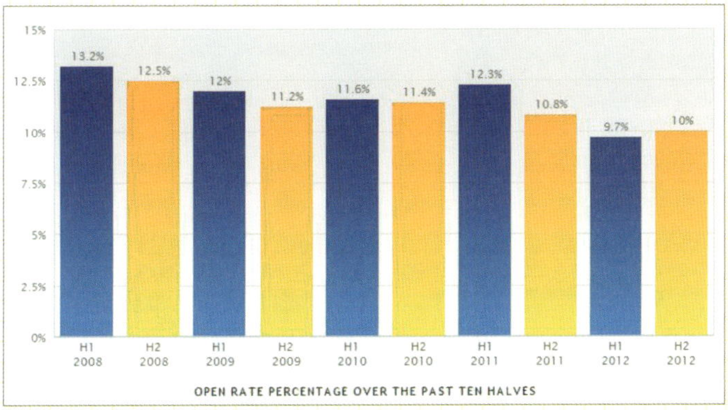

過去5年間の半期ごとの平均開封率

2. メールマガジンのクリック率は？

開封率と比べるとばらつきが大きいですが、平均は2%くらい、3%を超えてくればかなり良いといった結果になっています。
業種別に見てみると、IT系は平均で3.5%、ファッション・美容が2.6%、レストラン・飲食が0.5%となっていました。

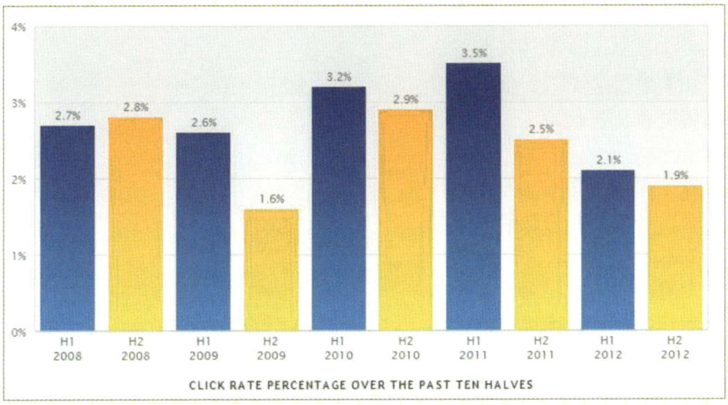

過去5年間の半期ごとの平均クリック率

Column

3. いつメールを配信するのが良いのか？

基本的には平日の方が開封率は高いことが分かります。休日と比べると数%の差があります。

また、時間別に関しては、中段のデータが参考になります。このデータは開封した時間ではなく、配信した時間であることに注意が必要です。
お昼から午後に配信すると開封率が低くなることが分かります。夜の方が開封率は高い傾向にあるようです。

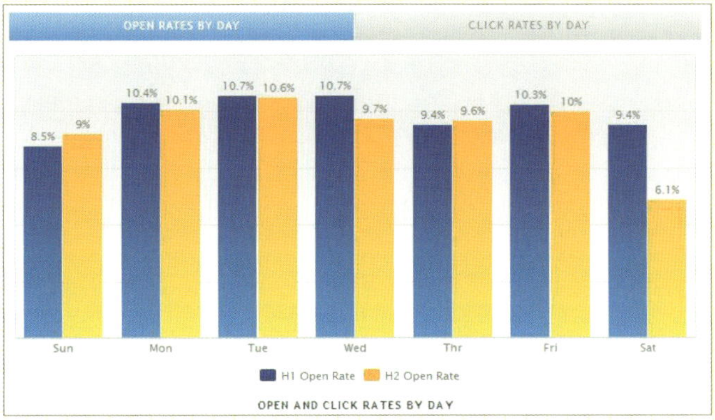

曜日別開封率（2012年7月～12月および2013年1月～6月）

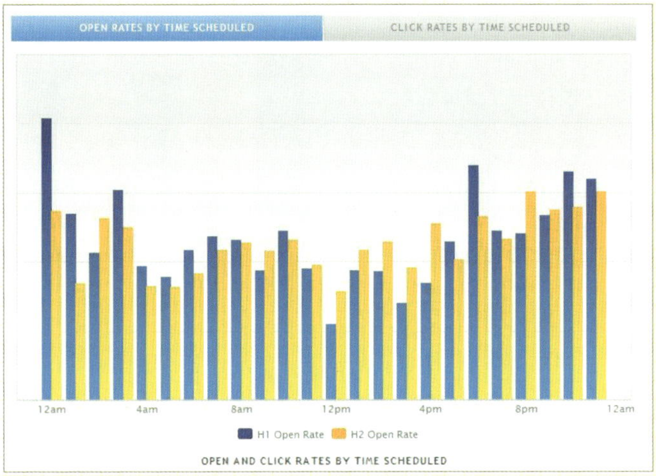

配信時間別の開封率（2012年7月～12月および2013年1月～6月）

4. 件名の長さは開封に影響するのか？

中段のデータを見ての通り、短い件名（15文字以内）は開封率が高い傾向が出ています。
前Sectionで紹介したスマートフォンでの見え方なども影響してそうです。少ない文字数でどのようなメッセージを伝えるかを意識することはやはり大切なようです。

参考になったでしょうか？
ぜひ自社の業界の数値も確認してみてください。ベンチマークを用意し、そこに達していない数値をまずは達成するという目的意識を持って改善を進めていくと、データを確認して改善する癖が付くようになります。

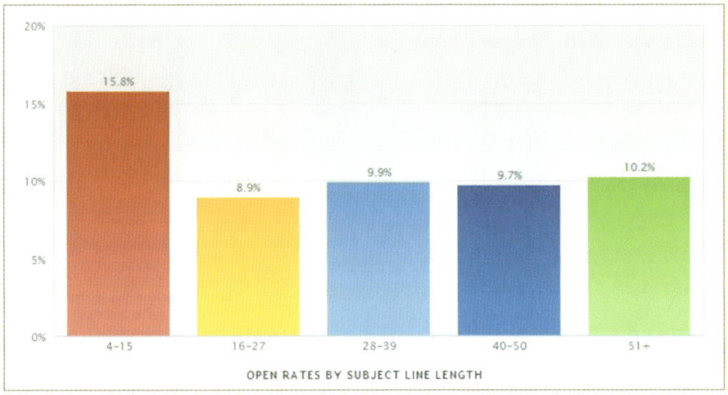

文字数別の開封率（※英語の文字数）

Chapter 2 ▸ Section 3

バナー広告

▸ Section 3-1

バナー広告の目的を定義する

Webサイトへの集客として代表的なものに「**バナー広告（ディスプレイ広告）**」があります。バナー広告の目的は、サイトやブランドの認知および、誘導を行うことが中心となります。他の広告手法と比較し、取得できるデータも多く、掲載の手法も多岐に渡ります。

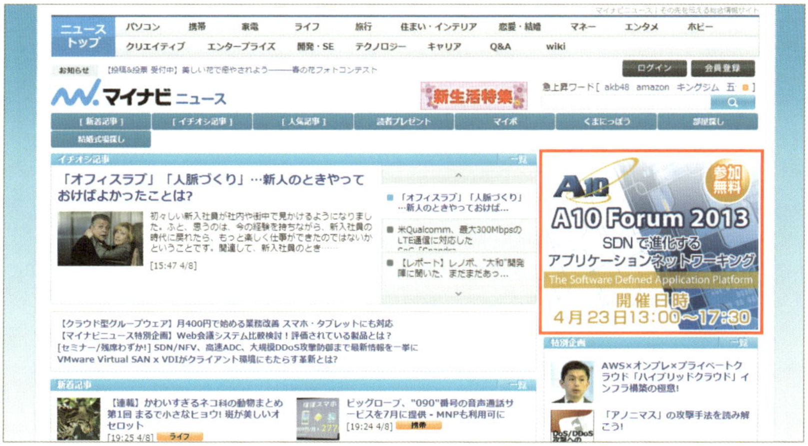

図1　バナー広告の例（「マイナビニュース」にあるバナー広告のスクリーンショット）

バナー広告とは

バナー（横断幕）の名前の通り、画像を掲載する形での広告を総称して「バナー広告」という名称になります。画像の大きさやサイズに関しては**インターネット広告協会**という団体によって推奨規格が用意されており、媒体主や広告主はこの規格に則ることで、広告の掲載を行っています。

広告の支払いに関しては主に「**インプレッション型（画像が表示された回数に応じて支払うタイプ）**」が

中心となり、一部には「**クリック型（画像がクリックされた回数に応じて支払うタイプ）**」あるいは「**成果発生型（画像をクリックして決められた成果が発生した回数に応じて支払うタイプ）**」も存在します。

バナー広告の例

図2、図3は「Yahoo! JAPANネットワーク プライムディスプレイ」というバナー広告枠の詳細になります。

図2

■ ネットワーク

商品名	バナータイプ	掲載形態	掲載タイプ	掲載期間	料金	広告掲載場所
Yahoo! JAPAN ネットワーク プライムディスプレイ	プライム ディスプレイ	ページローテーション型	インプレッション保証型 1,000万imps以上を自由設定	5日間-1か月間を自由設定（平日掲載開始）	0.135円/imps	Yahoo! JAPANのトップページを除くページおよびパートナーメディアを対象にプライムディスプレイを掲載します。 ※一部対象外のページがあります。 ※掲載面については弊社までお問い合わせください。

図3 「Yahoo! JAPAN 広告商品紹介（Sales Sheet）2014年1月改訂版」より

掲載形態・掲載タイプ・掲載期間・料金などの情報が記載されています。それぞれの項目を簡単に確認してみましょう。

- **掲載形態**：どのページで掲載されるのか。決まった特定のページなのか、あるいは全ページや特定のカテゴリで表示されるのかなど
- **掲載タイプ**：表示回数に応じて値段が変わるのか、特定のページビュー数を保証するのか、特定の期間ページビュー数に関係なく表示されるのか、といった形です
- **掲載期間**：掲載される期間。最小・最大、更新可能日などの情報
- **料金**：支払う金額。固定なのか変動なのか

このような形で各広告にはいくつかの決まった情報が用意されています。そしてこれらの広告に関する情報をまとめたものを「**メディアシート**」と言い、媒体社（広告掲載側の会社）によって提供されていることが多いです。

ゲート広告 NEW ▸ Rich Media ▸ 2014/ 7-9 産經デジタル SANKEI DIGITAL INC.

広告商品	ゲート広告
掲載面	SANSPO.COMトップページ
表示方法	ローテーション
掲載期間	1週間（月曜正午掲載開始）
露出量	1,000,000imp保証／週
料金	・ゲート+レクタングル：1,500,000円(税別)（@1.5円） ・ゲート+カンバス： 2,000,000円(税別)（@2円）

仕様	
レクタングル カンバス	レクタングル：300×250(50KB以内)　SWF 代替イメージ：300×250(50KB以内)　GIF or JPG カンバス： 300×600(100KB以内)　SWF 代替イメージ：300×600(100KB以内)　GIF or JPG
ヘッダー	ヘッダーバナー： 1,000×80 (100KB以内)　SWF 代替イメージ： 1,000×80 (100KB以内)　GIF or JPG
背景イメージ	1,600×1,200 (100KB以内)　GIF or JPG
アニメーション	可(背景のみ不可)
Alt　テキスト	なし
掲載本数	1本
差替え	不可
レポート	imp、click、CTR
入稿締め切り	10営業日前
備考	・掲載中にユーザーへの損害が生じたり苦情が寄せられた場合には、弊社判断にてゲート広告の掲載を中止する場合がございます。なお、ゲート広告の掲載を中止する場合は、代替イメージのみの配信とさせて頂きます。 ・ユーザーの画面解像度によって背景画像の表示できる幅と天地が異なります。背景はスクロールされません。 ・ヘッダーとレクタングルのSWFは読み込みの差によって同時に再生されない場合があります。 ・本商品はWindows OS搭載パソコン/タブレットでIE7以上、Firefox(最新版)、Chrome(最新版)のブラウザ環境で閲覧することを対象に設計されております。

掲載イメージ

SANSPO.COMトップページ

ユーザーの画面解像度によって表示できる幅と天地が異なります。
原稿制作の際はご注意ください。

16

図4 「産経デジタル」の「ゲート広告」(「PC総合」、2014年7月～9月用メディアシートより)

ターゲティングという概念

バナー広告においては「**ターゲティング**」という考え方も非常に大切になります。一部サイトの広告掲載においては、特定の人だけに広告を見せるという「ターゲティング」の機能が備わっています。

たとえば「エステ」に関する広告であれば、20代～40代の女性にだけ表示した方が、**よりブランドを認知してもらう**、あるいは**流入してもらう**意味があるかもしれません。また大阪を中心に店舗を複数持っている会社であれば、関西近辺からアクセスしている人だけに広告を配信した方が効率が良いでしょう。このように、より届けたい人だけに配信を行うというのが「ターゲティング」の基本的な考え方になります。

ターゲティングを行うためにはページを閲覧する人の**属性情報**を知る必要があります。会員登録サイトであれば、**会員登録時の年代や性別などの情報を利用する**というのが一般的です。ログインなどがないサイトであれば、ユーザーがサイト内外で見たページなどの情報を元に、「この人にはこういう情報に興味が有るのか」という分類を行った上でターゲティングを実現しています。

また、ターゲティングが難しい場合でも、大手サイトであればサイト利用者や属性などの情報はNielsen (http://www.nielsen.com/jp/) などのリサーチ会社が公開している場合もありますので、それらの情報を元にどこに広告を掲載するかを出稿側が選定するということも、ある意味ではターゲティングの一種になります。

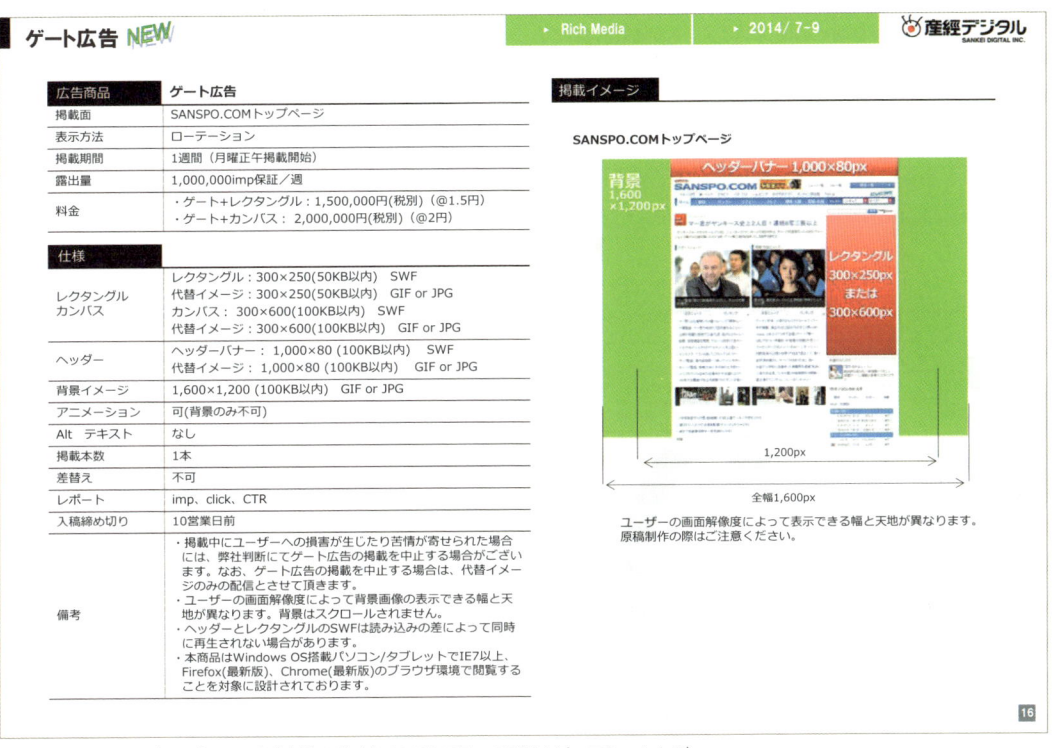

ファーストレクタングル/配信エリアターゲティング　▸ Display　▸ 2014/ 7-9　産經デジタル SANKEI DIGITAL INC.

配信地域を指定した広告展開が可能なバナー商品です。
地域商材などの訴求に対し、高い広告効果が期待できます。

商品詳細

掲載チャネル	iza、SANSPO.COM、SankeiBiz、ZAKZAK		
掲載位置（メニュー）	【産経デジタル】ファーストレクタングル ≪掲載面≫ iza:ニュース面 SANSPO.COM:ニュース面（一部ジャンルを除く） SankeiBiz:トップ&ニュース面 ZAKZAK:トップ及びニュース面		
表示方法	ローテーション		
掲載期間	1週間（月曜12:00掲載開始）		
配信タイプ	インプレッション保証型		
保証imp/料金（配信単価）	①	1,000,000 ～ 2,500,000imp未満	40万円（税別）～（@0.40円）
	②	2,500,000 ～ 5,000,000imp未満	95万円（税別）～（@0.38円）
	③	5,000,000imp～	185万円（税別）～（@0.37円）

原稿仕様

サイズ	300 × 250 ピクセル
形式／容量	GIF、JPEG またはSWF／50KB以内
同時掲載本数	1本
差し替え規定	不可

注意事項

・掲載開始日、掲載期間にご希望がある場合はお問い合わせ下さい。
・保証imp数に達しない場合は期間を延長する場合があります。
・複数エリアをご指定頂く場合、必ず各エリア毎のimp数の指定をお願いします（10万imp単位）。
・また、複数エリアで実施の場合、レポートは合算したインプレッション数、クリック数を日別でお出しします。
・その他注意事項は、弊社広告規定をご参照下さい。

1,000,000imp以上からのお申し込みとなります。
以下リストより、単一または複数の都道府県をご指定ください。
申し込みインプレッション数によって、複数指定が必須となる場合がございます。
在庫状況は都度、ご確認をお願いします。
※市区町村でのご出稿をご検討の際は担当者までご相談ください。

都道府県名	配信可能数	都道府県名	配信可能数	都道府県名	配信可能数
北海道	800,000	石川県	200,000	岡山県	300,000
青森県	100,000	福井県	100,000	広島県	400,000
岩手県	100,000	山梨県	100,000	山口県	100,000
宮城県	400,000	長野県	300,000	徳島県	130,000
秋田県	100,000	岐阜県	200,000	香川県	200,000
山形県	100,000	静岡県	600,000	愛媛県	200,000
福島県	100,000	愛知県	1,300,000	高知県	90,000
茨城県	400,000	三重県	200,000	福岡県	800,000
栃木県	200,000	滋賀県	200,000	佐賀県	60,000
群馬県	200,000	京都府	600,000	長崎県	100,000
埼玉県	1,100,000	大阪府	2,600,000	熊本県	200,000
千葉県	900,000	兵庫県	1,000,000	大分県	100,000
東京都	7,000,000	奈良県	200,000	宮崎県	100,000
神奈川	2,300,000	和歌山	200,000	鹿児島	100,000
新潟県	300,000	鳥取県	100,000	沖縄県	100,000
富山県	100,000	島根県	60,000		

※都道府県別　配信可能数／週（2013年8月時点）

※入稿素材規定詳細については総合広告仕様書を御確認下さい。

32

図5 「産経デジタル」の「ファーストレクタングル/配信エリアターゲティング」（「PC総合」、2014年7月～9月用メディアシートより）

メディアレップや広告代理店に関して

バナー広告を出稿したい広告主と、バナー広告で収入を得たい媒体主、それぞれ無数に会社があり、1つずつ探して広告の掲載のやりとりを行うのは非常に手間かつ効率が悪いです。そこで、「**メディアレップ**」や「**広告代理店**」といった役割が必要となっています。
広告主・媒体主・メディアレップ・広告代理店の関係を表した図を作成してみました（図6）。

メディアレップは広告の「**卸先**」になり、複数のメディアを取り扱い、広告代理店に営業をしてバナー枠を売ってくる役割を担います。代表的な企業に「サイバー・コミュニケーションズ（cci）」「DAC」「ディーツー コミュニケーションズ」「mediba」などがあります。バナー広告以外の取り扱いも行っています。
広告代理店は広告主からの依頼を受けて、最適な掲載先と商品を提案するという役割を担っており、「小売店」の役目を果たします。代表的な企業に「オプト」「サイバーエージェント」「アイレップ」「トランスコスモス」「GMO NIKKO」「メディックス」などがあります。メディアレップと同じようにバナー広告以外の取り扱いも行っています。
以上がバナー広告に基本的な知識になります。では、次のSectionで分析に関する考え方を確認してみましょう。

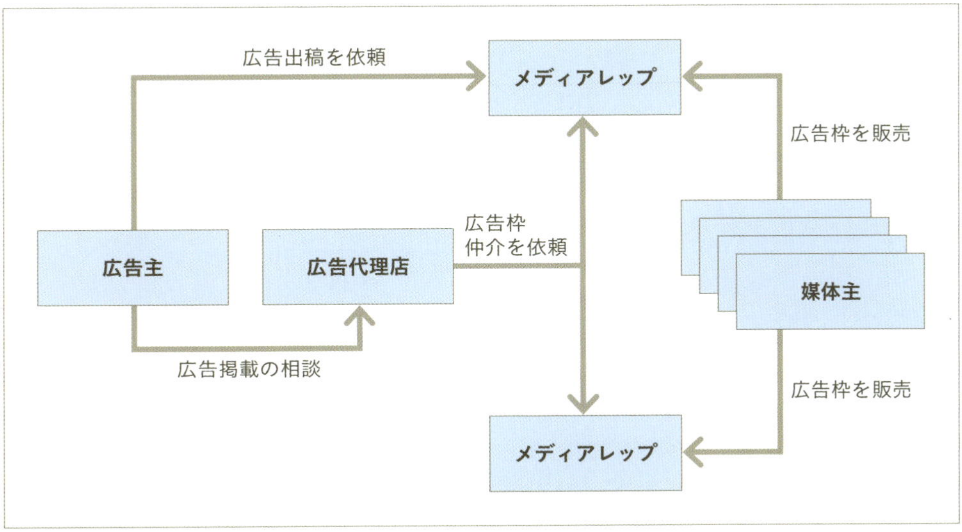

図6　役割図

▶ Section 3-2

バナー広告を分析する

バナー広告分析における4つの基本指標

バナー広告の効果を測定する作業において、基本的な指標は4つあります。まずは、基本的なフローから確認してみましょう。

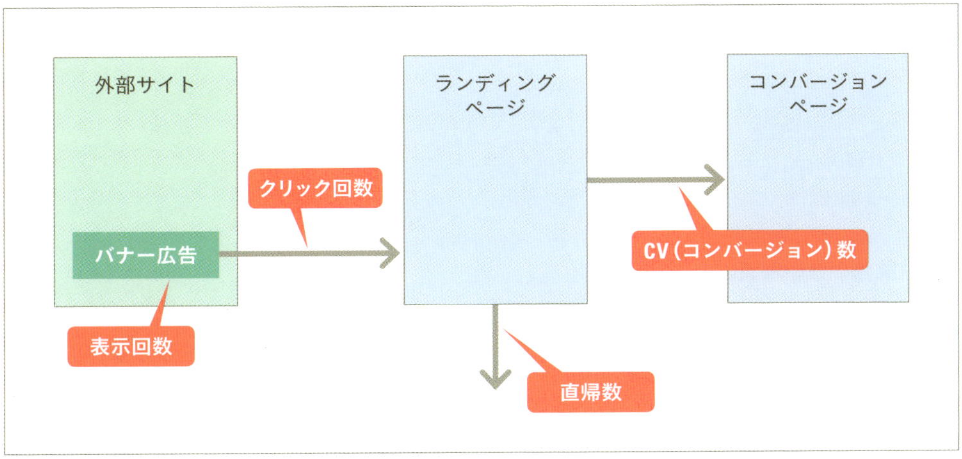

図1　バナー広告の基本的な評価項目

図1に示してある、下の4つが基本の指標です。

表示回数	バナーが存在するページが表示された回数
クリック回数	バナーがクリックされた回数
直帰数	流入後、すぐに離脱した回数
CV(コンバージョン)数	目標のページに到達した回数

この4つは、どのバナー広告でも必ず確認しておきたい項目になります。また、それぞれの指標を割り算した数値も大切になります。

クリック回数 ÷ 表示回数 = クリック率(CTR)
直帰数 ÷ クリック回数 = 直帰率
CV数 ÷ クリック回数 = コンバージョン率

これらの数値に関しては、「アクセス解析ツール」および「媒体社が提供しているレポートや管理ツール」から確認を行うことができます。

図2　Facebook広告の管理画面

図2はFacebook広告の管理画面になります。
この中で表示回数は「**広告リーチ**」という名称で表示回数を取得できます。またクリック(図2では「クリック数」)やクリック率(図2では「クリックスルー率」)に関しても名称の通りのデータが存在します。

Column

本当に閲覧者が見たかどうかを計測をするための設定

余談ですが、「表示回数」というのは前ページの定義に書いた通り「バナーが存在するページが表示された回数」という意味であり、本当に閲覧者がバナーを見たかに関しては分かりません。しかし、最近はいくつかのサービスで、「本当に見た」ということをカウントすることで、より正確な数値を計測できるようになっています。
たとえばGoogleのディスプレイ広告では「Active View」という指標を新たに定義しており、意味は以下の通りとなります。

スクリーンに広告の半分以上が1秒以上露出した場合
https://web-patriot.tools.ndca.jp/report/kpi/ameba/all/summary-hbase-daily/index.html

そして、この数値を見るための設定をGoogleアドネットワークの管理画面で行うことができます。

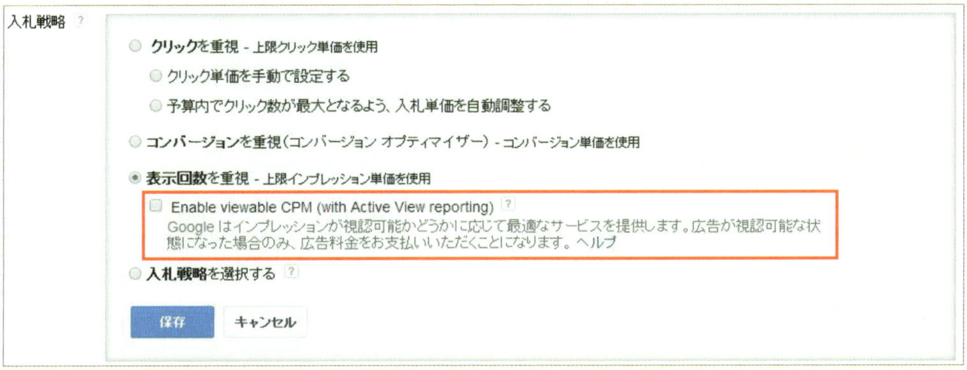

Google アドネットワークの管理画面

より正確な表示回数を得るという意味では使える指標なのですが、定義や利用可否は会社やサービスによって若干違うため、注意が必要となります。

指標の確認方法

広告代理店などを通してバナー広告の出稿を行っている場合、こういった指標の数値は広告代理店から報告をもらうか、管理ツールで確認するという形になります（図3）。
広告管理ツールで「**コンバージョン**」まで取得できるかは、サービスや仕組みによって変わってきます。コンバージョンに関しては基本的にはサイト内で行われるため、外部のサービスやツールで計測をする場合は、計測用の「**記述**」をコンバージョンページに追加する必要があります。多くのサービスやツールでこのような計測記述は用意されているので、それらを実装するという方法を取れば、インプレッションからコンバージョンまで1つのツールで確認をすることができます。
逆に何かしらの理由で実装を行いたくない、あるいはできない場合に関しては、自社のアクセス解析ツールからデータを取得し、**広告とのヒモ付け**を行う必要があります。つまり、サイト内に発生したコンバージョンの内、広告によるものが何件だったのかを確認して、コンバージョン率などを計算するという方法になります。Googleアナリティクスを利用している場合は、**広告パラメータ**（P.343を参照）を流入元に付与することで、ヒモ付けができるようになります。

図3　広告管理ツールの例「CAMP by CyberAgent」(http://www.ca-mp.jp/index.html)

直接とアシストという考え方

さて、ここで大切になってくるのが「バナー広告」によるコンバージョンへの貢献をどのように見るかということです。以下の2つのケースがあったとしましょう。

❶ バナーをクリックしてサイトに初めて流入。数ページ遷移した後に資料請求を行った。
❷ バナーをクリックしてサイトに初めて流入。そのときはコンバージョンしなかったが、翌日検索エンジンでサービス名を入力し、サイトに流入。資料請求を行った。

それぞれについて、バナー広告がコンバージョンに貢献したと言えるでしょうか？
❶に関してはバナー流入からそのままコンバージョンしているため、貢献したと言えそうです。このよ

うなコンバージョンを「**直接コンバージョン**」と言い、今回の場合は「バナー広告で直接コンバージョンした」ということになります。

❷のケースに関しては、そのときにコンバージョンしていません。しかし、バナー広告のおかげでブランドを認知したために、次回検索することができ、その行動がコンバージョンにつながりました。従って、バナー広告は「間接的」に効果を及ぼしたといえるのではないでしょうか。このような場合は「**バナー広告がアシストした**」ということになります。

多くの解析ツールでは直接コンバージョンだけではなく、**アシストコンバージョン**を確認することができます。以下はGoogleアナリティクスでのレポートになります。

図4　Google Analyticsのアシストコンバージョンレポート。[コンバージョン→マルチチャネル→アシストコンバージョン] を開き、表の上部で [参照元/メディア] を選択

直接コンバージョンが473件、アシストコンバージョンが2,182件と、どちらの数値を利用するかで大きな違いがあることが分かります。

どちらを使うべきかという正解はなく、基本は直接コンバージョンを見ながらも、同じような直接コンバージョンの数値だったときに、どちらを残すか・改善するかというのをジャッジするために、アシストコンバージョンを利用するという考え方でも良いでしょう。このような間接効果の分析に関しては「**アトリビューション分析**」という呼び名があります。いろいろな考え方があり、本格的に取り組むと非常に難易度が高い分野です。

興味がある方は、筆者も寄稿させていただいた『アトリビューション 広告効果の考え方を根底から覆す新手法』※1を手にとっていただければ幸いです。

コストと売上に関する指標

インプレッションからコンバージョンまでの「行動」に関する指標を確認してきました。しかし広告を評価する上でコストや売上など「お金」に関する情報も大切になってきます。

コスト・売上に関して見るべき指標は決まっており、以下の7つの項目が大切になってきます。

※1　2012年3月、インプレスジャパン刊

コスト	掲載期間において支払いを行った金額
売上	掲載期間において広告経由で発生したコンバージョンによる金額
ROI	(Return on Investment) 投資対効果。(売上—コスト) ÷コストにて算出
CPI	(Cost Per Impression) 1インプレッションあたりのコスト
CPC	(Cost Per Click) 1クリックあたりのコスト
CPA	(Cost Per Acquisition) 1コンバージョンあたりのコスト
SPA	(Sales Per Acquisition) 1コンバージョンあたりの売上

似たような用語が多くちょっと分かりづらいのですが、基本的には、これらの指標を様々なバナー広告（あるいは有料集客施策）同士で比較をして、コストが少なく、売上が大きい集客施策を良い集客施策として判断します。考え方としてはChapter 2-1で紹介した「リスティング」の考え方を踏襲することになります。

バナー広告の目的にあわせた指標を組み合わせる

行動とお金に関する指標を紹介してきました。どの指標を重要視するかは、バナー広告の目的によって決まってきます。

サービスの認知を上げるということであれば、「**表示回数**」や「**クリック数**」が大切になってきます。とにかく売上につなげたいということであれば「**売上**」「**SPA**」「**コンバージョン数**」などの数値が大切になります。また効率より利益を重視するということであれば「**ROI**」「**コンバージョン率**」「**CPA**」「**SPA**」などの数値が大切になってきます。

バナー広告分析の基本的な考え方

様々な指標を紹介してきましたが、基本的にはこれらの指標を比較しながら「効果が高いバナー広告を元に、効果が悪いバナー広告を修正していく」というのがもっとも大切な考え方になります。

多くの企業では、決まった広告予算の中で、最大の売上を作ることを目標とし、運用を行っています。これを実現するためには、より効果が高い広告を増やしていくということになります。

CPCは安いけどCPAが高い広告バナーがあれば、「ランディングページを見直すか、別の場所にランディングさせる」という形で改善を図ることができます（ただし、認知が目的であればCPAが高くても問題ありません）。

またROIは高いけど、インプレッションやクリック数が低い広告バナーがあれば、「該当サイトでの露出をさらに増やす（他の広告予算を寄せる）」あるいは「該当サイトで利用しているバナーを他のサイトでも利用する（他の広告のクリック率を増やす）」という改善方法が考えられます。

それぞれの指標が高い・低いには理由があり、その理由を元に改善方法を考えてみましょう。簡単なガイドとして、各指標に関してまとめたものを表にしておきました。ぜひ、参考にしてみてください。

指標	より望ましい方	悪い理由	改善方法
表示回数	高い	表示回数が低い媒体に出稿。ページ下部までスクロールしないとバナーが表示されない（Active Viewの場合）	集客予算を増やし、同媒体の他のプランや、別媒体での出稿を増やす
クリック回数	高い	表示回数が低い媒体に出稿・クリエイティブが良くなく、クリックしたいと思わない	訴求内容の見直し。クリック回数や率が高い他のバナーを参考にする
直帰数	低い	ランディングページのクリエイティブの内容がマッチしていない、ランディングページのUIに問題有り	ランディングページを変更する、あるいは別のURLに変更。またランディングページに合ったクリエイティブに変更する
CV数	高い	表示回数が少ない、クリック率が低い、サイト内遷移率が低いという3つの指標のいずれかあるいは複数が極端に低い場合	表示やクリックに課題がある場合は、クリエイティブや出稿先の見直し。流入はしているが、コンバージョンまでいっていない場合はランディングページやサイト内導線の見直しを行う
ROI	高い	売上が低いor/and コストが高い	高単価の商品を訴求する、効果が悪い広告の出稿停止あるいはクリエティブ見直し
CPI	低い	インプレッション単価が相対的に高い媒体に出稿	値引き交渉、あるいは他の指標も加味した上で出稿先を変更する
CPC	低い	クリック単価が相対的に高い媒体に出稿。あるいはクリック率が低い	同上
CPA	低い	CPI/CPC/直帰率のいずれかあるいは複数の指標が高い	同上を行うと共に、サイト内で離脱率が高いページの見直しを行う
SPA	高い	訴求商品の単価が低い	訴求内容の見直し

広告管理表の作成

広告の改善を行うためには、触れている通り各指標を横並びで比較して、改善ポイントを発見していく必要があります。広告管理ツールなどを利用している場合、これらの数値は表形式で用意されている場合がほとんどかと思われます。
自社で運用している場合は、以下のような広告管理表を作成すると良いでしょう。

広告管理表

項番	施策大カテゴリ	媒体名	掲載場所	バナー名	掲載開始日	2013年6月											
						コスト	imp数	クリック数	直帰率	購入回数	購入金額	クリック率	CPC	購入率	CPA	SPA	ROI
1	バナー広告	A	ページ1	banner001	2013/6/1	¥50,000	1,000,000	1,500	42.5%	10	¥125,000	0.15%	¥33.33	0.7%	¥5,000	¥12,500	150%
2	バナー広告	A	ページ2	banner001	2013/6/1												
3	バナー広告	A	ページ2	banner002	2013/6/1												
4	バナー広告	B	ページ3	banner001	2013/6/15												
5	バナー広告	B	ページ4	banner003	2013/6/15												
6	バナー広告	C	ページ5	banner001	2013/6/29												
7	バナー広告	C	ページ5	banner002	2013/6/29												
8	バナー広告	C	ページ6	banner002	2013/6/29												
9	バナー広告	C	ページ6	banner003	2013/6/29												
10	バナー広告	C	ページ7	banner001	2013/6/29												

図5　広告管理票の例

Section 3-3

バナー広告の改善事例

バナー広告の考え方

改善事例をただ羅列しても、皆さんの参考にならないのではと考え、バナー広告を作成する際の注意点や事例を交えて紹介いたします。
ただ、読んでいただく上で1つ注意点があります。ここで紹介した方法や考え方は、世の中に紹介されている事例で、なおかつ、筆者の経験からも有効であると認識している内容になります。しかし、該当サービスの特徴(購入頻度・単価など)、閲覧者の属性、掲載される広告媒体などによって効果は変わってきます。
よくある事例として、人物(とくに女性)を入れた方がクリック率が高いという考え方がありますが、筆者が確認したケースで、人物が入っている方が確かにクリック率が高いサービスもいくつかありました。ただし全部というわけではありません。今回紹介する、5つの考え方を元にバナーを作成し、その後に改善サイクルを回すことで自社なりの「**虎の巻**」あるいは「**成功の方程式**」を導き出せるようにしましょう。

考え方1: USPを端的にバナーの中で説明している

USP(Unique Selling Proposition)という考え方があります。日本語では「**独自の売りの提案**」を意味し、自社あるいは自社製品だからこそ持っている強みのことであり、他社との差別化ができる内容になります。ただし「**差別化＝強み**」である必要は必ずしもありません。このUSPを端的(短い文章)で伝えられるようなキャッチコピーを考えてみましょう。

例1：AKB48

「CDを買えば、メンバーとの握手券をプレゼント」

AKB商法とも言われますが、ユニークなのは間違いないですね。今までにない手法として注目を浴びましたし、全員参加できるというハズレなしの特典であることも魅力です。

例2：QBハウス

「10分の身だしなみ」

通常は1時間〜2時間かけるヘアカットが10分という短時間で終わり、なおかつ身だしなみも整えられるという特徴を端的に伝えています(図1)。
また10分を超えた場合も追加料金はもらわないという約束も(実は)しています。

図1　QBハウス（http://www.qbhouse.co.jp/）のバナー広告

例3：NOYES（ノイエス）

「evloving sofa　あなた史上最高に、愛され続けるソファを。」

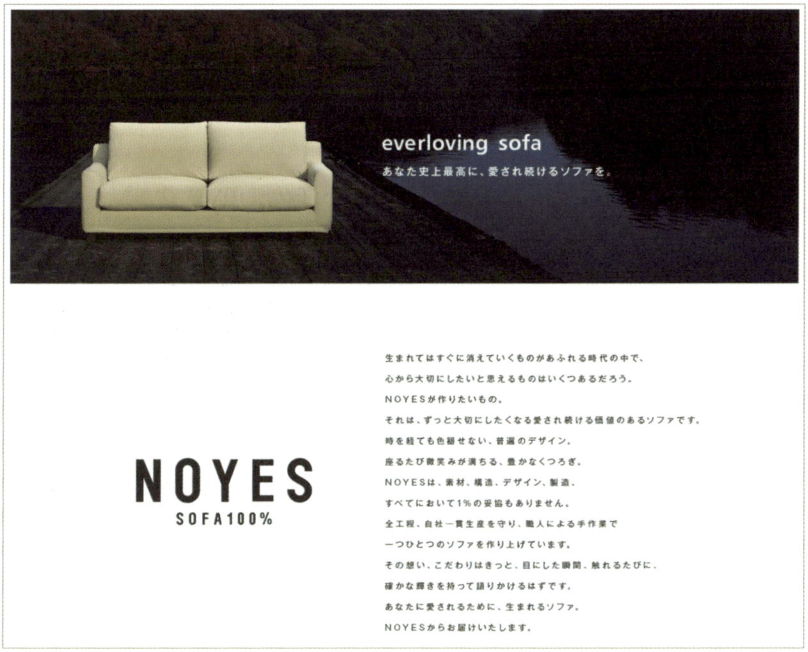

図2　NOYES（http://www.ny-k.co.jp/）のバナー広告

ソファーという購買頻度が低い商品ということで、一切妥協をしない商品を作り、そのこだわりを感じて愛してもらいたいという思いが込められているのではないでしょうか。国内自社一貫生産かつすべて手作りというところが特徴になります。

例4：アマゾン

「Earths Biggest Bookstore（世界最大の本屋さん）」

アマゾンが初めてオンライン書店を始めたわけではなく、必ずしも最も安いというわけではありません。しかし、他社と比べて成功した（そして成功している）理由はその圧倒的な品ぞろえにあります。アマゾンに行けば**必ず探している書籍が見つかるのでは**と利用者に思わせることができます。

考え方2：カスタマーが求めている訴求を考える

以下はA/Bテストツールを提供している「Optimizely」のブログ※2に掲載された、ノートパソコンVAIOのバナーの事例になります。

図3　オリジナルのパターン

図4　お得訴求（保存容量を2倍に）

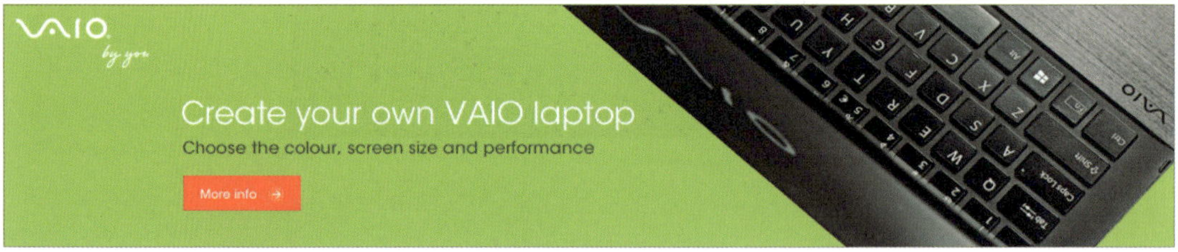

図5　オリジナリティ訴求（色・画面サイズ・パフォーマンスをカスタマイズ可能）

この3つのパターンに対してオリジナルのクリック率とコンバージョン率を100%としたとき、図4のお得訴求に関してはクリック率が1.8%上がったもののコンバージョン率は2.9%減少しました。逆に図5のオリジナリティ訴求に関してはクリック率が6%上がり、コンバージョン率が21.3%改善しました。

このようにVAIOを購入するユーザー層にとってはお得訴求よりカスタマイズ訴求の方が効果的であることが分かったようです。

しかし、同じVAIOでも商品によっては結果が変わるかもしれないですし、メーカーが違えばどういった訴求がもっとも効くかは当然変わってくるでしょう。いずれにせよ、訴求ポイントを明確にしたバナー作成は重要だと言えるのではないでしょうか。

※2　http://blog.optimizely.com/2014/02/03/case-study-sony-ab-tests-banner-ads/

考え方3：強みを画像として盛り込む

考え方1や2で紹介した内容をテキストではなく、**画像にも分かりやすい形で盛り込む**ことが大切です。価格であれば割引率などを大きく表示する、ランキングであればどういった調査のどのカテゴリで1位を獲得したのかといった形です。それ以外の要素に関してはサイト内で伝えるとして、強みを全面に打ち出しましょう。

図6　割引訴求：靴のセール最大60%オフ（javari http://www.javari.jp/）

図7　ランキング訴求：ペット保険部門で3年連続1位（PS保険 http://pshoken.co.jp/）

考え方4：飛び先に何があるかを具体的に想像させ、その通りの結果を返す

バナー画像はクリックをしてもらい、その上でサイト内におけるゴールを達成してもらうという二段階を経て、初めて効果があったと言えるのではないでしょうか。そこで、大切なのは、クリックしたら**どういうコンテンツが出てくるかをユーザーに想像させるような内容**になっているということです。
先程の靴のセールのバナーに「最大60%OFF」という文言あったとしたら、利用者が期待しているのはここに書いてある内容そのものになります。従って「サイトのトップページ」や「商品一覧」に遷移させてしまってはいけません。「セールしている商品一覧」は遷移したページに60%OFFの商品がページ上部で表示されていれば大丈夫ですが、ファーストビューにそのような商品がなければ利用者の期待に答えていないことになります。
また、想像させるという意味では、**どういったものが入手できるかを具体的に書く**ことも効果につながりやすいです。
図8、図9は、BtoB企業向けインバウンドマーケティング支援を行う株式会社ガイアックスのINBOUNDというサイトで紹介された事例になります（http://www.inboundmarketing.jp/blog/2013/01/16/abtest/）。図8のオリジナル画像はクリック率0.35%（月間15件の資料ダウンロード）だったところ、図9の新しい画像ではクリック率1.41%（月間62件の資料ダウンロード）と4倍以上に改善したようです。
オリジナルの画像では「無料」と「プレゼント」で伝えたいことがかぶってしまっている上に、どういった資料が手に入るのかが分かりづらくなってしまっています（画像の右の方にタイトル名が入っていますが、色やレイアウトの都合上、目に入りにくいです）。新しい画像ではタイトルを全面に出し、ダウンロードすれば確実に書いてある内容が手に入るという、ユーザーの期待とその先の内容があっているクリエイティブになっていることが、コンバージョン率が改善した原因なのではないでしょうか。

図8　オリジナル画像

図9　新しい画像

最後に、TOYOTA T-UPの事例も紹介します※3。

図10　バナー画像

図11　飛び先のページ

まず、バナー画像とランディングページの**色使い**や**トーン・フォント**などが統一されていることから、利用者がクリックしたときに間違ったサイトに来てしまったと思わせるのを防ぐことができています。また「近くのお店でお気軽査定」という内容に関しても、ランディングページの目立つ位置に「車買取りのできるお店を探す」と「無料お試し査定を申し込む」が存在しており、「近くのお店で」と「お気軽査定」の両方のニーズを満たしていることが分かります。

※3　ソウルドアウト株式会社が運営する「LISKUL」を参考にさせていただきました（http://liskul.com/banner_reference-839）

考え方5：常にテスト&改善が必要

バナーの効果は掲載される媒体・タイミングなので効果が変わってきます。同じバナーでも**クリック率が徐々に下がる**というケースも筆者は見てきました。「慣れ」であったり「最新のトレンドから外れている」であったり、原因は様々です。インプレションが大きい、あるいは流入量が大きいバナーに関しては常にテストをしながら、改善あるいは維持を目指しましょう。また同業他社のバナーも参考になります。自社のテストパターンの参考にしたり、気になったバナーは画像を保存したりしておきましょう。

テストが大切なもう1つの理由として、仮説がほとんど当たらないためというのがあります。先にもご紹介した、Optimizelyのブログに掲載されていた（http://blog.optimizely.com/2013/06/14/ea_simcity_optimizely_casestudy/）ので、紹介いたします。図12、図13は、ゲームを発売しているElectronic Artsの事例になります。人気タイトル「SimCity」の購入ページの事例です。

結果はなんと、割引訴求あり時のコンバージョン率：5.8%、割引訴求なしのコンバージョン率：10.2%と大勢の方が想像されるのと逆の結果になりました。この結果を元にバナー広告の方でも**割引訴求を外したところ**、コンバージョン率が上がったようです。割引を付ければ購入率が上がるのではと普通は考えてしまいますし、多くのサイトの場合それが事実です。しかし、今回の結果のように想定していないようなことが起きることもよくあります。

仮説や思い込みに捕らわれず様々なバナー広告をテストしてみてください。

図12　オリジナルパターン：プレオーダー（事前予約）すると次回の購入から$20の割引あり

図13　テストパターン：次回の割引訴求なし

Column

アフィリエイトとは?

本コラムでは「**アフィリエイト**」という集客手法について紹介いたします。アフィリエイトとは、Webページやメールマガジンなどの広告媒体から広告主のWebサイトなどへリンクを張り、媒体を閲覧した人がそのリンクを経由して広告主のサイトでコンバージョンすると、媒体運営者に一定の料率に従って報酬が支払われるという方式になっています。リスティングやバナー広告などと比較すると、広告主の支払いが表示やクリックではなく、コンバージョン時のみに発生するため、利益を出しやすい(費用対効果が良い)広告媒体になります。

媒体側はAmazonアソシエイトや楽天アフィリエイトのように広告主自らが展開しているサービスを利用して広告を掲載するか、様々な広告主の案件をまとめている「**アフィリエイトサービスプロバイダー**」を利用して広告を掲載するかの2種類の方法があります。

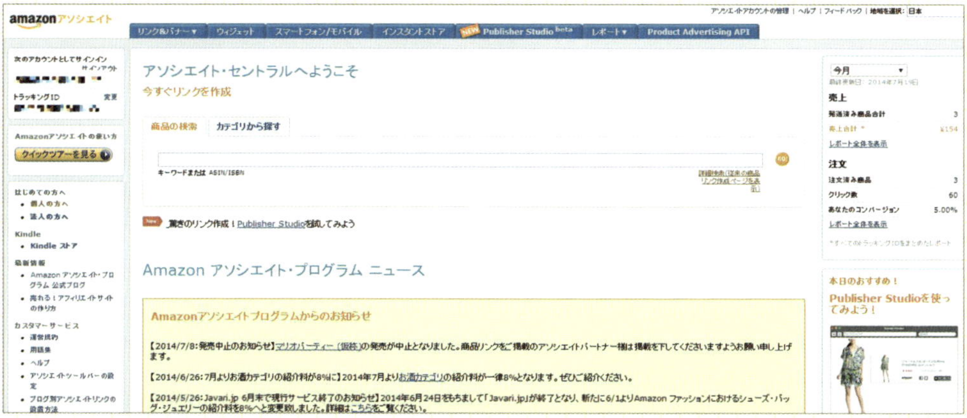

例) Amazonのアフィエイトプログラム「Amazonアソシエイト」

例) アフィリエイトサービスプロバイダー「A8.net」

Column

本書では広告主の観点からアフィリエイトについて見てみたいと考えているため、アフィリエイトサービスプロバイダーを中心に紹介をしていきます。

●掲載してもらうための3つの要素

媒体運営者（＝アフィリエイター）に自社の広告を掲載してもらうことが、広告主としては大切になります。誰も貼ってくれなければコンバージョンが発生しないためです。しかし、アフィリエイトサービスプロバイダー上では様々な広告主が自分たちの広告を掲載してもらいたいと考えています。では、アフィリエイターは何をもって掲載有無を判断しているのか。主に以下の3つが大切と言われています。

1つ目は「**商品そのものの魅力**」です。アフィリエイターの多くは自分の興味があるジャンルの商品を紹介することが多いです。たとえば化粧品などがそうですが、当然多くの化粧品の広告案件があります。その中で選んでもらうためには、商品の魅力が伝わらなければいけません。他の商品と違うポイントは、どういった点が特徴的なのか、徹底的に商品の魅力を伝えるような説明文を用意する必要があります。紹介しやすい「ポイント」を用意してあげることが大切です。

2つ目は「**サポートの充実度合い**」です。アフィリエイターに対するタイムリーな情報提供、顧客関係の維持は非常に大切です。多くのアフィリエイトサービスプロバイダーではメルマガ配信の機能が用意されています。その中で最新の情報提供や、個別の感謝メールなどを送り、商品だけではなく会社そのものに親近感・信頼・愛情をもってもらうことが大切です。アフィリエイターは「ただ稼ぎたい」と思っている人だけではなく、「良い物を紹介したい」あるいは「稼ぐにしてもできればユーザーにとって喜ばれるものや自分が好きなものを紹介したい」と思って媒体を運営しています。広告主によってはアフィリエイター専用のサイトやコンテンツを用意しているところもあります。ぜひ、アフィリエイターと良い関係を築くためのコミュニケーションを大切にしましょう。

「表札マイスター」のアフィリエイター向けのコンテンツ（http://www.rakuten.ne.jp/gold/h-meister/affiliate.html）

Column

また関係づくりという意味ではフェアなどに出店してみるのも良いでしょう。「リンクシェア」や「A8.net」などではアフィリエイターが実際に商品を手にとって確認できるフェアなどを定期的に開催しています。そこでアフィリエイターと接点を持ち、**関係を維持し続けること**が大切です。

リンクシェアの「LINKSHARE FAIR 2014」

最後は「**報酬割合（額）**」になります。同じような商品で片方が売上の2%、もう片方が売上の10%もらえるのであれば、ほとんどの人が後者を選ぶのではないでしょうか。料率を設定する上で大切なのは、同業他社との比較になります。安すぎても、高すぎてもいけません。安すぎると選んでもらえず、高すぎると利益が大きく減ったり、いざ利用率を上げたいときに上げられなくなったりといった問題が起きてしまいます。多くのアフィリエイトサービスプロバイダーでは料率を細かく設定することができます。特定のタイミングや特定のサービスに対して料率の運営を行うことが大切です。

●最後に

アフィエイトは他の集客施策と考え方が大きく違います。リスティングのように気軽に開始・停止できるものではなく、バナー広告のように一気に大量の流入をお金かければ獲得できるものでもありません。商品を用意し、アフィリエイターとコミュニケーションを取りつつ、クリエイティブやオファー内容を変えながら積み上げていく施策になります。そのためお金がかかるというより、**時間がかかる**集客施策です。しかし、アフェリエイターが自分たちのサービスを喜んで紹介してくれて、そこから更に新しいお客様と関係を持つことができるメディアです。直接的な効果だけではなく、様々なコンテンツを作ってもらったり、自分たちの知らなかったサービスの魅力を理解したり、商品のファンを増やしたりといった付加価値を感じることができます。**顧客と関係を持つこと**が好きな人が担当になれば成功するでしょうし、数値と結果にしか興味がない人には成功させるのが難しい施策です。会社の人材とタイミングを見て、実施判断を行いましょう。

Chapter 2 ▸ Section 4

ソーシャルメディア

▸ Section 4-1

ソーシャルメディアの目的を定義する

ソーシャルメディアは他の集客施策などと違った特性を持ちます。ソーシャルメディアから自サイトに誘導し、コンバージョンを発生させるというのは、あくまでも目的の1つであり、それがすべてではありません。ソーシャルメディアとは何なのか、そして、改めてメディアとして注目される理由から確認をしていきましょう。

ソーシャルメディアとは

一言でいうと「**情報発信が集約されることで生まれた場**」と定義付けられるのではと筆者は考えております。自分あるいは自分以外が発信したものをまとめて、それを1つの場所として見る。その場自身あるいは、その場の先にあるものへの誘導を通じて活用する……という話になると、昔からブログなどを中心にそういった場はあったのではないかと思われる方もいるのではないでしょうか。
そして、その疑問は正しいものです。広義においては、ブログもソーシャルメディアの一種として考えられます。ただ、先程の定義に条件を付け足すとすれば、「**情報発信は一方通行ではなく、双方向である**」ということも言えるのではないでしょうか。ブログのコメント欄やTwitterのリツイートなどもソーシャルメディアを構成する要素として外せないものになります。

本書では代表的なソーシャルメディアとして「Facebook」「Twitter」を中心に取り上げます。また必要に応じて他のメディアも取り上げますが、ブログに関しては分析のポイントや考え方も少し異なることから、Chapter 2-8で詳しく取り上げることにします。

何故ソーシャルメディアなのか

2009年くらいから、TwitterやFacebookなどのソーシャルメディアの利用者増大と共に、ソーシャルメディアを利用したマーケティングや分析に関しても脚光を浴びるようになりました。筆者は注目を浴びた理由に5つの要素があると考えています。
それは「**発信難易度の低下**」「**書き込まなくても意思表明が気軽になった**」「**情報拡散のしやすさ**」「**スマートフォンの隆盛**」「**発信手段の多様化と低コスト化**」にあると思います。ここでは詳しくそれぞれの解説はしませんが、この5つの要因が大きいのではないでしょうか。

項目	～2009年	2009年～
発信難易度	HTMLの理解・ブログの解説や設置	アカウント取得ですぐに開始
意思表明	ブログへのコメント執筆など	いいね！やお気に入りなどワンクリックで可能
情報拡散のしやすさ	トラックバックやソーシャルブックマーク	リツイートやシェアなどワンクリックで可能
スマートフォン契約割合	2%（2009年：日本）	40%（2013年：日本）
発信手段	ブログなどの主にテキスト	回線速度強化による画像・音楽・動画配信サイトなどの登場。配信機能を搭載したデバイスや低コスト化の実現

ソーシャルメディアの9つの利用目的

筆者はソーシャルメディアには9つの利用目的があると考えています。一部の目的は他のメディアともかぶりますが、以下の9つの内容をすべて実現できるのが、ソーシャルメディアになります。

ソーシャルメディアの9つの役割

項目名	概要
商品認知	商品に関する宣伝を行い、閲覧者にその内容を理解してもらう
商品開発	閲覧者から商品に関する意見や、アイデアを貰い、商品の開発に活かす
リサーチ	ソーシャルメディア上の情報を確認し、自社・同業他社に関する情報を仕入れて活用する
商品販売	ソーシャルメディア上での販売、あるいは、商品販売ページへの誘導を行い売上を作る
顧客サポート	商品に関する問い合わせや、ご意見に対する回答を行う
決定の後押し	利用者の声や、利用シーンの写真などの情報を元に、購入の判断をしてもらう
ファン化	内容やキャラクターを気に入ってもらい、ブランドや商品に対して好印象を持ってもらう
タイムリーな告知	期間限定のタイムセールや、会場の状況などをリアルタイムで伝える
取り組み認知	慈善活動や、スタッフの思い・こだわりなど取り組んでいることを理解してもらう

上記の項目に関しては、データをある程度取得することができるため、評価を行うことが可能です。評価や分析方法に関しては次のSectionで紹介いたします。

ソーシャルメディアに関する2つの注意点

ソーシャルメディアを有効活用する上では、以下の2点を意識する必要があります。
Webサイトやメールマガジンを自社で運営するように、ソーシャルメディアも自社での運営が必要となるメディアです。ソーシャルメディアは「**集客ツール**」としての側面もありますが、名前の通り「**メディア**」としての側面が大きいです。発信の手軽さはありますが、Webサイトやメールマガジンと同じように、**ルールや方針を決めて、中長期的に運営をしていく**必要があります。
また、もう1点気をつけないといけないのは、集客ツールとしての側面だけでソーシャルメディアの効果は（他の集客施策と比較すると）**効率が悪い**ということです。リスティングのようにお金を投入すれば人を集められるというわけではないし、自然検索のように安定した流入量を維持し続けるのも非常に難しいです。CPA（コンバージョンあたりのコスト）や売上インパクトで見てしまうと、ソーシャルメディアに時間をかけることは現実的ではなくなってしまいます。前述した9つの利用目的や、中長期的なインパクトも加味した上で、どこまでリソースを割くか考えましょう。

▶ Section 4-2

ソーシャルメディアを分析する

ソーシャルメディアの分析手法を紹介していきます。分析は主に2つの視点から行います。「流入元としての分析」「メディアとしての分析」です。

流入元としての分析

まずは「流入元としての分析」です。ソーシャルメディアからWebサイトへの流入量やコンバージョン率・量、売上への貢献を見ることを指します。

ソーシャルメディアからの流入量を確認する

まずは他の集客施策と比較をしてみましょう。Googleアナリティクスでは［集客→チャネル］を開くと確認することができます。
図1の「8. Social」を見ると分かる通り、流入（「訪問数」）としては非常に少ないものの、「新規訪問の割合」と「直帰率」が高く、滞在時間（「訪問時の平均滞在時間」）も短い。そしてコンバージョン（「トランザクション数」）や売上（「収益」）への貢献が極めて限定的であることが分かります。

プライマリ ディメンション: デフォルト チャネル グループ　参照元/メディア　参照元　メディア　その他

セカンダリ ディメンション　並べ替えの種類: デフォルト　アドバンス

デフォルト チャネル グループ	ユーザー獲得 訪問数	新規訪問の割合	新規訪問数	行動 直帰率	訪問別ページビュー	訪問時の平均滞在時間	コンバージョン eコマース トランザクション数	収益
	747,765 全体に対する割合: 100.00% (747,765)	49.65% サイトの平均: 49.54% (0.23%)	371,283 全体に対する割合: 100.23% (370,417)	44.55% サイトの平均: 44.55% (0.00%)	3.37 サイトの平均: 3.37 (0.00%)	00:02:39 サイトの平均: 00:02:39 (0.00%)	2,442 全体に対する割合: 100.00% (2,442)	¥ 41,652,653 全体に対する割合: 100.00% (¥ 41,652,653)
1. Organic Search	456,675	52.00%	237,462	43.72%	3.22	00:02:24	1,208	¥20,770,687
2. Direct	98,565	65.45%	64,513	58.57%	2.99	00:02:27	254	¥3,956,982
3. Paid Search	93,503	39.27%	36,715	37.49%	3.80	00:02:47	409	¥7,299,564
4. (Other)	56,757	31.11%	17,655	40.43%	4.03	00:03:36	243	¥4,584,892
5. Referral	23,191	51.52%	11,947	40.58%	3.80	00:03:47	79	¥1,266,132
6. Display	9,550	0.70%	67	39.80%	5.12	00:04:38	104	¥1,624,802
7. Email	5,507	8.53%	470	39.46%	4.94	00:04:58	141	¥2,069,046
8. Social	4,017	61.09%	2,454	59.20%	2.48	00:02:57	4	¥80,548

図1　Googleアナリティクスのチャネルレポート。[集客→チャンネル] を選択

ソーシャルメディアごとに比較する

さらに「Social」のテキストリンクをクリックすると、どのソーシャルメディアからの流入が多いかも確認をすることが可能です。

ソーシャル ネットワーク	ユーザー獲得 訪問数	新規訪問の割合	新規訪問数	行動 直帰率	訪問別ページビュー	訪問時の平均滞在時間	コンバージョン eコマース トランザクション数	収益	eコマースのコンバージョン率
	4,017 全体に対する割合: 0.54% (747,765)	61.09% サイトの平均: 49.54% (23.32%)	2,454 全体に対する割合: 0.66% (370,417)	59.20% サイトの平均: 44.55% (32.87%)	2.48 サイトの平均: 3.37 (-26.46%)	00:02:57 サイトの平均: 00:02:39 (11.39%)	4 全体に対する割合: 0.16% (2,442)	¥ 80,548 全体に対する割合: 0.19% (¥ 41,652,653)	0.10% サイトの平均: 0.33% (-69.51%)
1. Twitter	1,370	54.67%	749	74.82%	1.76	00:02:03	0	¥0	0.00%
2. Naver	823	59.30%	488	43.86%	3.62	00:03:36	3	¥56,448	0.36%
3. Facebook	795	79.37%	631	74.84%	1.51	00:03:40	0	¥0	0.00%
4. Oshiete! goo	441	72.34%	319	8.39%	4.27	00:04:03	1	¥24,100	0.23%
5. Ameba	165	35.76%	59	46.67%	3.18	00:04:11	0	¥0	0.00%
6. FC2	104	33.65%	35	64.42%	2.23	00:01:35	0	¥0	0.00%
7. Hatena Diary	95	46.32%	44	69.47%	2.69	00:02:24	0	¥0	0.00%
8. Hatena Bookmark	78	51.28%	40	75.64%	1.50	00:00:48	0	¥0	0.00%
9. YouTube	45	60.00%	27	71.11%	1.71	00:01:24	0	¥0	0.00%
10. Nico Nico Douga	26	50.00%	13	69.23%	1.38	00:00:35	0	¥0	0.00%

図2　Googleアナリティクスのチャネル詳細レポート。図1から「8.Social」を選択

見ての通り、Twitterからの流入が多いもののコンバージョンにはつながっていません。2位のNaverに関しては、3件のコンバージョンにつながっていました。さらにこちらのレポートを**参照元と掛け合わせる**と、サービス単位ではなく、どのURLからのアクセスが多かったかといった、ページ単位で分析を行うことができます。

	ソーシャル ネットワーク	参照 URL	ユーザー獲得			行動		
			訪問数	新規訪問の割合	新規訪問数	直帰率	訪問別ページビュー	訪問時の平均滞在時間
			843 全体に対する割合: 0.11% (747,765)	56.23% サイトの平均: 49.54% (13.51%)	474 全体に対する割合: 0.13% (370,417)	42.35% サイトの平均: 44.55% (-4.95%)	4.33 サイトの平均: 3.37 (28.49%)	00:03:46 サイトの平均: 00:02:39 (42.44%)
1.	Naver	/odai/2136404014237384601	**69**	4.35%	3	17.39%	20.30	00:05:42
2.	Naver	/m/odai/2135592271222617801	**66**	27.27%	18	54.55%	2.41	00:00:50
3.	Naver	/m/odai/2135816939386510601	**66**	68.18%	45	77.27%	1.64	00:00:36
4.	Naver	/odai/2135816939386510601	**60**	70.00%	42	15.00%	1.60	00:01:25
5.	Naver	/odai/2126948295213379501	**48**	56.25%	27	12.50%	3.75	00:05:05
6.	Naver	/m/odai/2136913935775376501	**39**	92.31%	36	100.00%	1.00	00:00:00
7.	Naver	/m/odai/2126948295213379501	**33**	54.55%	18	63.64%	2.18	00:01:27
8.	Naver	/m/odai/2134175211791467901	**30**	70.00%	21	70.00%	1.90	00:03:01
9.	Naver	/m/odai/2136342664019823601	**30**	30.00%	9	20.00%	4.20	00:05:05
10.	Naver	/m/odai/2134175211791467901/2138449272119855703	**27**	22.22%	6	55.56%	2.56	00:01:36

図3　参照URLとの掛け合わせを実施した結果。［セカンダリディメンション］で［集客→参照URL］を選択

上記を行うと、どういった記事や内容が流入そしてコンバージョンにつながったかを確認することができるので、ソーシャルメディア上で発信する内容の参考になります。

パラメータを使ってどのリンクが押されたかを確認する

上記の手法は、リンクとメディア上のURLが1対1で結びついている場合は分かりやすいのですが、Twitterなどに代表されるように、同じURLに複数のリンクが有り、同じランディングページに飛んでくる場合は、どのリンクが押されたかが分からなくなってしまいます。リンク単位での分析を行いたい場合は、広告パラメータ（P.343参照）をリンクごとに生成することで、どのページまでは分からなくても、どのリンクが押されたかを把握することが可能になります。

パラメータを短くするには

ただソーシャルメディア上で広告パラメータを使う際に、1つリスクがあります。それは、URLが長くなってしまうということです。これはTwitterなど発言に文字数制限がある場合は、非常にやっかいな問題です。そこで、**短縮URLサービス**などを利用してURLを短くすると良いでしょう。たとえばTwitterでは、FacebookのURLに関しては、投稿時に自動的に短縮してくれます。

例）
本来のURL
https://www.facebook.com/photo.php?fbid=10201160173028566
Twitter投稿時に変換され、表示されるURL
http://fb.me/6DTgQCKI0

変換を自動してくれるソーシャルメディアは一部かつ、変換されるURLも一部なので、これを自ら作成するという考え方もあります。自社ドメインに実装する方法もありますが、、無料で利用できるサービスもいくつか用意されています。
「Bitly」あるいは「Google URL Shortener」などがその代表です。
以下は筆者へのブログのリンクを「Google URL Shortener」で短縮したものです。

広告パラメータを付与したURL
http://d.hatena.ne.jp/ryuka01/?utm_source=twitter&utm_medium=social&utm_term=timesale&utm_campaign=timesale20140101
Google Shortener で短縮したURL
http://goo.gl/CqwsxQ

長さがかなり短くなっているので、Twitter/Facebookなどに貼りやすくなったのではないでしょうか。この手法はテキストメールでも利用することが可能です。

短縮URLサービスでどのリンクが押されたかを確認する

そして短縮URLサービスでは、サービス上で何回クリックされたかを確認するといった簡易的な解析機能も用意されています。図4はURL短縮サービス「Bitly」のレポートになります。時系列でのクリック回数、エリア別のクリック数などを確認することが可能です。

このように便利な短縮URLサービスですが、2点気をつけないといけないこともあります。
1つは外部サービスなので、**いつサービスが閉じるか分からない**ということです。サービスが閉じてしまうと、そのリンクから自分のサイトに飛ぶことができなくなってしまいます。Twitterのように過去のリンクがあまり参照されることがないメディアの場合は良いのですが、長年残るものですとリスクが発生します。
また、実はクリック回数に関しては**外部の人でも見ることが可能です**（短縮URLの後に「+」をつけるとクリックレポートを確認できるのです）。そのため外部にクリック回数がバレてしまうという課題もあります。

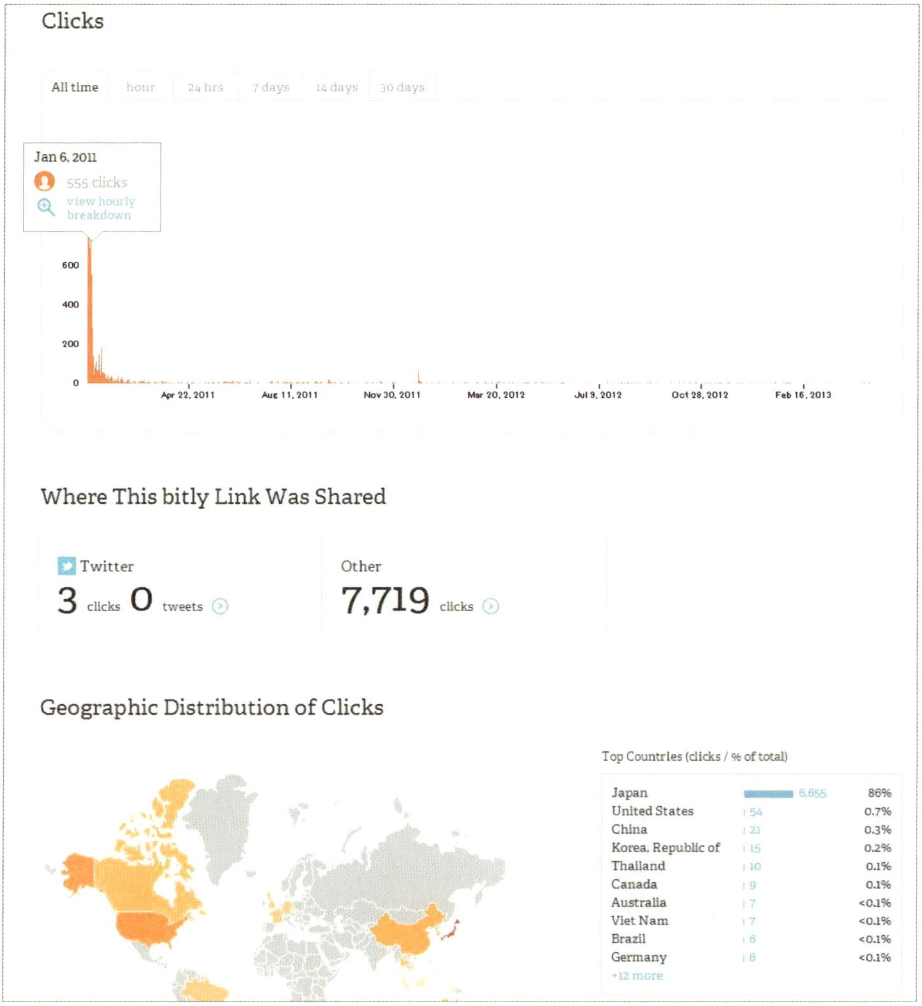

図4　Bitlyのレポート管理画面

短縮URLを自社ドメインで運用するには

そこで、自社ドメインで運用するという仕組みもあります。代表的なのが「Yourls」というサービスになります。自社サーバーへのインストールが必要となるため、少しだけ難易度は高いのですが、使い方に関して筆者が詳しく書いた記事がございますので、興味がある方はぜひ活用してみてください。非常に便利です。

自ドメインの短縮URLを取得してクリック分析を行う「Yourls」とGoogle Analyticsの組み合わせ分析！
http://markezine.jp/article/detail/13544

メディアとしての分析

では、次にメディアとしての分析を確認してみましょう。具体的には皆さんが運用しているソーシャルメディアあるいはアカウント単位での分析になります。**Facebook**と**Twitter**を中心に紹介いたします。

Facebookの場合

Facebookは外部ツールを使った分析は非常に限られていますが、公式の分析ツールが用意されているので、そちらを利用することが多いでしょう。この公式ツールに関しては個人のアカウントの分析は行えず、あくまでも**Facebookページが分析対象**になることをまずは理解しておきましょう。

Point

Facebookページとは

企業や著名人、アーティストやブランド、同好会などが、ユーザーとの交流のために作成・公開したページを「**Facebookページ**」と呼びます。Facebookページの「いいね！」を押してファンになると、そのFacebookページに関する情報をホーム画面で読めるようになります。

──Facebook NAVI（http://f-navigation.jp/manual/pages/about.html）より

Faceookページの例：「マイナビニュース」（https://www.facebook.com/mynavinews）

● Facebook公式ツールを利用する

Facebookページを分析する公式ツールは「**インサイト**」と呼ばれ、自分が管理しているページに関してのみ様々な情報を確認することができます。アクセス解析ツールと違い、**性別や年代など属性に関する情報**も豊富に用意されています。いくつかのレポートを確認してみましょう。

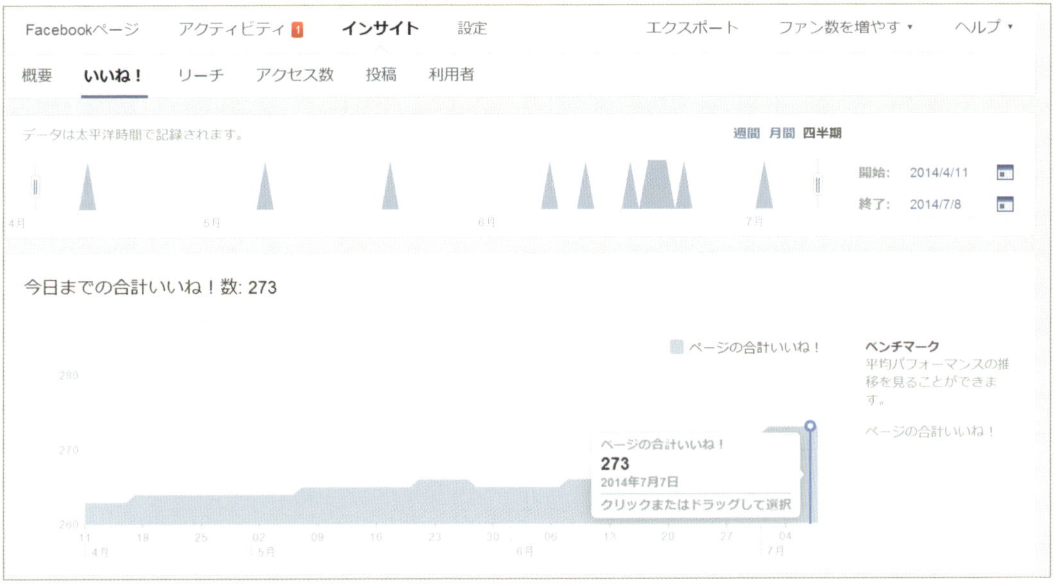

図5 「いいね！」数に関する情報

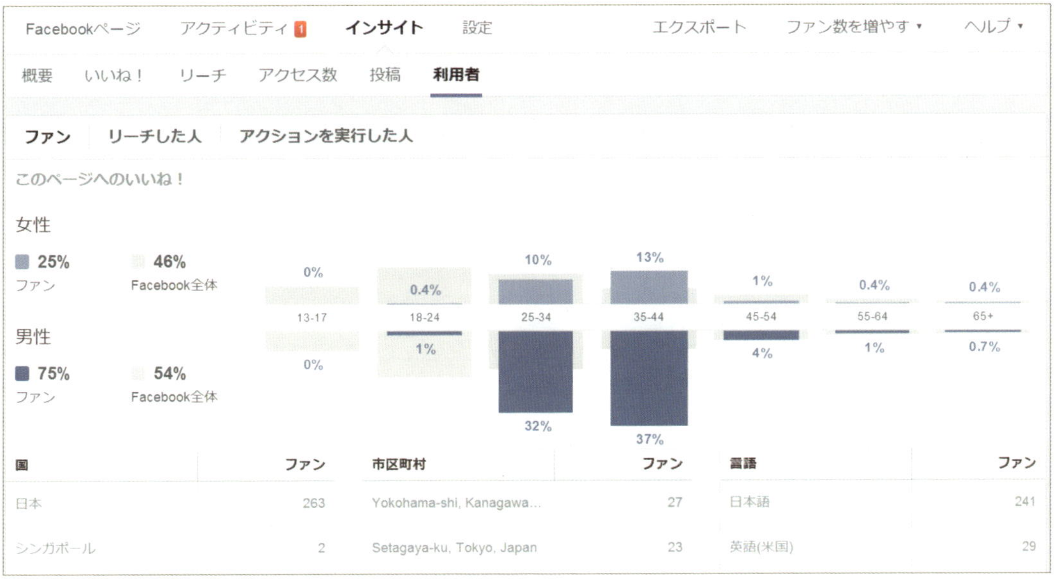

図6 ファンの属性に関する情報

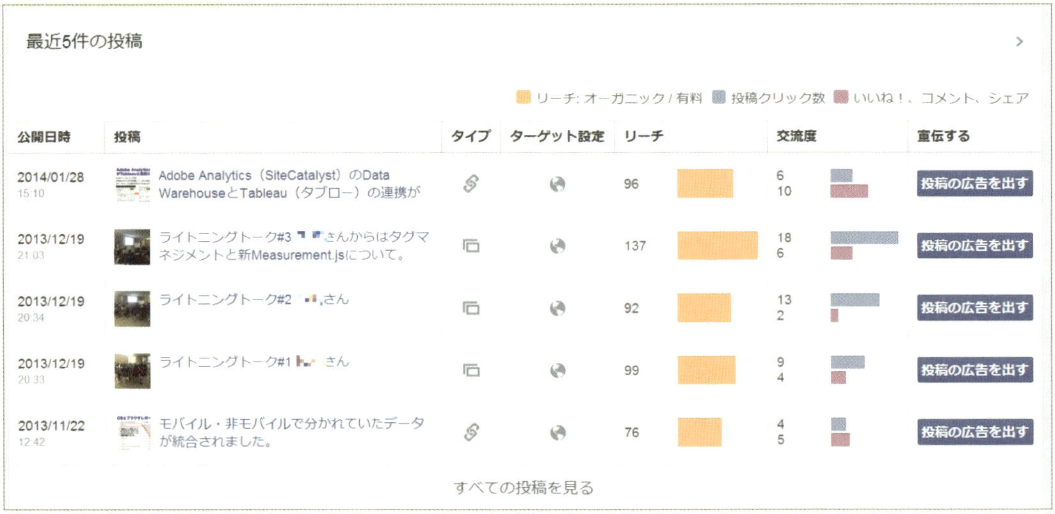

図7　投稿に対する評価

どのような投稿に人気があり、どういった属性にリーチできているかなどを分析することができます。投稿を作成する際の参考になるのではないでしょうか。

●Facebook公式以外のツール

前述の通り公式以外の分析サービスは限られているのですが、1つだけオススメしたいサービスがあります。それが「**Simply Measured**」(http://simplymeasured.com/)というサービスです。基本、有料なのですが、一部無料で利用できるレポートもあります。特徴的なのは同業他社などの他のFacebookページとの数値の比較を行ったり、Excelでの自動レポート作成機能が利用できたりと、利用範囲が広いことです。

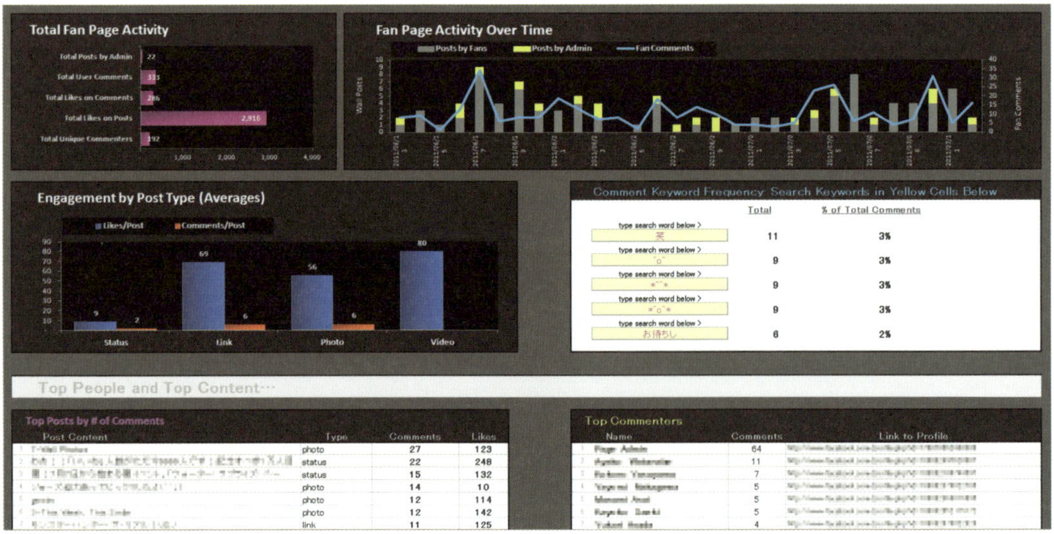

図8　Facebookページに関するレポート

左上の棒グラフでは投稿や「いいね！」に関するサマリー、その下の棒グラフは発言の種類（テキスト・リンク・画像・動画）の平均「いいね！」数とコメント数、その下の表では人気の発言や、コメントをよくくれるユーザーの一覧などを確認することができます。同業他社と比較をしながら、どういった発言が「ウケる」のかをぜひ分析してみてください。

Twitterの場合

Twitterも同じように公式ツールが用意されているので、まずは公式ツールから利用するのが良いでしょう。Facebookと同じように、自分のアカウントの分析を行うために利用することができ、他のアカウントの分析などは公式ツールでは行うことができません。

Twitterの公式ツール

Twitterのアカウントを持っていれば、https://analytics.twitter.com/で、無料で解析画面を確認することができます。「**Twitterアナリティクス**」という名称で3つのレポートを確認することができます。

1つ目は「**「ツイート」レポート**」になります。発言ごとのインプレッション数（想定閲覧数）、エンゲージメント数（リツイートやお気に入りなどのアクションの総数）、エンゲージメント率（エンゲージメント÷インプレッション）を確認することができます。また直近28日の各指標もチェックできます。どの発言が共感を得たかを把握することができます。

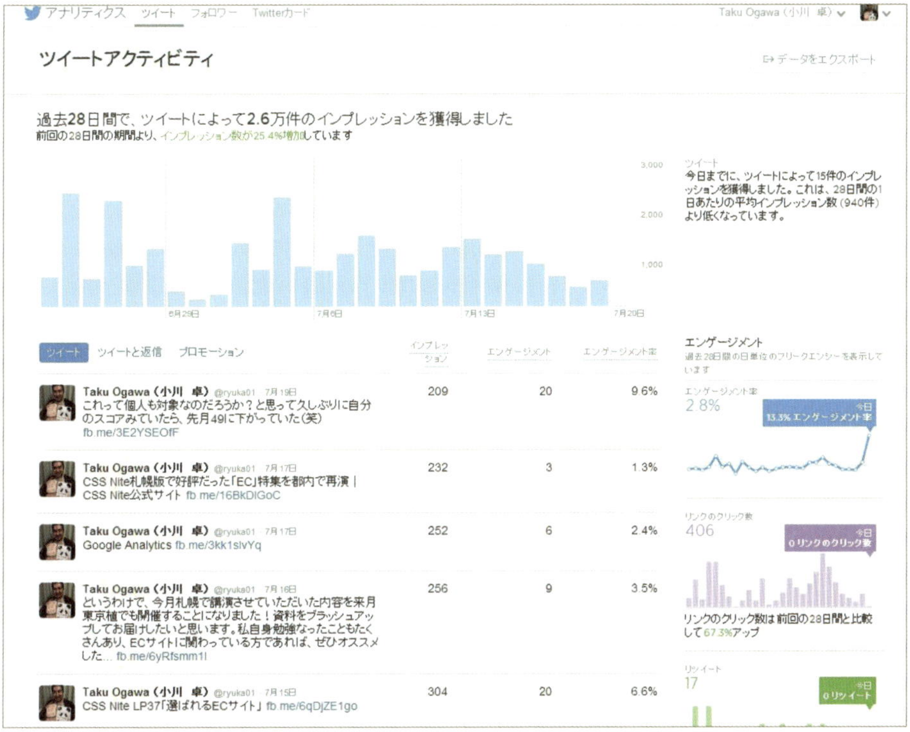

図9 「Twitterアナリティクス」の「ツイート」レポート

2つ目は「**フォロワー」のレポート**になります。フォロワー数の推移や、性別、興味があるジャンルなどを把握することができます。

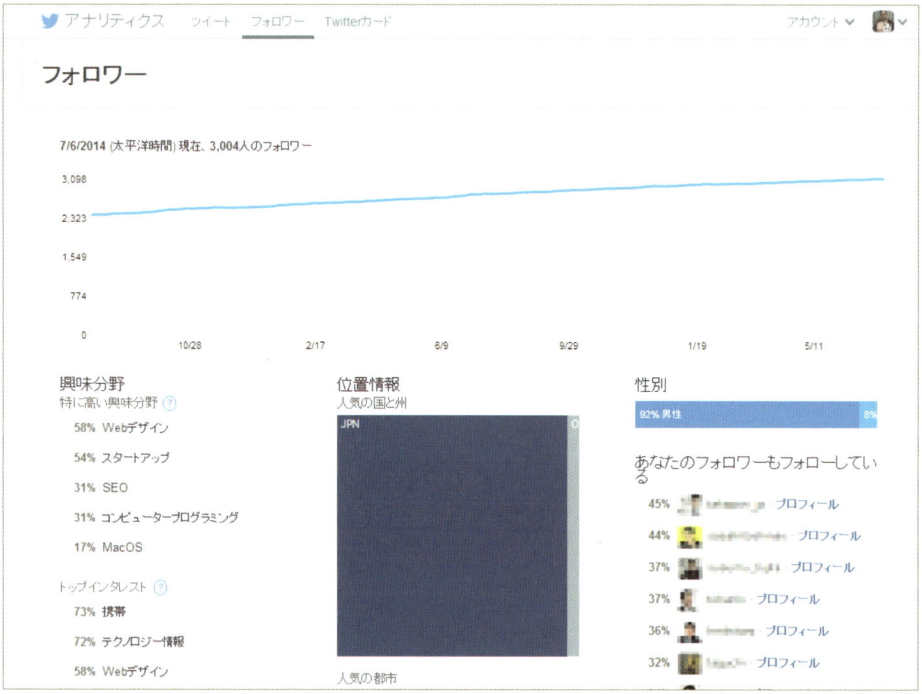

図10 「Twitterアナリティクス」の「フォロワー」レポート

最後のレポートは「**Twitterカード**」と呼ばれる特殊な表示形式についてのレポートになります。「Twitterカード」とは、自社サイトにあらかじめ指定の記述を追加しておくことで、サイトのURLをTwitterで貼った（あるいは貼られた）場合に、発言だけではなく、画像などが表示される仕組みです。図11がその例になります。

このようなTwitterカードに関しては、より深い分析を行うことができます。

図11 Twitterカードの例。設定方法は（https://dev.twitter.com/ja/docs/cards）を参照

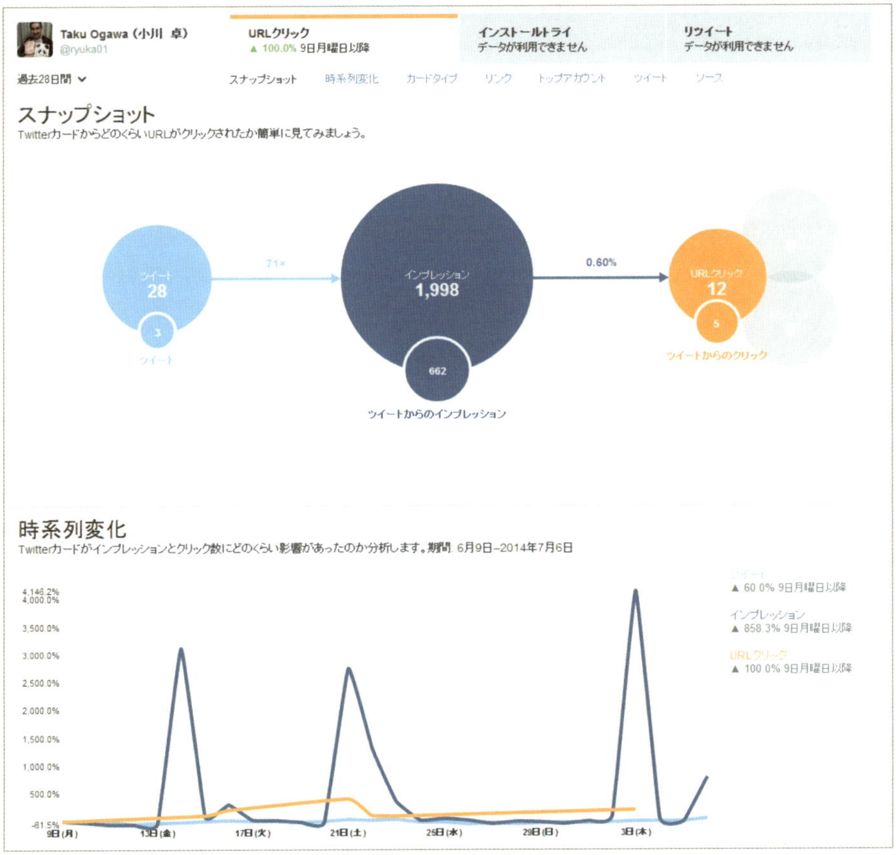

図12　Tweetカードについての分析

上記のような形でツイートに対しての**インプレッション**から**クリック数**、それを**時系列で確認**することが可能です。また、リンクごとのインプレッションやクリック数、よくツイートしている人のアカウントなども分かります。

● Twitter公式以外のツール

Twitterに関してはAPIを幅広く公開していることもあり、さらに細かく分析できるツールがたくさん存在します。詳しくは筆者のブログで「Twitter解析ツール15種比較レビュー※1」という名称で様々なツールをレビューしていますが、その中からおすすめの2つのツールをピックアップして紹介いたします。

1つ目は「**Crowdbooster**」という発言を分析するためのツールです。次の画像を見ていただくのが分かりやすいのですが、発言ごとにリツイート数と見られた回数がグラフで表示されて、各発言の影響力を詳しく確認することができます。

※1　http://d.hatena.ne.jp/ryuka01/20110530/p1

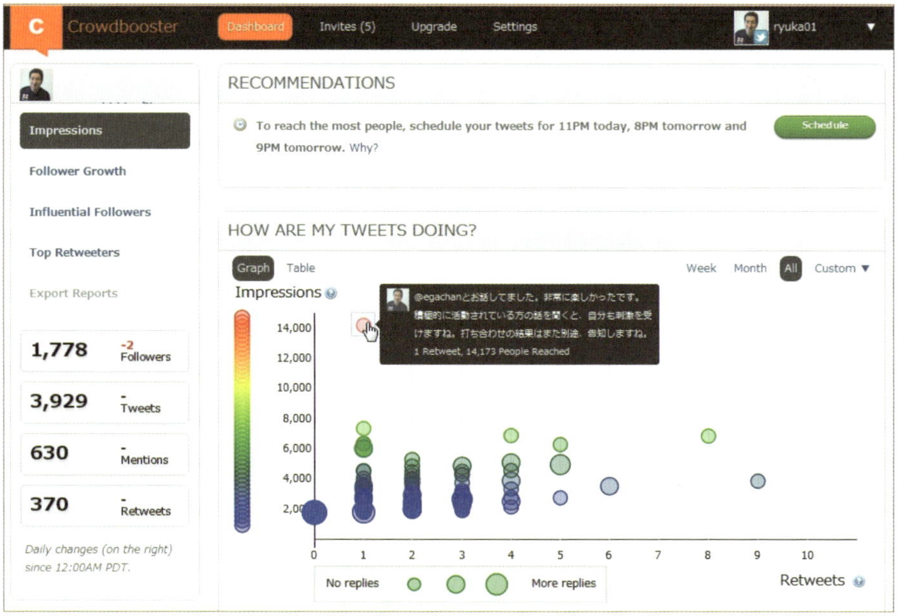

図13　Crowdbooster（http://crowdbooster.com/）

また発言に対して、誰がどの発言をリツイートしたか、そしてその影響力を確認することができます（図14）。

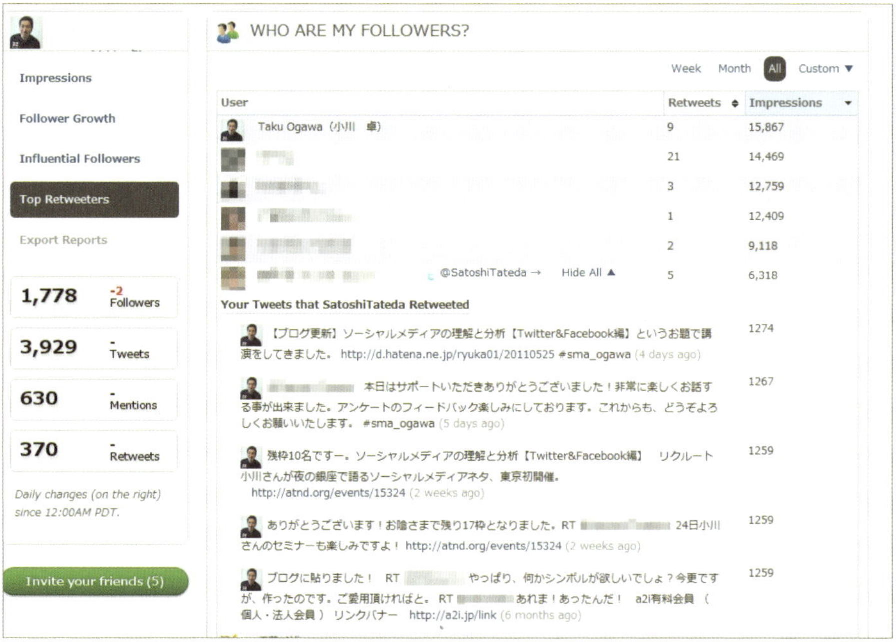

図14　Crowdbooster 詳細ページ

本ツールに関してはFacebookにも対応しています。使い方としては、フォロワーが多くて、よくリツイートしてくれる人を見つけたり、どういった発言が拡散されやすいかというのを分析したりという使い方が中心になります。筆者が関わっていた企業アカウントでは、**画像つきのツイートは通常の2倍「いいね！」され**、**質問系のリンク（例：AとBどっちが好き？）は他のリンクより3倍クリックされやすい**といった気づきを本ツールを使って発見することができました。

もう1つのツールも複数のソーシャルメディアに対応しているツールです。こちらは日本製のツールで「Social Insight」（http://social.userlocal.jp/）というツールになります。
Facebook/Twitter/Google+/Youtube/mixiなど多種多様なサービスに対応しており、レポートも非常に充実しています。無料で利用できるということもあり、**最初に使うソーシャルメディア分析ツールとしては最適**だと筆者は考えています。特に複数のソーシャルメディアを運用している企業にとっては欠かせないサービスです。

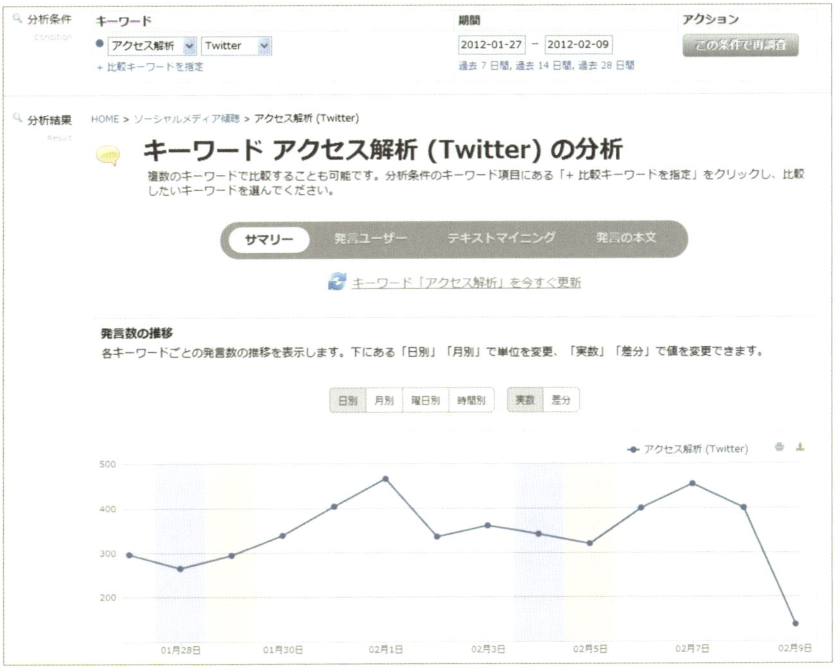

図15　登録したキーワードの発言数の推移や発言者を確認

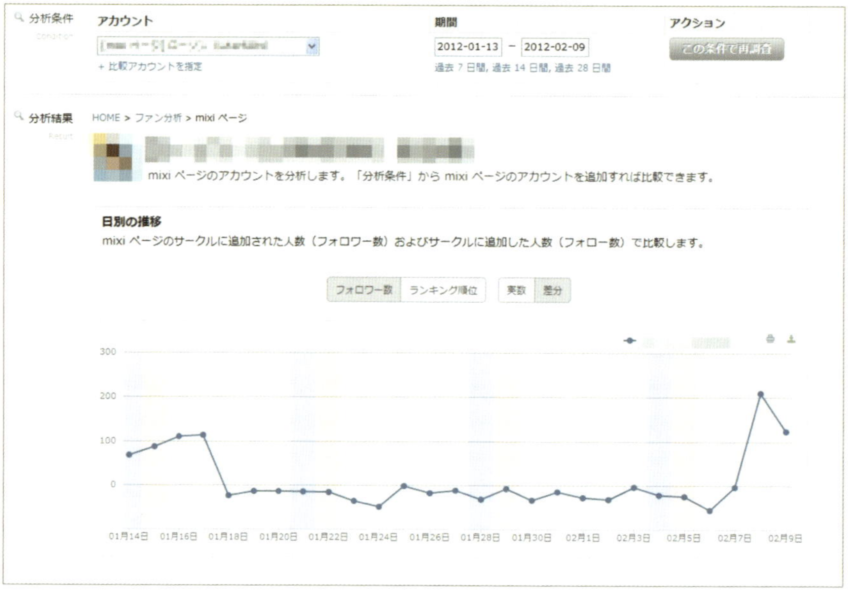

図16　mixiページのフォロワー数やランキングに関する情報

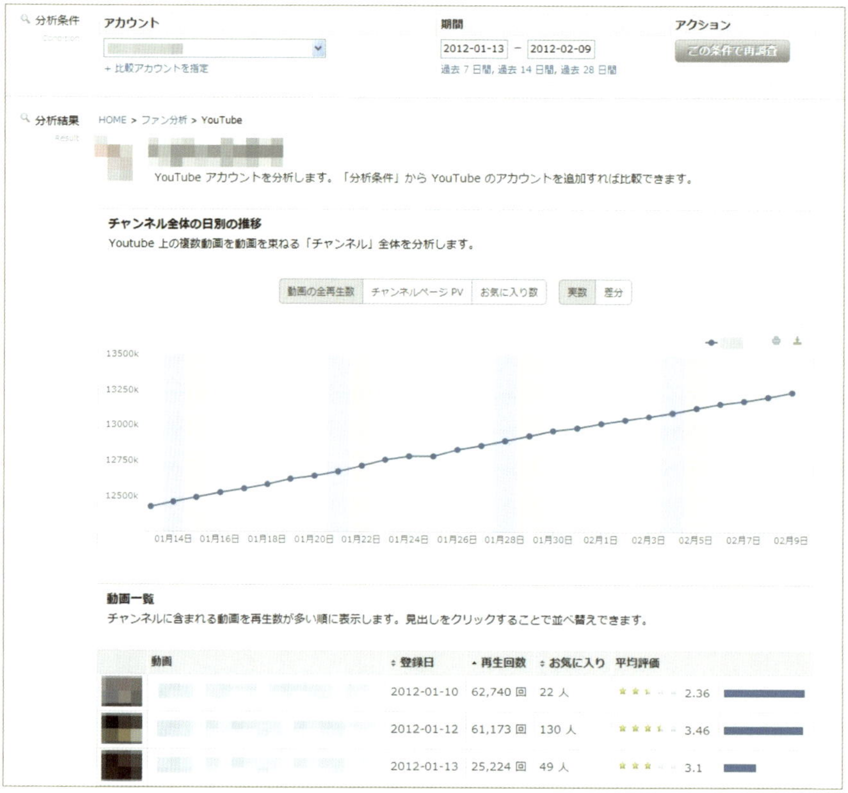

図17　YouTubeの再生数やお気に入り数などに関する情報

ソーシャルメディアを分析する上で大切なのは、**他の施策と比較してテストがしやすい**ということを理解し、分析を行うことです。どういった発言が大勢の人に読んでもらい拡散してもらえるのか、共感を生みやすいのか、成果につながりやすいのか。取得できるデータは多種多様に渡りますが、分析をしすぎるのではなく、**いろいろな発言をどんどんテストをしてその評価を確認していく**アプローチで取り組みましょう。

ソーシャルメディアは直接的なコンバージョンへの貢献は**他の施策と比較すると小さい**ことが多いです。そのため時間を取ることが難しかったり、ついつい更新をしなくなってしまったりということがおきます。しかしユーザーのことを理解したり、サイト内の改善を多く得たり、閲覧者をサポートすることができたり、といった形で間接的な貢献は大きいメディアです。ぜひ、楽しみながらさまざまなテストをしてみましょう。

▶ Section 4-3

ソーシャルメディアの活用事例

2つの事例を紹介いたします。1つは自社の国産ソファを販売しているサイト「NOYES（ノイエス）」が今までどのようにソーシャルメディアを活用してきたかという内容になります。もう1つは住宅情報サイト「SUUMO（スーモ）」のTwitterアカウントの分析です。

ソーシャルメディアの9つの活用方法

P.124でも述べましたが、ソーシャルメディアは主に9つの活用手段があると筆者は考えています。その9つとは以下の通りです。

活用方法	概要	計測方法
商品認知	商品の告知や情報、画像などを利用して商品を知ってもらう	ブランド検索回数・言及数・発言のインプレッション数・サイト流入数・ユーザーアンケートなど
商品開発	フォロワーから意見を募ったりコンテストを実施ったりして新しい商品を作る	開発商品数・該当開発商品の売上と利益・購入者満足度など
リサーチ	ブランドに関する発言情報などを元に利用者の感じていることや改善ポイントを発見する	リサーチ結果の活用度合い・他リサーチ手法とのコストと質の比較など
商品販売	商品の告知を行いサイトに誘導することで商品の販売を行う（あるいは一部ソーシャルメディアではメディア上での販売を実現する）	流入数・コンバージョン数（コンバージョン率）・売上など
顧客サポート	お問い合わせや意見に関する回答をソーシャルメディア上で行うことで、顧客の満足度を上げる	解決件数・解決率・お問い合わせコストや時間の削減量など

決定の後押し	事例や利用シーンの紹介、セールの告知などを行い検討者に対して購入を促す	流入数・コンバージョン数(コンバージョン率)・売上など
ファン化	発言内容などから、商品やサービスだけではなくブランドや会社を好きになってもらうための取り組みを行う	フォロワー数・RT数・「いいね！」数・アクション率など
タイムリーな告知	緊急のお知らせや障害対策の進捗報告など、リアルタイムでフォロワーに情報を伝える	クリック数・RT数・「いいね！」数など
取り組み認知	行っている社会的な取組を発信し、ブランドイメージや認知を上げる	クリック数・RT数・「いいね！」数など

NOYESの事例

NOYESの事例では、上記9つの活用方法の中から、5つの活用方法に関して事例を紹介します。
NOYESは、名古屋に本社を構える国産のソファ専門店になります。名古屋と東京にショールームがあり、オフラインあるいはオンラインでソファを購入することができます。

図1　NOYES公式サイト(http://www.ny-k.co.jp/)

TwitterとFacebookの両方を活用しており、また自社サイト内には7,000件(2014年7月時点)を越える**投稿フォト＆レビュー**があり大切なコンテンツとの1つとなっています。

図2　NOYES Facebookページ

商品認知・商品販売

では、活用方法を詳しく見ていきましょう。

時系列降順となっているため下の発言が古いものになります。最初の発言で新しい製品の販売を告知、開始直後にも告知を行い値段もお安くなっていることをアピール、その後に商品が注文されたタイミングでその事実を告知という形で、常に**最新の情報**を出しています。商品名を各発言に追加し、実際に**売れているというアピール**にもなっており、Twitterを上手く活用していると言えるのではないでしょうか。

図3　NOYES 公式Twitterアカウント

決定の後押し・ファン化

図4　Twitterでの紹介例

商品を購入された方の写真やコメントなどを定期的にFacebook/Twitterで紹介しています。購入を考えている方にとっては、自分が興味あるソファがどのような感じで実際に利用できているのかを把握することができ、**後押し**になる可能性があります。また、掲載された側も、取り上げてもらえたことによる喜びで、ソーシャルメディア上に確認しにきたり、拡散したりと**ブランド認知やファン化**につながるのではないでしょうか。NOYESではコメントと写真投稿をしていただいたお客様にクッションをプレゼントするという形で、Win-Winになる施策を行っており、その結果、前述した通り7,000件以上の購入者の声を集めることができています。

顧客サポート

図5　Twitterでのサポート例

Twitter上でいただいた質問に対して回答することで、**迅速にサポートを行うことができ**、またフォローしている他の方にもその事実を伝えることができます。たとえば2つ目の画像であれば、「費用は上がるけどカスタマイズが可能である」という**今まで多くの人が知らなかった事実**をお伝えすることができています。

取り組み認知

NOYES
sofa100% NOYES
2月23日

本日、13時から名古屋本社ショールームにて「絵本読み聞かせイベント」が開催されました。今回、登場した絵本は全部で3話。
ZIP-FMで活躍する都竹悦子さんに読みきかせいただいたのですが、作者の想いを大切にされており、さすがプロだな～と感心させられました。作者の皆様にもご来店いただき、生み出すことの大変さ、伝えることの大変さをお話されておりました。予想以上のお客様にご来店いただき、お子様も大人の方も楽しくお過ごしいただいたようで、とても充実感に満ちた1日となりましたよ。
ソファ専門のお店ができることとして、もっともっと絵本コンクールが大きく羽ばたいていけるよう頑張ってまいりますので、
是非、次回も楽しみにお待ちくださいませ！ (写真5枚)

図６ 「絵本読み聞かせイベント」の告知

NOYESでは様々な取り組みを行っています。震災時の募金や、工場見学、そして親子でのソファ作成体験会などです。その中の1つとして、ショールームのソファに座りながら絵本を聞くという「絵本読み聞かせイベント」もその1つです。このような**取り組みを告知する**という意味でもソーシャルメディアは相性がとても良いです。

即時告知

セールや在庫切れなどの告知にTwitter/Facebookを利用されています。こちらの例ではアウトレットソファの販売告知だけではなく、商品追加などもお伝えしており、安く商品を購入しようと思っている人は、定期的にチェックしておきたいと思わせることができているのではないでしょうか。

sofa100% NOYES @sofa100NOYES · 2013年4月12日
NOYES アウトレットソファ さきほど2機種追加いたしました！Friscoとnap sofaも併せて好評発売中ですd=(^o^)=b　ぜひご覧ください～ ny-k.co.jp/outlet/

sofa100% NOYES @sofa100NOYES · 2013年4月5日
本日17時より弊社オンラインストアにてアウトレットソファ販売を行っております。最大30%OFF！ソファをお探しの方、ぜひお立ち寄りくださいませ。
ny-k.co.jp/outlet/

図7 アウトレット販売のお知らせ

投稿された内容に関しては、流入数やクリック率を見て、どういった発言が流入につながっているかを確認することもあります。

NOYES sofa100% NOYES
@sofa100NOYES
フォロー

さっき、オフィスでZIP-FMを聞いていたらナビゲーターのジェームスに明日開催のイベント紹介してもらえました＼(^o^)／嬉しい！ジェームス好きの私です。今日は良い一日になりそうです！紹介していただいたイベントの詳細はコチラ→ http://bit.ly/fRR4sy

図8　コンバージョン貢献が高かった発言

NOYES sofa100% NOYES
@sofa100NOYES
フォロー

twitterキャンペーンは終了いたしましたが、NewSugar Standard 10%OFFキャンペーンが開始しております。ソファらしい、まさに「スタンダード」なフォルムが人気です。お財布にもやさしい本キャンペーン、是非チェックを！ http://bit.ly/fGcYKH

図9　コンバージョン貢献が低かった発言

クリック	CV数	発言の種類
668	44	キャンペーンのお知らせA
622	7	取り上げられたラジオのサイトへのリンク
422	2	震災に伴う配送のお知らせ
372	5	オフライン広告の画像へのリンク
318	0	取り上げられたサイトへのリンク
281	2	震災に伴う義捐金のお知らせ
247	10	新商品の案内
245	12	新商品の案内
204	22	プレゼントのお知らせ
202	1	キャンペーンのお知らせB
196	4	キャンペーンのお知らせC
187	20	キャンペーンのお知らせD
162	5	3人掛けソファページへのリンク
150	7	お部屋写真
148	15	お部屋写真

クリック数が多かった発言

SUUMOの事例

「SUUMO」は住宅情報に関する情報を提供している株式会社リクルート住まいカンパニーが運営しているサイトです。

SUUMOでもTwitter/Facebookを運用しており、NOYESとは違い会社のスタッフがつぶやくという形ではなく、**「スーモ」というキャラクターが発言をする**という形式をとっています。そのため物件情報を案内するといった形ではなく、**ブランド認知のための発言**が中心となっています。その中で今回はTwitterに関しての分析事例を紹介いたします。

なお今回の分析データに関しては、すべて外部から取得できるデータのみで分析を行っています。

図10　SUUMOのTwitterアカウント

人気がある発言の調査（利用ツール：Crowdbooster）

どういった発言が人気があるかを、リツイート数と返信数、それぞれ別に確認してみました。

Tweet	RT	Imp	Reply
みんなしってた？きょうって5月23日で恋文（5こい 23ぶみ）の日なんだって… スモモちゃんに…書いてみようかな…ぽよん♪http://bit.ly/k5b0s9	42	10,724	10
……スーモだよ RT @…… :@…… うちで飼ってるまりもが茶色くなりました。どうしたらいいですか	18	13,012	0
おそばをどーぞ♪ もふもふ♪ http://p.twipple.jp/59DZv	17	8,582	0
ととのいました！ 花粉とかけてロングバケーションととく その心は？「どちらもまちにまってます」スモッチです もふもふ♪http://bit.ly/eo5Cwf	15	9,118	0
たくさんのみんなと手をとりあって たくさんのみんながにっこりになればいいな… ぽよん	15	9,077	0
もふーっ! http://p.twipple.jp/kCDfq	13	8,639	10
iphoneの無料アプリゲームで「SUUMO SHOT」がでたんだって♪ 木になってる果実をドモモがもっている箱におとすんだよっ♪ じょうずに入れられるかな～？ もふもふ♪http://t.suumo.jp/cDaNVy	11	9,976	2
んっ？ @…… :モリゾー派 RT @…… :スーモ派 RT @suumo みんなは「犬派？」or「猫派？」どっちかな～…ぽよん♪ http://t.co/RwYGXwD	11	9,755	1
あとね、きょうは6（む）16（じゅうろく）の日でもあるんだって ぽよ～んて浮くかなぁ….♪ http://bit.ly/kQT3WU	10	8,709	1
あめザァーザァー まだおそとのひともはやくおうちに帰れればいいな… ぽよん…	10	8,874	1
じーーーっ… http://bit.ly/jj0R2z	10	8,346	10
ちょこん♪ http://p.twipple.jp/hXb4G	10	8,995	0

リツイート数が多い発言

Tweet	RT	Imp	Reply
スモのぼり～ ぽよん♪ http://bit.ly/m8e1nk	4	8,096	13
ぽよん…♪	1	8,053	12
スッモーニン♪ もはようございまスーモ♪ もふもふ♪	0	7,889	12
みんなしってた？きょうって5月23日で恋文（5こい 23ぶみ）の日なんだって… スモモちゃんに…書いてみようかな…ぽよん♪http://bit.ly/k5b0s9	42	10,724	10
じーーーっ… http://bit.ly/jj0R2z	10	8,346	10
もふーっ! http://p.twipple.jp/kCDfq	13	8,639	10
ぽよんっ♪ スッモーニン♪	0	7,892	9
みんなは「犬派？」or「猫派？」どっちかな～…ぽよん♪ http://on.fb.me/kEqnGs	3	8,854	8
スッモーニン♪ もはようございまスーモ♪	2	8,085	8
みんなはどっち？ うどん派 or そば派？ もふもふ♪ http://on.fb.me/bwdyBa	4	8,628	8

返信数が多い発言

Tipsや写真に関する発言がリツイートが多い傾向にありました。Tipsは「へーなるほど」と思った人が**他の人にも知ってもらいたくて拡散する**傾向があるようです。また写真に関しては、写真を見て面白いと

思った人がリツイートをしてくれているといえそうです。返信数が多い発言に関しては、ちょっとした挨拶や、質問形式のものが返答もしやすいということで、数が増える傾向にあるということが分かりました。

SUUMOあるいはスーモとあわせて発言されている内容（利用ツール：Simply Measured）

どのようなブランドイメージを持たれているかを調査するため、Twitterの発言にSUUMOあるいはスーモと入れている人が、どういう単語を使っているかを確認してみました。

抽出語	出現数
見る	368
不動産	258
サイト	252
笑	234
思う	217
可愛い	215
住宅	206
リクルート	204
物件	198
広告	147

抽出語	出現数
検索	139
言う	126
無料	116
見える	112
今	111
人	111
探す	107
今日	103
フォロー	101
掲載	101

抽出語	出現数
山手線	93
出る	93
欲しい	93
住む	87
緑	86
忍者	84
部屋	82
CM	78
スモモ	75
好き	74

抽出語	出現数
最近	72
ゲーム	71
家	71
似る	71
仲介	71
手数料	70
媒体	70
対象	69

あわせて利用されているワード

大きく分けると**不動産に関するキーワード**（＝赤色の文字）、**キャラクターに関するキーワード**（＝青色の文字）に分かれていることが判明しました。他のいくつか住宅情報サービスのTwitterアカウントも確認したのですが、緑色のキーワードはほとんど出てきませんでした。

同業他社とのアカウント比較（利用ツール：Simply Measured・KH Coder・Social Insight）

SUUMO（青色）と同業他社（赤色）での比較を2つ行いました。
この2つのアカウントは約3割のフォロワーが重複しているということで、どのような違いがあるかを発見しようということで分析をしてみました。

1つ目は、フォロワーのプロフィール情報にどのような単語が含まれているかを分析してみました。Simply Measuredでデータを取得し、KH Coderという形態素解析ツールを使って単語ごとに分けてみました。その結果が図11の通りです。

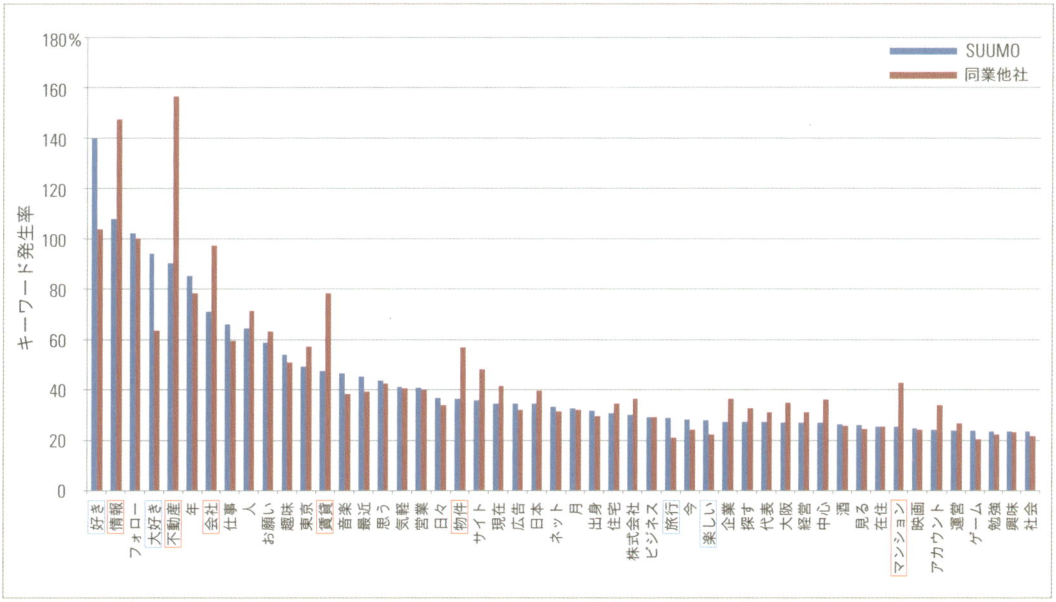

図11　SUUMOと同業他社で、フォロワーのプロフィールを比較

各アカウントのフォロワーのプロフィールに該当するキーワードが全フォロワーの何%に入っていたかという形で比較をしています。青枠で囲っている部分がSUUMOのアカウントで特に高い傾向が見られたキーワード、赤枠で囲っている部分が同業他社のアカウントで特に高い傾向が見られたキーワードとなります。同業他社は**住宅に関するキーワード**が含まれていることが多く、不動産会社や住宅に関わっている方のフォローが多いことが分かりました。逆にSUUMOは「好き」あるいは「旅行」「楽しい」といった形のワードが多く、**住宅に興味がない人も比較的フォローしている**ことが分かりました。

こちらに関しては、あわせて発言しているワードをSocial Insightで分析してみても同じような特徴を発見することができました。
図12がSUUMO、図13が同業他社になります。SUUMOに関しては男女比率で見ると、女性の方がフォロワーが多く、黒枠で囲ったサイトやブランドに関する発言と、赤枠で囲ったキャラクターに関する発言と分かれていることが分かります。特にキャラクターに関する発言はフォロワー数は少ないけれど、**発言数が多い**ことが分かります。逆に同業他社の場合は住宅に関する発言が中心となっており、**フォロワー数と発言数が比例している**という形で、大きくイメージが違うことが分かります。

このような形でアカウントや発言の分析を行うことで、今後の発言の参考にしたり、新しい気づきを発見したり、ブランドに対する認知を理解したりすることができました。
分析結果を元に**発言内容などをテスト**することで、さらに多くの注目を集めることができるかもしれません。

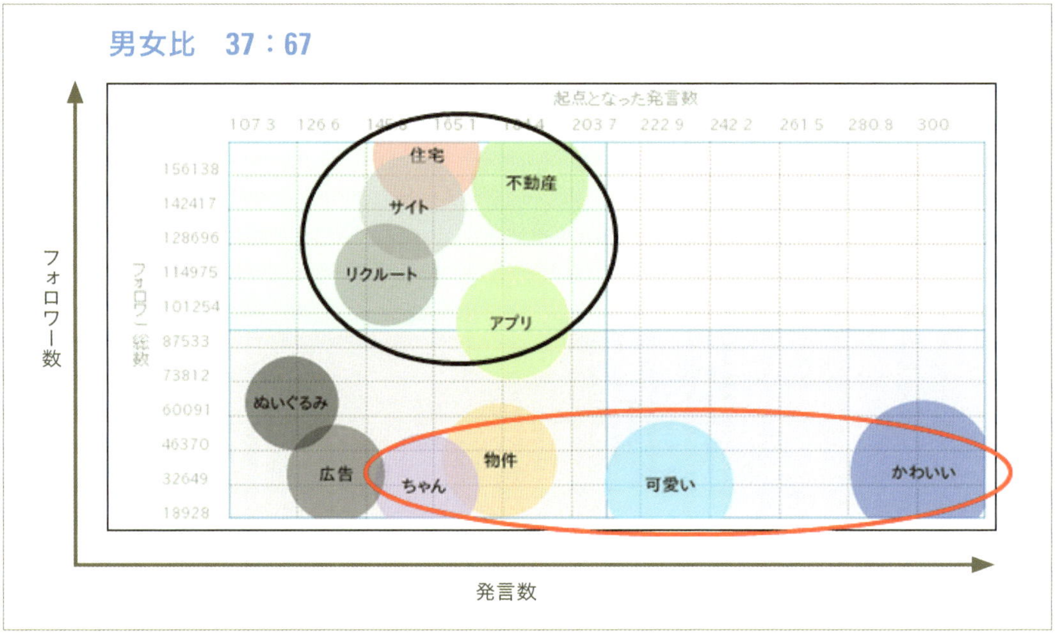

図12　Social Insightでの分析結果（SUUMO）

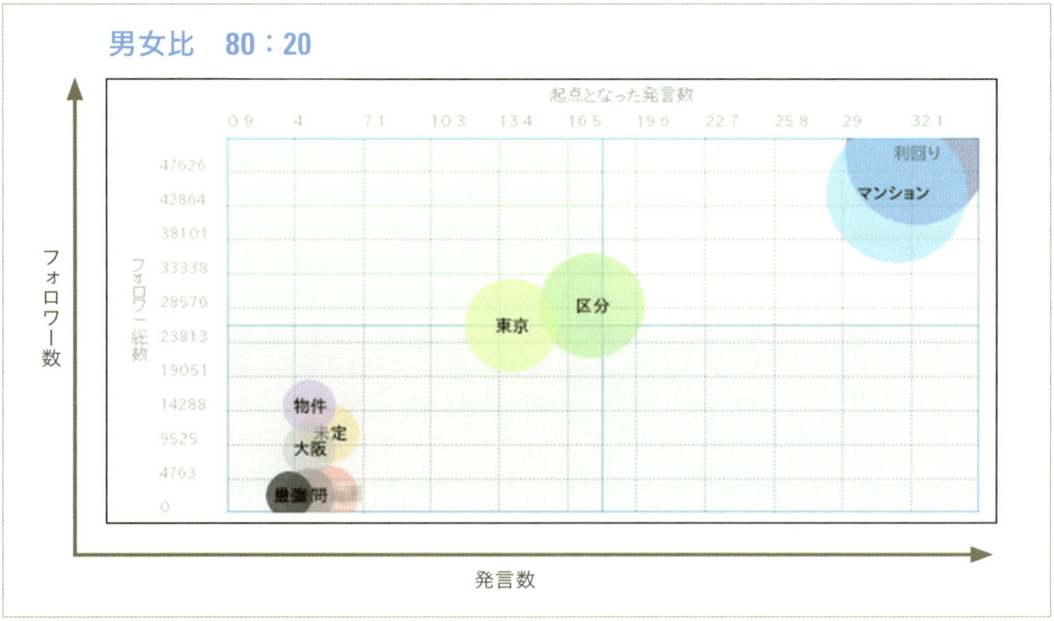

図13　Social Insightでの分析結果（同業他社）

Column

YouTubeの分析方法

YouTubeではTwitterやFacebookと同じように公式ツールが用意されています。
動画向けの分析ということで、他のサーヒストは違った観点で分析を行うことができます。いくつかのレポートを確認してみましょう。データはYouTubeにログインして、画面右上のアカウントのアイコンをクリックして［クリエイターツール］をクリックします。［クリエイターツール］の中の「アナリティクス」というメニューで確認をすることができます。

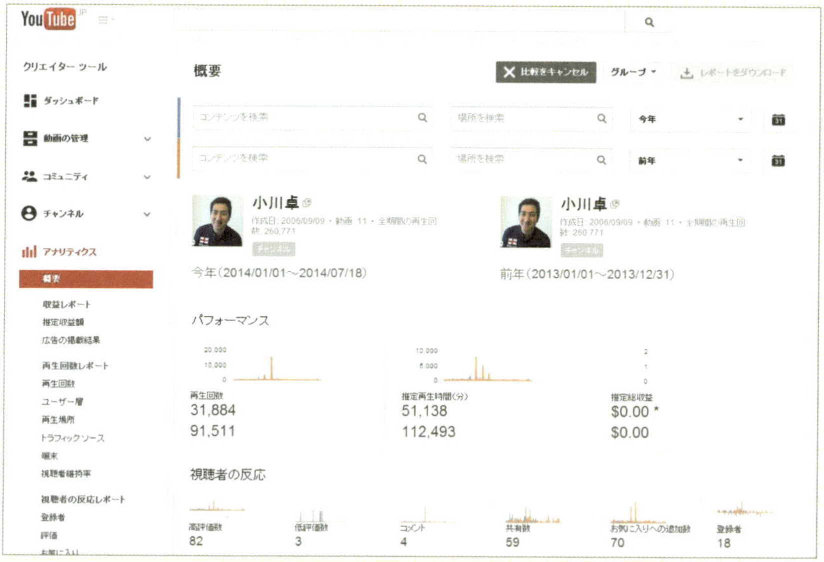

このように管理画面では、動画の再生数や再生時間、コメント数などの情報を確認することができます。また動画再生のユーザー層なども確認できるため、どういった層が動画に興味を持っているのかをチェックできます。以下のように筆者のアカウントの場合は、男性が86%とかなり高い比率になっています。

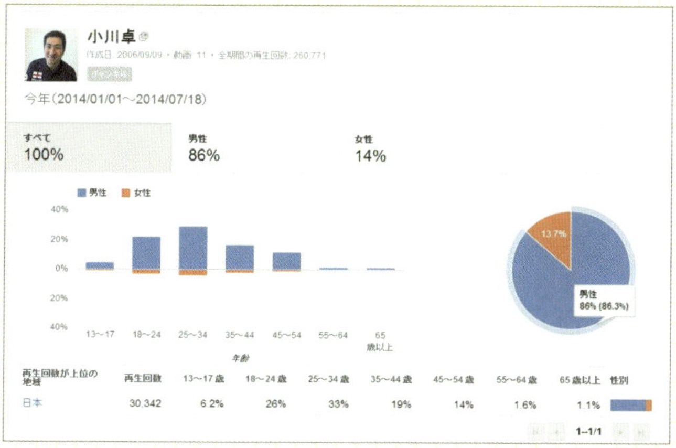

Column

そして最も参考になるのが、動画再生時間に関する情報です。

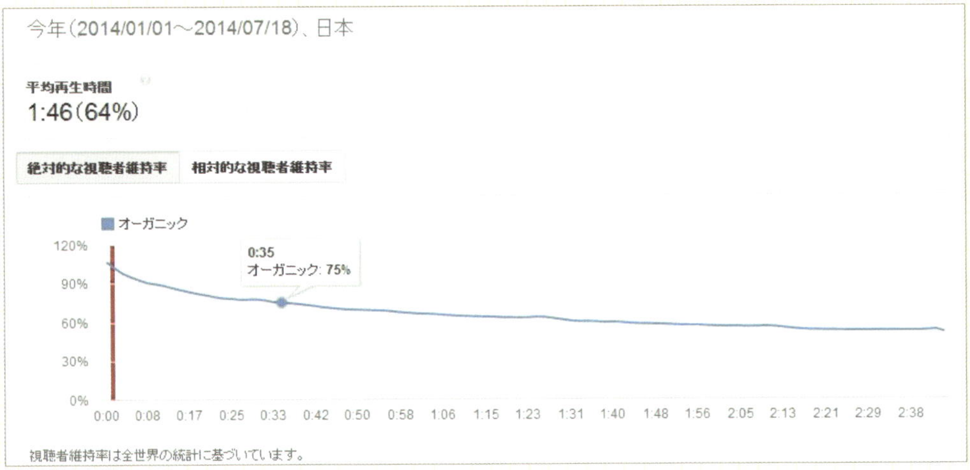

こちらのレポートでは、何%の人が、どこまで再生したかを確認することができるため、動画の閲覧完了率や、どの時間で離脱しやすいかなどを確認でき、今後の動画作成の参考にすることが可能です。
日本ではYouTubeやニコニコ動画の隆盛により、動画および動画広告が注目されるようになってきています。シード・プランニングの調査結果（https://www.seedplanning.co.jp/press/2014/2014030701.html）では2012年から2013年で動画広告市場が40億から132億と3倍以上伸びており、2017年には640億に到達すると予測されています。米国では日本より早く動画広告の市場が立ち上がっており2013年の段階で4,000億円を突破しています（http://markezine.jp/ml/backnumber/detail/972/）。現時点であれば他社との差別化も可能ですし、日本でも伊勢丹が実施したプロモーションビデオ「ISETAN-TAN-TAN」は50万再生を越え、サイバーエージェントのスタッフが「恋するフォーチュンクッキー」を踊った動画は550万再生を誇っています。ブランドや商品認知の広告手法の1つとして、動画を検討してみてはいかがでしょうか。

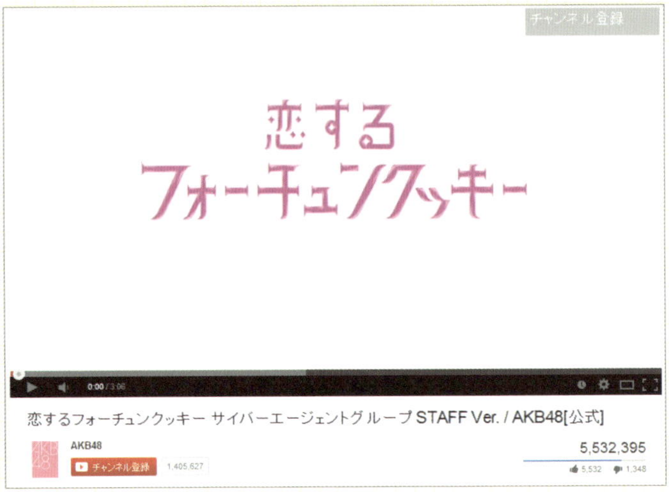

Chapter 2 ▸ Section 5

ランディングページ

▸ Section 5-1

ランディングページの目的を定義する

ランディングページとは

ランディングページとは、「**サイトで最初に訪れたページ**」という意味を持ちます。そのため、すべてのページがランディングページになりえます。
また、現在Webの業界ではこの意味とは別に、「**サービスの特徴が1ページで分かり、そこからすぐに申し込みができるページ**」という意味でもランディングページという単語が利用されています。このようなページはメールマガジン・アフィリエイト・バナー広告など、自分でリンク先のURLが設定できる媒体から誘導するページとして利用されています。
本書では両方について触れていきます。便宜上、検索エンジンなどを通じて結果的に入口となったページを「**ランディングページ**」、メールマガジンやバナー広告などで誘導を行い、コンバージョンを第一の目標として専用に用意されたページを「**専用ランディングページ**」と呼びます。

なぜ、ランディングページが重要なのか

ランディングページが重要な最大かつ唯一の理由は、それが「**サイトに対するイメージ**」を決めてしまうからです。いくらお買い得な商品が販売しているお店でも外観が埃をかぶっていたら、奥まで入っていきづらいですよね。あるいは合コンなどで容姿や性格は良いのに身だしなみが汚かったら良い印象を持たないかと思います。
このようにランディングページはサイト内のその後の行動を決めてしまう大切なページなのです。だからこそ、流入が多いランディングページに関しては、利用者からどう思われているかを定量的に（あるいは時には定性的に）分析し、改善を続けていくことが大切です。

ランディングページの目的はそのページによって変わる

広義の意味での「ランディングページ」では、トップページは当たり前として、商品一覧ページや商品詳細ページなどもランディングページになりえます。
これらランディングページの目的は必ずしもそこからすぐにコンバージョンをあげることとは限りません。トップページの次のページでコンバージョンする可能性というのは、ECサイトであれば、非常に可能性が低いです。そこでトップページの目的はコンバージョン率を上げることではなく、**離脱を防ぎ、商品を発見する導線に沿って進んでもらう**ことが最も重要な役割となります。
逆に「専用ランディングページ」の場合は、その目的がお申し込みや購入など非常に明確です。多くても3ページ以内の遷移でコンバージョンが達成されるでしょう。
そこで最も重要視される指標は、そのページ経由のコンバージョン率になります。ランディングページがゴールに近いほどコンバージョンを重視し、遠いほど遷移率や直帰率（次のSectionで説明）を重視すると良いでしょう。

図1 「専用ランディングページ」の例：「LION ウェルネスダイレクト」http://www.lionshop.jp/lp/LFTR-24A/

図2 「専用ランディングページ」の例：「しじみ牡蠣ウコン（Shop Japan）」http://www.shopjapan.co.jp/goods/UKN01

なぜ、専用ランディングページを用意する必要があるのか?

サイトのページは、あくまでもサイト内に用意されているため、ヘッダーやナビゲーションなどをサイトの他のページとあわせる必要があります。また、サイト内から遷移することも多く、特定の流入元やユーザーに向けて内容を最適化することができず、浅く広くを意識したページ作りになってしまいます。しかし、専用ランディングページではこれらを解決することができます。

具体的には、広告の内容にあわせた専用ランディングページを作成することができるため、同じ商品でも品質訴求と値段訴求で内容を変えることができ、**ユーザーにあったコンテンツ**を用意することができます(結果として、コンバージョン率を上げやすくすることが可能になる)。

また、**特定のユーザーが求めている情報を1つのページにまとめることができる**ため、ランディングページのすぐ次のページで購入、あるいは、購入のプロセスに進めさせることができます。まとめると、1つの目的とユーザー層に特化したページを作ることができるというのが特徴です。

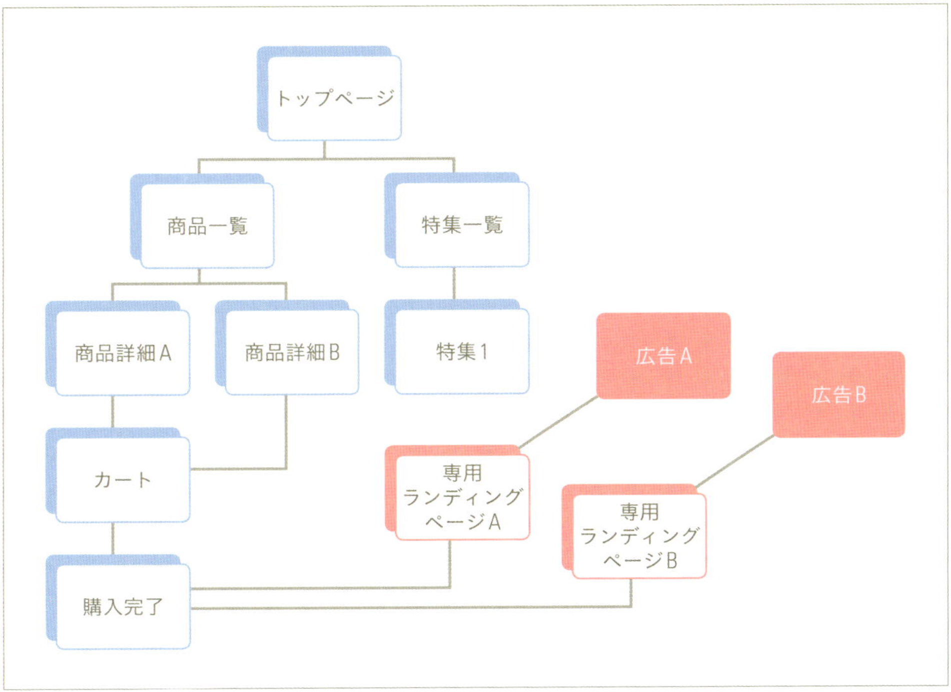

図3　ランディングページと専用ランディングページの違い

ランディングページは目的が明確だからこそ、分析もシンプルですが重要な指標ばかりとなります。次はその分析方法について確認してみましょう。

Chap 2-5

Section 5-2

ランディングページを分析する

ランディングページは前述の説明の通り、その目的に応じて見るポイントが変わってきます。まずはサイトのトップページや、入口となるページに対して、どのような観点で分析をすれば良いかを紹介します。

そもそも、どのページから流入しているかを確認する

大半のアクセス解析ツール（Googleアナリティクス含む）にはランディングページのレポートがあります。以下は、あるBtoBサイトのランディングページに関する情報をGoogleアナリティクスで取得したものになります。

プライマリ ディメンション: ランディング ページ　その他

グラフに表示　セカンダリ ディメンション　並べ替えの種類: デフォルト

ランディング ページ	集客			行動
	セッション ↓	新規セッション率	新規ユーザー	直帰率
	7,184 全体に対する割合: 100.00% (7,184)	71.38% サイトの平均: 71.24% (0.20%)	5,128 全体に対する割合: 100.20% (5,118)	64.46% サイトの平均: 64.46% (0.00%)
1. /greetings/	1,000 (13.92%)	80.00%	800 (15.60%)	56.80%
2. /	842 (11.72%)	56.89%	479 (9.34%)	27.08%
3. /chancemaker/lp/index_or.html	774 (10.77%)	84.75%	656 (12.79%)	92.64%
4. /chancemaker/lp/	716 (9.97%)	84.36%	604 (11.78%)	91.20%
5. /chancemaker/children/stateoftheorphanage/	585 (8.14%)	82.05%	480 (9.36%)	73.50%
6. /chancemaker/index.php	408 (5.68%)	56.86%	232 (4.52%)	42.89%
7. /mf/post/84885773959/csr	177 (2.46%)	54.24%	96 (1.87%)	81.36%
8. /chancemaker/children/poverty/	173 (2.41%)	85.55%	148 (2.89%)	82.08%
9. /chancemaker/interview/no5/1st_1.html	144 (2.00%)	68.75%	99 (1.93%)	47.22%
10. /blog/community_news.php?ba=b10770a30704	140 (1.95%)	87.14%	122 (2.38%)	81.43%

図1　ランディングページを、「セッション」が多い順に並べたところ。[行動→サイトコンテンツ→ランディングページ] を開く

一番流入が多いページが「/greetings/」のページで全体の14%程度を占めています（セッションの列を参照）。トップページは全流入の11.72%しかないことが分かります。ランディングしたページだけでサイトのゴールは達成できないので、これらランディングページから次のページに遷移してもらうことが大切になります。

「直帰率」を確認する

そのため、ここで最も重要視するべき指標は、一番右にある「**直帰率**」になります。直帰率とは「そのページがランディングページという訪問のうち、そのページがランディングページ、かつ、そのページだけを見て離脱した割合」ということになります。

つまり入ってきて「これは違う」と思って離脱してしまったということを意味しています。そのような行動を取る利用者の割合が多いほど、直帰率は高くなります。

世の中の大半のサイトは、1ページだけ見てもらえれば充分というものではありません。ECサイトやお申込みなどを行うサイトであれば少なくとも複数ページ見てもらう必要があります。また、ブログ記事やコンテンツのような単一のページで利用者の目的が達成されるページであったとしても、もう1つ記事を見てもらうことで、**サイトの名前を覚えてくれたり**、**メールマガジンに登録したり**してくれるかもしれません。直帰率が高いことは基本的には良くないことなので、改善するために施策を考えることが大切です。

「直帰率」はどう改善するか

では、直帰率が高いページから順番に直せば良いかというとそのような考え方はオススメできません。以下は、以下はあるBtoBサイトのランディングページを直帰率が高い順番に並べたものです。

	ランディング ページ	セッション	新規セッション率	新規ユーザー	直帰率
		646,752 全体に対する割合: 100.00% (646,752)	14.28% サイトの平均: 14.26% (0.17%)	92,355 全体に対する割合: 100.17% (92,196)	38.88% サイトの平均: 38.88% (0.00%)
1.		1 (0.00%)	0.00%	0 (0.00%)	100.00%
2.		1 (0.00%)	100.00%	1 (0.00%)	100.00%
3.		2 (0.00%)	50.00%	1 (0.00%)	100.00%
4.		1 (0.00%)	100.00%	1 (0.00%)	100.00%
5.		1 (0.00%)	100.00%	1 (0.00%)	100.00%
6.		1 (0.00%)	100.00%	1 (0.00%)	100.00%
7.		4 (0.00%)	0.00%	0 (0.00%)	100.00%
8.		1 (0.00%)	0.00%	0 (0.00%)	100.00%

図2　ランディングページを「直帰率」が高い順に並べたところ。図1の状態から［直帰率］のセルをクリック

見ての通り、直帰率が高い順番に並べると100%のページがたくさん出てきます。しかし、「訪問数」の列を見ると、すべてが4訪問以内と非常にアクセス数が少ないことが分かります。これではこのページを直しても、数訪問分のアクセスしか改善できないということになってしまいます。

つまり、直帰率を改善するための鉄則は、

ランディングページとしてアクセス数が多い　かつ　直帰率の高いページから直す

ということです。図1で言うと、たとえば3位のページは92.4%、4位のページは91.2%と流入も多く直帰率が高いことが分かります。このようなページから改善の取り組みを開始していきましょう。
どのように改善すれば良いかに関してはChapter 2-5-3で詳しく説明をしていきます。

直帰率が平均、あるいは良いページを更に良くするためには?

先程「**直帰率が高いページを直す**」という考え方を紹介しました。しかし、「直帰率が平均的なページを更に良くする」ことで、同じようにサイト内を複数ページ閲覧する(=回遊する)訪問を増やすことができると考える方もいるかもしれません。
このような方法は確かに可能なのですが、悪いページを普通のページにするより、普通のページを良いページにする方が、難易度が高いのです。これはサイト内で参考にできるページがあるかどうかが大きく関わってきます。サイト内で、悪いページを改善するために参考にする、「直帰率が平均的あるいは良いページ」はたくさん見つかるかもしれませんが、直帰率がかなり良いページに関してはその数が限られている、あるいはトップページのように応用がしにくいページであることが多いです。
まずは直帰率が悪いページから改善する方が、直帰率の改善という意味では効率が良いでしょう。逆に直帰率が低い、優良なランディングページには、そのページへの流入を外部から増やす施策を考えた方が良いかと思います。

直帰率は何%くらいが最適なのか?

アクセス解析のセミナーなどを行うと、よく効かれる質問の1つです。「世の中の平均の直帰率は何%なのか」あるいは「うちのサイトの直帰率は50%だが、どこまで改善をすれば良いのか」といった質問です。
いくつか参考になる調査があります。

33の業界別、集客関連KPI(平均直帰率/平均検索流入(SEO+PPC)割合/平均ソーシャル流入割合/訪問あたりPV数など)まとめ
http://www.ginzametrics.jp/blog/referrer-pattern-average

こちらはSimilarWebというサービスを利用して業種別に各指標をまとめた記事になります。33業界の平均直帰率は**36.64%**でした。最も良い業種がネットスーパーの21.83%、最も悪い業種がネットマーケ/ネットビジネスメディアの70.35%でした。
他にも、米国のSearch Engine Optimistが公開している業種別の数値は図3の通りでした。

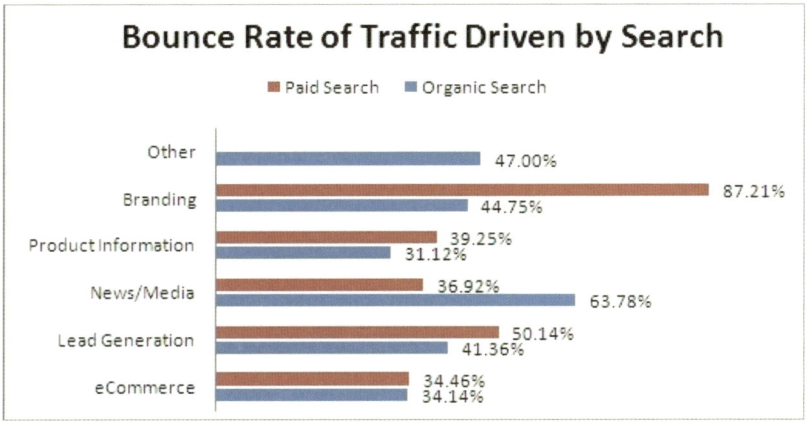

図3　http://www.searchengineoptimist.com/blog/bounce-rates-what-you-may-not-know/ より

上から順番に「その他」「ブランディング目的のサイト」「製品情報に関するサイト」「ニュースやメディア」「資料請求やお申込みなどを行うサイト」「ECサイト」となっています。

こちらもECサイトで見ると約34%となっており、**30%～40%**くらいが1つのベンチマークのようです。

直帰率改善の考え方

しかし、直帰率に関して大切なのは、ある特定の数値を実現するということではなく、常に**ランディングページとしてのアクセス数が多く直帰率が悪いページ**を改善し続けるということです。そのため質問に対する回答は、「サイト平均の直帰率より、直帰率が高いページがベスト10に入っている場合は、ベスト10に入らなくなるように改善を続けるということ」という形になります。

メンズファッションプラスでは、流入上位のページが、ほぼ理想とする状態になっています（図4）。

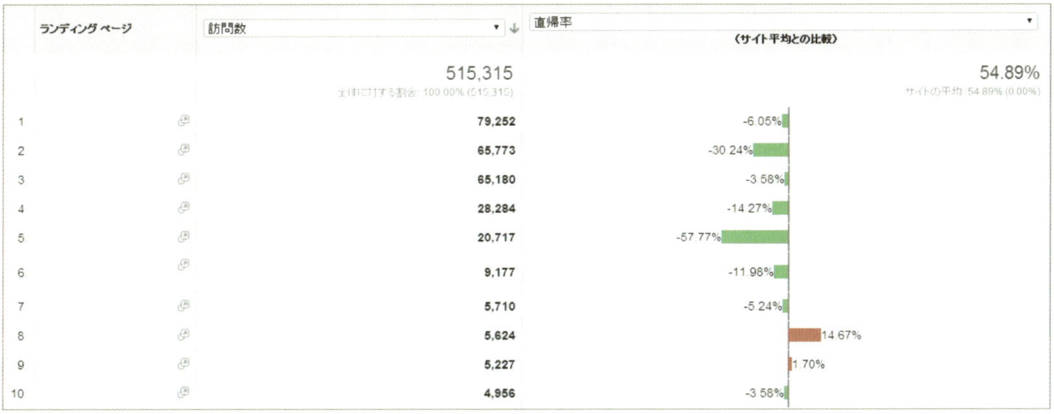

	ランディング ページ	訪問数	直帰率（サイト平均との比較）
		515,315 全体に対する割合: 100.00% (515,315)	54.89% サイトの平均: 54.89% (0.00%)
1		79,252	-6.05%
2		65,773	-30.24%
3		65,180	-3.58%
4		28,284	-14.27%
5		20,717	-57.77%
6		9,177	-11.98%
7		5,710	-5.24%
8		5,624	14.67%
9		5,227	1.70%
10		4,956	-3.58%

図4　8位と9位以外のページはすべて、サイトの平均直帰率より低いことが分かる。図1の状態から、表の右上で［サイト平均と比較］ボタンをクリック。

専用ランディングページで見るべき指標

次に「**専用ランディングページで見るべき指標**」について紹介をします。直帰率を見ることも大切なのですが、最も大切なのは**そのページ経由のコンバージョン率**です。またECサイトのようにサイト上で売上が発生するサイトであれば、該当ページ経由の売上貢献額が大切になります。同じ流入数であれば、直帰率が20%でコンバージョン率が0.5%のページより、直帰率が50%でコンバージョン率が1%のページの方がサイトにとっては有益でしょう。

専用ランディングページはその流入元によっても直帰率やコンバージョン率が変わってきます。訪れる人が、どういう前提知識や思いでサイトを訪れるかによって、ページの評価が変わるからです。Chapter 2-5-3でも詳しく紹介しますが、専用ランディングページの直帰率・コンバージョン率・売上貢献を流入元ごとに確認してあげることで、改善のヒントを見つけることができます。

また、「**ヒートマップツール**」も改善を行う上では非常に有効です。ヒートマップツールとは、ページ内のどこまでスクロールしてくれたか、どこが注目されていたかを可視化してくれるツールです。サービスの説明ページをしっかり作ったとしても、誰も最後まで読んでくれなければ意味がありません。

Chapter 2-5最後のコラムでいくつかのツールをスクリーンショットおよび分析方法とあわせて紹介します。

複数の応募ボタンごとのクリック数を計測することが大切え方

ランディングページでは内容をスクロールしながら読んでいたときに、興味を持ったらすぐに申し込みができるように、1つのページ内の**複数箇所に「申し込みボタン」を配置している**ケースがあります。

上記のヒートマップと似たような考え方ですが、どのボタンが一番押されているのかを発見することは、**利用者がどこの内容に注目しているか**を発見する有効な方法です。

多くのアクセス解析ツールでは、あるページから違うページに飛んでいるリンクが複数箇所ある場合、区別をつけることができません。しかし、リンクに記述を追加することで、取得できるようになるツールもいくつか存在します。

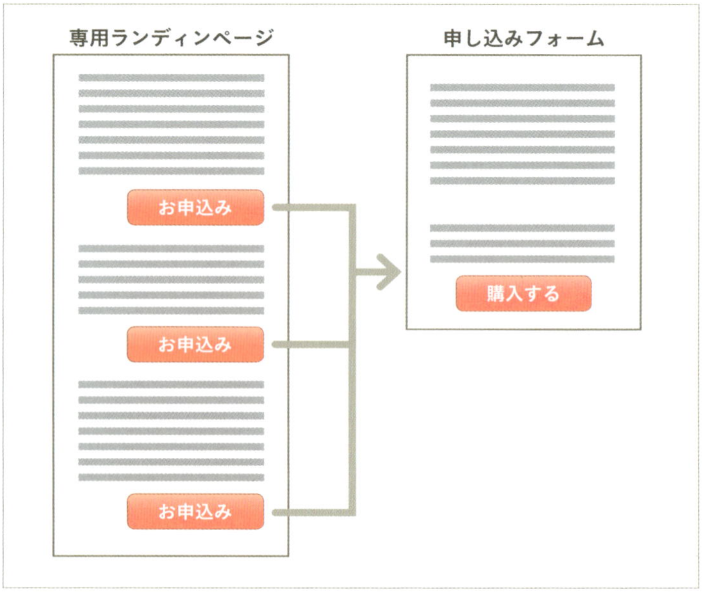

図5　1つのページに複数の「申し込みボタン」を配置する

以下はGoogleアナリティクスの場合の計測方法になります。
このように複数のリンクが同一ページに遷移している場合は「**イベントトラッキング**」という実装方式を使います。

●旧バージョン（ga.js）の場合[※1]

```
<a href=”申し込みフォームのURL” onclick="_gaq.push(['_trackEvent', 'form', 'link', 'top',]);” ><IMG SRC=”お申込みボタンの画像” BORDER=”0”></a>
<a href=”申し込みフォームのURL” onclick="_gaq.push(['_trackEvent', 'form', 'link', 'middle',]);” ><IMG SRC=”お申込みボタンの画像” BORDER=”0”></a>
<a href=”申し込みフォームのURL” onclick="_gaq.push(['_trackEvent', 'form', 'link', 'bottom',]);” ><IMG SRC=”お申込みボタンの画像” BORDER=”0”></a>
```

●新バージョン(analytics.js)の場合[※2]

```
<a href="申し込みフォームのURL" onclick="ga('send', 'event', 'form', 'link', 'top',);" target="_blank"><IMG SRC=”お申込みボタンの画像” BORDER=”0”></a>
<a href="申し込みフォームのURL" onclick="ga('send', 'event', 'form', 'link', 'middle',);" target="_blank"><IMG SRC=”お申込みボタンの画像” BORDER=”0”></a>
<a href="申し込みフォームのURL" onclick="ga('send', 'event', 'form', 'link', 'bottom',);" target="_blank"><IMG SRC=”お申込みボタンの画像” BORDER=”0”></a>
```

一手間ですが、一度設置してしまえばすぐにGoogleアナリティクスの画面で確認できますので、ぜひ実装および確認をしてみてください。
上記で紹介した方法以外にも、一括で変更を設定する方法があります。Googleアナリティクスで用意されている「拡張リンクアトリビューション」という機能を利用する方法です。こちらでは計測記述の追加およびアナリティクス設定での変更が必要となります[※3]。

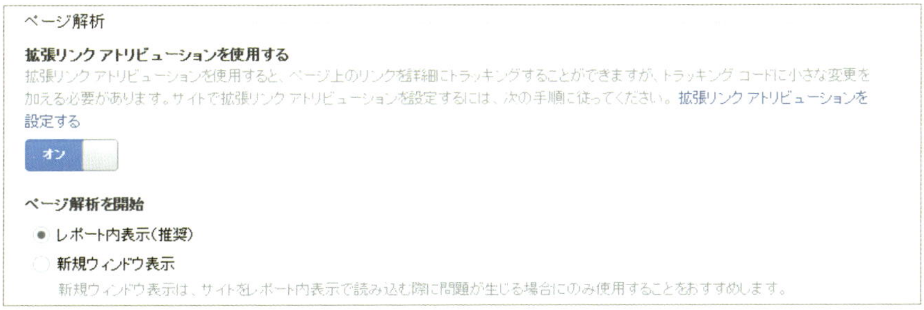

図6 ［アナリティクス設定］の［プロパティ→プロパティ設定］内にある［拡張リンクアトリビューション］を［オン］にすることで利用が可能となります

※1 詳細に関しては、https://developers.google.com/analytics/devguides/collection/gajs/eventTrackerGuide
※2 詳細に関しては、https://developers.google.com/analytics/devguides/collection/analyticsjs/events
※3 詳細は関しては、https://support.google.com/analytics/answer/2558867

Chap 2-5

Section 5-3

ランディングページの改善ポイントを見つける

ランディングページで最も大切なのは直帰率

では早速、ランディングページの改善をするための分析方法を紹介します。「ランディングページ」にしても「専用ランディングページ」にしても、まずもっとも大切なのは、そのページを見て離脱するのではなく、**次のページに遷移してもらう**ことになります。そして、この数値を改善するためには直帰率が高いページを確認し、その原因を特定し、改善方法を考える必要があります。
直帰率を確認する方法は、Chapter 2-5-2で紹介しました。原因を特定をする方法をここでは詳しく見ていきましょう。

直帰率×流入元を確認する

直帰率は、その流入元によって変わることが多いです。たとえば、あるブログで皆さんのサイトが紹介されていたとしましょう。そのときの説明文は以下の通りです。

> こちらのサイトのミカンは非常に美味しく、お値段もスーパーで買うときの半額です。
> 特に期間限定品である、〇〇ミカンは小ぶりながら濃縮された味が他のミカンとはひと味違います。詳細はぜひ、こちらのサイトをご覧ください。

内容的には問題なく、好意的に商品を紹介いただいています。しかし、流入したページでは「りんご」を販売していました。これではミカンが気になってサイトに訪れた人の大半は帰ってしまいます。上記は極端な例ですが、このような形で流入元の内容によっては、いくら作りこまれたランディングページでも直帰率が高くなってしまいます。

Googleアナリティクスでの確認方法

実際にデータを確認するために、直帰率と流入元を掛けあわせて確認してみましょう。Googleアナリティクスでの操作方法を説明いたします。
流入元が多いランディングページを選択し、「セカンダリディメンション」から「参照元」を選択しましょう。以下は、あるBtoBサイトのランディングページの事例になります。
どの流入元でも直帰率が高いことが分かります。

	ランディングページ	参照元	集客			行動
			セッション ↓	新規セッション率	新規ユーザー	直帰率
			148,929 全体に対する割合: 30.22% (492,754)	79.70% サイトの平均: 74.39% (7.14%)	118,697 全体に対する割合: 32.38% (366,539)	85.65% サイトの平均: 73.61% (16.36%)
1.	/lp/top.html	yahoo-ss	71,547 (48.04%)	81.05%	57,989 (48.85%)	85.55%
2.	/lp/top.html	google-adw	48,900 (32.83%)	80.61%	39,416 (33.21%)	82.85%
3.	/lp/top.html	google	23,127 (15.53%)	74.22%	17,165 (14.46%)	91.27%
4.	/lp/top.html	yahoo-im	2,723 (1.83%)	74.81%	2,037 (1.72%)	86.60%
5.	/lp/top.html	xlisting	1,465 (0.98%)	71.26%	1,044 (0.88%)	85.67%
6.	/lp/top.html	google-ct	914 (0.61%)	99.12%	906 (0.76%)	99.56%
7.	/lp/top.html	tepco	113 (0.08%)	46.02%	52 (0.04%)	82.30%
8.	/lp/top.html	(direct)	52 (0.03%)	38.46%	20 (0.02%)	88.46%
9.	/lp/top.html	lp-web.com	30 (0.02%)	86.67%	26 (0.02%)	86.67%

図1　あるBtoBサイトのランディングページのデータ。[集客→サイトコンテンツ→ランディングページ] を開き、[セカンダリディメンション] から [集客→参照元] を選択

そして、以下は別のBtoBサイトの事例になります。こちらもランディングページと流入元をかけあわせたデータとなっています。

先程の例とは違い、33%から90%までバラツキがあることが分かります。

	ランディングページ	参照元	集客			行動
			セッション ↓	新規セッション率	新規ユーザー	直帰率
			10,495 全体に対する割合: 10.75% (97,622)	69.29% サイトの平均: 68.29% (1.46%)	7,272 全体に対する割合: 10.91% (66,670)	53.60% サイトの平均: 58.25% (-7.99%)
1.	/greetings/	google	6,209 (59.16%)	71.11%	4,415 (60.71%)	53.33%
2.	/greetings/	yahoo	2,197 (20.93%)	62.45%	1,372 (18.87%)	45.43%
3.	/greetings/	(direct)	1,345 (12.82%)	71.30%	959 (13.19%)	65.87%
4.	/greetings/	bing	147 (1.40%)	81.63%	120 (1.65%)	44.90%
5.	/greetings/	u1sokuhou.ldblog.jp	132 (1.26%)	97.73%	129 (1.77%)	90.15%
6.	/greetings/	t.co	112 (1.07%)	21.43%	24 (0.33%)	33.04%
7.	/greetings/	sp-search.auone.jp	56 (0.53%)	5.36%	3 (0.04%)	64.29%
8.	/greetings/	google.co.jp	36 (0.34%)	88.89%	32 (0.44%)	75.00%
9.	/greetings/	m.facebook.com	27 (0.26%)	92.59%	25 (0.34%)	70.37%
10.	/greetings/	facebook.com	26 (0.25%)	84.62%	22 (0.30%)	57.69%

図2　図1とは別のBtoBサイトのランディングページのデータ

直帰率×流入元の改善方法

このように直帰率と流入元をかけあわせると主に2つの気づきがあります。

1つは「**どの流入元とかけあわせても直帰率が高い**」というケースです。もう1つは「**流入元によって直帰率が大きく違う**」というケースです。

どの流入元から来ても直帰率が高い場合

前者について考えてみましょう。前者はどこから来てもみんなが帰ってしまうというケースです。これはページそのものに根本的に問題があるということです。たとえばリンクがとても分かりづらい位置にあったり、内容が初めての人とっては分かりにくかったりというケースです。このようなケースの場合は、ページそのものを直す必要があります。

直すための方法ですが、**直帰率が低い他のランディングページを参考にする**ことがもっとも良いです。直帰率が高いページと低いページを比較し、違いを発見するという方法が良いでしょう。似たようなページがない場合は、ランディングページのコンテンツのレイアウトや中身を変えてみる必要があります。こちらに関してはA/Bテスト（Chapter 2-5最後のコラムにて紹介）を利用すると良いでしょう。

流入元によって直帰率が大きく違う場合

後者に関しては、流入元によって直帰率が変わるというケースです。こちらも直帰率が高い流入元と低い流入元を比較するのが最初のステップです。流入元に関しては、自らの手で設定しているリンクと、設定していないリンクがあるかと思います。

流入元の内容を自ら書き換えられる場合、**直帰率が低いページの記述を参考に変更をしてみましょう**。もしかしたら、あるサイトで紹介されている商品の説明文の方が、社長のブログより商品の魅力を正しく伝えているかもしれません。あるいはリスティングやバナー広告など、自社で出稿している広告の場合は、こちらもクリエイティブを変えてのテストが必要となります。

逆に自分が出稿していない流入元の場合は、内容の修正をお願いするか、ページの内容の方をあわせる必要があります。どこまで対策するかは、その流入元が流入のどれくらいの割合を占めているかにもよります。

直帰率が悪いページを改善するために流入元を利用する方法を紹介してきましたが、直帰率が低い流入元も、皆さんのサイトを改善する上で大きなヒントになるかもしれません。どのような説明文や紹介があると、サイトに訪れてしかもサイトに滞在してくれるのか。このような内容を自社サイトで活かさない手はありません。メルマガの件名や商品のキャッチコピーにも応用できるかもしれません。

直帰率×新規率を確認する

次に、**直帰率を新規率とかけあわせて見る**ということを考えてみましょう。

ランディングページを訪れている人が、新規の人が多いのか、リピーターが多いのかによってページ内で見せるべきコンテンツは大きく変わってきます。

直帰率×新規率の改善方法

先程の流入元と同じように、ランディングページを新規率という観点で確認してあげましょう。以下は、あるBtoBサイトのランディングページを、新規流入とリピート流入で確認したものになります。

ランディングページ	集客			行動		
	セッション	新規セッション率	新規ユーザー	直帰率	ページ/セッション	平均セッション時間
リピーター	427 全体に対する割合: 0.01% (3,128,290)	0.00% サイトの平均: 58.59% (-100.00%)	0 全体に対する割合: 0.00% (1,832,827)	47.07% サイトの平均: 69.34% (-32.11%)	5.30 サイトの平均: 2.71 (95.21%)	00:03:44 サイトの平均: 00:01:56 (93.17%)
新規ユーザー	779 全体に対する割合: 0.02% (3,128,290)	100.00% サイトの平均: 58.59% (70.68%)	779 全体に対する割合: 0.04% (1,832,827)	70.99% サイトの平均: 69.34% (2.38%)	2.32 サイトの平均: 2.71 (-14.44%)	00:00:36 サイトの平均: 00:01:56 (-68.87%)
1. /order.html						
リピーター	427 (100.00%)	0.00%	0 (0.00%)	47.07%	5.30	00:03:44
新規ユーザー	779 (100.00%)	100.00%	779 (100.00%)	70.99%	2.32	00:00:36

図3　ランディングページの情報を「リピーター」と「新規ユーザー」に分けて表示したところ。[セグメント] を追加して、既存セグメントの [リピーター] と [新規ユーザー] を追加（P.340参照）

このページに関して、リピーターの直帰率が47%、新規の直帰率が71%と大きな差があることが分かります。このページは、ページ名（/order.html）からも分かる通り、注文を行うためのページとなっています。そのため、サイトを複数回訪れている人は、まだ内容が理解できるのですが、新規の人にとってはそもそも何のサイトかも分かりません。そこでいきなり「申し込みをして」と言われても意味が分からず、多くの人が離脱してしまうのは当然のことです。

また、このページに流入してきたユーザーは新規の方が多く（779対427）、**新規の人をケアする**ことが大切であることが分かります。応募フォーム自体は、このページにおいて必要なものですから、なくすことはできませんが、新規の人が迷わないように、**サイトについて分かるコンテンツ**や、**リンクを用意**してあげることが大切なのではないでしょうか。

上記のページの流入元をあわせて確認すると、リピーターの方の大半の流入はメールマガジン経由となっていました。そのため直帰率が低くなります（ユーザーがリンク先に何があるかを理解してページにアクセスしているため）。逆に新規の人は、ある特定のサイトからのリンクが大半を占めます。こちらの流入元を直す必要があるのではないでしょうか。

直帰率だけではなく、遷移率とコンバージョン率も確認しよう

直帰率はあくまでも**離脱を防ぐ**という観点での指標になります。離脱しないユーザーが増えたら、次に大切なのは特定のページに遷移してもらうということになります。また、当然、該当ランディングページ経由のコンバージョンも大切になってきます。その中でも通常のランディングページで大切なのは「**特定ページへの遷移率**」そして専用ランディングページで大切なのは「**コンバージョン率**」ということになります。それぞれを確認してみましょう。

ランディングページから特定ページへの遷移率

ランディングページ内には複数のリンクがあります。その中でも、サイト内のことを理解してもらったり、コンバージョンに近づいたりといった、**より重要なページへのリンク**があるかと思います。いくら直帰率が低くても、そこから進んで欲しいページに進んでいない場合は、ページ内の改善が必要になります。以下の2つのランディングページのデータを見てみましょう。どちらの方がランディングページとしては機能していると言えるでしょうか？　回答はそのランディングページの役割にもよりますが、商品詳細へ進んでもらうことが、ページの最大の目的であれば、直帰率はランディングページBの方が若干高いのですが、商品詳細への遷移率が2倍あるので、ランディングページBの方が、その役割を果たしていると言えそうです。このように**目的通りに誘導できているか**の有無をランディングページの指標として見ることも大切です。

指標	ランディングページA	ランディングページB
直帰率	36%	39%
商品詳細への遷移率	20%	40%
トップページへの遷移率	15%	12%
特集記事への遷移率	12%	4%
その他ページへの遷移率	17%	5%

専用ランディングページからのコンバージョン率（あるいは売上貢献）

専用ランディングページの場合は、その最大の目標は**資料請求・会員登録・商品購入といったコンバージョンを発生させる**ことです。そのため、コンバージョン率が高く、売上への貢献が大きいランディングページが、良いランディングページと言えます。これらの数値もGoogleアナリティクスなどのアクセス解析ツールで確認できます。
下記はあるBtoBサイトの2つのランディングページを比較したものになります。

ランディングページ	集客			行動			コンバージョン eコマース	
	セッション	新規セッション率	新規ユーザー	直帰率	ページ/セッション	平均セッション時間	トランザクション数	収益
	238,232 全体に対する割合: 48.35% (492,754)	79.91% サイトの平均: 74.39% (7.42%)	190,367 全体に対する割合: 51.94% (366,539)	87.96% サイトの平均: 73.61% (19.50%)	1.40 サイトの平均: 2.29 (-38.88%)	00:00:35 サイトの平均: 00:01:20 (-56.57%)	2,392 全体に対する割合: 49.18% (4,864)	¥27,241,253 全体に対する割合: 40.77% (¥66,813,651)
9.	3,488 (1.46%)	79.64%	2,778 (1.46%)	92.92%	1.20	00:00:26	27 (1.13%)	¥325,323 (1.19%)
10.	3,226 (1.35%)	76.81%	2,478 (1.30%)	92.75%	1.19	00:00:28	19 (0.79%)	¥64,200 (0.24%)

図4

専用ランディングページとしての流入数はほぼ一緒で、直帰率はどちらも高いのですが、**収益が5倍ほど違う**のが分かるかと思います。トランザクション（コンバージョン）数で見ると、9位の方が1.5倍高く、またこちらのページ経由の方が単価が高いことが分かります。そのため、似たような流入と直帰率ですが、9位のページの方が**より売上に貢献**していることが分かります。
筆者は、専用ランディングページとしての最終的な評価は、**ゴールへの貢献で行うべき**と考えています。直帰率だけではなく、このようなコンバージョンに関するデータも見ることを忘れないようにしましょう。

Column

ランディングページと相性が良い改善方法（1）A/Bテスト

アクセス解析ツールはサイト全体の傾向やコンバージョンそして流入元に関する分析に関しては優れているのですがページ単体の分析に関しては不向きです。そこでランディングページを改善するために便利な2つの手法を紹介いたします。

A/Bテストとは

まずはA/Bテストです。A/Bテストとは2種類以上のページを作成し、あるユーザーにはAパターンを表示、あるユーザーにはBパターンを表示して、**どちらの方が効果が高いか**を計るためのテスト手法になります。感覚や、誰かの鶴の一声ではなく、データを元に評価を行えるため、最適なページ作りを進めることができます。
デメリットとしては、2種類のページを作成する手間やコストが発生するということです。ランディングページのような、流入が多くて売上に影響が大きいページなどで試すのに向いています。
Googleアナリティクスには「**ウェブテスト**」というA/Bテストを行うための機能が用意されており、簡単にテストの設定と実施を行うことができます。

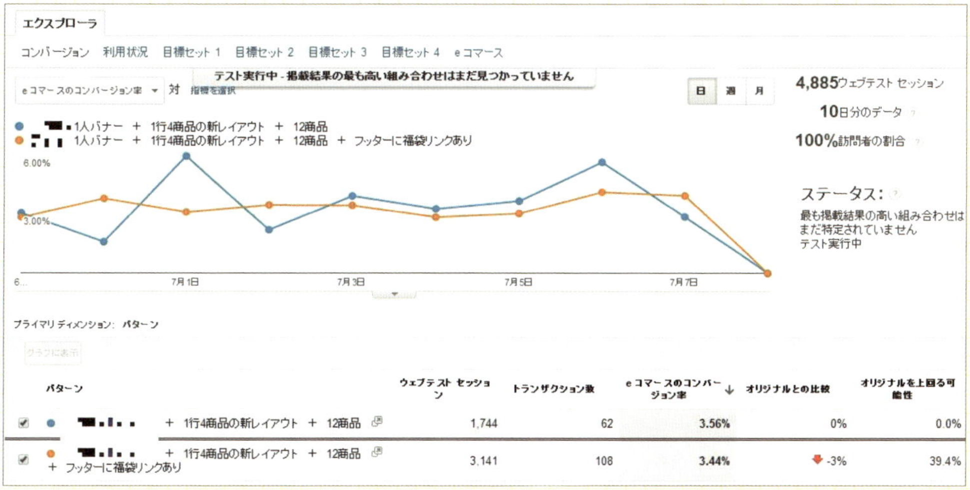

実施までのプロセス

簡単なステップでA/Bテストを簡単に始めることができます。まずは現在あるページ（＝オリジナルページ）を元に作成した新しいパターンのページ（＝テストページ）を作成し、サーバー上に別のURLでアップロードしておきましょう。

次にGoogleアナリティクスで［行動→ウェブテスト］を開き、新規テストの作成を行います。オリジナルのページのテストページのURLを入力し、テストのゴールページを設定します（事前にGoogleアナリティクスで目標設定（P.333参照）を行っておいてください。すでに設定されている場合は不要です）。

Column

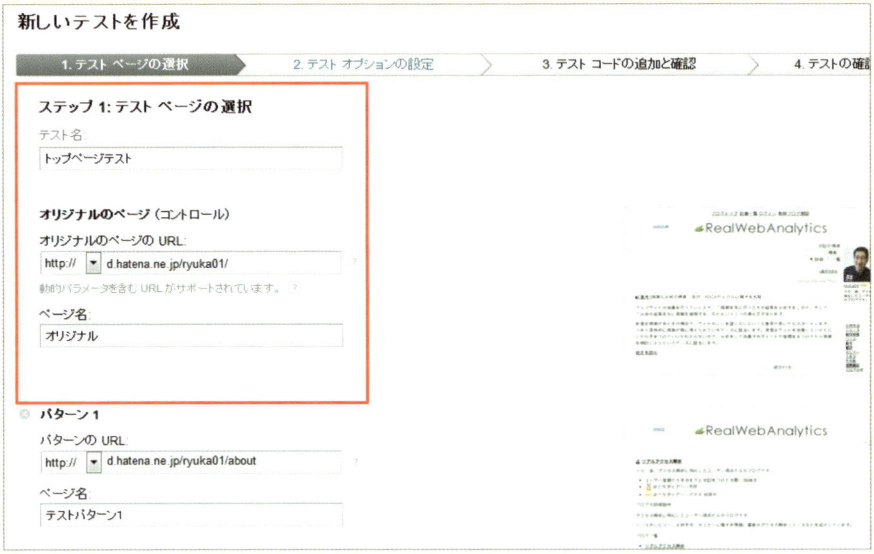

設定を行うと、オリジナルページに追加する記述が表示されるので、こちらを追加して再度アップロードすればテストが開始となります。前提としてオリジナルおよびテストページにはGoogleアナリティクスのトラッキングコードが入っていることがテストを行うための条件となります。

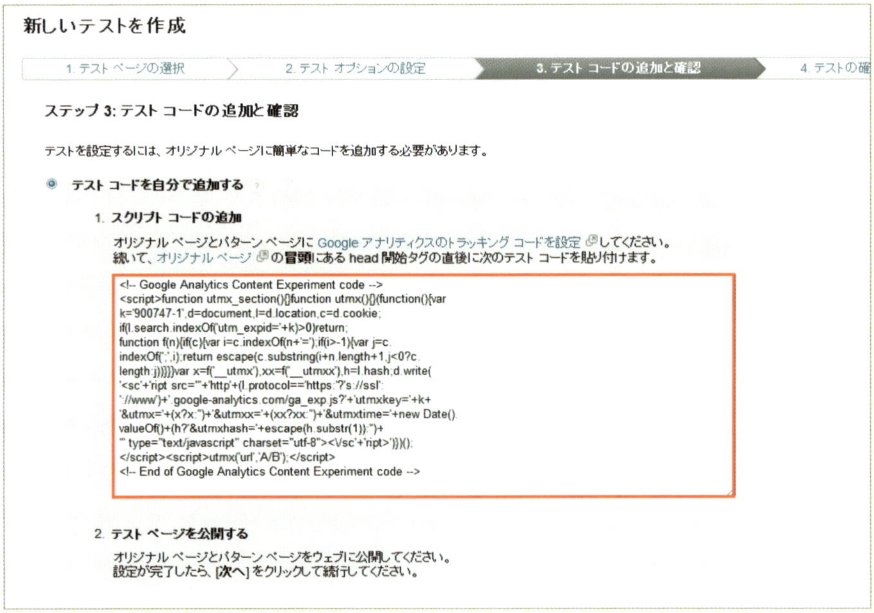

後は結果を待つという形になります。

Column

結果の判定に関して

テストを行う際、事前に、「どういう状態になったらテストを終了し元に戻すのか」そして「どういう条件のときに、どのパターンが効果が最も高かったのかを判定するのか」を決めておく必要があります。

テストを終了する条件決めるのはリスク防止のためです。「新しいパターンを出してみたら、元のパターンより遷移率が50%も悪くなってしまった。このままでは売上が下がってしまいまずいので、元のパターンに戻そう」という判断をどういう条件で行い実践するのか、**ルールを決めておく**ということです。

高かった場合の条件判定に関しても、スタートして数日の平均で、元のパターンと比較して遷移率が2%増えたとしましょう。これは「誤差の範囲内なのか？」あるいは「明確に新しいパターンの方が結果が良く、新しいパターンだけを出し続けた方が良いのか？」という判断をどのタイミングで行うのか、ということです。

［ウェブテスト］では、コンバージョン率や数などの直接的な結果だけではなく、「オリジナルを上回る可能性」という数値を出してくれます。筆者は**80%**を1つのラインとして評価することが多いです。また以下の3つの判定ロジックを利用しています。

・各パターンでのコンバージョン数は100件が目安。コンバージョン率や数が少ないサイトであれば該当ページへのアクセス数5,000件を目安にコンバージョンだけではなく直帰率も合わせて勝敗を決める対象とする。
・上記の条件を満たした上で勝つ確率が80%を超える場合は、超えたパターンを勝利とし100%露出する。また、勝つ確率が20%以下の場合は、元のパターンを勝利とし100%露出する。ただしリスクの観点から、元に戻すパターンに関しては、目安件数に達していない場合でも実施する。
・日によってパターンの勝敗が頻繁に入れ替わる場合は、2つのパターンに違いがないものとする。

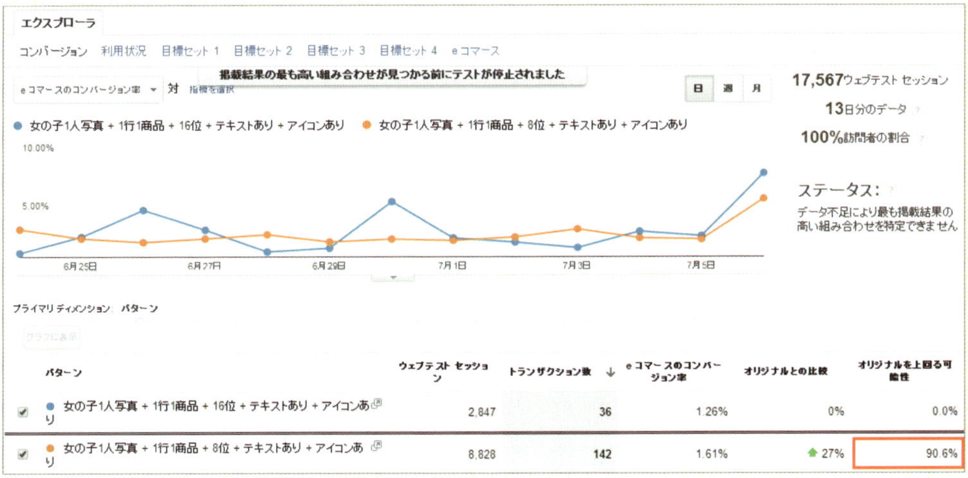

たとえば上記のECサイトの事例では、商品一覧で表示する商品の数を変更してテストを行ってみました。元々は16個だったのに対して、8個でテストをしています。Googleアナリティクスでは「データ不足により特定できません」という風に出ていますが、数千件のテストに対してコンバージョン数が100件程度、そしてオリジナルを上回る可能性が90%を超えていることから、ほぼテストページの勝ちといって問題ないのではと考えます。

Chap 2-5

Column

さらに細かい分析を行いたい場合は、テスト対象の件数が多い場合に限りますが、セグメント機能を利用して新規・リピートでの比較や、流入元ごとの評価なども行うことができます。

●テストページを考える上での注意点
テストページを作る上でもっとも大切なのは「**明確な変化を作る**」ということです。誰かにオリジナルとテストページを見てもらい、すぐにその違いが分かるようなものでなければ、ほとんどの場合は数値に差がでないでしょう。ちょっとした文言やボタンの色の変化より、メインの画像の変更やレイアウトの組み換え、特定の要素の追加や削除などが良いでしょう。
テストを行う上で最も役立つのは結果に差が出ることです。たとえそれが悪い結果だったとしても、同じようなミスを今後繰り返さないという意味では新しい知見を1つ手に入れることができるようになります。ぜひ、いろいろなテストを試してみてください。

Column

ランディングページと相性が良い改善方法（2）ヒートマップツール

ヒートマップツールとは、ユーザーがページ内をどこまでスクロールしてどこをクリックしたかをチェックするためのツールの総称です。「ClickTale」「ClickHeat」「UserHeat」「Readscope Pro」など無料・有料のツールがあり、多くのサイトで利用されています。
アクセス解析ツールではどのページに遷移したかは分かりますが、ページ内に同じページにリンクしているリンクが複数ある場合は（通常は）それを分けて確認することができません。また、**ページのどこまでスクロールしたか**を確認できるツールも限られています。専用ランディングページのようにコンテンツが多く縦に長いページなどの場合は、**どこまで読んでもらえているか**を把握することは、コンテンツやレイアウトの作成において非常に参考になります。

右図は筆者の英語ブログのトップページにおいて、マウスがどこを移動していたかという画面になります。

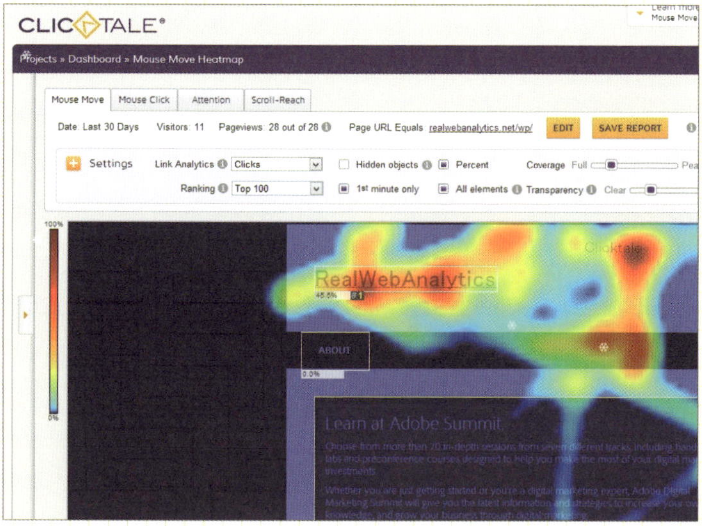

マウスの移動位置（ClickTale）

Column

見ての通り、トップページのメニューや記事へのリンク、右側にあるプロフィールの部分などに興味が持たれていることが分かります。
またスクロール量を確認できるヒートマップレポートも参考になります。

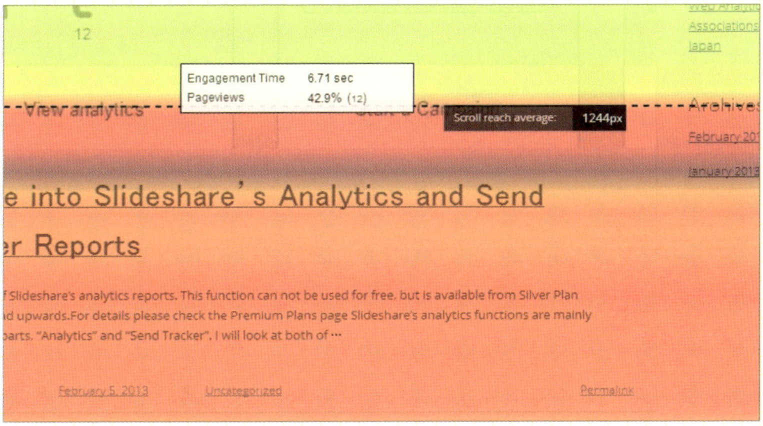

スクロール位置：閲覧時間が長い箇所ほど赤い色に違い（ClickTale）

平均1,244pxまでスクロールされて、該当箇所が平均で6.7秒表示されていたことも分かります。
このように視覚的にマウスの移動位置やスクロール量を見ることで、**利用者の興味感心を一目で把握する**ことができます。しかし、分析を行う上ではもう少し具体的に、どこまで何%の人がスクロールしたか、あるいはスクロールがコンバージョンに影響したかを確認したいケースもあるのではないでしょうか。
下記の画像は「ReadscopePro」というツールのレポートになります。縦長のページ（左側にスクリーンショットあり）が20個・5%ずつに分割され、閲覧者がどこまで進んだか（＝読者数の列）あるいはどこに長く滞在していたか（＝滞在時間の列））を一目で把握することができます。たとえば読者数はゆるやかに減少するが、滞在時間に関しては上30%を超えると一気に下がることが分かります。文章が多いため読み飛ばしているのかもしれません。

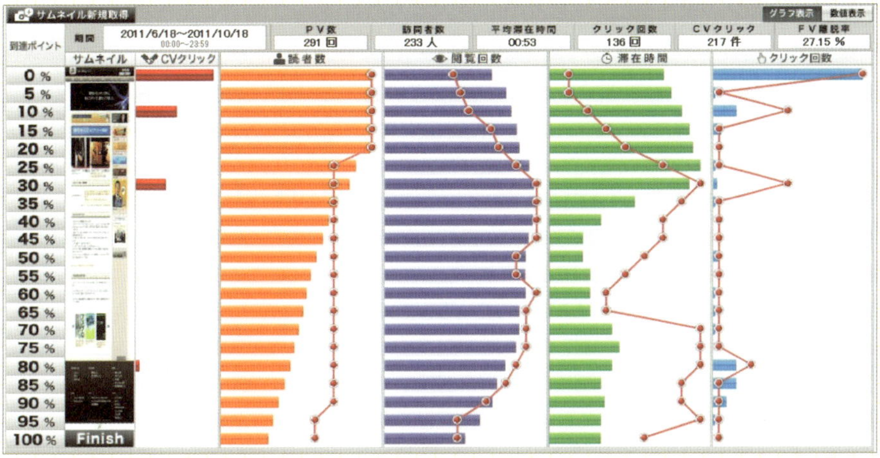

Column

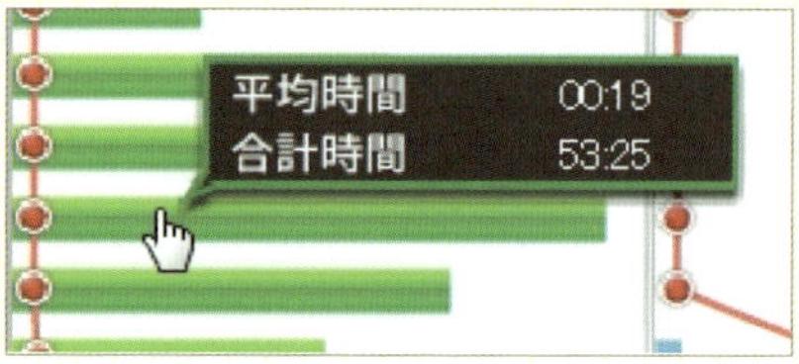

またマウスオーバーすると該当箇所での滞在時間などの詳細も確認することができます。
赤い折れ線はコンバージョンした人だけに絞り込んだデータを確認することができ、ページ下部まで訪れ、なおかつ滞在している人がコンバージョンしやすいということがデータから分かります。

ヒートマップのツールは単体ではなく、アクセス解析ツールと組み合わせて使うと、分析するポイントを明確に絞ったり、新たな気づきを発見できたりします。
主な活用方法としては「Googleアナリティクスのアラート機能を使って、ランディングページで直帰率が大きく上がった場合にメールを送信する設定を行い、メールが来た際にヒートマップツールを使って原因を特定する」「ページの表示時間が長いページと短いページで、利用者のページ内の遷移量やクリック位置に影響があるかを調査」「それぞれのツールを使って、流入元ごとのページの評価をより精査に行う」などが挙げられます。ぜひ、活用してみましょう。

・**ClickTale**
http://www.clicktale.com/

・**ClickHeat**
http://www.labsmedia.com/clickheat/index.html

・**User Heat**
http://userheat.com/

・**Readscope Pro**
http://pro.read-scope.com/

Chapter 2 ▸ Section 6

コンテンツ・特集

▸ Section 6-1

コンテンツや特集の目的を定義する

Webサイト上にはたくさんのコンテンツが存在します。Chapter 2-6では、「**利用者が読む・見る・楽しむ内容**」を総称して「コンテンツ」と定義し、説明をさせていただきます。
たとえば、「季節にあわせた特集記事」「ユーザーが提供してくれた利用した商品の感想や口コミ」「サイト製作者による動画」「インタラクティブなちょっとしたお遊び」などが含まれます。
また、コンテンツには主に2種類のコンテンツが有ります。
1つは、コンテンツ自体を読む／見る／楽しんでもらうことを狙いとした「**主コンテンツ**」と、そのサイトにおける他のゴールを達成してもらうための「**従コンテンツ**」という考え方があります。
それぞれのコンテンツは目的や分析方法が大きく変わってきます。まずは、2つの違いを確認してみましょう。

「主コンテンツ」とは?

メディアサイトに代表されるような、（少なくとも利用者にとっては）**該当コンテンツを楽しむことが目的となっているコンテンツ**を指します。ニュース記事や掲示板・チャットなどが該当します。
コンテンツを用意している会社の目的は主に「アクセス数やアクセス頻度を増やす」ということになります。
このような形式をとっている場合、主な収入源は「**広告**」あるいは「**アフィリエイト**」などになります。
基本的には、「アクセス数が増える＝サイトあるいは媒体としての影響力が大きくなる＝広告収入が増える」という図式です。
そのため、**コンテンツの量と質の両方が求められ**、なおかつ**多くの人の興味を持ってもらえる内容**であることが大切となります。

図1　ニュースサイト「マイナビニュース」での連載記事

「従コンテンツ」とは?

コンテンツを楽しんで貰うことが直接的なゴールではなく、コンテンツを利用した後に特定のアクションを行って欲しいという**更なる目的があるコンテンツ**のことを指します。
「冬のオススメアウター特集」「車の査定見積もり」「ローンシミュレーター」「商品の口コミ」などが該当します。コンテンツを利用する側も、何かしらの目的を達成するためにそのコンテンツを利用しており、提供側もそのゴールを達成してもらうために用意しているコンテンツになります。

たとえば、「中古車の査定見積もり」サービスであれば、査定をしてもらうことがゴールではなく、その後に提供している会社がその車を買い取るところまでを実現できたら、そのコンテンツは役割を果たしたと言えます。
また、宿などの情報を取り扱っているサイトで「温泉特集」であれば、日本各地の温泉に関して興味を持ってもらうだけではなく、その温泉がある宿泊施設を予約してもらうことがゴールとなります。

図2　ECサイト「メンズファッションプラス」の「モテシャツ魅せテク講座」

図3　宿予約サイト「じゃらん」の「春の飛騨高山 さくらドライブ」特集

目的を明確にして数値に落としこむ

コンテンツには必ず目的があり、その目的を改めて整理することで、分析を行うことができるようになります。複数目的がある場合も、どの目的を最重要視するべきなのか。ぜひ書き出してみましょう。そして決めた目的の「実現度合い」を分析し、コンテンツの評価や変更を行っていきます。

▶ Section 6-2

コンテンツの分析方法を理解する

では、ここからは具体的な「分析方法」について紹介をしていきます。「**主コンテンツ**」と「**従コンテンツ**」に分けて確認をしていきましょう。それぞれにあった分析ポイントや評価軸を紹介していきます。

「主コンテンツ」で見るべき指標

「主コンテンツ」の分析は、**コンテンツそのものへの集客力**、および、**その周辺への誘導**という形で分析をしていきます。主に見るべき項目は次の通りとなります。

- **流入回数**
- **訪問者数**
- **再流入数**
- **滞在時間**
- **ソーシャルブックマーク数（Twitter／Facebook／はてなブックマークなど）**
- **他コンテンツへの誘導率（あるいは離脱率）**

それぞれを簡単に説明します。

流入回数	該当コンテンツが入口ページとなった回数。検索エンジンからの流入やURL自体がシェアされた場合、流入回数が増える
訪問者数	該当コンテンツを見た人数。上記の流入以外にも、サイト内からの流入なども含まれ、最重要視するべき指標
再流入数	該当コンテンツを見た人のうち、何人が再度サイトに訪れてくれたか。また見に来たいと思わせたことになり、ブランド認知などにつながる指標
滞在時間	該当コンテンツを利用していた時間。コンテンツの種類によって考え方は変わるものの、長い方がコンテンツをより利用していると言える
ソーシャルブックマーク数	該当コンテンツをシェアしてくれた人数や回数など。内容を何かしらの理由において拡散させたいと思った行動がこの数値にあらわれる。ただ、コメントもあわせて確認する必要がある（ネガティブな反応が多い可能性もあるため）
他コンテンツへの誘導	該当コンテンツだけではなく、サイト内の他のコンテンツやページへの誘導にどれくらい効いているのかを把握するための指標

主な指標を紹介しましたが、どの指標を利用するか、あるいはその優先順位は**該当コンテンツの目的**に大きく関わってきます。どの指標も増やしたいと思うかもしれませんが、コンテンツによっては増やすことができないものもあります。
たとえば、「特集記事」などがコンテンツであれば、そこに存在する記事を読むのにかかる時間以上の滞在時間を増やすことはそれほど意味がありませんし、無理やり増やそうとしても読者が不便に感じてしまう形になってしまうかもしれません。改めてコンテンツの目的を整理した上で、**優先して見るべき指標を設定**しましょう。

「主コンテンツ」の分析および評価方法

コンテンツ単体での目標を設定し、それを評価するということが基本的な考え方になります。あるキャンペーン用のコンテンツを用意し、大勢のユーザーに楽しんでもらった上で、最後にソーシャル上でシェアして欲しいというのが狙いの1つだとしましょう。そして、たとえばキャンペーン期間中に「訪問者を10,000人集め、そのうち2割にソーシャルメディア上でシェアをしてもらう」という目標を設定したとしましょう。後は、実際にこの結果になったかをまずは確認し、未達成・達成でも**原因を調査**することで、次回の施策に活かすヒントを見つけましょう。

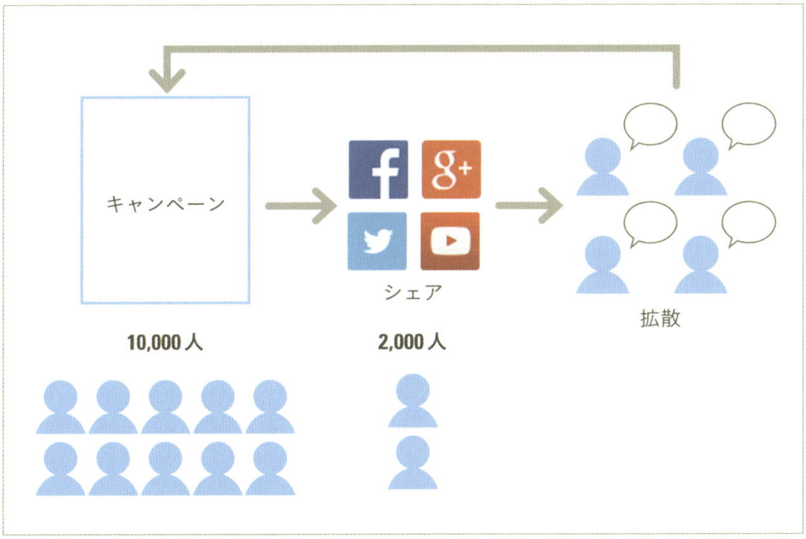

図1　キャンペーンページに10,000人を集め、うち2割の人にシェアしてもらうことを目標にする

上記の例であれば、「訪問者は12,000人と目標を達成したけど、シェアされた割合は1割しかなかった」という結果が出た場合に、どのように原因調査をするのかを考えてみたいと思います。
筆者であれば、「実際にシェアした人の**コメント**や**内容**にヒントがないか」あるいは「複数シェアするタイミングを用意していたのであれば、**どのタイミングで**実施されたか（事前に要実装）をチェック」あるいは「流入元や訪問回数などによって、**どの層がシェアする割合が高いのか**」などを確認して、次に活かすという方法を考えます。基本的な考え方としては、目標を何かしらの軸で「分割」するという考え方が大切です。
逆に「訪問者は7,000人しかいなかったが、シェアされた割合は4割と目標を越えることができた」という結果も考えられるでしょう。この場合は、「どの流入元からキャンペーンコンテンツに来ているかを確認し、サイト全体の流入と比較して弱かったところを発見」、あるいは「他に告知方法がなかったか」などを考えて、**次の施策や目標設定に活かします。**

目標をどう決めるか

では、このようなコンテンツの目標（先程の例でいえば「訪問者10,000人」と「シェア率30%」の部分）はどのように数値を決めれば良いのでしょうか。2つの考え方を紹介いたします。
1つ目は、「初めてコンテンツの評価を行う場合」あるいは「自社では事例のない新しい形のコンテンツを用意する場合」の考え方になります。このときは、参考になる情報は非常に限られています。そのため「**かかったコスト**」あるいは「**作りたい利益**」から**逆算**するという方法になります。
たとえばコンテンツを作るのに20万円かかったとしたら、何PVあるいは何人来たら元が取れるかという考え方です。主コンテンツを運営しているサイトであれば、アクセス数が収入につながるような広告を出している可能性やあります。そのため、20万円を広告収入で得るとしたら、どれくらいのPV数が必要かというのはある程度は算出できるかと思います。もちろん元を取るだけでは意味がないということであれば、「コスト＋得たい利益」などを元に目標とするPV数や訪問者数を設定すると良いでしょう。
2つ目は、「**すでに似たようなコンテンツを作成して公開したことがある**」という場合に適用できる考え方です。このケースは今までに実施した施策の結果を確認することができますので、その結果を**ベンチマーク（参考）として目標を設定**すると良いでしょう。こちらの方法は最初の方法と比較すると精度が高くゴールを設定することが可能です。

●再訪問・ブランド認知につながったかの確認方法

再訪問やブランド認知につながったかを評価する場合の分析方法もあわせて紹介しておきます。こちらはGoogleアナリティクスのアドバンスセグメントを使った方法で説明いたします。
アドバンスセグメントを利用して「初めて訪問」かつ「ランディングページのURL」を設定します。その条件を満たすユーザーのリピート人数を見ることで再訪問の評価を行うことができます。
以下のような**アドバンスセグメント**（P.340参照）を作成しましょう。

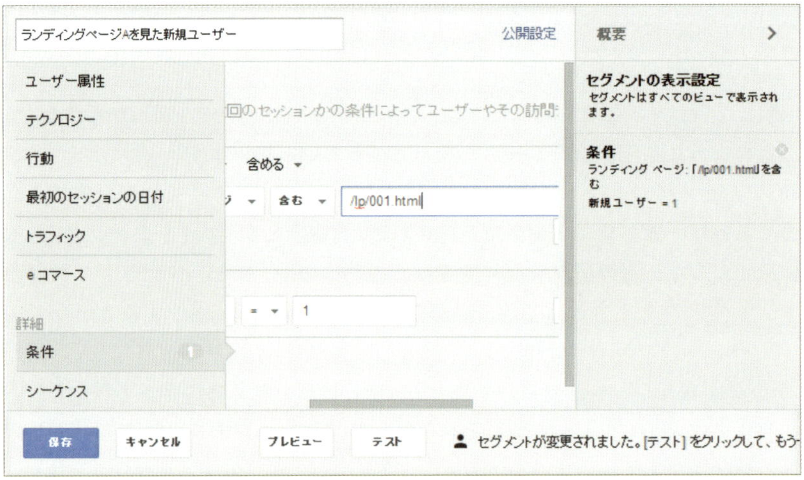

図2　［ユーザー→サマリー］の画面などで、上部の［＋セグメント］をクリックし、［＋新しいセグメント］をクリック。左側で［行動］を選び、右側で［セッション＝1］と設定。続いて［条件］を選び、右側でランディングページのURLを設定する

その後、アドバンスセグメントを設定した状態で、ユーザーサマリーのレポートを確認してみましょう。

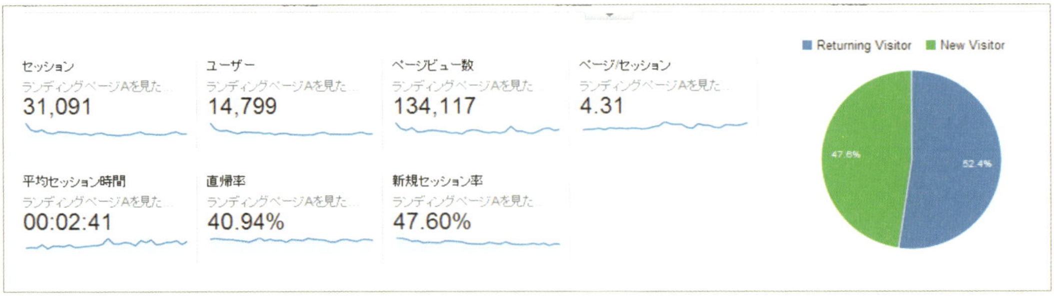

図3　アドバンスセグメントを設定した状態で［ユーザー→サマリー］を表示

上記の図では、ランディングページに新規として流入してきた人が14,799人いることが分かります。そして、その14,799人が31,091回の訪問（＝セッション）を生んでいることが分かります。全員が1回しか来なかったら、セッションは14,799回になるはずです。従って、この2つの数値の差分である16,292回がリピーターによって生まれたセッションであることが分かります。図の右に表示されている円グラフがその割合を表しています（新規47.6%・リピート52.4%）。
同じ訪問人数でもサイトに**再度訪問させる力がある**コンテンツの方が、価値があると言えるのではないでしょうか。
ブランド認知も基本的な考え方は一緒です。同じようにアドバンスセグメントを作成しますが、再訪問ではなく「ブランドワードでの再訪問」あるいは「no referrerでの再訪問」などを条件として設定すると良いでしょう。

「従コンテンツ」で見るべき指標

従コンテンツで重要視するべき指標は1つしかありません。それは「**目的達成への貢献度合い**」にほかなりません。該当コンテンツから会員登録を促すということであれば、「**会員の獲得数**」および「**訪問者に対しての獲得率**」になります。
商品購入を促すということであれば「該当コンテンツ経由の売上」および「訪問者に対しての購入率」となります。従コンテンツは滞在時間が長くても、見ている人がたくさんいても、目的達成に貢献をしてくれなければ（ほぼ）意味がありません。
では、この貢献はどのようにデータとして取得すれば良いのでしょうか。ツールによって数値の定義の違いなどもありますが、いったんここではGoogleアナリティクスを例に紹介をいたします。

「直接効果」と「間接効果」

その前に、1つ大切な考え方を紹介しておきます。それは「**直接効果**」および「**間接効果**」に関する内容です。「直接効果」とは**該当コンテンツのみが目的達成に影響を与えた**というケースを指します。たとえば「ランディングページでコンテンツを見て、その次のページに申し込みフォームがあり、入力を完了した」というケースなどが直接効果に該当します。サイト内の他の内容に影響を受けず目標を達成したことから、ランディングページが「直接」影響を与えたと言えます（外部で得られた情報による影響はあるかもしれませんが、こちらは後述）。
逆に「ランディングページを見たが、その後に別のページを見た後に、そのページから申し込みを行った」あるいは「ランディングページを見た後にサイトを離脱し、翌日はサイトのブランドワードでトップページに流入し、申し込みを行った」というケースもあります。この場合は、ランディングページから直接申し込みをしたわけではなく、**他のページからのあるいは再訪があって初めて目標を達成した**ということになります。この場合、ランディングページの影響は直接的ではなく、「間接的」なものになります。
直接効果に関しては、「コンテンツ⇒そのコンテンツ内あるいは次のページくらいにゴールにつながるアクションが存在」するという形くらいでしか存在しません。「直接効果」に関しては、一般的には「コンテンツを閲覧した訪問内でコンバージョンした場合」を指すことが多いです。次の段落で紹介する内容は、こちらの定義を元にした考え方になります。

●従コンテンツのデータ取得方法

主コンテンツと同じようにアドバンスセグメントを利用して設定を行う方法を紹介いたします。今回は以下のようなアドバンスセグメントを作成いたします。
まず、「直接的」な貢献を見る場合の方法です。

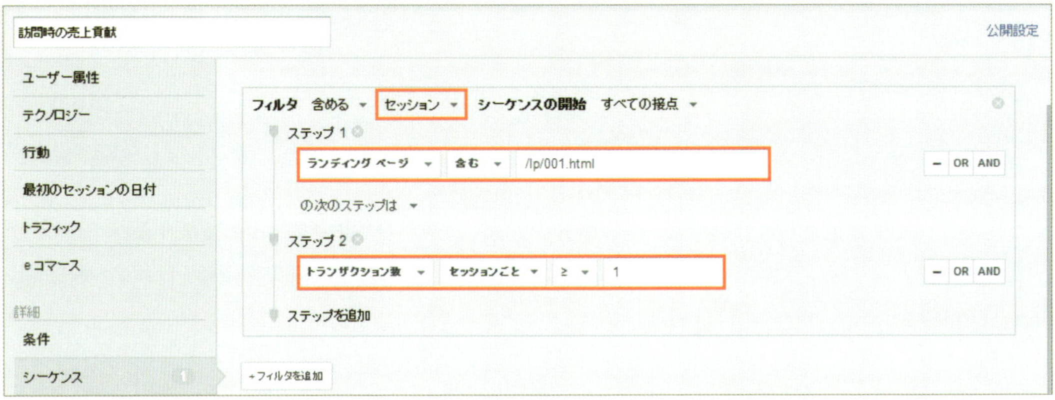

図4　アドバンスセグメント作成画面を開き、左側で「シーケンス」を選ぶ。「フィルタ」の2つ右のプルダウンで「セッション」を選択し、ステップ1でランディングページを設定し、ステップ2で、「トランザクション数」の条件を「セッションごと」、「1」以上にする

「間接的」な貢献を見る場合は、以下の通りです。

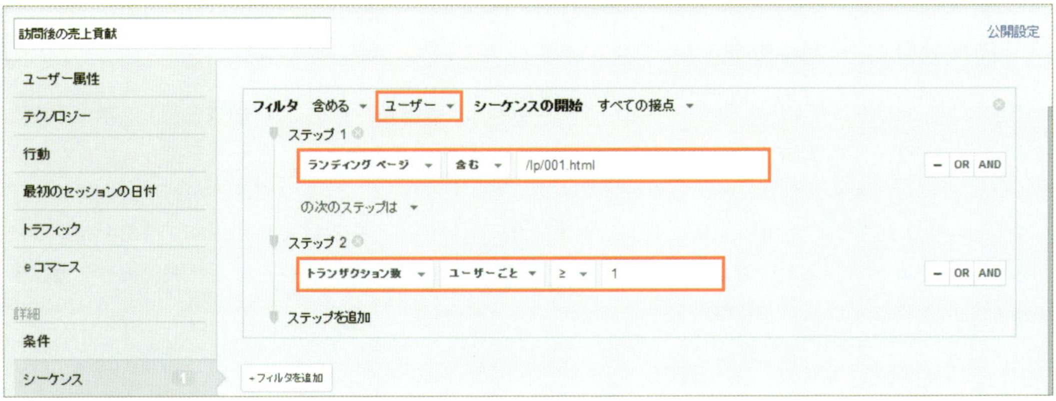

図5　図4と同じように「シーケンス」で設定するが、「フィルタ」の2つ右のプルダウンで「ユーザー」を選択し、ステップ2で「トランザクション数」の条件を「ユーザーごと」、「1」以上にする

その結果は図6の通りとなりました。

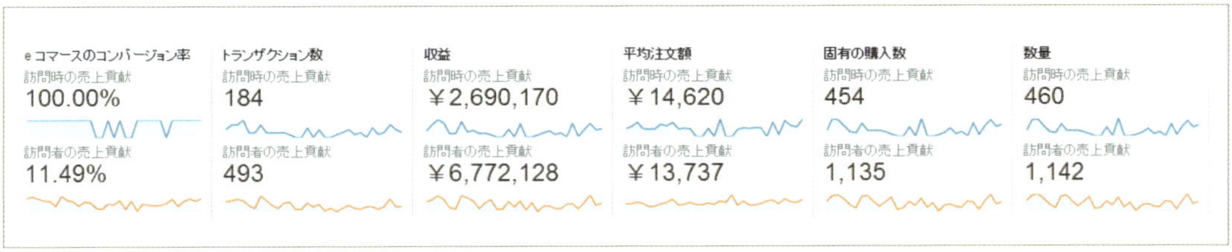

図6　上段が「直接的」な貢献、下段が「間接的」な貢献の数値

ランディングページから入ってきた人がその訪問内で購買したのが184回・269万円の売上、その訪問に限らず設定されている期間の間で購買したのが493回・677万円ということになります。ランディングページ同士を比較したり、トップページと比較したりして相対的な評価を行うことができます。
なお、このセグメントとレポートを利用する上でいくつかの注意点があります。

- 間接的効果の中には直接的効果も含まれます。ランディングページを見た訪問時に購買が発生した場合、直接・間接両方でカウントされます。
- ユーザー単位の場合は、ランディングページを見た後に購買が発生したユーザーを抽出しています。そのため、ランディングページを見るのは必ずしも初回流入とは限りません（例：2回目にランディングページを見て、3回目にコンバージョンする）。初回流入に絞りたい場合は、条件に追加をしましょう。
- どちらもそのコンテンツに触れた訪問、あるいはユーザーがその後にコンバージョンしたかという観点で評価を行っているため、実際にそのコンテンツが確実に影響を与えたかを断定することはできません。しかし、コンテンツが与えた影響という意味では比較が可能です。大切なのは売上金額そのものというよりは、他のランディングページやトップページなどと比較をしたときに、**❶直接と間接の数値にどれくらい差があるかということ**と、**❷「（間接ー直接）÷間接で算出できる間接割合」**の比較になります。
- 間接効果に関してはGoogleアナリティクスでは最大で90日先までしか確認をすることができません。通常は30日単位で見るのが良いでしょう（さすがに30日を超えたら利用者はそのコンテンツのことを覚えている可能性が少ないのではという仮説に基づいています）。

ちょっと理解するのに時間がかかる指標かもしれませんが、売上への貢献を数値化して見る上では大切な考え方なので、ぜひ直接・間接の違いとあわせて理解をしておきましょう。繰り返しになりますが、売上金額はあくまでも「**そのコンテンツに触れた人が発生させた売上**」であり、コンテンツそのものの売上の力ではありません。
コンテンツを1ページ見たときにどれくらいの売上を発生させているかは、ページのレポート※1で確認できます。こちらは直接効果だけを計っている、かつ順番なども考慮されていないので、参考程度に利用してください。ただしアドバンスセグメントを作成する必要がないので、手軽に見る上では便利です。

※1　Googleアナリティクスであれば、［行動→サイトコンテンツ→すべてのページ］内にある［ページの価値］

Chapter 2 ▶ Section 7

カート・入力フォーム

▶ Section 7-1

カート・入力フォームの目的を定義する

カート・入力フォームの特徴

カートとは、ECサイトなどで用意されている機能で、商品のカートへの投入および購入を行うための機能になります。スーパーマーケットなどでの「**カゴ**」と同じような役割を担っています。そして、入力フォームはECサイトに限らず、コンバージョンを達成してもらうために、何かしらの情報を書いてもらうための仕組みを指します。多くの場合はコンバージョン（購買や資料請求）などの直前に用意されています。

そして、このコンバージョン直前に用意されているという事実が、サイト改善においてカートや入力フォームの重要度を上げています。

図1　メンズファッションプラスの「カート」

図2　メンズファッションプラスの「入力フォーム」

なぜ、カートや入力フォームが大切なのか？

それは、「カートや入力フォームは、その**改善効果が売上に効きやすい**」という事実が改善をしていく上で、最大のポイントになるからです。

たとえば「トップページから商品ページへの遷移率を10%改善」と「入力フォームから確認画面への遷移率を10%改善」した場合、どちらの改善が売上へのインパクトは大きいでしょうか。

これは、ほぼ間違いなく、後者になります。トップページから商品ページへの遷移率を改善しても、次のページ以降が今までと同じ遷移率で進むとは限らず下がってしまうリスクもあります。しかし、入力フォームから確認画面への遷移率が10%改善すれば、売上は10%近く改善するでしょう。これは、確認画面の後には購入完了画面があるだけで、そこで離脱することは非常に少ないからです。

このように**ゴールに近い場所での改善**は、他のページと同じ改善率でも売上へのインパクトは変わってきます。この部分に関しての改善を行ったことがない場合はぜひチャレンジしてみてください。

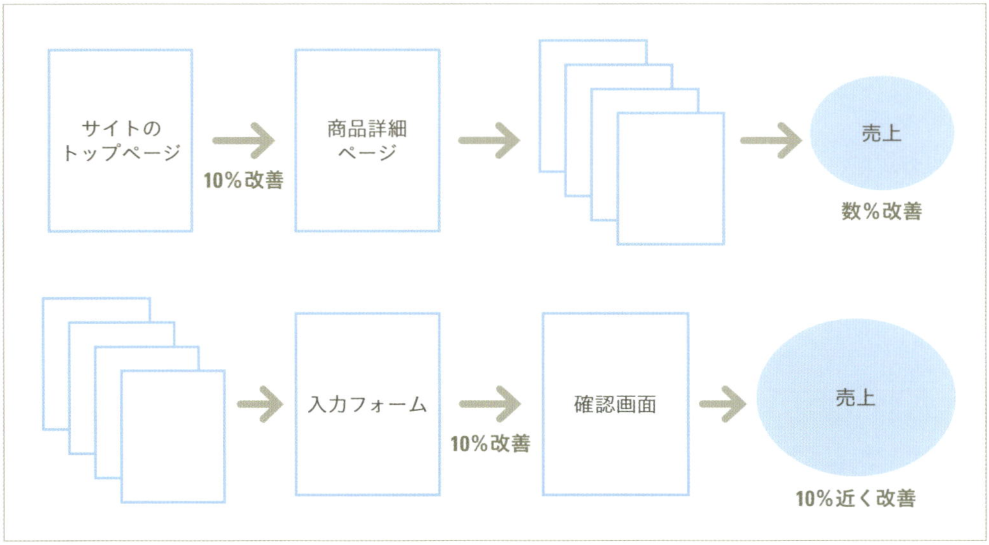

図3　入力フォーム改善のインパクト

カートや入力フォームを改善することの難しさやリスク

カートや入力フォームは、ランディングページやトップページと比べると**変更の難易度は高くなります**。最大の理由は、ページを作ればいいというだけではなく、システム面で変更が入ることが多いからです。なので、誰でも簡単に変更できるというわけではないのです。そして中小規模のサイトであれば、自前の仕組みではなく、外部のサービス（ASP）を利用していることもあるかと思います。この場合は、ASPが許している範囲内での修正しかできません。
たとえば入力項目の追加・変更・削除は自由にできても、入力規則の設定やレイアウトの変更は非常に限られているかもしれません。この場合は、できる範囲での改善になってしまいます。
また、売上にダイレクトに影響しやすいということは、逆にちょっとした変更が売上ダウンにつながってしまうかもしれません。改善のために実施したことが、実は逆効果になってしまうということも十分にありえます。なので、思いつきで気軽にテストをできる場所ではないという側面もあります。
そのため施策を行う場合は、事前にしっかり**プランニング**を行い、ランディングページの項目で紹介したような**A/Bテストツール**（P.165）を利用して、小さいところからテストをしてみるのが、良いのではないでしょうか。

スマートフォンとPCで比較をすることが大切

フォームの入力率はスマートフォンやPCで大きく変わってきます。特にスマートフォンに関してはPCと同じデザインやレイアウトのフォームを利用していると入力のしにくさから完了率が大きく変わってきます。次はPCとスマートフォンで同じレイアウトを利用している場合のカート投入から購入までの遷移です。

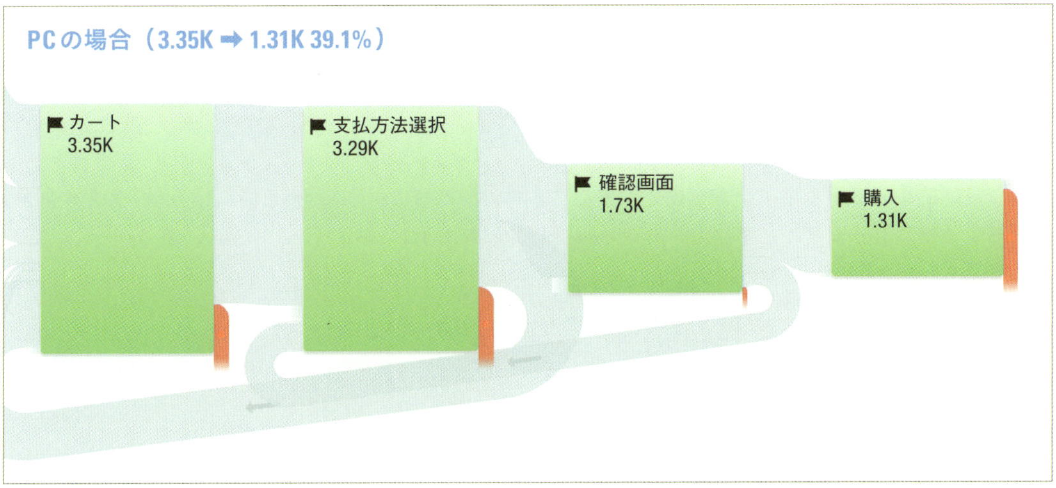

図4 ［行動→行動フロー］(「セグメント」で「タブレットとPCのトラフィック」を選択)

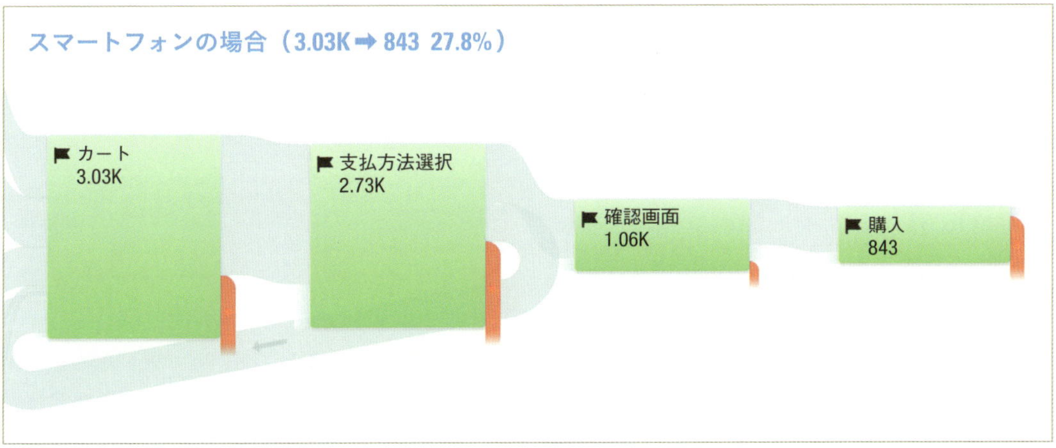

図5 ［行動→行動フロー］(「セグメント」で「モバイルトラフィック」を選択)

39.1%と27.8%と大きな違いがあるのが分かるかと思います。
スマートフォン向けのユーザーインターフェース最適化を行っていないサイトは、ほぼこのような形でフォームの入力率が落ちてしまいます。
次のSectionで詳しく分析方法などを紹介していきます。

▶ Section 7-2

カート・入力フォームを分析する

では、具体的に分析するポイントを紹介していきます。基本的には「遷移」をいろいろな「**セグメント**」で分析する形になります。まずはカートから確認していきます。

カートの分析

全体の遷移をまずはチェックしてみましょう。以下のような形になります。

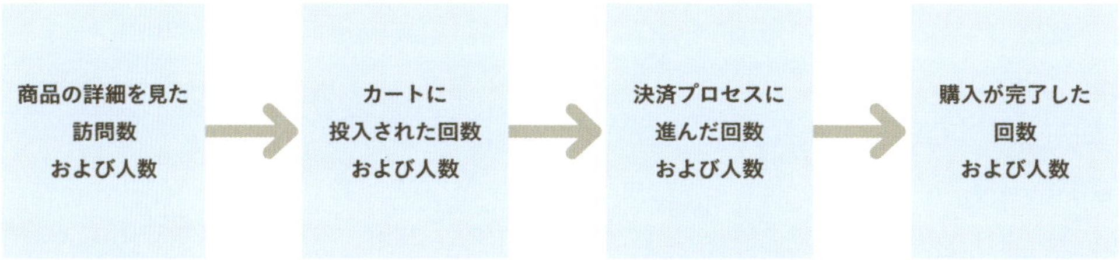

図1　カートの遷移

回数と人数の両方を見るのには、理由があります。それは「カート」に入れておいたけど、そのときには購入せず、**次の訪問で購入する**といった行動の割合を把握するためです。商品の値段や必要な緊急度に応じて、カートに入れた商品を何度目の訪問時に購入するかが変わってきます。
カートに一回入れておいて、その後の訪問で購入した場合も、カートからの購入率という意味ではカウントした方が良いと筆者は考えています。
では、これらのデータをどのように見れば良いのでしょうか？

遷移率の確認方法

Googleアナリティクスでの確認方法を紹介いたします。

目標設定を使う方法

こちらの方法を利用すると、各ステップの**訪問回数**とその**遷移率**を確認することができます。ただし、あくまでも確認できるのは訪問回数となり、人数ベースでの確認はできませんが、使いやすさの観点から通常はこちらを利用するのが良いでしょう。目標とそのプロセスの設定に関してはP.333で説明しています。

図2、図3は、「メンズファッションプラス」での遷移を表したものになります。

2種類の特集ページから、カートへの投入率、注文確認、購入のプロセスを確認しています。確認をしてみましょう。

該当ページからのカート投入率が福袋の場合は「11.61%」、マネキン買いの場合は「2.23%」と5倍以上の差があることが分かります。またその後のプロセスの遷移率も福袋の場合は、遷移率が高いことが分かります。福袋とマネキン買いのページを比較して、なぜカートに入れやすいのかを考えてみましょう。ページだけではなく「お得感」や「季節限定」といった要素が効果的な可能性もあります。他のページも分析を行い、サイトなりの「**カート投入率**」や「**購入遷移率**」を上げるお約束やポイントを発見してみましょう。

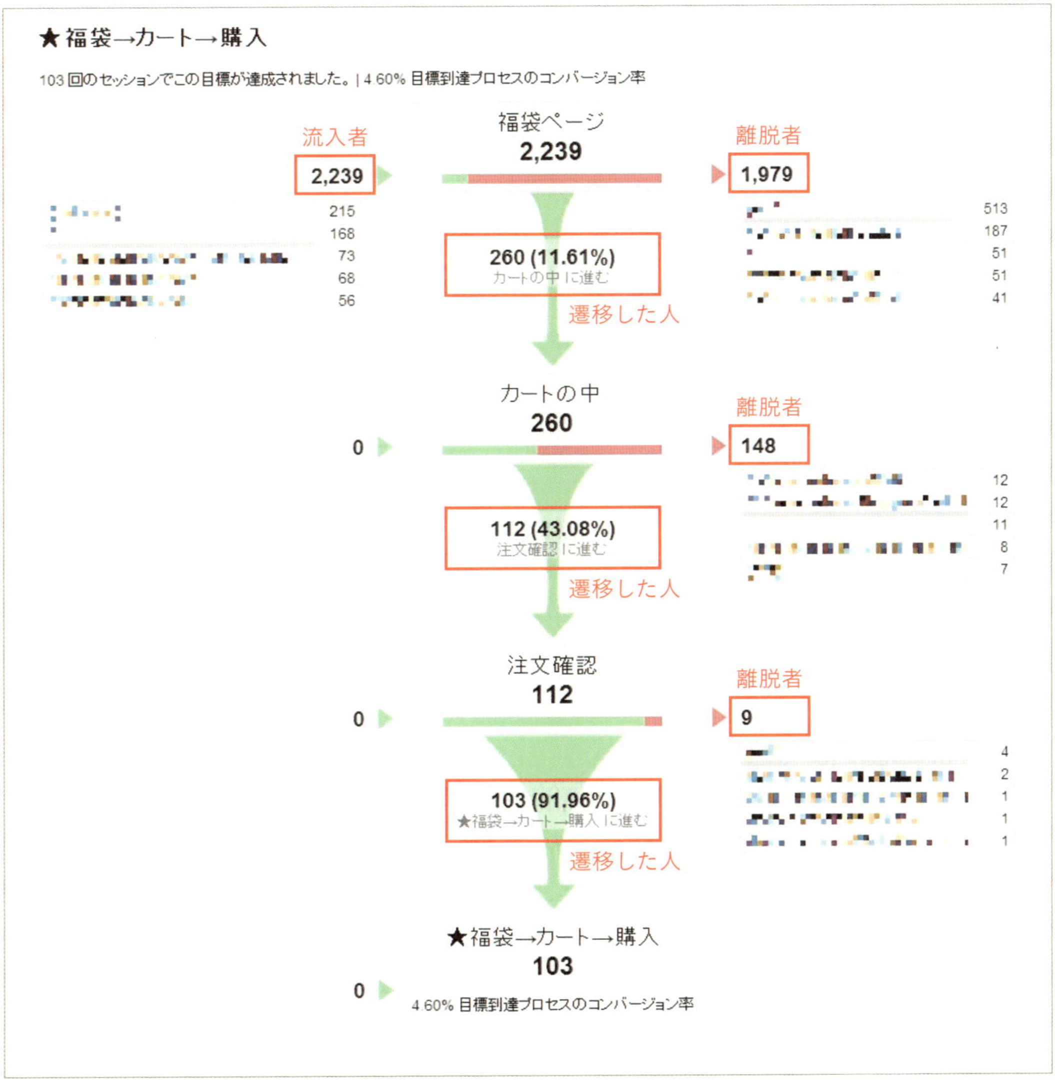

図2　福袋ページからのカート投入と購入。目標設定（P.333参照）を行った上で、［コンバージョン→目標→目標到達プロセス］を開く

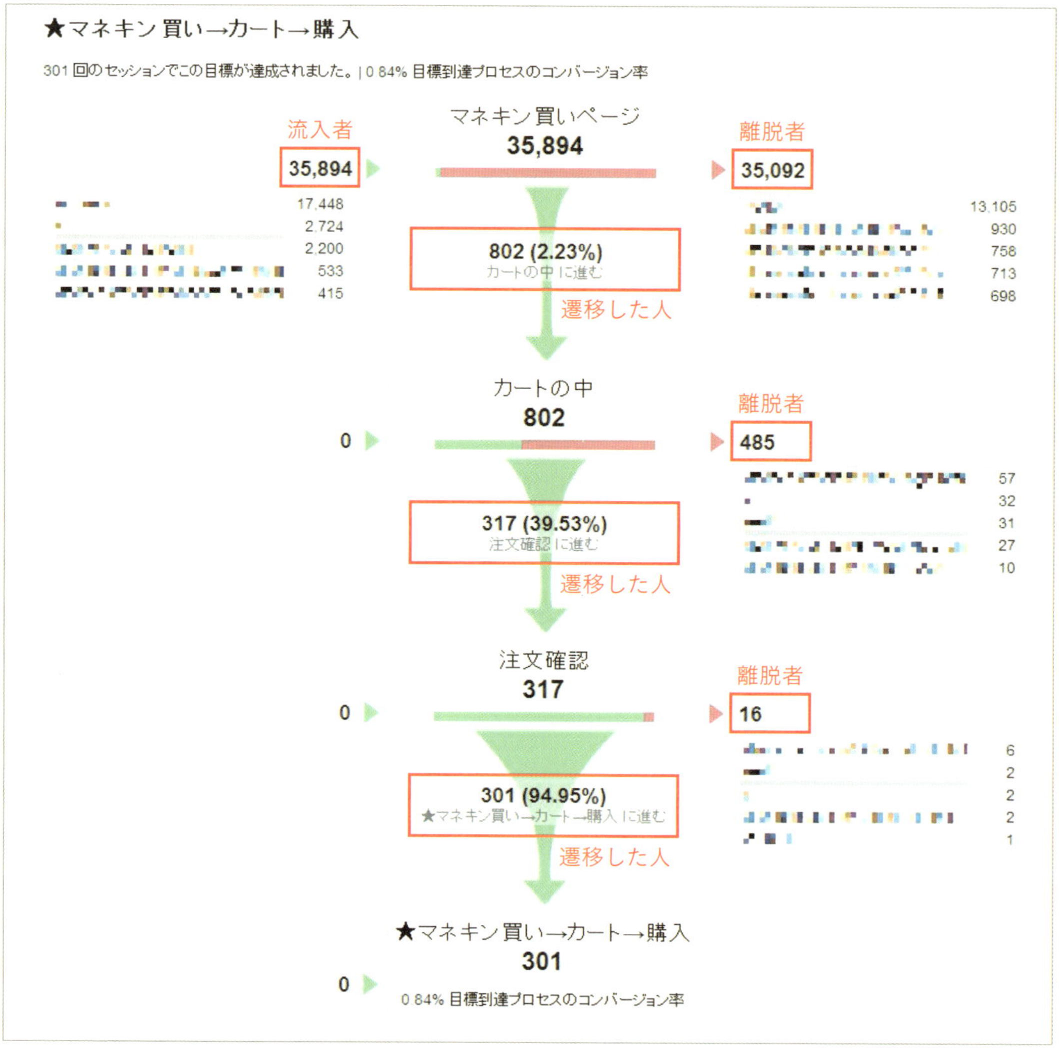

図3　マネキン買いページからのカート投入と購入

●アドバンスセグメントを利用した方法

Chapter 4で説明するアドバンスセグメント（P.340）を利用することで、**訪問**あるいは**ユーザー単位**での遷移率を確認することができます。

この手法の場合は、各STEPでのデータは確認できず、あくまでも一連のページを順番にアクセスしたかを、訪問あるいはユーザー単位で確認するという形になります。では、今度は先程の「マネキン買いページ」のページアクセスから購入完了を訪問内（訪問時に購入）とユーザーの複数訪問（何度か訪問して購入）で見た場合、どのような違いがあるかを確認してみましょう。

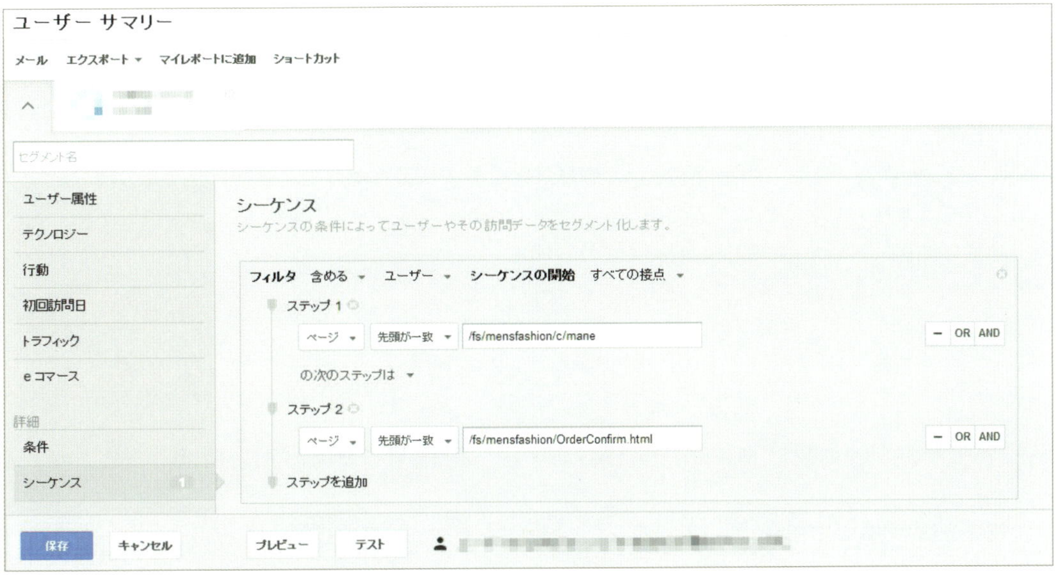

図4　マネキンページから購入完了までの遷移人数をアドバンスセグメントで設定

● **マネキンページアクセス人数 ➡ 訪問内での購入人数**

27,683人 ➡ 293人　（1.06％）

● **マネキンページアクセス人数 ➡ 複数訪問内での購入人数**

27,683人 ➡ 375人　（1.35％）

見ての通り、マネキンページにアクセスした人のうち、82人はそのときの訪問では購入しておらず、次回以降の訪問で購入していることが分かります。

この人数が全体の中での3割を越えるようなことがある場合は、サイトとして前回見ていた内容や、カートに入っている内容がそのまま保持されるような機能を用意してあげた方が、次回以降何を見ていたかがすぐに分かるし、結果的に購買につながる可能性が上がるのではないでしょうか。

アドバンスセグメントを利用する方法であれば、訪問あるいは訪問者どちらの単位でも見ることができます。

しかし各STEPの確認は難しいため、課題や気づきを発見するといった分析を行うときに利用し、複数回訪問での購入割合などを把握しておけば、普段は目標プロセスの方で確認しても良いでしょう。

カートを改善する上で大切なポイント

以下の5点は特に気をつけた方が良い内容になります。

- 同業他社を比較しながら、大きな機能不足がないかを確認する
- 購入プロセスに進んでもらうことが最大の目的なので、購入プロセスにすぐに進めるように分かりやすいリンクを配置する
- カート ➡ 購入プロセス開始のときに、会員登録をあまり目立たせず、会員・非会員の導線がなるべく分かりやすいようにする
- 数量の変更・削除などが簡単に行えるようにする
- どのページからもカートにアクセスできるようにする

図5　様々なリンクが画像が同じようなテイストで存在するため、購入の際にどこをクリックすれば良いかが分かりにくくなっている。

入力フォームの分析

入力フォームに関しても基本的には「遷移」を見るのですが、特に「**セグメント**」単位で見ることで気づきを発見することができます。主に見ておくセグメントは以下の通りになります。

- **デバイス別（PC／ガラケー／スマートフォン／タブレット）**
- **OSのバージョン別（特にiOSとAndroidの比較）**
- **購入経験あり、あるいは購入経験なしでの比較**
- **会員あるいは非会員での比較**
- **購入しようとしている、あるいは購入した商品の種類・カテゴリでの比較**

こちらに関しては次のChapter 2-7-3の分析事例でも詳しく紹介いたします。

また、フォームは売上に直結する重要な改善ポイントということで、専用の解析ツールも用意されています。

これは、「**EFO（Entry Form Optimization）ツール**」と呼ばれるもので、各項目の入力率・入力にかかった時間・エラーの発生率などを詳しく確認することができます。

図6　ADPLAN EFO

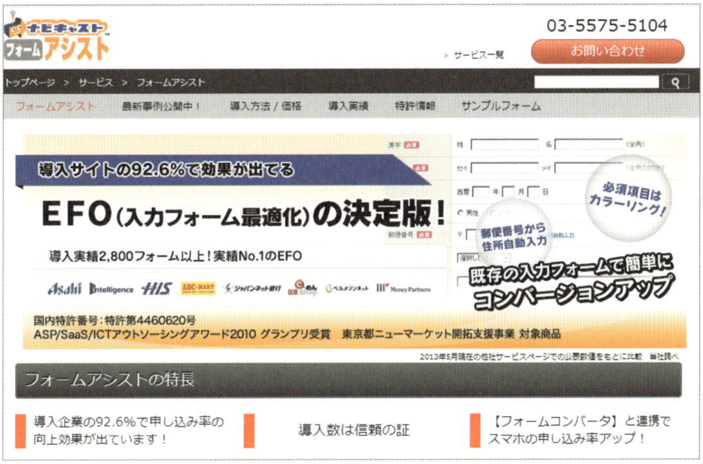

図7　ナビキャスト フォームアシスト

無料のツールは限られており、代表的なツールには以下のようなものがあります。

ADPLAN EFO
http://www.adplan.ne.jp/product/efo/index.html

ClickTale
http://www.ctale.jp/product/Form_analytics.php

ナビキャスト フォームアシスト
http://www.showcase-tv.com/formassist/

EFOツールを活用する上で最も大切なのは、課題となる入力ページや項目を見つけた後に、仮説を立てて該当部分を修正して反映すること。
そして数値に変化が訪れるかを確認するという検証プロセスを繰り返すことになります。

Section 7-3

カート・入力フォームの分析事例

今回は2つの事例を紹介いたします。
1つはあるECサイトの入力フォームの分析事例とそこから得られた施策の事例になります。もう1つは会員登録というプロセスにおける分析および改善事例になります。

入力フォームの分析事例

こちらのECサイトでは日用品というよりは、年に1回あるいは2回程度購入するタイプの商品を販売しています。まずは遷移率を確認してみましょう。

図1が、カートから購入完了の遷移率になります。
今回のステップで課題と感じたのが、「支払い方法選択 ➡ 確認画面」の47.58%という数値です。支払方法選択画面では、選択以外にも住所などの情報を書く、いわゆる入力フォームとなっています。このページの遷移率を改善できないかということで、分析を進めていくことにしました。

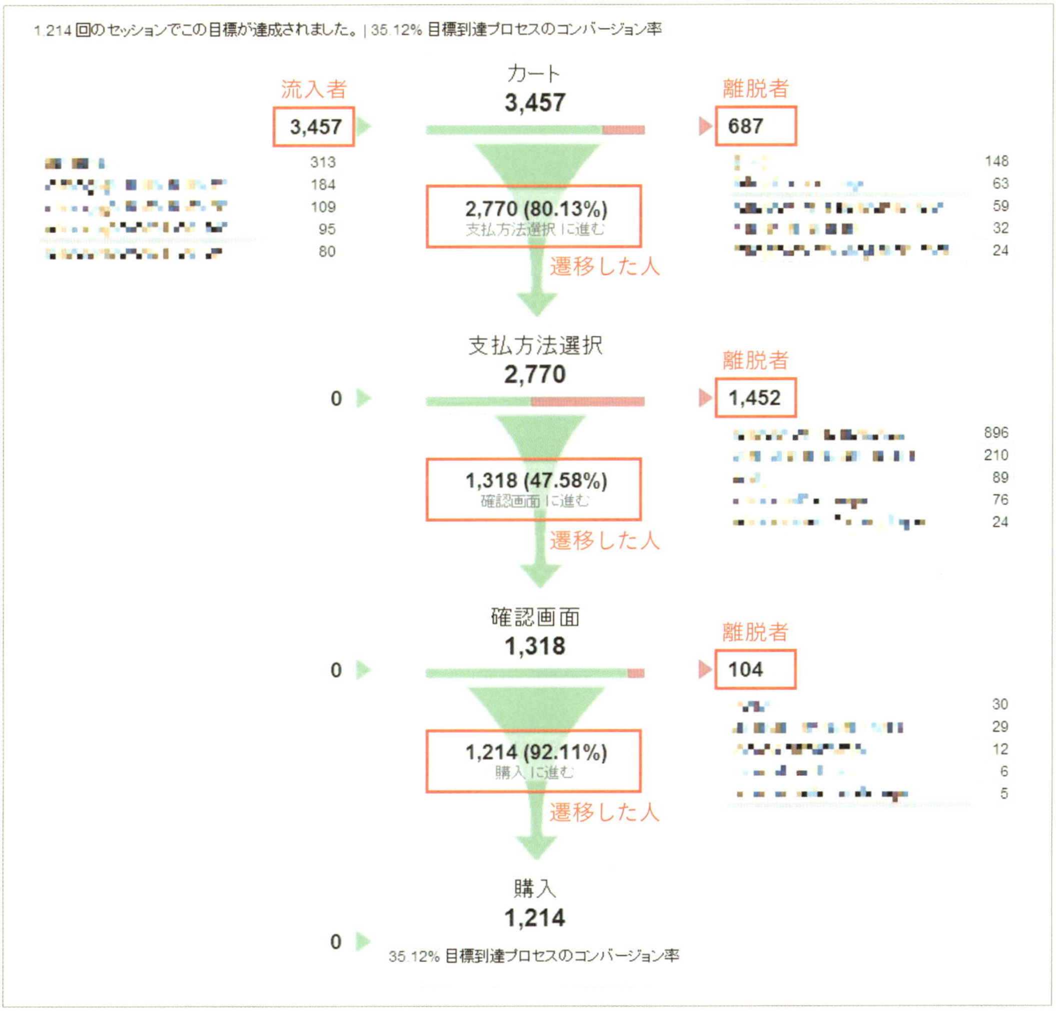

図1　カートから購入完了前の遷移率

問題点を見つける

まず、どのような理由で**遷移率**が低いのかを確認するために、商品カテゴリごとの遷移率を確認してみました。しかし、数値に大きな変化はありませんでした。そこで、今度は**デバイス別の数値**を確認してみたところ、図2のような数値となりました。

デバイス別に確認をすると、平均でサイトから離脱したのが7.74%なのですが、PCですと3.38%、モバイルだと13.72%と大きく数値が違います。購入の意思があり、支払いプロセスに進んでいるのに、7人に1人が、入力フォームで諦めて離脱をしているのです。

「支払い方法選択 ➡ 確認画面」をデバイス別で見た場合にも、PC 58.9%・タブレット 52.2%・モバイル36.6%と大きな開きがあり、**モバイルデバイスでの離脱が高い**ことが分かります。

ページ	ページビュー数	ページ別訪問数	平均ページ滞在時間	閲覧開始数	直帰率	離脱率
すべての訪問	11,984 全体に対する割合: 5.15% (232,584)	3,151 全体に対する割合: 2.13% (147,695)	00:02:13 サイトの平均: 00:00:59 (123.91%)	403 全体に対する割合: 0.98% (41,128)	37.22% サイトの平均: 44.79% (-16.89%)	7.74% サイトの平均: 17.68% (-56.26%)
PCのみ	6,693 全体に対する割合: 2.88% (232,584)	1,473 全体に対する割合: 1.00% (147,695)	00:01:48 サイトの平均: 00:00:59 (81.54%)	86 全体に対する割合: 0.21% (41,128)	5.81% サイトの平均: 44.79% (-87.02%)	3.38% サイトの平均: 17.68% (-80.90%)
タブレットトラフィック	504 全体に対する割合: 0.22% (232,584)	162 全体に対する割合: 0.11% (147,695)	00:02:54 サイトの平均: 00:00:59 (193.99%)	19 全体に対する割合: 0.05% (41,128)	36.84% サイトの平均: 44.79% (-17.74%)	8.73% サイトの平均: 17.68% (-50.63%)
モバイルトラフィック	4,787 全体に対する割合: 2.06% (232,584)	1,516 全体に対する割合: 1.03% (147,695)	00:02:48 サイトの平均: 00:00:59 (182.45%)	298 全体に対する割合: 0.72% (41,128)	46.31% サイトの平均: 44.79% (3.40%)	13.72% サイトの平均: 17.68% (-22.39%)

図2　カートからの離脱率（一番右の列）をデバイス別に表示

ここで、実際にスマートフォンを使って入力ページを確認してみました（図3）。そうすると、スマートフォン対応していないということもあり、PCと全く同じ画面が出てきました。
右側のスクロールバーから見てとれる通り、約3〜4画面分の長さがあり、PCにのみ最適化されているため、**文字が小さく入力がしにくい**です。
また、選択のしにくさからスマートフォンには向いていないラジオボタンやチェックボックスなどもいくつか使われており、離脱したくなるという気持ちが分かります。
ちなみにこちらのECサイトでは、サイト全体がスマートフォンに最適化されていないため、元々スマートフォンでのカートへの投入率も低いのです。それでも頑張ってたどり着いた人が、入力フォームで離脱してしまうのはもったいないと言えるのではないでしょうか。
サイトの売上規模や数値などを加味すると、PCと同じくらいの遷移率にもっていければ、売上は毎月50万円ぐらい以上の改善が見込めます。

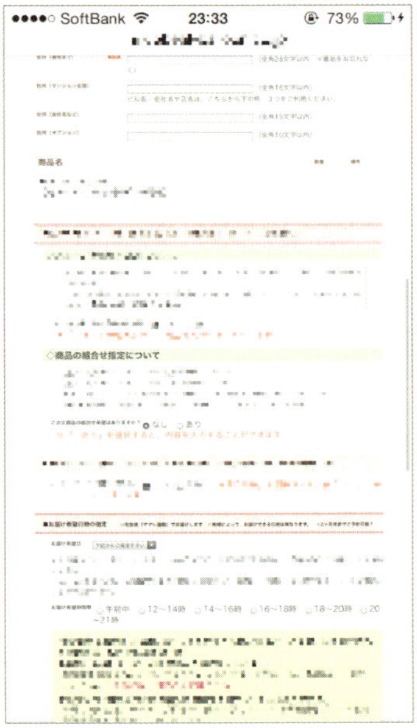

図3 スマートフォンで表示された入力画面

改善施策を考える

そこで、分析した結果した結果、考えられる1つ目の施策としては、フォームをスマートフォン向けに最適化するという当たり前の施策になります。本当はサイト全体を対応したいのですが、まずは**売上インパクトが出る入力フォームのみから最適化を実施**して、効果が出たらサイト全体に手を入れていくのが良いかと筆者は考えています。
入力フォームに関しては、自社で作成しても良いですし、EFOツールで機能が用意されている場合もありますし、「さぶみっと！フォーム」のように簡単にスマートフォン向けのフォームを作成するサービスも用意されています。

図4　「さぶみっと！フォーム」(http://form.submit.ne.jp/sp/)

また、もう1つの施策として、スマートフォンに限らず、**入力項目やレイアウトの見直し**などが考えられます。フォームそのものを改善するという意味で、筆者が提案したいと考えている内容は以下の7つになります。

- 入力フォームの項目を減らすのが難しい場合は、2ページに分けた方が最終的な入力率が上がるのではと考えているので、A/Bテストを実施したい
- 任意項目は極力減らす。本当に必要な情報だけに絞り込む
- 注文者情報とは別にお届け先情報の入力項目も表示されているが、「送り先が別」という内容を選択したときにだけ、入力項目を表示し、デフォルトでは隠した状態にしておく
- 各入力項目には「input type」を設定しておき、スマートフォンで利用する場合は最適なソフトウェアキーボードが選択された状態にしておく
- スマートフォンのフォームではラジオボタン・チェックボタンを利用しない
- 遷移時に押すボタンは大きく、押しやすくする
- 入力制限を極力なくす（ふりがなにカタカナは利用しない・全角/半角どちらにも対応・郵便番号や電話番号のハイフンは必要としない・入力欄は極力分割しないなど）

会員登録プロセスの改善事例

2つ目の事例は、あるサービスの会員登録プロセスになります。サイト内で直接お金を使う機会がないため、このサービスにおいて会員登録は、1つの大きなゴールとして認識されています。以下のような導線となっています。

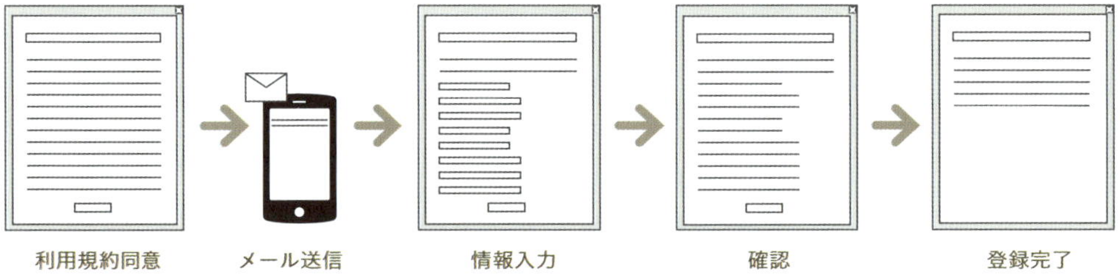

図5　会員登録プロセス

全体のコンバージョン率（登録完了÷利用規約同意画面閲覧）は20%と、利用規約の同意ページまでは来ているのでユーザーには興味を持ってもらっているけれど、コンバージョンにつながっていないという課題がありました。

問題点を見つけ、改善施策を考える

各ステップの遷移率は以下の通りとなっています。

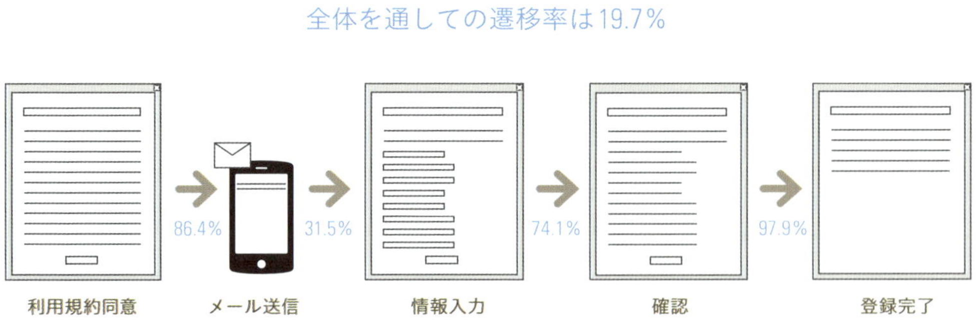

図6　ステップごとの遷移率

見ての通り、メール送信をした後に、メールに記載されているリンクをクリックしてサイトに戻ってきてもらい、情報を登録してもらうという流れなのですが、メールからのリンクで戻ってこないというこ

とが課題になっています。数値の確認とヒアリングから以下の気づきを発見することができました。

1. 現在のメールを利用した登録プロセスは変えたくない

ヒアリングから見えたきたのですが、メールを利用した登録をなくすこと自体は行いたくないとのことでした。というのはメール登録をなくせば登録率が上がることは分かるのですが、多重登録などにもつながってしまうため、残したいとのことでした。

2. Facebook/Twitter/Googleなどの認証システムを利用することはない

認証システムを利用することで、登録プロセスをシンプルにできるのですが、属性や性別・年齢などの情報も取得する必要があるので、それらは使いたくないとのことでした。

上記の成約の中で、改善できるポイントを3つ発見することができました。

1. 入力フォーム自体の改修

入力率は高いものの、いくつかスマートフォン回りで改善の余地がありました。**入力時のキーボード設定**や、**直接入力を少しでも減らす**といった部分です。またデバイスに限らず、エラー表示の仕方をより分かりやすいものに変更するという施策もでてきました。

2. 送られてくるメールの件名を改修

「登録確認メール」というぱっと見わかりにくい**件名**になっており、この内容に関しては変更の余地があるのではということになりました。そこで「サービス名：登録の手続きを進める」といった形でサービス名を入れることで、認識しやすいように変更しました。

3. 登録プロセスの順番を入れ替える

これは仮説に過ぎないのですが、**情報入力とメール送信の順番を入れ替える**ことによって、コンバージョン率が上がるのではという内容です。他の似たようなサービスを見ていたときに気づいた事実です。こちらに関しては、「せっかく情報を入力したし、後はメール内のリンクをクリックすればすぐに完了するから（すぐに完了することが分かることは入力フォーム内で記載しておく）メールの開封とクリック率も高いのでは」という考え方です。

何かしらのデータを持っていなかったので、実際に同様サービスの登録プロセスを提示した上で、修正をしてもらうことになりました（A/Bテストも検証したのですが、一気に変更することを了承いただきました）。

上記3点を実施した結果、次ページの図7のような遷移となりました。

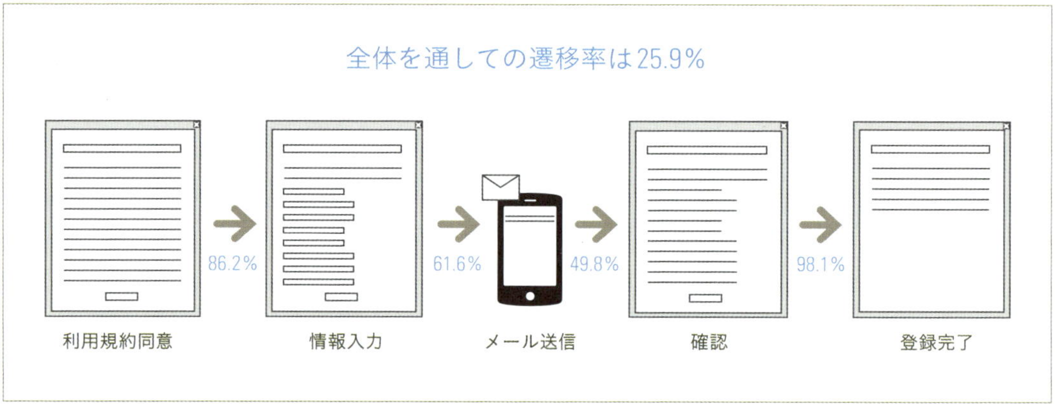

図7　メール送信からの戻り率が18ptアップ、情報入力が12ptダウンも、トータルでは6pt改善

今回紹介した2つの事例はどちらも、遷移率を元に、原因を特定するためにセグメンテーションを行い、見つかった課題に対して施策を考えるという、一番大切かつ基本的なものになります。
カートや入力フォームに限らず、いろいろな場所で使える分析＆改善手法ですので、ぜひチャレンジしてみてください。

Chapter 2 ▸ Section 8

ブログ

▸ Section 8-1

ブログの目的を定義する

ブログの目的

Chapter 2-8では「ブログ」について取り上げます。ブログを何かしらのビジネス活動に活かそうということを考えると、その手法は大きく分けて3つあります。

1つ目はブログを「**自社サイトへの流入元**」として見るということです。ブログに訪れた人に、さらにサイト内に流入してもらい、サービスを理解してもらったり、コンバージョンにつなげたりといった形になります。その場合ブログには、より大勢の人に読んでもらうために、役に立つ情報を書いたり、話題性のある記事を書いたりすることになります。

2つ目はブログを「**自社や自社サービス・商品について理解してもらう**」ものとすることです。ブログを通じて製品や取り組むに共感を持ってもらい、覚えていただく。そして、必要なときに選んでいただくという目的です。また将来の見込み客だけではなく、すでにお客様となっている方へのサポートやサービスといった取り組みも行うことができます。このような場合、ブログでは、は、アクセス数を増やすに越したことはないですが、それ以上に一人でも多くの共感者やファンを増やすということが大切になります。

3つ目の方法は、「**ブログをメディアとして成り立たせ、ブログ単体で収益を図る**」という方法になります。この場合は、ブログから自社サイトやサービスに誘導するということではなく、ブログのアクセス数を増やし、ブログ上での広告収入（アフィリエイト・バナー広告）あるいはそこから派生するお仕事で収益を上げるという方法になります。

他にも趣味としてのブログもあるかと思いますが、本書ではこちらに関しては取り上げません。

すぐに結果が出ることは少ない

3つの目的のうち、どれ（あるいは複数のいずれか）を重視するかによって、ブログの内容や更新頻度などは大きく変わってきます。ブログを運営する上で最初に実施すべきことは、目標を決めることです。いずれにせよ、書く内容に対して、明確な目的やモチベーションがないと、長続きしません。そして、ブログは**長続きさせること**に意味があります。なぜなら、多くのブログはすぐに執筆者が**想定しているような結果が出ない**からです。厳しい現実になりますが、企業で書いているブログの99%は当初想定していた通りの結果は出していないと思います。ここで言う「想定していた結果」は、サイトへの送客と売上への貢献が目に見える形で上がったり、大勢のお客さんの役に立つことでサービスが話題になったり、単体で食っていけるだけの売上を上げたりといったことです。もちろん趣味でブログを書くのであれば、これでも問題ありません。しかし、企業としてあるいは収益を上げるためにブログを運営することを考えるのであれば、時間がかかる割にリターンがあわないということになってしまいます。「ブログだけで食っていく」ということでなければ、ブログ執筆に割ける時間は限られてしまいます。最小の時間で最大限の成果を出すために、どういった取り組みが必要かをChapter 2-8では紹介していきます。

数値では判断できないメリットもたくさん

ブログ執筆においてビジネスに貢献するのは、ブログそのものの効果だけではありません。ブログを通じた意見交換や新しい出会い、そこからつながるお仕事も間接的にはブログの効果と言えるのではないでしょうか。

事例のコーナーで詳しく紹介いたしますが、筆者も「リアルアクセス解析」というブログを2008年から執筆しており、多くの出会いやたくさんのお仕事をいただけるようになりました。そういった意味では、本書の執筆に関しても、ブログの間接的な効果となっています。

Section 8-2

ブログを分析する

ブログのKPIに関して

ブログは他の集客施策やコンテンツと比較すると、効果が計りにくい施策あるいはメディアです。しかし、KPIを設定しておくことで、他の集客施策やメディアとの比較を行うことができるので、目的別にあわせて設定するべき指標を紹介いたします。

「企業のサービスや商品の販売につなげる」のが目的の場合

この場合は、ブログとしてのKPIは「**サイトへの送客数**」および「**売上への貢献**」となります。他の有料施策と比較する場合は、ブログ執筆にかかった人件費（時給などから換算）をコストとし、CPC（クリックあたりのコスト）やCPA（コンバージョンあたりのコストの違いを計算してみても良いでしょう。売上の貢献に関してはブログの直接効果を見るのであれば、「**訪問時のコンバージョン**」で判断することになりますし、Web上での間接的な効果を見る場合は「**間接コンバージョン**（ブログに一度でもアクセスした人のコンバージョンの合計）」になります。他の集客施策とあわせるために、他の集客施策の効果を「訪問時のコンバージョン」で見ている場合は、ブログもそれに倣うと良いでしょう。またブログへの集客を更に増やすための取り組みが必要かは、**ブログ経由のコンバージョン率**や**平均単価**などの「質」もKPIとして設定しておくと良いでしょう。

「認知や共感を目的とした」場合のブログ

定量的な評価を行うのが難しいタイプのブログとなります。「ブログへの訪問者」も指標としては見ておきたいですが、KPIとして設定するのであれば「**1ヶ月の平均訪問回数**」「**平均滞在時間**」や「**訪問時の平均閲覧ページ数**」などの条件を達成した「割合」がより適切でしょう。また、ソーシャルブックマークの数やソーシャルメディア上での言及数、コメント数なども参考になるかもしれません。ソーシャルやコメントに関しては、最初は数は少ないかと思うので、まずは繰り返し閲覧してくれる読者を増やすことが大切です。中長期的にはブランドワードの検索数などにも効いてくるのですが、様々な要因があるため、単純に「ブランドワードの流入増加＝ブログの効果」とは言いにくいのが現状です。

「ブログ単体で収益を立てる」場合のブログ

ゴールは**ブログによる売上**になります。広告やタイアップ記事などブログで直接生まれる売上、そして、ブログ経由で発生したお仕事による売上もここに含めても良いでしょう。そしてKPIとして設定するのであれば、もっとも大切なのは「**訪問者数**」および「**ページビュー数**」ということになります。また、アクセスの「質」を考慮するためにも、「リピート率」「1ヶ月の平均訪問回数」「直帰率」「ソーシャルブックマーク数やRSS登録数」などの指標としてチェックしておきましょう。しかし、指標が多すぎても改善は難しいため、まずは訪問者・ページビュー数・売上の3つだけは押さえておきましょう。

分析では、指標をあげるために何ができるかを考える

いろいろな指標があるので、悩まれてしまう方もいらっしゃるかと思いますが。基本的には「人を集める」そして「内容に共感をしてもらい、認知や売上につなげる」という2点に集約されます。それぞれの分析方法について紹介をいたします。

訪問者を集める

「**訪問者を集める**」に関しては、どういう記事が人を集めるかを理解すること、そして適切な告知を行うことが大切です。執筆するブログの種類にもよりますが「はてなブックマーク（http://b.hatena.ne.jp/）」の人気記事や、「きざし（http://kizasi.jp/）」の話題ランキングなどは見ておいて損はないでしょう。また、アメーバブログ（http://ranking.ameba.jp/）」の人気ランキングや、「ついっぷるトレンド（http://tr.twipple.jp/）」なども最新のトピックスを把握する上では非常に便利です。

図1　アメーバブログ「芸能人ランキング」

ブログ記事へのアクセスを確認する

そして、ブログを執筆し始めると、何より大切なのが、自分のブログの記事でどういった記事がアクセスを集めるかを把握することです。

図2は筆者のブログの記事アクセス数歴代10記事になります。

1位～5位にTwitter関連の分析サービス記事、6位～10位にアクセス解析に関するまとめの記事が人気なのが分かります。このように自社ブログの数値は、「結果」なので信頼できる情報になります。そして、適切な告知に関しても、**ソーシャルメディア上での告知**は当然とし、**ブログランキング**や、（会社として実施していれば）**メールマガジン内での告知**なども有効活用していきましょう。どの流入元が効果あるか、こちらに関しては同じようにアクセス解析ツールで流入元を見てみることが大切になります。

プライマリ ディメンション: ページ　ページタイトル　その他

グラフに表示　セカンダリ ディメンション　並べ替えの種類: デフォルト

	ページタイトル	ページビュー数	ページ別訪問数	平均ページ滞在時間
		943,680 全体に対する割合: 100.00% (943,680)	849,737 全体に対する割合: 100.00% (849,737)	00:03:15 サイトの平均: 00:03:15 (0.00%)
1.	Twitter解析ツール15種比較レビュー - リアルアクセス解析	**166,660**	151,260	00:03:39
2.	Twitter解析をしたい全ての人へ。無料ツイッター解析ツール「TwiTraq」レビュー - リアルアクセス解析	**89,799**	83,504	00:03:26
3.	リアルアクセス解析	**70,087**	56,763	00:02:01
4.	Twitter解析ツール15種比較レビュー(2011年版) - リアルアクセス解析	**40,611**	37,752	00:05:11
5.	無料で始める、企業向けTwitter分析術 - リアルアクセス解析	**32,163**	29,612	00:04:47
6.	アクセス解析を使ってサイトの課題を発見する12のステップ - リアルアクセス解析	**30,089**	27,414	00:03:51
7.	アクセス解析がダメな7つの理由(前半) - リアルアクセス解析	**19,511**	18,189	00:03:56
8.	ウェブサイトの課題発見のために、筆者が普段から使っている「解析系ツールボックス」の中身を紹介！ - リアルアクセス解析	**18,097**	16,715	00:04:32
9.	アクセス解析やTwitter分析など、3年間でレビューした100個のツールをまとめた『ウェブ分析ツール大全』を公開！ - リアルアクセス解析	**17,863**	13,534	00:02:21
10.	競合のFacebookページも簡単に分析できちゃう「All Facebook」を使ってみよう！無料 - リアルアクセス解析	**14,100**	12,943	00:05:28

図2　筆者ブログでのアクセスが多い記事ベスト10

同じく、図3は筆者のブログへの流入元ベスト10になります。

プライマリ ディメンション: 参照元/メディア　参照元　メディア　キーワード　その他

グラフに表示　セカンダリ ディメンション　並べ替えの種類: デフォルト

	参照元/メディア	集客			行動
		訪問数	新規訪問の割合	新規訪問数	直帰率
		715,124 全体に対する割合: 100.00% (715,124)	16.65% サイトの平均: 12.01% (38.65%)	119,052 全体に対する割合: 138.65% (85,867)	82.55% サイトの平均: 82.55% (0.00%)
1.	google / organic	**384,940**	14.76%	56,812	82.19%
2.	yahoo / organic	**59,735**	22.29%	13,314	83.29%
3.	(direct) / (none)	**48,347**	52.52%	25,390	84.64%
4.	b.hatena.ne.jp / referral	**27,387**	7.57%	2,073	85.92%
5.	google.co.jp / referral	**18,000**	7.77%	1,398	76.83%
6.	twitter.com / referral	**16,042**	7.91%	1,269	84.76%
7.	facebook.com / referral	**11,284**	9.67%	1,091	83.92%
8.	a2i.jp / referral	**9,702**	14.61%	1,417	78.16%
9.	reader.livedoor.com / referral	**9,135**	5.78%	528	82.53%
10.	t.co / referral	**6,813**	8.85%	603	86.29%

図3　筆者ブログでの流入数が多い流入元ベスト10

Chap 2-8

流入の半分くらいが検索エンジン経由ですが、他にもソーシャルブックマークやメディアからの流入が一定量あることが分かります。
また、流入キーワードなども、執筆を行うトピックスを決める上で大切になります。求められているキーワードの記事を充実させたり、前述のサービスで話題のキーワードに関する記事を書いたときの効果を確認してみましょう。

内容に共感してもらい、認知や売上につなげる

内容に共感をしてもらったかどうかを測るには、ソーシャルブックマークやソーシャルメディア上で言及された回数をまずは確認してみましょう。特にITやビジネス関連のソーシャルブックマークで最も有名なのは「はてなブックマーク」になります。「はてなブックマーク」のサイトにアクセスし、検索窓にブログのURLを入れると、人気・新着記事のブックマーク数を簡単に確認できます。

図4　はてなブックマーク（http://b.hatena.ne.jp/）

共感してもらった数を確認する

図4は同じく筆者のブログの人気順ブックマーク数になります。
アクセス数のランキングと多少のズレがあることが分かります。1位と2位はTwitter関連の記事ではなく、アクセス数のランキング（図2）ではベスト10に入っていなかった記事がいくつか存在します。
共感を図るという観点で筆者は、「**SBM率**（ソーシャルブックマーク率）」という指標を提案したいと思います。筆者自身も自分のブログ記事を評価するために利用しているのですが、計算式は以下の通りとなります。

SBM率（Twitter言及数 ＋ Facebook言及数 ＋ はてなブックマーク数）÷ 訪問数

という計算になります。この図式であれば、「アクセス数が多い＝共感しやすい」という形ではなく、読んでくれた人の何％が共感してくれたかを確認することができます。

筆者のブログで人気の20記事に対して、この数値を計算してみた結果が以下の通りとなります。

ページ タイトル	ページ別訪問数	Faceboo	Twitter	はてぶ	SBM率
ウェブサイトの課題発見のために、筆者が普段から使っている「解析系ツールボックス」の中身を紹介！	16,715	195	370	1446	12.0%
「アクセス解析」における5つの真実	10,383	558	224	311	10.5%
アクセス解析やTwitter分析など、3年間でレビューした100個のツールをまとめた『ウェブ分析ツール大全』を公開！	13,534	36	416	619	7.9%
Google アナリティクスでよく聞かれる事に答えるためのオススメサイト8つ＋記事20本	12,632	194	231	557	7.8%
競合のFacebookページも簡単に分析できちゃう「All Facebook」を使ってみよう！無料	12,943	620	62	100	6.0%
アクセス解析を使ってサイトの課題を発見する12のステップ	27,414	44	165	1374	5.8%
アクセス解析だけでは分からない、サイト上でのユーザー動向を追うツール8＋2種	11,733	1	24	646	5.7%
無料で始める、企業向けTwitter分析術	29,612	31	632	1029	5.7%
GoogleAnalyticsのデータから、無料で「使える」分析レポートが作成出来る『Arest（アレスト）』レビュー	10,433	11	87	253	3.4%
アクセス解析がダメな7つの理由（前半）	18,189	3	20	470	2.7%
Facebook広告はクリック率が低い？広告出稿＆分析してみたので、手法と結果を公開します！	10,983	71	47	46	1.5%
Twitter解析ツール15種比較レビュー(2011年版)	37,752	89	214	235	1.4%
「アトリビューション分析」連載 その1: アトリビューションとは？	8,747	52	26	38	1.3%
散布図を使ったアクセス分析	8,926	3	9	103	1.3%
Twitter解析ツール15種比較レビュー	151,260	41	719	1093	1.2%
Google Analyticsの対抗馬？「Yahoo!アクセス解析」使用レポート	8,334	0	4	62	0.8%
SEOとリスティングの比較（閲覧率やクリック率等）	8,188	6	4	48	0.7%
有料アクセス解析ツール14種を料金比較してみた	9,043	6	1	17	0.3%
アクセス解析: 訪問回数（セッション数）	9,047	0	1	19	0.2%
Twitter解析をしたい全ての人へ。無料ツイッター解析ツール「TwiTraq」レビュー	83,504	21	29	117	0.2%

図5　人気の20記事に対してSBM率を算出

「アクセス数が多い＝共感度が高い」とは必ずしもならないということが分かります。
また、ソーシャルメディアによって人気に差が出ます。Facebookでの「いいね！」が多かったのは、『競合のFacebookページも簡単に分析できちゃう「All Facebook」を使ってみよう！無料』という記事でしたが、Twitterでの言及数は62件。はてなブックマーク数は100件と、このリストの中で比較的低いことが分かります。

認知度を上げる

「認知度」を上げるために大切なのが、**複数の記事を読んでもらう**ことです。ブログへの流入の大半は、該当する記事を見ようと来ています。しかし、記事を1つだけ読んでもらうのではなく、関連する記事や他のコンテンツも見てもらうことで、**ブログのことを覚えてもらえる**可能性は上がります。筆者も、Googleアナリティクスの「目標」機能を利用して、「3ページ以上記事を見てもらう」をゴールとして設定しています。こちらに関しては、次の改善のコーナーで紹介をしていきます。

売上につなげる

そして「売上」という部分ですが、まずはブログ経由の売上という観点で見てみましょう。ブログから自社サイトへ流入をさせている場合は、**ブログ➡自社サイトへの流入数**と、**コンバージョン**や**売上**などの指標をアクセス解析ツールで確認してみましょう。また、その割合が集客の何割を占めているかを把握することも大切です。

図6は、あるECサイトの店長およびスタッフブログの数値になります。
店長ブログとスタッフブログでは、店長ブログからのアクセス数が多く、売上も高いのですが、コンバージョン率は1/3と大きく違うことが分かります。
しかしそれぞれの売上貢献は50万円前後と大きな違いはありません。ブログのアクセス数が大きく変わらないことから、店長ブログの方がクリック率が高いことが分かります。

Chap 2-8

サイトの平均のコンバージョン率は0.30%なので、どちらも平均よりは高いことが分かりますが、全売上の1.7%の貢献と決して大きくはありません。

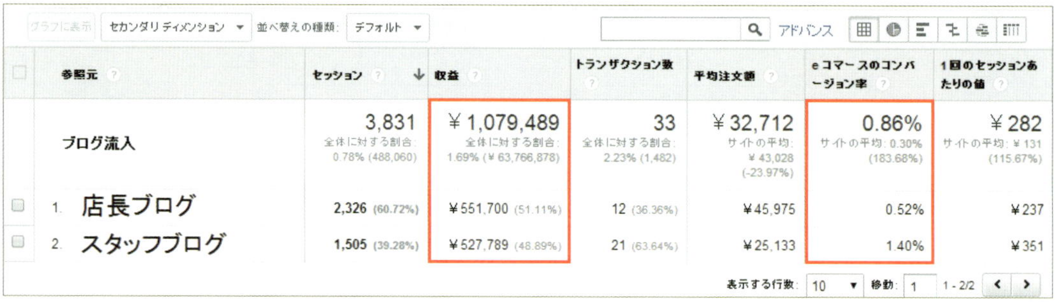

参照元	セッション	収益	トランザクション数	平均注文額	eコマースのコンバージョン率	1回のセッションあたりの値
ブログ流入	3,831 全体に対する割合: 0.78% (488,060)	¥1,079,489 全体に対する割合: 1.69% (¥63,766,878)	33 全体に対する割合: 2.23% (1,482)	¥32,712 サイトの平均: ¥43,028 (-23.97%)	0.86% サイトの平均: 0.30% (183.68%)	¥282 サイトの平均: ¥131 (115.67%)
1. 店長ブログ	2,326 (60.72%)	¥551,700 (51.11%)	12 (36.36%)	¥45,975	0.52%	¥237
2. スタッフブログ	1,505 (39.28%)	¥527,789 (48.89%)	21 (63.64%)	¥25,133	1.40%	¥351

表示する行数: 10 移動: 1 1 - 2/2

図6 ［集客→すべての参照］の画面を加工したもの

今度は「間接的」な売上効果も確認してみましょう。Chapter 2-6のコンテンツの項目で取り上げた考え方です。ブログに触れた人が、その後どれくらい売上を上げているかというデータになります。

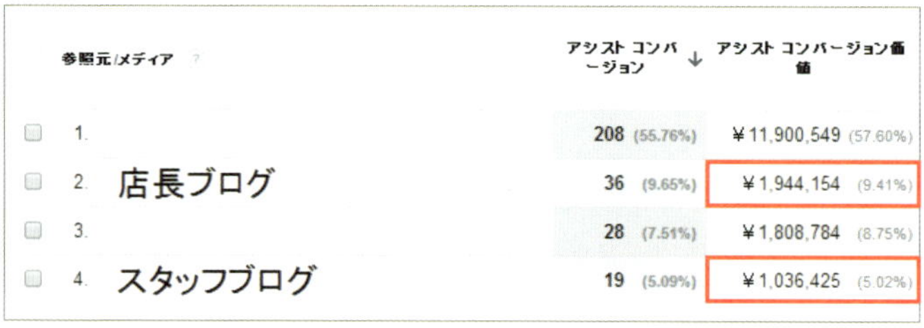

参照元/メディア	アシスト コンバージョン	アシスト コンバージョン価値
1.	208 (55.76%)	¥11,900,549 (57.60%)
2. 店長ブログ	36 (9.65%)	¥1,944,154 (9.41%)
3.	28 (7.51%)	¥1,808,784 (8.75%)
4. スタッフブログ	19 (5.09%)	¥1,036,425 (5.02%)

図7 ［コンバージョン→マルチチャネル→アシストコンバージョン］を開き、表の上部で［参照元/メディア］を選択（画面は加工してあります）

直接効果では大きな差がなかったのですが、店長ブログが194万、スタッフブログが103万と、間接的に見ると、より店長ブログの方が貢献していることが分かります。アシストも加味すると、全体の4.7%となります。この割合を他のコンテンツと比較をして、相対的に評価をしてみても面白いでしょう。
コンテンツにおいて売上最優先で考えてしまうと、つまらない記事になってしまったり、役立つ情報を提供できなくなったりしてしまいます。読んでいただいた読者の認知や共感、書いている側のモチベーションアップなど、売上以外の効果もたくさんあります。
ぜひ、それぞれの貢献をもとにどこまでブログに力を入れるかを決めましょう。

▸ Section 8-3

ブログの改善事例

Chapter 2-8-3ではブログの改善事例を3つ紹介いたします。1つ目はコンテンツ分析による「直帰率の低下」に関して、2つ目は人気がある記事を分析することによる「人気ある記事の書き方とその成果」、最後は「ユーザーインターフェースの改善によるお問い合わせ件数の増加」になります。早速、それぞれの項目を確認してみましょう。

事例1：直帰率の低下

筆者のブログでの事例になります。筆者はブログのゴールの1つとして「**3ページ以上記事を読んでもらう**」という内容を設定しています。3ページ読んでもらうためには「**直帰率**」を下げることが大切です。そこで、直帰率が低い記事と高い記事をピックアップし、その特徴を見つけることを始めてみました。

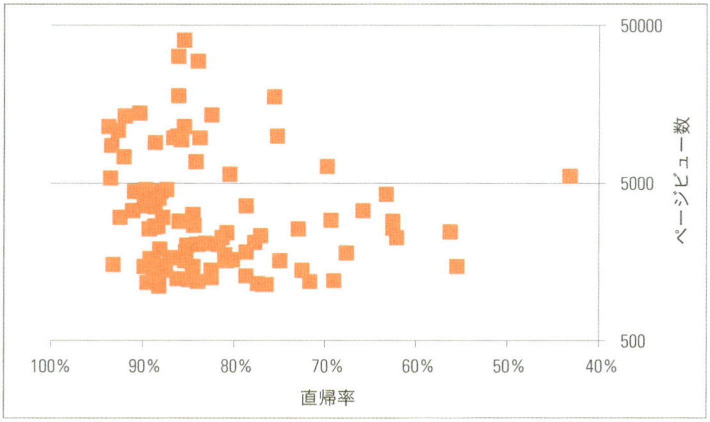

図1　平均：82.40%

気づきと改善策

直帰率が低い記事を直帰率が高い記事と比較したところ、以下の3点が分かりました。

❶ 連載物は前後の記事を見てくれるので直帰率が低い
❷ ページの下部だけではなく、上部にも参考になる記事へのリンクを追加すると直帰率が下がる
❸ 記事の最初に画像を追加すると直帰率が下がる

❶に関してはある意味当たり前ではあったのですが、❷や❸に関しては少し意外でした。

❷に関しては、ページ下部に関連記事を追加するのは、ブログの機能として用意されていることもあり、よくある手法なのですが、**ページ上部でも有効**であることが分かりました。訪問者が後で読むために別タブで開いておくといった動きが理由として考えられます。

❸に関しては、明確な理由はまだ発見できていないのですが、多くのIT系記事では利用されている手法になります。

そこで、上記などを加味して、記事の作り方を変更したところ、以下のような結果になりました。

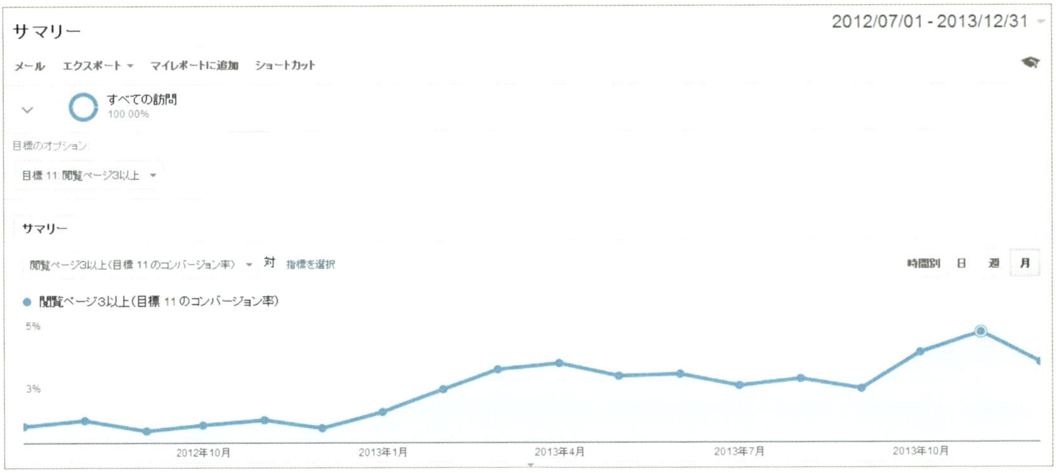

図2　2012年7月～2013年12月の月別、「閲覧ページ3ページ上」のコンバージョン率

2012年7月に0.66%だったコンバージョン率は、2013年7月には2.82%、そして2013年11月は4.37%と大きく改善していることが分かります。直帰率の低下は、そのままページビュー数の増加につながるため、ぜひ取り組んでいただきたい施策の1つになります。

事例2：人気がある記事の書き方とその成果

ブログを書いていると、「人気がある記事を書きたい」と思うのではないでしょうか。アプローチとしては大きく分けて2種類あるかと思います。1つは「**話題性がある内容(時事ネタ)を取り上げる**」ということです。もう1つの方法は「**役立つ情報をまとめてあげる**」という方法になります。今回は後者の方法を紹介いたします。

役立つ情報のまとめ記事

2014年時点で話題になっているWebサービスの1つに「**Naverまとめ**」という複数の記事をリンク形式で誰でもまとめて公開できるサービスがあります。まとめ記事は、短時間で必要な情報を一気に見ることができる、また、キュレーション(収集＆選別)されている情報ということで、信頼度が高い人がまとめていれば、そのニーズは非常に高くなります。筆者のブログでも、そのようなまとめ記事は以前から人気がありました。そこで、筆者のブログも含め、どのようなまとめ記事に人気があるかを調べて、「**アクセス数を狙う記事**」というのを意図的に作成してみました。自分のブログではその1回きりになります。つけたタイトルは『Webサイトの課題発見のために、筆者が普段から使っている「解析系ツールボックス」の中身を紹介！』というものでした。結果は、歴代最高のはてなブックマーク数（1,430件）と、1日で見たときの最高のページビュー数（15,000訪問）でした。内容は、タイトルの通り分析に使っている様々な選りすぐりツールを紹介するというまとめ記事です。

タイトルの付け方もかなり工夫をしています。「課題発見のために」という大勢が必要としている**目的の提示**、「筆者が普段使っている」というアクセス解析を専門にしている人の**お墨付き**、「解析系ツールボックス」という新しいフレーズで**興味をわかせ**、「中身を紹介」という文章で、**開いてみたいと思わせる**といった具合です。キービジュアルに「工具箱」を使い、タイトルとマッチさせるということも行っています。このように分析と適切なタイトル・内容を用意すれば、時事ネタ以外のマイナーなジャンルでもアクセス数を増やすことは可能だということを実感しています。

事例3：ブログの立ち位置を変えることによるコンバージョンへの貢献増加

ある企業ブログの事例になります。社長が商品に魅力を定期的に書いて、そこからサイトに誘導して売上につなげるというブログ内容でした。新商品の説明や、セールに関する情報を中心に書いていたのですが、売上への貢献は月数件程度で、他のコンテンツと比較しても効果が悪いものでした。

他のコンテンツとの直接および間接コンバージョンを比較していたときに、特に効果が高いコンテンツの中に、**口コミ**や、**商品を買った人が撮影した写真**が良かったという結果が出ていました。

そこでブログ記事を口コミや写真の紹介コーナーに変更し、そのコメントや写真に対して社長がコメントを入れる（ほぼツッコミのようなものでしたが）という内容にしたところ、社長ブログ経由の売上が5倍近く増えました。月数万円だった貢献は、15万〜20万くらいの貢献になり、リピーターのアクセス数も倍近く増えました。**人気があるコンテンツをブログに利用する**というのは、ブログの効果を改善する上では非常に有効な方法です。

最大のKPIは執筆者の継続率

ブログの分析事例を3つ紹介いたしました。ブログは数値だけではない価値があるというのは、すでに書いた通りです。ブログを始める上でもっとも大切なのは、「**継続できるような内容であるか**」ということにほかなりません。更新頻度が少なく、思い入れがないブログはアクセス数や売上は絶対に増えません。1年、そして数年単位で継続できる内容なのかをぜひ吟味してください。ブログは過去の記事が参照されやすいという特徴がソーシャルメディアや有料広告と比較と違う点になります。書いた内容や量は無駄になりません。ストックが価値を生むと筆者は感じています。ぜひ、テーマに関してはしっかり考え抜いてください。

Column

上位0.2%そして1000万円を稼いだ「リアルアクセス解析」

「筆者はアクセス解析に関するブログを2008年9月～現在まで執筆しています。その中で、10万人のユーザー・100万ページビュー・「アクセス解析」に関する個人ブログ最大手・上位0.2%に入る購読者数とソーシャルブックマーク数という結果を出してきました。

TopHatenar

ログイン | TopHatenarとは？ | 購読者数ランキング | ブックマーク数ランキング | 部門別ランキング | 開発者ブログ | Blogopolis

ブログのURL, ユーザ名, またはタイトルの一部を入力

ブログをチェック

部門別ランキング - アクセス解析

[参考記録を合わせて表示]

をクリックすると、個別エントリーを確認できます。

順位	ユーザ名	種類	ブログ	ポイント	購読者	ブックマーク
1位	web-tan.forum.impressrd.jp	その他	Web担当者Forum - 企業ホームページとネットマーケティングの実践情報サイト - SEO/SEM アクセス解析 CMS ユーザビリティなど	3596	66	205422
2位	ryuka01	はてなダイアリー	リアルアクセス解析	2271	692	7236
3位	www.kagua.biz	その他	カグア！Googleアナリティクス解説Blog	660	324	11507
4位	web-marketing.zako.org	その他	WEBマーケティング ブログ-WEB担当者に有益な世界の情報を-	491	887	49217
5位	e0166	FC2ブログ	ホームページを作る人のネタ帳	453	6447	229970
6位	m-ishikawa.com	その他	ウェブ力学	371	257	10042
7位	netafull.net	その他	[N]ネタフル	361	12950	158054
8位	www.suzukikenichi.com	その他	海外SEO情報ブログ - 海外のSEO対策で極めるアクセスアップ術	346	1043	36624
9位	web-d.navigater.info	その他	Webディレクターズマニュアル	301	329	8355
10位	ld_directors	livedoor Blog	LINE Corporation ディレクターブログ	233	37	69928
11位	blog.webcreativepark.net	その他	to-R	197	78	26251
12位	analytics-ja	Blogger	アナリティクス 日本版 公式ブログ	193	1406	2673
13位	makitani.com	その他	makitani.com	192	10	2280
14位	ikiradio	livedoor Blog	旧えがちゃん日記（ホットココア社長日記）	183	495	18633
15位	ke-tai.org	その他	ke-tai.org ケータイプログラマのためのコミュニティサイト | インフィニットループ	171	1014	19903

ブログの人気ランキングサイト「TopHatenar」の「アクセス解析」部門ランキング

そして、ブログをきっかけにいただいたお仕事で、4年間で1,000万円を稼ぐことができました。そんな筆者がブログ執筆を始めた動機から現在に至るまで、そして執筆のポイントを紹介いたします。

●「アクセス解析」に関するブログは片手で数えるほどしかなかった（2008年8月）

私がアクセス解析に初めて接したのは2004年の頃でした。そのとき働いていた会社で初めてアクセス解析ツールを導入する担当になり、その当時担当していたWebコンテンツやメールマガジンの効果測定を始めたのがきっかけです。そして数値で現状が可視化されるということに魅力を感じ、アクセス解析を極めたいと考えたのです。2008年に自分が学んだことを発信し、情報交換するための場として「リアルアクセス解析」を始めました。

その頃はアクセス解析に関するブログは片手で数えるほどしかありませんでした（SEOに関するブログはたくさんありました）。狙っていたわけではないのですが、これから流行るであろう分野に初期の段階で参加したことは大きなアドバンテージでした。

Column

アクセス解析の評議会にお誘いいただく（2009年2月）

そしてブログを書き始めてから2週間たって書いた記事「アクセス解析がダメな7つの理由」が6,000訪問あり、大勢の方にRSSリーダーに登録いただきました。最初にヒット記事に恵まれたのは幸運でした。
その後、2009年に「アクセス解析の評議会が立ち上がる」という内容について書いた記事がきっかけで、その立ち上げに関わらせていただくことになりました。それが「アクセス解析イニシアチブ(http://a2i.jp)」です。2014年3月時点で5,000名近い会員がいる、日本最大のアクセス解析コミュニティとなりました。ここで大勢のアクセス解析の専門家に知り合うことができ、親交を築くことができたのは、今でも大きな財産であることを日々実感しています。

ネットメディアでの連載と初めての講演（2009年6月・7月）

ブログの執筆がきっかけで、「Markezine」というマーケティングを取り上げているメディア（翔泳社運営）に連載をさせていただくことにもなりました。現在も執筆を行っており、80本近くの記事があります。自分のブログ以外での発信が行えるようになると、一気に読者の数が増えるということになります。そして、初めての講演をさせていただいたのが2009年7月でした。この講演をきっかけに、いろいろな勉強会や講演の機会をいただき、現在は年間で40本（累計120回程度）の講演を行っています。

ソーシャルメディアの分析記事がヒット（2010年）

2010年はTwitter／Facebookの台頭があり、ソーシャルメディアそのもの、そして分析に関する興味が高い1年でした。私自身、TwitterやFacebookの解析記事をたくさんブログで書きました。トレンドとニーズがあったということもあり、話題性がある内容をスピーディーに取り上げることが大切だと感じた1年でした。

書籍執筆の依頼と発売（2009年〜2010年）

また、ブログを読んでいただいた方から、書籍の執筆依頼が来て、それを発売できた時期でもあります。最初の書籍はまさにブログがきっかけになったものです。こちらは「入門ウェブ分析論」（ソフトバンククリエイティブ刊行）という名称で、増補改訂版も含め15,000部販売することができました（現在も絶賛発売中です）。

ツールのレビューした記事をまとめ「ウェブ分析ツール大全」として発表（2011年）

ブログを開始した当初から様々な解析ツールのレビュー記事を書いてきました。それらをPDFファイルに380ページ／100ツールとしてまとめたところ、約10,000件のダウンロードがありました。ツールに詳しい人ということで、その後いろいろなツール会社から依頼をいただいたり、コンサルティングをさせていただいたりしました。

ブログの執筆方針を転換（2012年）

アクセス数も増えてきたのですが、良くも悪くも「人気がある記事の作り方」のコツをつかんでしまい、それが少しつまらないと感じてしまった時期で、このタイミングから好きな内容を好きな頻度で書くと

Column

いうことで、更新頻度も少しのんびりと執筆をするという方針にしました。アクセス数は全盛期の2/3程度ですが、ブログ以外のお仕事も増えたということもあり、現在は月に数回程度の更新を行っています。

●ブログ外の活動が本格化（2013年～現在）

ブログの執筆も続けていますが、現在はコンサルティングや、書籍の執筆、社員研修など様々なことをブログ外でさせていただき、そこで得られた気づきなどをブログ記事にフィードバックしているということを続けています。また、ソーシャルゲームの分析記事なども始めており、狭義でのアクセス解析に捕らわれず記事を書いているという現状です。

●得られたもの

お金の面で言うと、1,000万円のうち、500万円程度が書籍（本書含まず単著3冊・共著3冊）、同程度が講演料、10万円くらいがブログそのものでもアフィリエイトによる収益となります。アフィリエイトに関してはほとんど実施していないということもあり、売上インパクトとしては非常に少ないです。そして、お金以上にアクセス解析に関して情報交換できたり、相談できたりする人が増えたというのがもっとも大切でした。どちらに関しても、ブログ執筆を始めたときは想定していなかった出来事でした。

●当たり前のアクセスアップ8のポイント

経験から、「当たり前」ではあるのですが、アクセス数を増やすという観点で大切なポイントをまとめてみました。

1. 最新のトピックスや話題、疑問を解決してあげる内容をすぐに記事にする
2. 興味を惹くタイトル設定
3. 事実の羅列だけではなく、感想や思いを入れる
4. 自分の特徴を活かし、自分にしかできない内容を執筆する
5. ソーシャルメディアなどを利用した積極的な告知
6. まとめ記事は鉄板
7. 更新頻度は高くなくても良いが、定期的な更新が必要
8. 2つ以上の記事を読んでもらうための工夫を行う

●継続できる「幸せな」ブログ執筆8のポイント

そしてアクセスアップとは別軸で、ブログを楽しくためのポイントをまとめてみました。

1. 得意ではなくても良い。好きなトピックスを選び、それを得意にしていく
2. 儲けることやアクセスアップは最初は考えない。まずは記事をたくさん書いて備忘録として使うくらいの気持ちで
3. ただ、ブログならではの特徴や目指したいところは最初から決めておき、基本的にはぶらさない
4. 人気が出そうな記事だけではなく、自分が書きたい記事も書く。バランスが大切
5. 出し惜しみせず、出した内容について意見交換することを大切にする
6. 最低限のルールは守り、炎上しないようにする（誹謗中傷や情報漏洩、無断転載は行わない）
7. 定量的・定性的な反応を継続的に見る。まずはソーシャルメディアでの評判や流入キーワードからゆるく始めてみる
8. 自分が発信することで、新たな知識を吸収できるということに気付く

Chapter 2 ▶ Section 9

スマホサイト

▶ Section 9-1

PCサイトとスマホサイトの違いを理解する

Chapter 2-9では、スマホサイト（以下「SPサイト」）の分析や改善事例について取り上げます。
SPサイトだけ項目を分けているのは理由があります。それは、SPサイトの分析はPCサイトと違うところが非常に多いからです。どのような違いがあり、分析を通じてSPサイトならではの気づきを発見する方法を紹介いたします。

PCとSPサイトはどこが違うのか?

代表的な3つの違いを紹介いたします。

利用するシーンの違い

1つ目は「**利用するシーンが違う**」というものです。たとえば飲食店のクーポンサイトを例にとって考えてみましょう。PCで利用する場合は、お店を探して予約するために利用することが多いでしょう。あるいは、お店に行くために地図を印刷するということも考えられます。そうすると見るページは主に「検索」あるいは「**口コミ・写真などの詳細ページ**」ということになります。ネット上で予約できるのであれば、予約をするためということもあるかもしれません。
逆にSPサイトでは、検索や予約などにも利用することはあるかと思いますが、お店に行く目的で見ることも多いのではないでしょうか。飲み会の場所が分かるページを同僚にメールで送り、同僚はそのページを開いて地図を見ながら、お店にアクセスしてくるという形です。目的が違えばページの作り方や、ゴールとして重視するポイントなども変わってきます。皆さんのサイトはPCとSPサイトで利用するシーンが違いますか？　ぜひ考えてみましょう。

画面の広さと速度の違い

2つ目は「**画面の広さと速度**」に関する違いです。SPの回線速度や解像度は進化したとはいえ、画面の広さや速度は、まだPCの方に分があります。PCとSPサイトを全く同じ構成で作成して、SP端末からアクセスしたときにPCと同じ内容を表示していたとしたら、「ボタンが小さくて押しにくい」「デバイスやOSによってはFlashが表示されない」「ラジオボタンが操作しにくい」といった問題にあたってしまい、離脱が増えてしまうのではないでしょうか。
そして「**ページの表示時間**」もSPの場合は大切になります。PCと同じ形で作ってしまうと、容量が多すぎてページ表示に時間がかかってしまう可能性があります。これは、回線速度は（基本的には）SPの方が遅いためです。そして、小さな画面を集中して見ているという観点から、「表示時間が長い」ということは非常に気になります。PCで待つ5秒と、SPで待つ5秒は体感的にSPの方が長いと感じてしまうのではないでしょうか。こちらに関してはデータもあわせて、Chapter 2-9の後半で紹介します。
また、PCとSPで別々のUIを用意していた場合、当然ユーザーの行動も変わってきてしまいます。PCでのフリーワード検索利用率が3%で、SPのフリーワード検索利用率が0.1%だとしても、フリーワード検索という仕組みに問題があるわけではなく、デバイスごとのユーザー行動の違いかもしれません。

デバイスとOSによる挙動の違い

3つ目は、「デバイスとOSによる挙動の違い」が挙げられます。PCの場合は（特に最近は）OSやブラウザによってユーザーの行動が大きく変わることはありません。しかし、SPサイトの場合はその違いは顕著に出ます。iOSとAndroidでは滞在時間や直帰率が変わり、同じOSでもバージョンが違えばその動きに違いが出てきます。特にAndroidのバージョンにおいてはその傾向が顕著です。

	集客			行動			コンバージョン eコマース		
オペレーティング システム	訪問数	新規訪問の割合	新規訪問数	直帰率	訪問別ページビュー	訪問時の平均滞在時間	トランザクション数	収益	eコマースのコンバージョン率
	422,274 全体に対する割合: 99.99% (422,311)	50.19% サイトの平均: 49.96% (0.46%)	211,922 全体に対する割合: 100.45% (210,971)	58.03% サイトの平均: 57.99% (0.06%)	3.01 サイトの平均: 3.04 (-0.82%)	00:02:01 サイトの平均: 00:02:02 (-0.71%)	758 全体に対する割合: 89.07% (851)	¥ 12,594,022 全体に対する割合: 87.41% (¥ 14,408,779)	0.18% サイトの平均: 0.20% (-10.92%)
1. iOS	239,137	53.20%	127,217	59.20%	2.92	00:01:46	344	¥5,466,496	0.14%
2. Android	182,418	46.17%	84,222	56.47%	3.13	00:02:21	414	¥7,127,526	0.23%

図1 ［ユーザー→モバイル→デバイス］を開き、表上部で［オペレーティングシステム］を選択

上記の例では、訪問数では、iOS＞Androidとなっていますが、トランザクション数や収益で見ると、iOS＜Androidとなっていることが分かります。直帰率は大きく変わらないのに、コンバージョン率は0.14%（iOS）と0.23%（Android）と、1.5倍の差があります。
このようにデバイスやOSごとに数値を確認し、原因を特定して改善していくことがSPサイトの場合は大切になってきます。

タブレットに関して

タブレットに関してはその普及率が少しずつ増えてきており、**ノートPCと逆転するのでは**と言われています(2014年2月現在)。タブレットに最適化されたサイト作成も今後は大切になってくるでしょう。現段階では、いろいろなサイトの各種指標を見ていると、PCとSPの間の数値が掲載されていることが多いです。**コンバージョン率であれば、PC > タブレット > SP**という形で、**直帰率であれば、PC < タブレット < SP**といった形です。特性は利用シーンによって変わってきており、自宅で使う場合はPCの代替、外出時に使う場合はSPの代替といった傾向がありそうです。本書ではタブレットに関しては詳しく触れませんが、今後はよりSPに近い挙動を示すのではと考えています。

PCとSPサイトの違いについて理解をした上で、次にSPサイトの目的について確認をしていきましょう。

▶ Section 9-2

スマホサイトの目的を定義する

PCサイトとSPサイトを両方提供している場合は、それぞれの目的について考える必要があります。PCとSPサイトを同じようなシーンで使うことは比較的少ないのではないでしょうか。そして利用する目的が違えば、サイトの作り方も変わってきます。

情報サイトのPCサイトとSPサイト

Chapter 2-9-1では飲食店の情報サイトを例に説明をいたしましたが、サイトの画像と合わせて他の例も確認してみましょう。まずは住宅情報サイト「SUUMO」のPCサイト・SPサイト・スマートフォンアプリのトップページですが、それぞれ作りが大きく違っています。
図1のPCサイトではいろいろな検索軸や特集などを用意して、**幅広く検索**をしたり、**情報を収集**したりできるようなコンテンツとレイアウトになっています。図2のSPサイトは、まずはエリアをもっとも目立つ位置において、**地域を絞る**ことを最初に奨めています。また**アプリへの誘導**も行っていますね。スマートフォンアプリはエリアではなく、物件の種類での絞り込みを行っています。この辺も利用者の利用行動などを見ながらレイアウトを行っていると考えられます。
またサイトの利用目的もデバイスによって違ってくるのではないでしょうか。飲食店と基本的に考え方は一緒で、PCで物件を探しと資料請求を行い、SPサイトやアプリを見ながら目的地までたどり着いたり、不動産会社と話したりするということが考えられます。逆にPCを持っていないユーザーであれば物件探しや資料請求もスマートフォンで行うことでしょう。それぞれのコンテンツや機能のアクセス割合から推察することができそうです。

図1
「SUUMO」のPCサイト

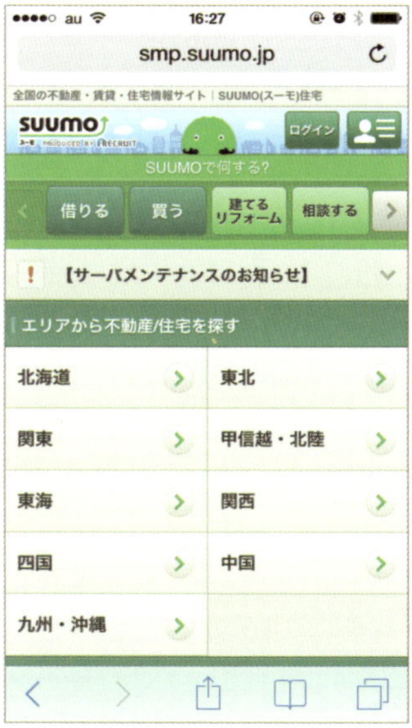

図2 「SUUMO」のSPサイト

図3 「SUUMO」のスマートフォンアプリ

ECサイトのPCサイトとSPサイト

続いて、「メンズファッションプラス」のPCとSPサイトのトップページを確認してみましょう。

図4 「メンズファッションプラス」のPCサイト

図5 「メンズファッションプラス」のスマートフォンサイト

メンズファッションプラスの場合は、PCサイトではページ上部に特集を配し、マネキン買いを全面に掲載していますが、SPサイトの場合は特集ではなく、ランキングが全面に表示されています。どちらのサイトでも商品を分かりやすく見せることを重視していることが見て取れます。

メンズファッションプラスの場合はPCとSPサイトでの利用目的は比較的一致しているのではないでしょうか。商品を探し、カートに入れて、商品を購入するというプロセスは基本的には変わりません。

しかし、それぞれのトップページのデザインの違いから分かるように、商品を探す方法は違う可能性があります。

分析する際の注意

目的が違うという前提で分析を行う場合は、3つのことに注意する必要があります。

1つ目はそれぞれに適した**目標**をアクセス解析ツールに設定してあげることです。重複するものも多いかもしれませんが、サイト構成やコンテンツが違えば、「特集コンテンツ閲覧」などの目標は変わってきます。またURLがPCサイトとSPサイトで違う場合も、それぞれ別に設定しておきましょう。

上記の設定を行うためにも、2つ目に注意しておく点は、PCサイト とSPサイトに関しては**別々のレポートで集計できるようにしておく**ということです。Googleアナリティクスを利用している場合は、「フィルタ」機能を利用して、PCサイトとSPサイトそれぞれ用のレポートを作成しておきましょう。

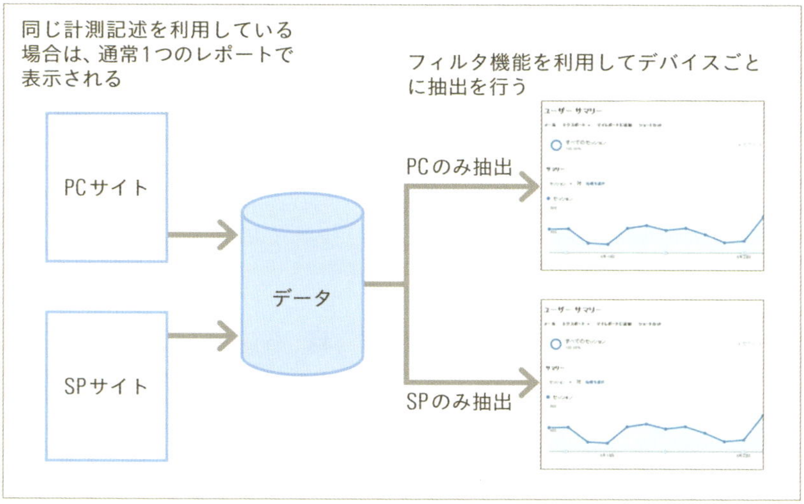

図6
2つのレポートを作成する。[アナリティクス設定] の [ビュー→ビュー管理] でビューをコピーするなどして、両方が合わさったレポートも残しておくと良い

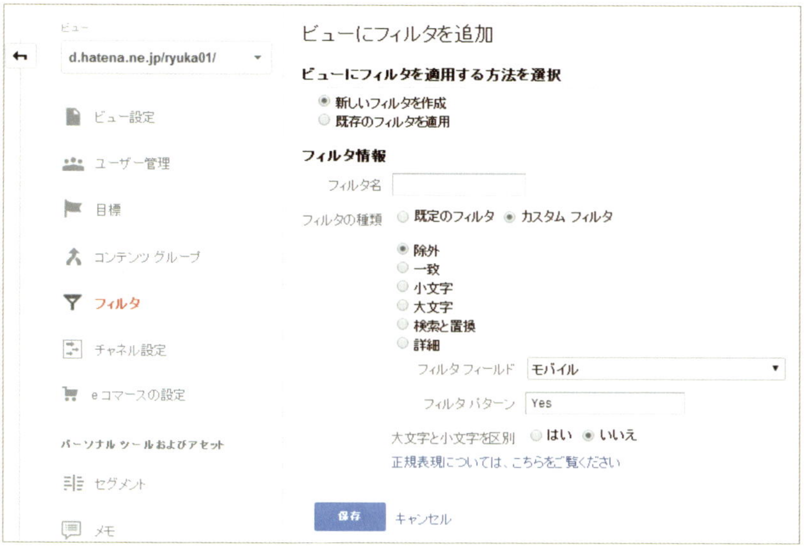

図7
「フィルタ」画面での設定。[カスタムフィルタ] を選択し、[フィルタの種類：除外]、[フィルタフィールド：モバイル]、[フィルタパターン：Yes] にするとスマホのみ抽出できる（Noにすれば PCのみ抽出可能）。目標設定についてはP.333を参照してください

3つ目の注意点はスマートフォンの目的や特徴に沿ったレポートを活用して分析を行うということです。詳しくは次のSectionで紹介いたします。

▶ Section 9-3

スマホサイトを分析する

SPサイトとPCサイトの分析方法の違い

SPサイトとPCサイトにおいて施策の考え方や分析方法は大きく変わりません。検索エンジンや広告から集客をしてサイトに流入し、コンテンツを閲覧して、コンバージョンにたどり着くという行動は同じです。従って分析の考え方は一緒で、本書で紹介している分析方法はすべて有効です。
しかし、SPサイトはChapter 2-9の最初で紹介した通り、いくつかの大きな違いがあります。**画面の大きさやデバイス・OSによる挙動の違い**はSPサイトであれば定期的に確認しておく必要があります。たとえば新しい端末が発売されたときに、サイト内で特定の機能やアクションが行えなくなっていないかなどをすぐに把握することができます。
以下では、SPサイトだからこそ確認しておくべき4つのレポートとその結果をどう活用すれば良いかを紹介します。

レポート1：ページの読み込み時間レポート

Googleアナリティクスなどの一部アクセス解析ツールでは、ページの読み込み時間を確認することができます。
図1は筆者のブログデータになります。
見ての通り、数秒で読み込まれる記事もあれば、15秒近くかかっている記事もあります。なぜ、**ページの読み込み時間**が大切なのか。それはページの離脱率と相関があることが多いためです。

図2は別のSPサイトの表示時間と離脱率を表した散布図です。1つの点が1つのページを表しています。基本的にはページの**表示時間が伸びるごとに離脱率が上がる**ことが分かります。
ぜひ皆さんのサイトでも読み込み時間のレポートのデータをダウンロードして、このような相関があるかを確認してみましょう。
特に読み込み時間が長いページ（10秒を越えるようなもの）で離脱率や直帰率が高いページに関しては、ページを分割するか、内容を見直すなどして少しでも短くしてあげると良いでしょう。

プライマリ ディメンション: ページ ページ タイトル その他

グラフに表示 セカンダリ ディメンション 並べ替えの種類: デフォルト

	ページ タイトル	平均読み込み時間(秒)
		7.81 サイトの平均: 7.88 (-0.84%)
1.	Twitter解析ツール15種比較レビュー - リアルアクセス解析	11.58
2.	リアルアクセス解析	6.95
3.	Twitter解析をしたい全ての人へ。無料ツイッター解析ツール「TwiTraq」レビュー - リアルアクセス解析	11.24
4.	Google アナリティクスでよく聞かれる事に答えるためのオススメサイト8つ+記事20本 - リアルアクセス解析	10.41
5.	Twitter解析ツール15種比較レビュー(2011年版) - リアルアクセス解析	11.93
6.	「アクセス解析」における5つの真実 - リアルアクセス解析	8.64
7.	ソシャゲ分析講座 基本編(その3):「継続率」を理解する - リアルアクセス解析	6.15
8.	アクセス解析を使ってサイトの課題を発見する12のステップ - リアルアクセス解析	13.48
9.	2013年のアクセス解析界隈で気になった記事ベスト10+α - リアルアクセス解析	15.83
10.	有料アクセス解析ツール14種を料金比較してみた - リアルアクセス解析	4.96

図1 ［行動→サイトの速度→ページ速度］を開き、表上部のタブで［ページタイトル］にすると表示できる

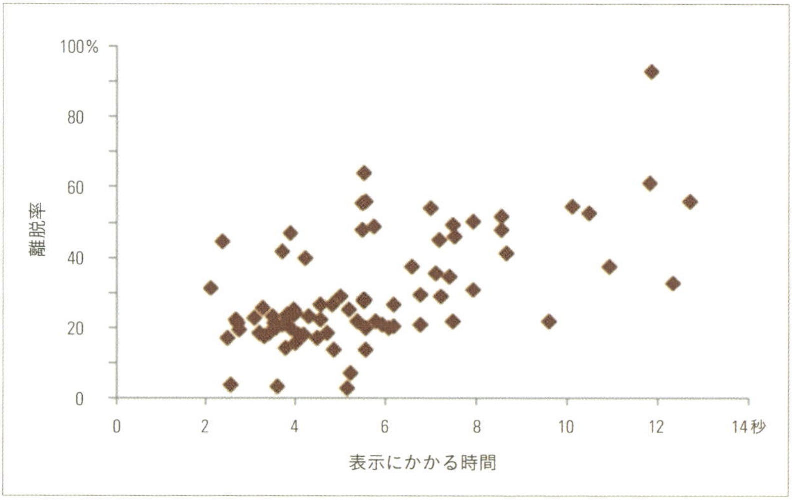

図2 SPサイトの表示にかかる時間と離脱率

他にも、**ページの表示時間は検索エンジンの順位に影響を与える**ことがGoogleからも発表されていたり※1、eBayの自社サイトの分析では、表示時間が10%早くなると売上が1%伸び、35%早くなると売上が5%伸びるということが分かっていたり※2と、ページの表示時間がビジネスそのものに大きな影響を与えることが分かっています。

※1 Using site speed in web search ranking
http://googlewebmastercentral.blogspot.jp/2010/04/using-site-speed-in-web-search-ranking.html
※2 Measuring Real User Experience with Site Speed Gauge
http://www.ebaytechblog.com/2013/03/29/measuring-real-user-experience-with-site-speed-gauge/#.U8KJ5PIAjmc

ページの表示時間を短くしたい場合、何が課題なのかを発見するために、Googleでは「Page Speed Insgihts（http://developers.google.com/speed/pagespeed/insights/）」というサービスが用意されています。こちらのサイトにアクセスをして、URLを入力すると、改善ポイントを列挙してくれます。

図3 「Page Speed Insgihts」

すべての改善を実現することは難しいとしても、**ピンポイントで改善できそうな方法**があれば、ぜひ取り組んでみましょう。

レポート2: アクセス時間帯のレポート

PCとスマートフォンでは**利用するタイミング**が違います。多くのサイトでは、PCは自宅あるいは会社にいる間、スマートフォンは通勤時間や昼食時間に利用されます。アクセス数が多い時間帯を把握して、サイトを更新したり、施策を行ったりすることで、より多くのユーザーに影響を与えることができます。次ページの図4は、あるECサイトの平日および週末の時間別のアクセス割合をデバイスごとに見たものです。

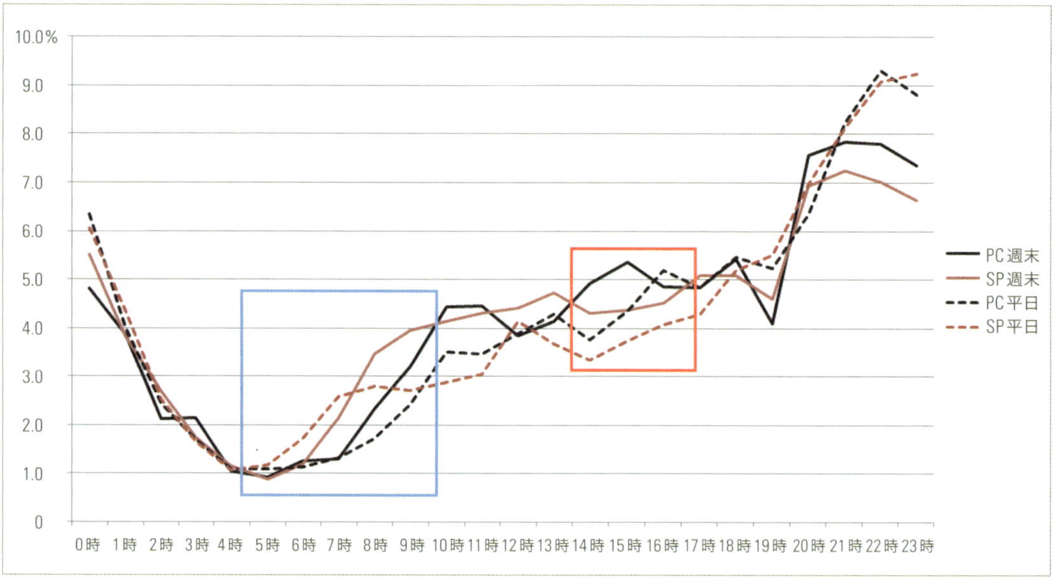

図4　1日のアクセス数を100%としたときに、それぞれの時間に何%分のアクセスがあったかをプロット

青枠で囲っている**5時〜9時あたりはスマートフォンのアクセス割合が相対的高い**時間になります（赤い線が黒い線より上にでている）。
逆に赤枠で囲っている**14時〜17時あたりはPCアクセス割合が相対的に高い**形になっています。平日と週末でも比較できるように、分けてプロットしていますが、平日は22時〜1時までのアクセス割合がPC・スマートフォン共に高いことが分かります。

サイトの扱っている商材や更新タイミング、メールマガジンの配信タイミングなどによっても変わってきますが、全体的な傾向を把握し、様々なタイミングで施策を行ってみましょう。上記はアクセス数で見ていますが、コンバージョンの発生回数などを確認してみることで、**コンバージョン率が高い時間や曜日**を確認することができます。家族で相談が必要な高単価のものは、週末の夜にコンバージョン率が上がる傾向があります。

レポート3: デバイス・OS別のレポート

デバイスやOSによって、ページ内の行動は大きく変わってきます。
図5は、あるSPサイトのデータですが、iPhoneとiPadで大きく直帰率が違うのがお分かりいただけるのではないでしょうか。
またOSのバージョンによっても**直帰率**や**閲覧数**などが変わってくることがあります。図6は上記画像と同サイトのオペレーティング・システム×OSのバージョンのレポートになります。

	携帯端末の情報	訪問数	訪問別ページビュー	訪問時の平均滞在時間	新規訪問の割合	直帰率
		96,389 全体に対する割合: 31.67% (304,390)	90.80 サイトの平均: 88.60 (2.48%)	00:19:28 サイトの平均: 00:20:27 (-4.81%)	3.51% サイトの平均: 3.79% (-7.41%)	5.49% サイトの平均: 7.19% (-23.71%)
1.	Apple iPhone	92,036	91.92	00:19:40	3.21%	5.25%
2.	Apple iPod	4,126	70.77	00:16:04	7.37%	7.00%
3.	Apple iPad	227	2.05	00:00:50	54.19%	74.45%

表示する行数: 10 移動: 1 1 - 3/3

図5 iPhoneで5%の直帰率が、タブレットでは74%と大きく違う。［ユーザー→モバイル→デバイス］で表示できる

基本情報

並べ替えの種類: デフォルト　アドバンス

	オペレーティングシステム	OSのバージョン	ユーザー数	訪問数	直帰率	訪問時の平均滞在時間	訪問別ページビュー
1.	Android	4.0.4	44,053	480,165	9.35%	00:21:03	97.93
2.	iOS	6.1.3	37,886	304,148	6.67%	00:19:20	101.37
3.	Android	2.3.5	19,397	226,383	6.12%	00:23:43	110.58
4.	Android	2.3.6	11,884	84,463	4.58%	00:26:07	134.77
5.	Android	2.3.4	11,470	141,848	7.77%	00:23:28	102.97
6.	Android	2.3.3	11,055	104,849	6.12%	00:23:28	102.45
7.	Android	4.0.3	7,171	77,517	11.53%	00:20:15	90.81
8.	iOS	6.1.2	6,822	48,585	7.45%	00:21:26	106.39
9.	Android	4.1.2	5,484	45,712	10.36%	00:19:45	81.62
10.	iOS	5.1.1	4,822	35,929	6.48%	00:21:55	95.76

図6 ［ユーザー→ユーザーの環境→ブラウザとOS］を表示し、表上部のタブで［オペレーティングシステム］を選択。そして［セカンダリディメンション］で［ユーザー→OSのバージョン］を選択する

見ての通り、7位と9位のAndroidのバージョン4.xだけ直帰率が10%前後になっています。OSバージョン固有の問題なのか、デバイス固有の問題なのかはデバイス別のレポートを見れば切り分けることができます。今回のケースの場合は、Android 4.xのバージョンで特定のページにアクセスするとページの表示にとても時間がかかり、**リンクが一部押せない**という問題が発覚いたしました。

このような形で**サイトの悪い所を特定**したり、新しいオペレーティングシステムのバージョンが出たときのチェックに利用したりすることで、課題を早期発見しましょう。

レポート4: 目標到達プロセス（特にフォーム入力）

こちらは「カート・入力フォーム」の分析事例（Chapter 2-7-3）で詳しく説明しましたが、PCとスマートフォンのコンバージョン率の違いが一番出やすい部分になります。カートやフォームに限らず、トップページから商品一覧、商品一覧から商品詳細といった形で、主要なページの遷移率をスマートフォンとPCで比較して、違いを確認してみましょう。

図7は、あるECサイトの主要導線の遷移率をPCとSPで比較したものです。全体的にSPサイトの方が遷移率は悪いものの、特に「カートから購買開始」と「購買開始から購買完了」で**遷移率が大きく違う**ことが分かります。

ぜひ、スマートフォンならではの分析を行い、サイト改善のヒントを見つけてみてください。

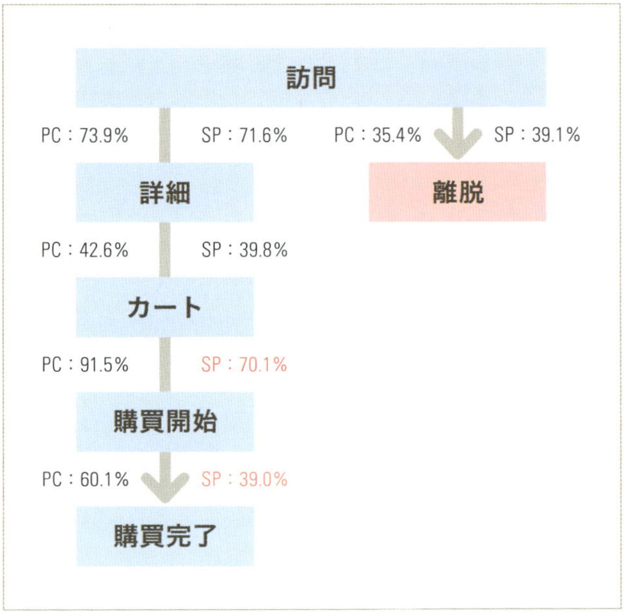

図7　購入までの遷移率をPCサイトとSPサイトで比較

Column

PCとスマートフォンの基本指標の違い

このコラムでは、PCとスマートフォン両方のサイトを運営しているサイトの基本指標を比較し、主な違いを確認します。以下が、その結果になります。

サイト	サイトの種類	デバイス	訪問数（万人）	平均閲覧ページ数	直帰率	新規率	コンバージョン率
A	BtoB	PC	43	2.06	57%	69%	0.98%
		SP	16	1.71	60%	72%	0.55%
B	EC（日用品）	PC	17	3.69	28%	61%	0.64%
		SP	49	2.54	69%	51%	0.25%
C	ブログ（BtoB）	PC	5.3	1.46	79%	43%	4.97%
		SP	1.6	1.30	86%	49%	2.95%
D	EC（記念品）	PC	7.8	7.19	39%	65%	5.48%
		SP	12	4.55	46%	61%	1.85%
E	EC（装飾）	PC	2.4	7.19	34%	46%	0.29%
		SP	6.8	5.12	37%	39%	0.15%
F	資料請求サイト	PC	127	2.82	71%	48%	0.30%
		SP	7	2.26	72%	36%	0.21%
G	EC（高級品）	PC	10	5.98	43%	43%	0.38%
		SP	8.5	4.14	52%	40%	0.18%

様々なジャンルのサイトをピックアップしてみましたが、**コンバージョン率**はすべてのサイトでPCの方が高くなりました。最大で3倍近くの差がついており、やはり多くのサイトはスマートフォンでコンバージョンするより、PCでの方が割合は高いようです。また、この数値に連動して、**平均閲覧ページ数**も、軒並みスマートフォンの方が少なくなっています。スマートフォンでは、より少ないページ数で情報を伝えきることが大切かもしれません。

逆にバラツキが大きいのが**直帰率**です。基本的にはスマートフォンの方が高いのですが、ほぼ差がないサイトもあれば、倍以上の差があるサイトもあります。サイトがどこまでスマートフォンに対応しているのかが影響を与えているようです。最後に新規率に関しては大きな差を発見することができませんでした。ほぼ同じくらいのサイトが多く、数値も40%～60%前後のサイトが多いようです。

あくまで一例ですが、皆さんのサイトと比較して、参考にしていただければ幸いです。

Chapter 2 ▶ Section 10

スマホアプリ

▶ Section 10-1

スマホアプリの特徴

スマートフォンアプリ（以下スマホアプリ）とは、スマートフォンで利用できるプログラムで、App StoreやGoogle Palyからダウンロードできるものを指します。Webサイトとは違いプログラムなので、**URLやページといった概念はありません**。しかし、アプリを通じて売上を上げたり、何かのコンバージョンを発生させたりという目的があるという意味ではWebサイトと大きく変わりません。Chapter 2-10ではスマホアプリならではのデータ取得方法や分析方法について紹介をしていきます。

Webサイトとの構造の違い

Webサイトとスマホアプリの違いは、その仕組みになります。WebサイトではURLとそれに対応するページという考え方があり、ページ内のリンクをクリックすることでページ間を移動します。そのため、データの取得に関してもページに計測する記述を入れ、ページが読み込まれた時点で計測が行われます。

スマホアプリの構造

アプリでは、ページという概念はなく、画面が切り替わったり、ボタンを押したりすることで**何かしらのアクションが発生する**というものが一般的です。その中にはページが切り替わったように見えるものがありますが、URLやページという概念での計測はありません。計測に関しても**特定のアクションが行われたときにデータを取得する**という形式になります。つまり、ボタンを押したり、動画を再生したりといったタイミングでデータを取得します。ここはWebサイトと大きく違うところです。
また、上記のような仕組みのため、ユーザー体験も大きく変わります。Webサイトではリンクを「クリック」することが基本的な行動になりますが、アプリであれば、「クリック」「スワイプ」「ダブルタップ」「ピンチイン・アウト」など様々な動きが存在します。

スマホアプリの計測

スマホアプリの計測に関しては、どのアクションを計測するかということを考えて実装することが大切です。Googleアナリティクスではアプリの計測にも対応しており、詳しい実装方法などはGoogleアナリティクスのDevelpoersサイトで紹介されています。

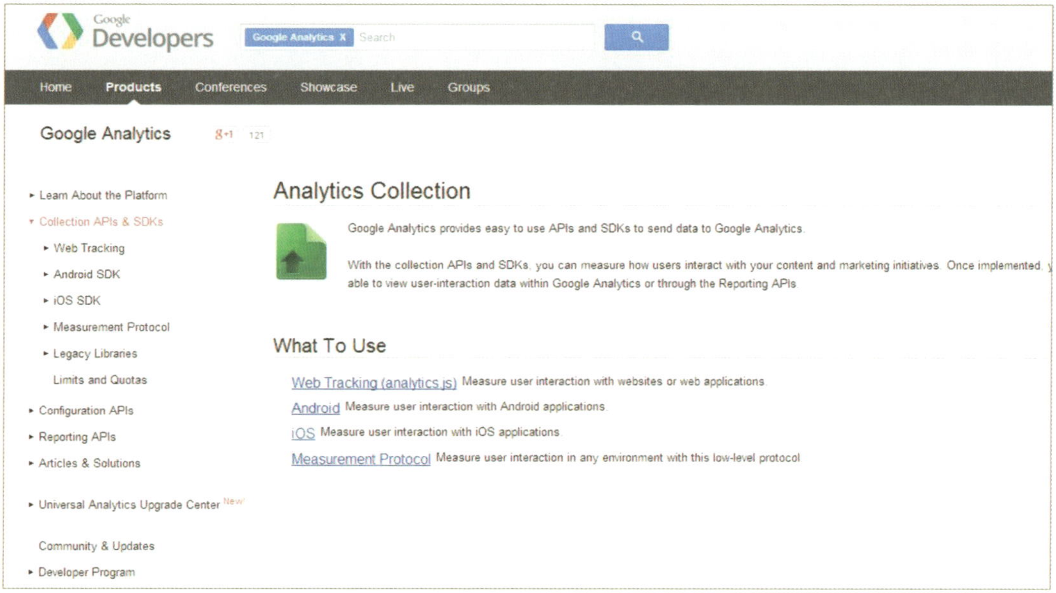

図1　https://developers.google.com/analytics/devguides/collection/（英語）

「ガワネイティブ」について

ただ「**ガワネイティブ**」と呼ばれるアプリ形式も存在します。これは、一見見た目はアプリなのですが、実際にはヘッダーやフッターだけアプリで作成し、**メインのコンテンツはWebブラウザで表示するもの**を利用あるいは流用しているという内容になります。アプリとWebのハイブリッドのようなものです。該当WebページにすでにGoogleアナリティクスが実装されていれば、そのまま計測することができます。ガワネイティブを利用するメリットは主に2つあり、1つは上記の通り**Webサイトのコンテンツをそのまま利用できる**ため、すでにWebで動くサイトやサービスを持っている場合は作成コストを抑えることができること、そしてもう1つは**更新がしやすい**ということです。アプリに関しては更新時でもAppleあるいはGoogleの審査が入ります。そのため、ちょっとしたUIの変更でも、ユーザーの手元で反映されるまで数週間かかってしまうことがあります。しかし、ガワネイティブ方式を利用すれば、Webページの中身は自社の規約で許される範囲内で自由にいつでも変更が行えるため、審査などが基本必要なくなり、素早い更新や対応が可能になります。

逆にデメリットとしては、Webブラウザでのインターフェースとなってしまうため、アプリで行えるような基本的なアクションが行えないなど、利用者にとっても違和感を覚えるケースがあるということです（たとえばガワネイティブでは、処理がWeb上で行われるため、インターネットが接続されていないところでの画面遷移が行えなかったり、またカメラやセンサーなどのデバイス機能を使うことができません）。

●Webサイトとの集客の違い

Webサイトとアプリではその集客方法に大きな違いがあります。Webサイトであれば検索エンジンや他のWebサイト、ソーシャルメディアなどを通じての流入がありますが、アプリの場合は最終的なダウンロードとインストールに関しては、**App Store**および**Google Play**に入り口が集約されます。そしてダウンロードされる数は、これら入り口となるストアにおけるアプリの「**順位**」によって大きく変わります。順位は主に**ダウンロード数**で決まっており（詳細は非公開）「無料ダウンロード」および「有料ダウンロード」に関しては、ダウンロード数が多いほど順位が上がる仕組みになっています。

「売上」に関するランキングは、**アプリそのものの購入**および**ゲーム内課金**の売上の合計を元に（それ以外の要素もあるかもしれませんが、こちらも非公開です）算出されています。

従って、多くの人にアプリをダウンロードしてもらうためには、サービスが魅力的で使いやすいことは当然のことながら、それに加えて**ランキングが高い**方が良いということになります。

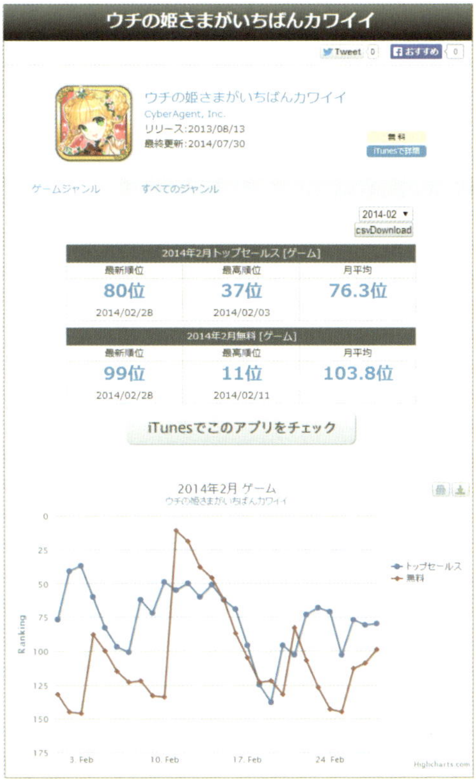

図2　アプリの順位を集計しているサイト「App DB」より iPhoneアプリ「ウチの姫さまがいちばんカワイイ」の結果
http://appdb.lab.applica.jp/jp/details.php?genre=game&type=topsales&more=&id=id658124388&date=2014-02-01

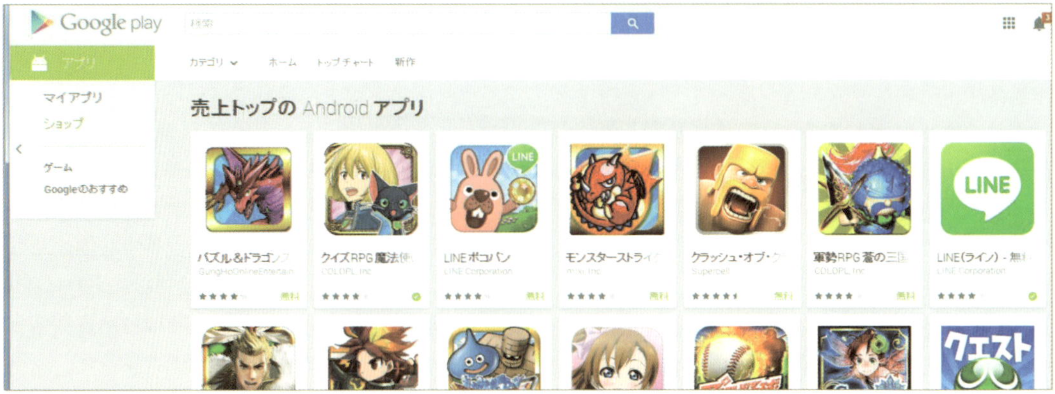

図3　Google Play公式サイトより「売上トップのAndroidアプリ」

売上と順位の関係

そこでアプリの集客に関しては、基本的には「ストアでの順位を上げる」ということがメインになります。
図4は、あるアプリのApp Storeにおける順位とダウンロード数の関係を表したものです。見ての通り、順位が高くなればなるほど（そして特に1位に近ければ近いほど）利用者の目に触れる機会も多く、ダウンロード数が増える傾向になります。

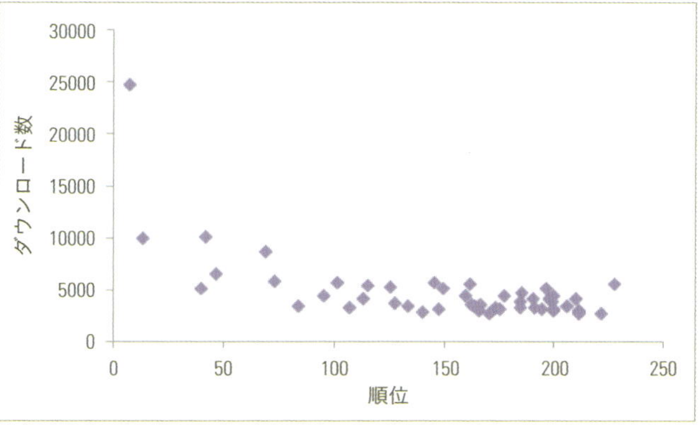

図4　App Storeにおける順位とダウンロード数の関係

順位を上げるための施策

では、順位を上げるために行える施策はどのようなものがあるのでしょうか？ できることは主に3つあります。それぞれ「**ストア外**」「**ストア内**」「**アプリ内**」の3つになります。無料・有料、様々な内容がありますが、代表的なものを確認していきましょう。

「ストア外」の施策

サービス紹介ページの用意

サービスの紹介や動画、そしてアプリのダウンロードページへのリンクを用意します。紹介ページにWebで使える手法（リスティング・バナー広告など）を利用して集客をかけることでダウンロード数の増加を狙えます。ただ、**Google Playに関してはGoogle Play内にあるサービス説明ページ**への流入数や被リンク数も順位などに影響すると言われていますので、こちらへのリンクも大切になります。

レビューサイトなどを利用して宣伝を行う

スマートフォンでは「AppBank」や「オクトバ」を始めとする**レビューサイト**が存在します。これらサイトでは「PR記事」という形で、自社サービスの記事を有料で書いてもらうことができます。サイト規模やアプリの種類などにもよりますが、数百件から数千件のダウンロードが期待できます。

YouTubeやニコニコ動画などでの動画公開

動画をきっかけにサービスが話題になることも多いです。特にゲームや音楽関連のアプリなどは動画と相性が良いので、作成の環境作りや公式動画の公開をしてみましょう。

このほか、プレスリリースの実施とブログやニュースサイトで掲載してもらえるような努力も大切です。

プレスリリース時にはニュースサイトへの連絡も必要ですし、ブログやニュースサイトが取り上げやすいように記事のテンプレートや素材などを用意することも大切です。また、ストア外で実施できる方法として「**リワード広告**」や「**アドネットワーク広告**」などの有料集客もあります。こちらに関してはアプリ独自の考え方があるのでコラムで少し詳しく説明してみたいと思います。

Column

リワード広告とアドネットワーク

●リワード広告

リワード広告は、アプリをダウンロードしたユーザーに何かしらの対価を還元するという方法です。リワード広告を媒介するサービスとしては、「AppDriver（http://appdriver.jp/）」「GMO SmaAD（https://smaad.jp/）」、「CA Reward（http://www.ca-reward.co.jp/）」などがあります。仕組みとしては、ユーザーが**他のゲームやアプリ内で広告をクリックしてダウンロードをする**という仕組みです。ユーザーにとってはダウンロードすると何かしらの報酬を得られる(主には「ポイントの享受」)、出稿側はダウンロード数の確保、媒体側は手数料の収入というそれぞれ三者三様のメリットがあります。

他にもメリットとしては、インストール課金（CPI＝Cost Per Install）であるため**金額を確定しやすい**ということと、ポイントという直接的なメリットがあるため、短時間でダウンロード数が増え、結果**ランキングが上がりやすい**というメリットがあります。広告を配信する場所は、媒体社が宣伝できる他社のアプリであったり、ポイントを集めることができるような、出稿側で自社作成できるアプリであったり、媒体社が運営しているWebサイトやメディアだったりと様々なものがあります。

デメリットとしては、利用者がポイント目的であることが多いため、ダウンロードや起動まではしてくれるが、その後継続的にプレイしてくれるとは限らないということ、そして、あくまでも一時的にダウンロードが増えるだけなのでランキングを維持することが難しいということです。このような手法を「**ブースト**」と呼ぶことが多いので、用語として覚えておくと良いでしょう。

リワード広告の特徴はユーザーにとって直接的なメリット(＝リワード)が存在するということで、告知媒体が充分なPVを持っていれば、一気にダウンロードを稼げるということです。

●アドネットワーク広告

アドネットワーク広告は、PCのアドネットワーク広告と基本的には考え方が同じです。他のアプリやスマートフォンのWebサイトなどに**主にバナー広告を配信し、そこからの流入とインストールを確保する**ものです。アドネットワーク広告を媒介するサービスとしては、「iAD（https://developer.apple.com/jp/iad/）」「Appbank Network（http://nw.appbank.net/index.html）」「nend（https://www.nend.net/）」「AmoAd(http://www.amoad.com/)」などがあります。

メリットとしては、訪問者は興味があってバナーを押して来ているため、ダウンロード後の継続利用などが(リワード広告と比較すると)高い傾向にある、継続的に掲載することが多いためPDCAを利用した改善活動が行いやすいといったところが特徴になります。逆にデメリットとしてはリワード広告のような爆発力はなく、コストが読みにくいという側面があります。

●有料広告の使い方

有料での広告は、広告そのものによりダウンロード数を増やすことが最初の目的になりますが、それ以上に大切なのはその結果順位を上げ、広告に触れていない人にも認知をしてもらいダウンロードを促すということです。リワード広告のデメリットとして継続プレイをしてくれないという点がありましたが、これはあくまでもリワード広告でダウンロードした人に限ります。その後順位が上がり、目に触れるように

Column

なって、ダウンロードした人は、広告によってダウンロードしたわけではないので、継続しやすいという傾向があります。つまり「広告でダウンロード数を確保し、ランキングが上がることによって、広告以外のダウンロード数を増やす」という2段階あるというのがポイントです。安定的なダウンロードを確保するために、最初はリワード広告を行い、その後アドネットワーク広告を実施すると良いでしょう。
リワード広告でダウンロードした人はポイント目的であるため、(極端に言えば)アプリの内容やクオリティに関係なくダウンロード数を確保できます。その後ダウンロードしてくれた方の意見を元に改善を行い、内容をブラッシュアップし評価を上げた所で、アドネットワーク広告を利用すれば、高い評価や良いコメンドなどを参考に、安心して、(そしてより高確率で)ダウンロードしてもらえることができるようになります。

「ストア内」の施策

ストア内で実施できる施策もいくつかあります。その内容はすべて無料でできるものです。ストア内での最適化を「**ASO (Application Store Optimization)**」と言い、様々な手法が公開されています。本書ではその代表的なものを箇条書きで紹介いたします。

アプリ名に「ブランド名以外」のキーワードを入れる

アプリを検索する際にサービス名を利用することは少なく、主に**カテゴリ**や**ジャンル**などを入れます。そこでアプリ名がサービス名だけだと、検索に引っかかる可能性が低くなります。写真アプリであればアプリ名だけではなく「デコれる」「かわいい」「絵文字」といった**関連する用語**を入れてあげましょう。Webサイトにおける「TITLEタグ」のようなものだと考えましょう。

キーワード設定の最適化

App Storeではキーワードを入力する欄があります。こちらもブランド名などにこだわるのではなく、Webと同じように**検索数が多いワード**や**関連性が高いワード**を個々の単語で設定しましょう。またすでにアプリ名で利用しているキーワードを入れることに意味はありません。キーワードの設定に参考になるサービスもたくさんあり、代表的なものとしては「**Search man** (https://searchman.com/)」というサービスがあります。このサービスでは、自社アプリのキーワードと競合アプリ候補を探してくれるツールとなっています。

アイコンの最適化

アイコンはスクリーンショット以外に唯一利用できるビジュアルで、ストア内のいたるところで表示される大切なものになります。シンプルかつ分かりやすいアイコンを考えてみましょう。また同じ会社やブランドからリリースされているアプリであれば、それだと分かるような画像を用意するのも1つの手法です。

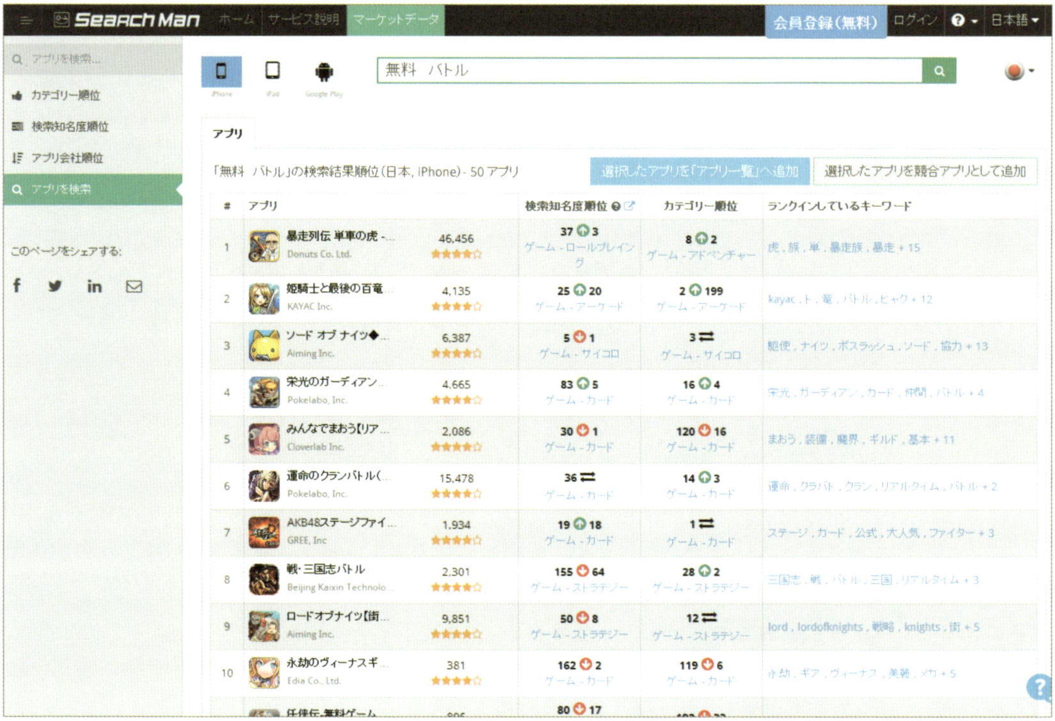

図5　Search man

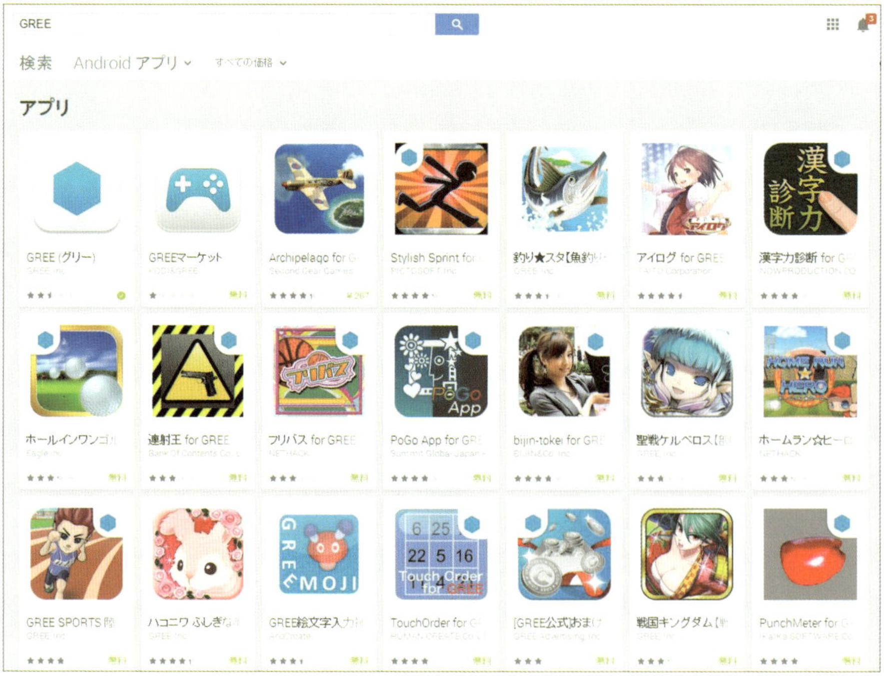

図6　GREEのアプリの多くにはGREEのロゴが入っている

説明文の最適化

App StoreもGoogle Playも最初の数行しかデフォルトでは表示されず「もっと読む」を押さないと残りは表示されません。そこで**最初の数行だけでサービスの特徴や人気度合いが分かる文章**を作る必要があります。主な**特徴**・同業他社との**違い**・**受賞歴**や**ダウンロード数**などを入れると良いでしょう。また検索で引っかかって欲しいキーワードを入れておくことも大切です。

サービスが分かるスクリーンショットを一枚目に用意する

App Storeのフリーワード検索結果画面では、登録しているスクリーンショットの一枚目が表示されます。このスクリーンショットの内容はダウンロードページまで来てくれるかの大きな判断材料になります。名前の通りただのスクリーンショットを入れるのではなく、**説明文やキャッチコピー**などを入れて、その一枚でどういうサービスであるかが分かるようにしておきましょう。

図7 「クイズRPG 魔法使いと黒猫のウィズ」の場合。サービス名に「クイズRPG」と追加したり、3行で分かるサービス内容、1枚のスクリーンショットで分かるゲーム内容など工夫が凝らされている

「アプリ内」の施策

好意的なレビューを集める

ランキングや検索結果には**レビュー評価**や**レビュー内容**も間接的に影響してきます。レビュー評価やレビュー内容が良ければ、それだけダウンロードされる確率(CVR)が上がります。そこで大切なのは、「**好意的なレビュー**」をたくさんつけてもらうということです。

では、それをどのように実現すれば良いか。大前提としては面白くて使いやすいサービスを用意することになります。利用者のレビュー内容を元に定期的な改善が必要でしょうし、サポートも大切になってきます。また、もう1つ大切なのは「**いつレビューをしてもらうか**」ということです。

たとえばサービスを起動した瞬間にレビューを促しても、評価のしようがありません。逆にゲームであれば、アイテムを手に入れたとき、ステージをクリアしたときであれば満足感も高く、良いレビューにつながる可能性があります。どのタイミングでレビューをしてもらうのかは非常に大切です。また、ソーシャルゲームなどで良く利用されている手法は「**紹介コード**」という仕組みです。この仕組みでは、利用者が自分専用の招待コードを他の人にアプリのインストール時に記入してもらうことで、招待者とそのコードを記入した人の両方が特典を得ることができます。この招待コードをあげる側の人は当然アプリに興味を持っていますし、ストア内のレビュー記事にこの紹介コードを書くことができます。招待する側もメリットがあるため、「このサービスは酷いけど、招待コードを使ってね」とは書きません。基本的にはゲームを楽しみたい(つまりサービスに満足している)人が招待コードを含むレビューを書くことになるため、**評価が高くなりやすい**という傾向があります。

ライフタイムやスペンドを上げる

ライフタイム(アプリを使い続ける期間)や**スペンド**(課金額)を上げるための工夫も当然必要になります。サービスを長い時間利用してもらったり、アプリ内で課金をしてもらったりということは、売上ランキングにも直接反映されますし、サービスを提供している側としても目標としていることなので、こちらの継続的な改善も必要となります。

他アプリからの誘導を行う

自社で複数アプリを持っている場合は、アドネットワークやリワードではなく、(無料で実施できる)**自社アプリからの誘導**も可能です。自社アプリのバナーやお知らせで新しいアプリを出していることを告知して、新しいアプリへの誘導を行うといった方法です。ソーシャルゲームなどでは、Aというアプリ内で、Bというアプリをダウンロードしたら Aのゲームアイテムをもらえるといったキャンペーンなどを実施することもあります。すでに持っているアプリを有効活用し、**相互送客**を実現しましょう。

スマホアプリについての紹介をしてきました。次に、アプリならではの分析手法や見るべき指標、便利なツールを紹介いたします。

▶ Section 10-2

スマホアプリを分析する

スマホアプリの分析は多岐に渡ります。本書では主に「**集客の分析**」「**アプリ内の分析**」「**レビュー・評価・順位の分析**」の3点に絞って紹介いたします。アプリの目的であるインストールやアプリ内の課金につながるもっとも重要な3つの要素と言えるでしょう。それらの分析に入る前に、まずはアプリの流入から収益までの全体像や、見ておかないといけない指標を整理しましょう。

全体図と見るべき指標

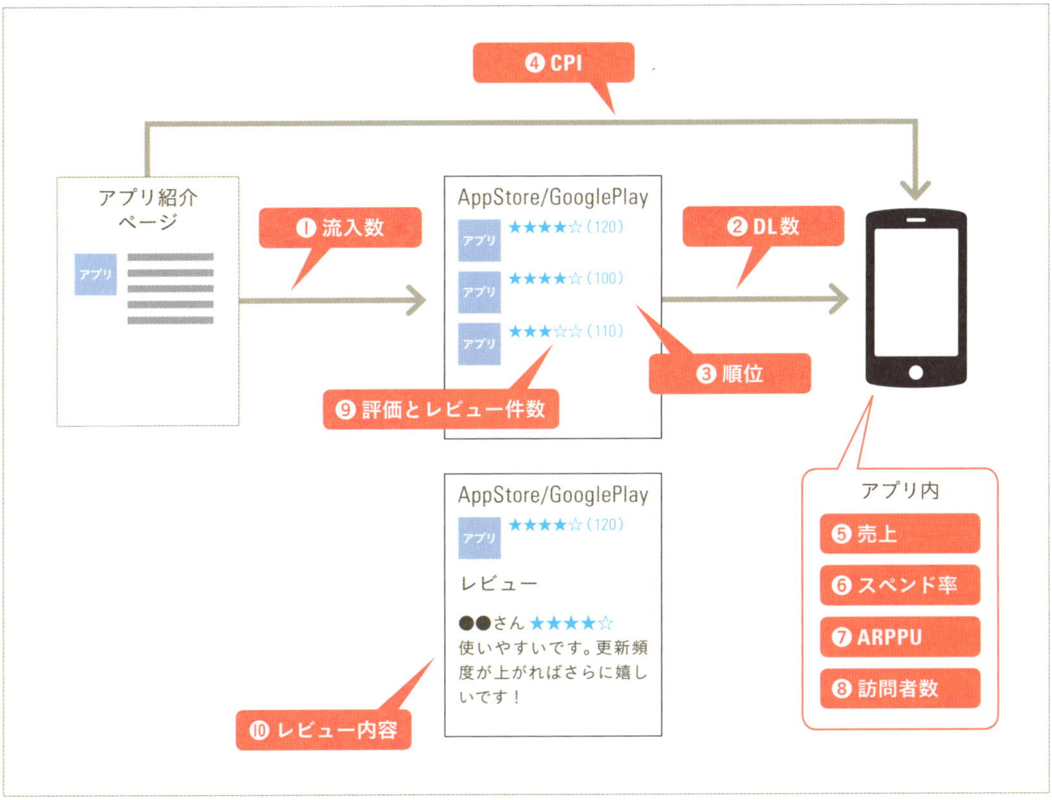

図1　アプリ流入から収益までの流れ

見るべき代表的な指標は10個ほどあります。

これらの指標はどのアプリにおいても見ておいて損はないでしょう。集客施策や収益化の方法によっては必要もない指標もありますので、適宜選択して利用をしてください。

項番	指標名	意味	取得方法	取得場所
1	流入数	アプリのダウンロードページへの流入数	流入元からのクリック数で一部を計測する	自社の解析ツールや広告配信ツールの管理画面など
2	ダウンロード数	アプリのダウンロードされた回数	自動で取得される	iTunes StoreおよびGooglePlayの管理画面
3	順位	アプリの掲載順位	自動で取得される	同上。あるいは同業他社も見る場合はAppAnnieなどの専用サイトを利用
4	CPI	インストールあたりのコスト	自動で取得される	広告配信ツールの管理画面
5	売上	アプリの売上	自動で取得される	iTunes StoreおよびGooglePlayの管理画面
6	スペンド率	起動した人の購入率	計算して算出 （アプリ内課金がある場合のみ）	売上・課金人数・ダウンロード数の情報から算出する
7	ARPPU	起動した人の平均購入金額	計算して算出 （アプリ内課金がある場合のみ）	売上・課金人数・ダウンロード数の情報から算出する
8	訪問者数（起動率）	アプリを起動している人数とダウンロードに対しての起動の割合	アクセス解析ツールの実装を行う	アクセス解析ツールのレポート画面から直帰率を確認
9	評価とレビュー件数	掲載されたレビューの数と、それぞれの星の数	自動で取得される	iTunes StoreおよびGooglePlayの管理画面
10	レビュー内容	掲載されたレビューの文章そのもの	同上	同上

最後のレビュー内容に関しては定量的なものではありませんが、サービス向上に役立つ内容ですので、ぜひ確認をしておきましょう。上記の10の指標を定期的に確認しておくことで、アプリの収益性や改善度合いを図ることができるようになります。

では、具体的に「集客」「アプリ内のサービス」「レビュー・ダウンロード・順位」の分析方法を確認していきましょう。

集客の分析

スマホアプリでは集客に関する分析は限られています。Googleアナリティクスのように**単一のツールを使って分析を行うことができない**というのがその理由の1つであります。また、最終的なダウンロードはストア内で行われていますが、ストア内に関する情報（ページ閲覧数・クリック率・滞在時間など）は現状、入手することができません。

Google Playに関しては、Google Playの説明ページの情報をGoogleアナリティクスに取り込むことができるようになったため（https://support.google.com/analytics/answer/2956981?hl=ja）、Googleアナリティクス上で、ダウンロードからアプリ内の行動まで通して見ることができるようになりました。

また、自社内にアプリの説明をするページを用意していれば、そのページへの**流入元**や、**ページビュー数**、**ダウンロードボタンのクリック数**などはアクセス解析ツールを利用することで取得できます。

広告配信ツールなどを利用するリワードやアドネットワーク広告の場合は、サービス側が用意する広告管理画面で詳細を確認することができます（図3）。

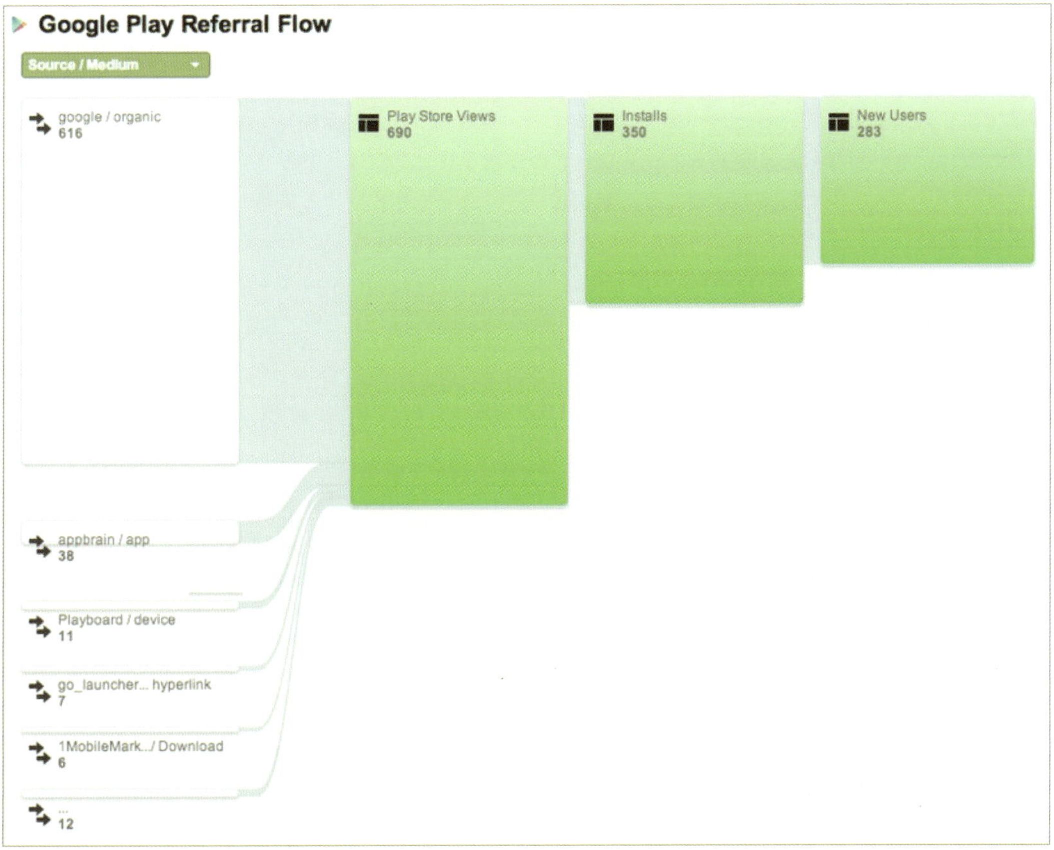

図2　Googleアナリティクス公式ブログ（http://analytics.blogspot.jp/2013/10/google-play-integration.html）より、Google Playでの表示からインストール、起動までの数の変化

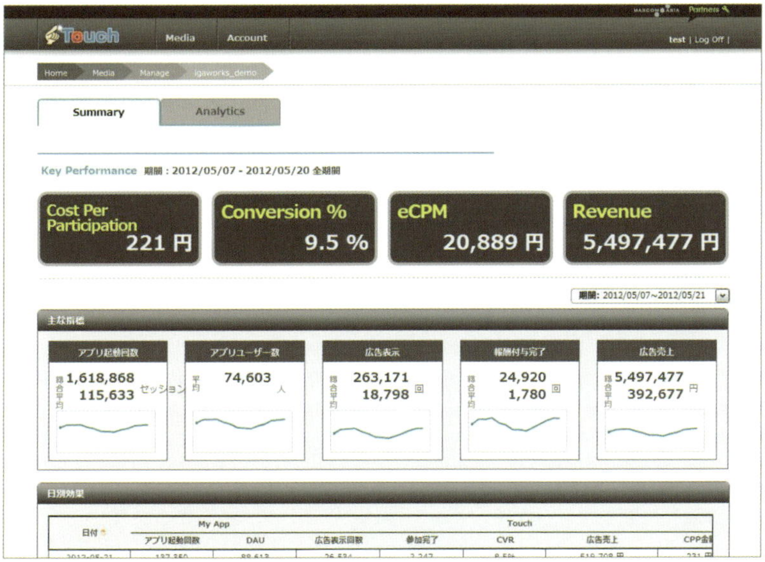

図3　Maxcom Asiaのリワード広告サービス「Touch」の管理画面

Chap
2-10

集客分析において大切なのは、**広告の内容によって大きくクリック率やインストール数が変わる**ということです。どのようなクリエイティブや画像がクリックやインストールにつながるのか。様々な組み合わせでのテストを行ってみると良いでしょう。また、当然集客先（配信先）によっても数値が変わってくるため、**いろいろな掲載先やアドネットワークの仕組み**などを活用してみましょう。どの広告先が良いかはアプリによって変わってきますし、筆者も、同じ会社でも利用する広告サービスが違えば、結果が大きく変わっていることを見てきました。面倒臭がらずにいろいろ試してみることが大切です。また、コストもかかる部分ですので大切なのは「CPI（Cost Per Install）」と、前述の図3にも表示されている「eCPM」を見ることです。

CPI

CPIに関しては名前の通り、インストールあたりのコストです。単純に、

広告配信コスト ÷ インストール数 = CPI

という計算になります。気をつけないといけないのは、Chapter 2-3のバナー広告で紹介した「CPI（Cost Per Impression）」と同じ略称であるということです。**インストール**のことを指しているのか、**インプレッション**のことを指しているのか確認を必ずしましょう（通常アプリにおける集客の場合、CPIはインストールのことを指します）。

eCPM

eCPMを理解するためにはまず「**CPM**（Cost Per Mill）」の理解が必要です。これは**1,000インプレッション（表示回数あるいはページビュー数）に対してかかるコスト**です。インプレッションに応じた支払い形態をとっている場合に利用される指標です。「CPI（Cost Per Impression）× 1000 ＝ CPM」という風に理解してもらえれば大丈夫です（このCPIはインプレッションのCPIです）。
では、この略称の前に「e」は何を表しているかというと「**effective（実質）**」という意味です。スマートフォン広告ではクリック型・成果報酬型などの多種多様な広告形態が利用されており、横並びで比較することが難しくなっています。そこで、クリック課金型の広告など、実際はインプレッション課金でないものをCPMに換算して、課金形態の違いによらずに、インプレッションに対してどれだけコストがかかるのかを測るために使用する指標です。
たとえば成果報酬型の広告で、10件の成果を獲得するために10,000円かかったとしましょう。この10件の成果を獲得するために、広告が5万回表示されていたとしたら、eCPMは

eCPM ＝（10000 ÷ 50000）× 1000 ＝ 200円

という形でCPMに変換することができます。このように変換を行って、複数種類の広告を横並びで比較して評価を行いましょう。

アプリ内の分析

アプリ内では、アクセス解析ツールを使った分析が中心となります。前述した通り、アクセス解析ツールの実装はWebサイトとは違ってきます。利用者が特定のアクションを行ったときに、**計測データを飛ばす**という方法が必要となってきます。
このときの実装で大切なのは、データを飛ばすときに「**擬似的なURLを設定する**」ということです。たとえばニュース配信アプリで、ニュース一覧からニュース詳細へのリンクをクリックしたときに、URLというものは実際には存在していませんが、Googleアナリティクスには「運営側で用意したURL（例：/detail.html）を送るデータをセットする」ということです。これによって、ニュース一覧から詳細に移動したということが計測できますし、すべてのコンテンツに対して同じように実装を行えば、コンテンツ間の遷移を確認することができます。
しかし、すべてのコンテンツに対しての実装は各ページに同じ記述を入れるWebサイトとは違い**工数がかかります**。まずは**主要なアクションだけでも**このような形で設定しておくと良いでしょう。ページとして設定しておくことで、Googleアナリティクス内のページに関する様々なレポートを利用することができます（表示時間など一部のレポートは利用できない）。
また、他のWebサイト同様に**目標を設定する**（P.333参照）こともできますので、こちらも忘れないようにしましょう。アプリ内で行って欲しいアクションを目標として設定し、アプリ内でどのような行動を行うと目標達成につながるかを分析できるようになります。
以下はあるアプリで目標設定をして測定した画面です。

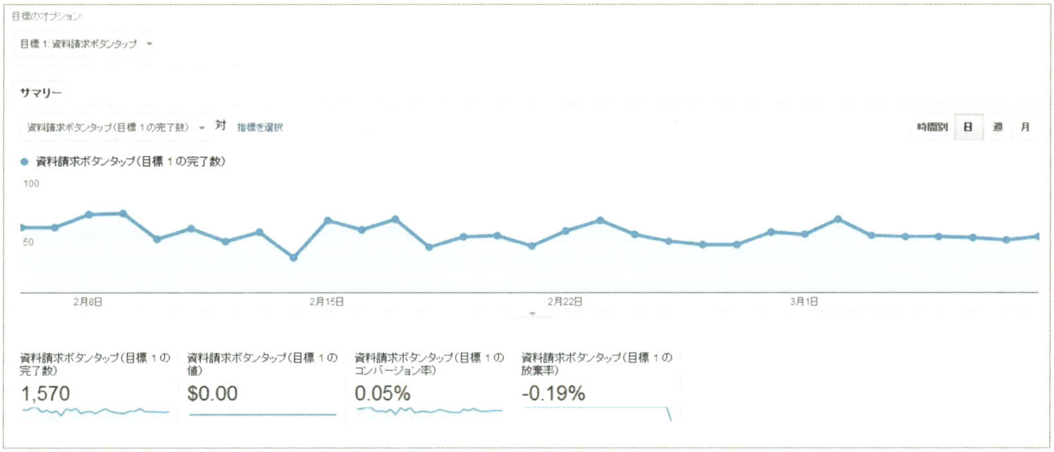

図4　資料請求ボタンをタップしたときに変数を送り、それを目標としてカウントしている

アプリ内分析の注意点

後は通常のWebサイトのように分析をできるのですが、いくつか注意点があります。
まずは、「**アプリだからこそ見ても意味がないレポート**」がいくつかあるということです。特に集客関連のレポートは見る必要がありません。すべての流入が（一部計測ミスなどを除き）**Direct**（直接流入）となり、流入元やキーワードを見ることができません。
こちらは先程のアプリの流入元レポートです。

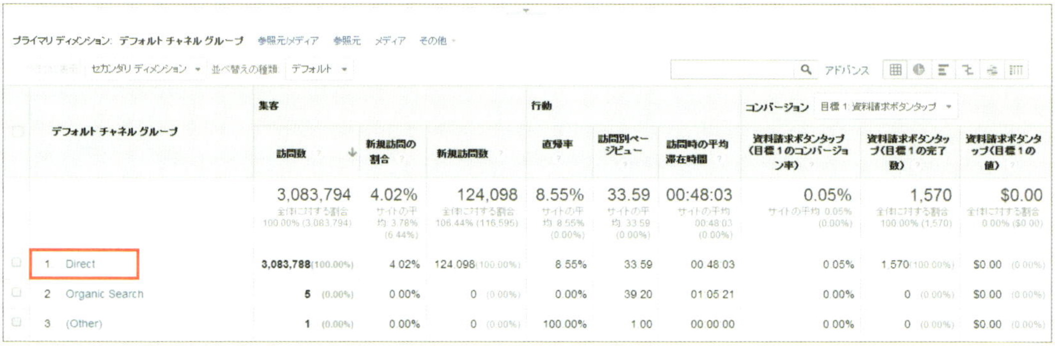
プライマリ ディメンション: デフォルト チャネル グループ　参照元/メディア　参照元　メディア　その他
セカンダリ ディメンション　並べ替えの種類: デフォルト　アドバンス

デフォルト チャネル グループ	集客			行動			コンバージョン　目標 1: 資料請求ボタンタップ		
	訪問数	新規訪問の割合	新規訪問数	直帰率	訪問別ページビュー	訪問時の平均滞在時間	資料請求ボタンタップ（目標 1 のコンバージョン率）	資料請求ボタンタップ（目標 1 の完了数）	資料請求ボタンタップ（目標 1 の値）
	3,083,794 全体に対する割合 100.00% (3,083,794)	4.02% サイトの平均: 3.78% (6.44%)	124,098 全体に対する割合 106.44% (116,595)	8.55% サイトの平均: 8.55% (0.00%)	33.59 サイトの平均: 33.59 (0.00%)	00:48:03 サイトの平均 00:48:03 (0.00%)	0.05% サイトの平均: 0.05% (0.00%)	1,570 全体に対する割合 100.00% (1,570)	$0.00 全体に対する割合 0.00% ($0.00)
1 Direct	3,083,788 (100.00%)	4.02%	124,098 (100.00%)	8.55%	33.59	00:48:03	0.05%	1,570 (100.00%)	$0.00 (0.00%)
2 Organic Search	5 (0.00%)	0.00%	0 (0.00%)	0.00%	39.20	01:05:21	0.00%	0 (0.00%)	$0.00 (0.00%)
3 (Other)	1 (0.00%)	0.00%	0 (0.00%)	100.00%	1.00	00:00:00	0.00%	0 (0.00%)	$0.00 (0.00%)

図5　[集客→チャネル] の画面。ほぼすべての流入が「Direct」になっている

ランディングページに関するレポートも見る必要がありません。サイトのようにいろいろな箇所から流入することができず、ランディングページとして計測される大半は「**アプリ起動時から最初にGoogleアナリティクスにレポートが送られる擬似URL**」になってしまいます。ちなみに大半と書いたのは、残りに関しては、「30分以上アクションが発生しなかった場合セッションが切れ、30分過ぎた後に発生した最初の擬似URLがランディングページとして計測される」ためです。こちらも特に見ても意味があるレポートにはなりません。
他に新規率やリピート率なども見る意味は比較的少ないです。というのは、アプリの場合、リリース直後は特に、非常にリピートの割合が多くなるからです。これはアプリが常駐しているということ、そしてその結果、日々のダウンロード数より日々の利用者数の方が圧倒的に多くなってしまうということが要因です。多くのアプリでは（リリース直後は）リピート率は90%を超えているため、得られる知見は比較的少ないです。

デバイスとOSバージョンのデータは重要

では、どのような数値であれば見る意味があるのか。これらを確認していきましょう。まずもっとも大切なのは、**デバイスとOSのバージョン**に関するデータになります。アプリは、PC以上にデバイスやOSのバージョンによって、サイトの挙動や見え方が変わってきます。特定の端末では動作しないような機能やコンテンツがあるかもしれません。
以下はあるAndroidアプリのデータになります。OSのバージョン別の数値です。

	集客			行動			コンバージョン 目標 1: 資料請求ボタンタップ		
OSのバージョン	訪問数	新規訪問の割合	新規訪問数	直帰率	訪問別ページビュー	訪問時の平均滞在時間	資料請求ボタンタップ(目標1のコンバージョン率)	資料請求ボタンタップ(目標1の完了数)	資料請求ボタンタップ(目標1の値)
	1,592,941 全体に対する割合: 100.00% (1,592,955)	3.83% サイトの平均: 3.69% (3.76%)	60,948 全体に対する割合: 103.76% (58,741)	11.54% サイトの平均: 11.54% (0.00%)	37.83 サイトの平均: 37.83 (0.00%)	00:23:28 サイトの平均: 00:23:28 (0.00%)	0.16% サイトの平均: 0.16% (0.00%)	2,525 全体に対する割合: 100.00% (2,525)	$0.00 全体に対する割合: 0.00% ($0.00)
11. 2.3.7	27,642 (1.74%)	2.85%	788 (1.29%)	13.66%	34.60	00:15:06	0.56%	155 (6.14%)	$0.00 (0.00%)
12. 4.4.2	21,692 (1.36%)	7.33%	1,589 (2.61%)	9.57%	43.71	00:58:30	0.01%	3 (0.12%)	$0.00 (0.00%)
13. 3.2	2,463 (0.15%)	4.59%	113 (0.19%)	7.15%	41.55	00:39:35	0.57%	14 (0.55%)	$0.00 (0.00%)
14. 2.2.1	1,712 (0.11%)	0.29%	5 (0.01%)	6.37%	61.98	00:33:44	1.29%	22 (0.87%)	$0.00 (0.00%)
15. 4.2.1	797 (0.05%)	11.54%	92 (0.15%)	6.27%	51.53	00:55:51	0.00%	0 (0.00%)	$0.00 (0.00%)
16. 2.1-update1	692 (0.04%)	0.14%	1 (0.00%)	14.74%	36.72	00:29:25	1.16%	8 (0.32%)	$0.00 (0.00%)
17. 2.2	642 (0.04%)	0.47%	3 (0.00%)	9.97%	56.20	00:15:10	1.87%	12 (0.48%)	$0.00 (0.00%)
18. 2.2.2	516 (0.03%)	1.55%	8 (0.01%)	13.95%	41.55	00:35:49	3.68%	19 (0.75%)	$0.00 (0.00%)
19. 4.4	340 (0.02%)	14.41%	49 (0.08%)	9.41%	54.00	00:55:06	0.00%	0 (0.00%)	$0.00 (0.00%)
20. 3.2.1	310 (0.02%)	9.35%	29 (0.05%)	9.68%	39.89	01:00:13	0.32%	1 (0.04%)	$0.00 (0.00%)

図6 ［ユーザー→ユーザーの環境→ブラウザとOS］を開き、バージョンを確認したいOSをクリック

この中で11位と12位のデータを見てみましょう。
訪問数は2万台と近いのですが、バージョン2.3.7に関しては資料請求ボタンタップのコンバージョン率が0.56%、バージョン4.4.2に関してはコンバージョン率が0.01%と大きく違います。4.4.2のバージョンでは何かしらの**表示や機能の不具合**があるかもしれません。直帰率はバージョン4.4.2の方が少ないことを見ると、起動時の問題ではどうやらなさそうです。資料請求ボタンタップに至るまでのステップに何かしらの課題があるのではないでしょうか。
ガワネイティブのアプリでない限りは、UIや中身の変更は再審査を伴います。Webサイトと比較して**頻繁な更新は難しい**ため、月1回くらいを目処に機能の追加などとあわせて変更を行うようにしましょう。

Chap
2-10

レビュー・評価・順位の分析

スマホアプリにおいてダウンロードや利用者の満足度は数字だけではなく、**レビューや評価**などにも現れます。そのため定期的にアプリのレビューや順位を確認することが大切です。
順位や評価の確認はiTunes StoreやGoogle Playの管理画面からも確認できますが、同業他社との比較なども有効です。
筆者がよく利用している2つのツールを紹介いたしますので、ぜひ活用してみてください。

App Annie

1つ目のツールは「**App Annie**」というアプリ管理＆同業他社分析のツールです。
複数のランキングを横並びで比較したり、特定のアプリのランキング推移を見たりすることが簡単に確認できます（図7、図8）。

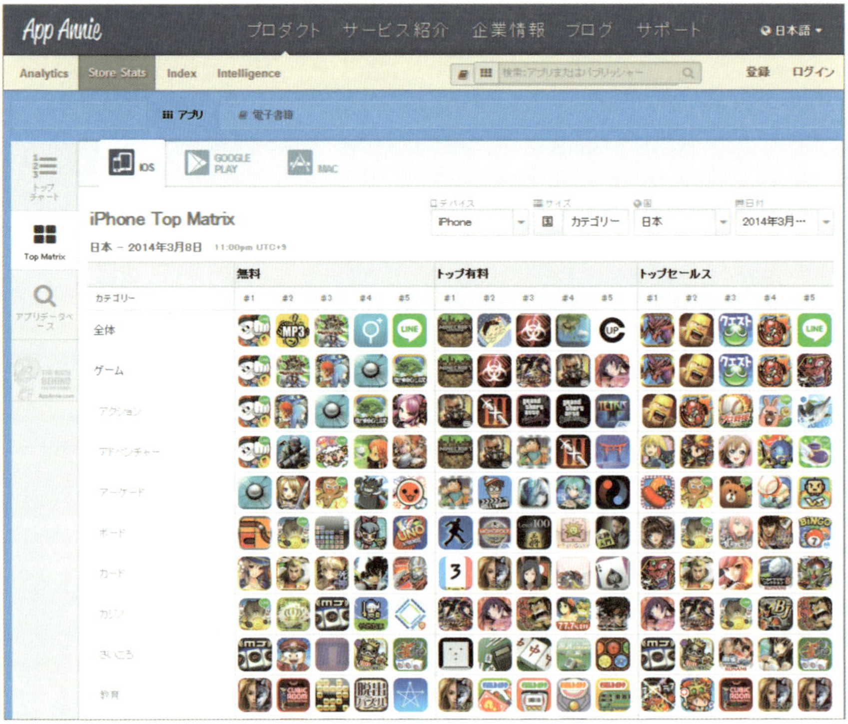

図7　日本の無料・有料・セールスランキング

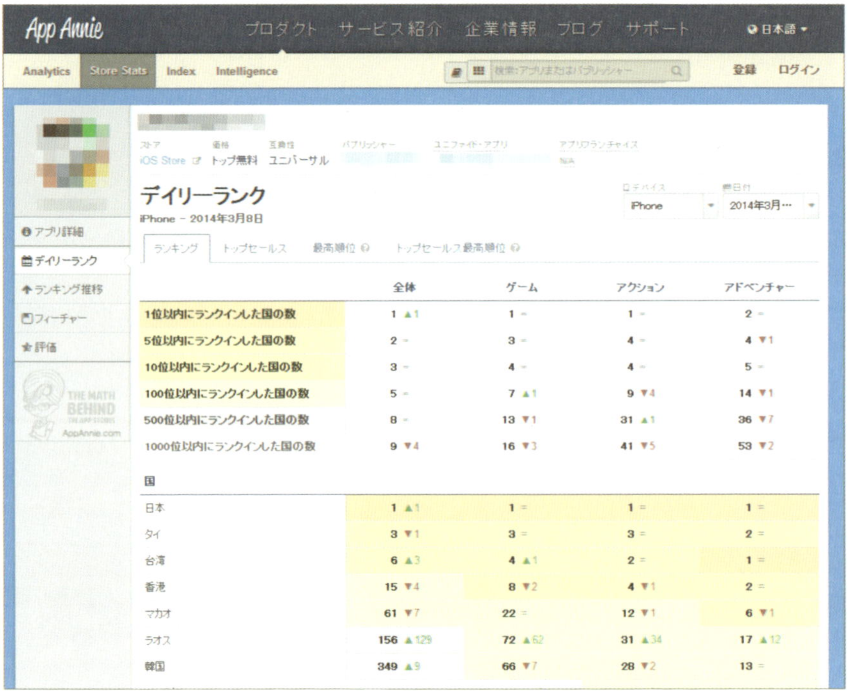

図8　アプリのランクイン回数などを確認可能

また、パブリッシャーアカウントを登録することで自社アプリに関する情報をApp Annie上で閲覧することも可能になります。

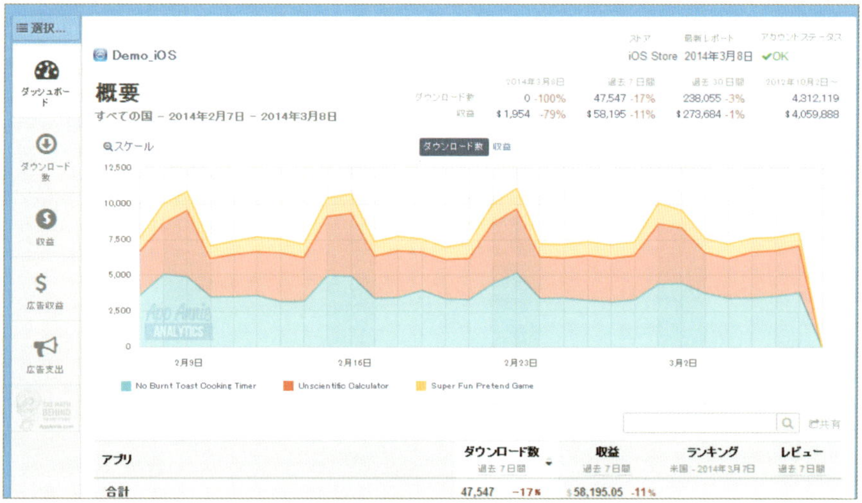

図9　自社のアプリのダウンロード・収益関連の情報も確認可能に

ASO ROBOT

もう1つのサービスは日本製の「**ASO ROBOT**」(http://www.asotools.jp/)になります(図10)。

競合のアプリを分析するだけではなく、前述したASOの分析ツールも用意されており、無料で利用することが可能です。

App Annieと同様に、App StoreとGoogle Playの両方に対応しています。

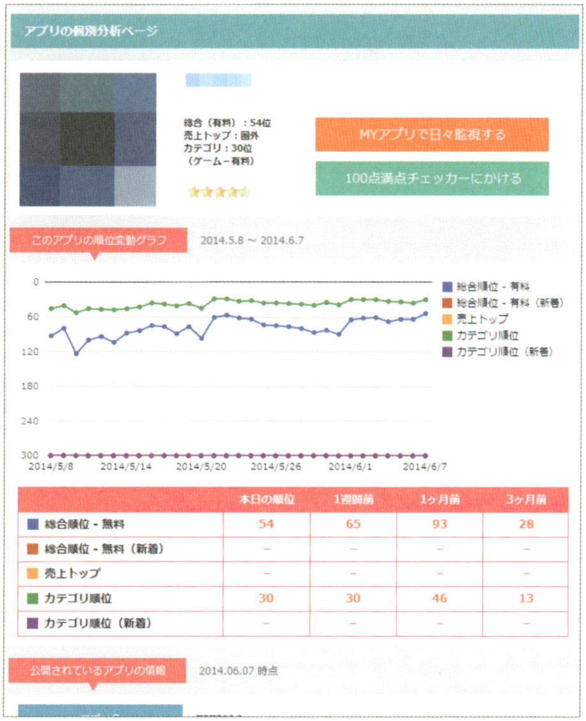

図10　アプリ分析ページ

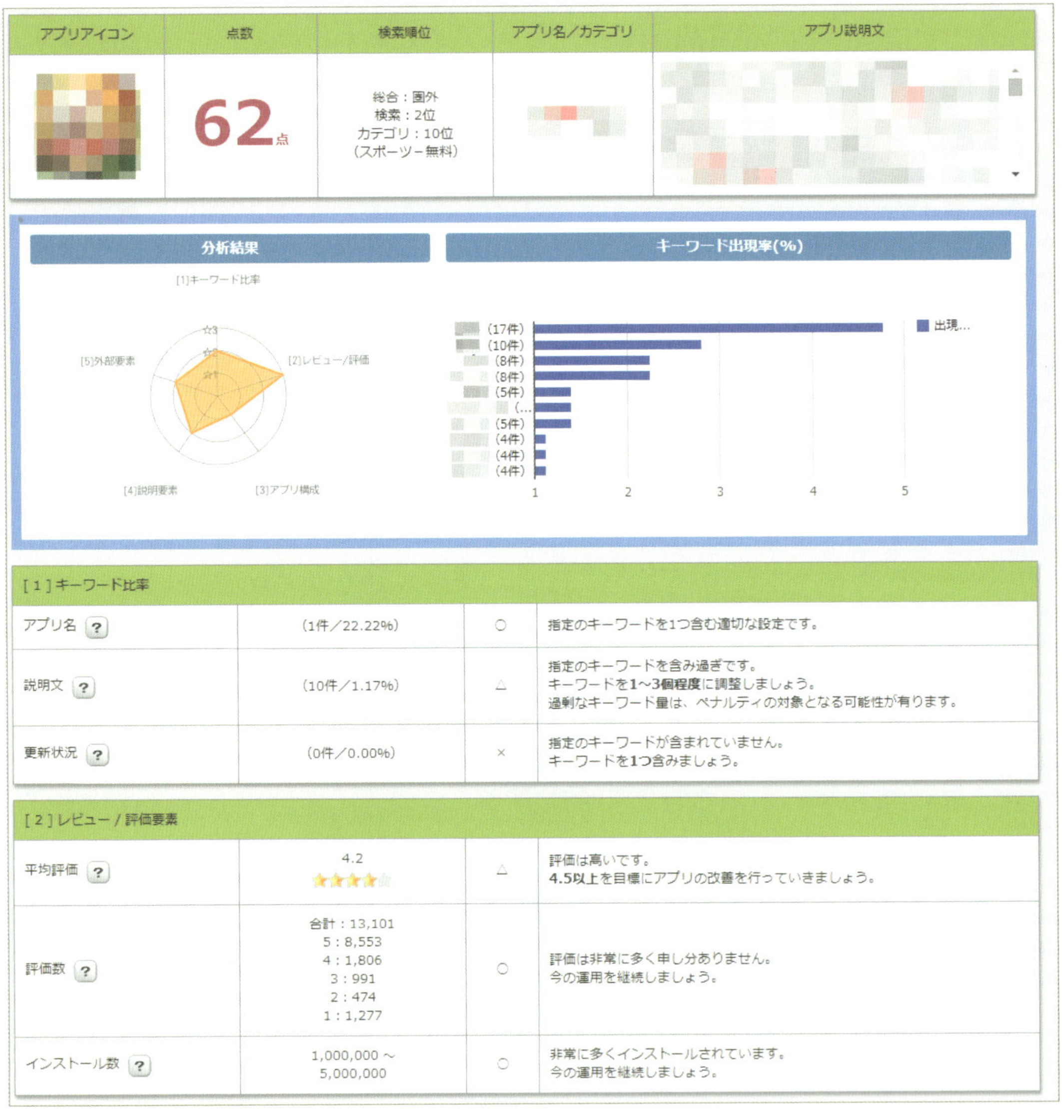

図11　ASOチェックツール

レビューの評価や内容そのものに関しては、実際に読んでいくのが一番の参考になります。**サービスの改善に活用できそうな内容**を見つけて、それをできる範囲で取り入れていくことで評価が上がることを期待できます。
また、実際のレビューを**テキストデータとして取得**し、分析することもオススメしています。図12はあるアプリのレビュー内容に特定のワードが含まれているかを確認し、その件数と平均レビュー点数をまとめたデータになります。

見ての通り、ワードCを含むワードが最も評価が高いということが分かります(折れ線参照)。これは利用者がサービスのどの部分を評価しているかの参考になりますし、レビューを促すタイミングの参考にもなるでしょう。

また、簡単な**形態素解析**を行うことで、どのワードがレビューによく利用されていて、相関が高いかを確認することができます。

下記は無料でも利用できる**KH Coder**というソフトを利用して、あるアプリのレビューの語句に対して「**共起ネットワーク**」を作成したものになります。

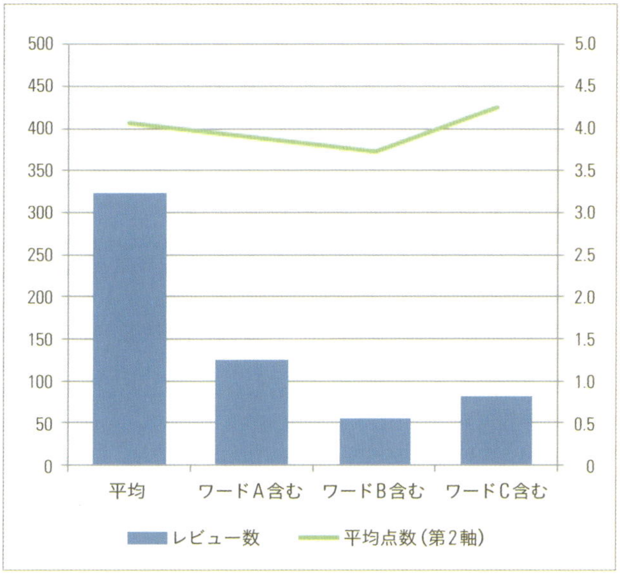

図12　レビューに含まれるワードごとに、レビュー数とレビュー評価をグラフ化

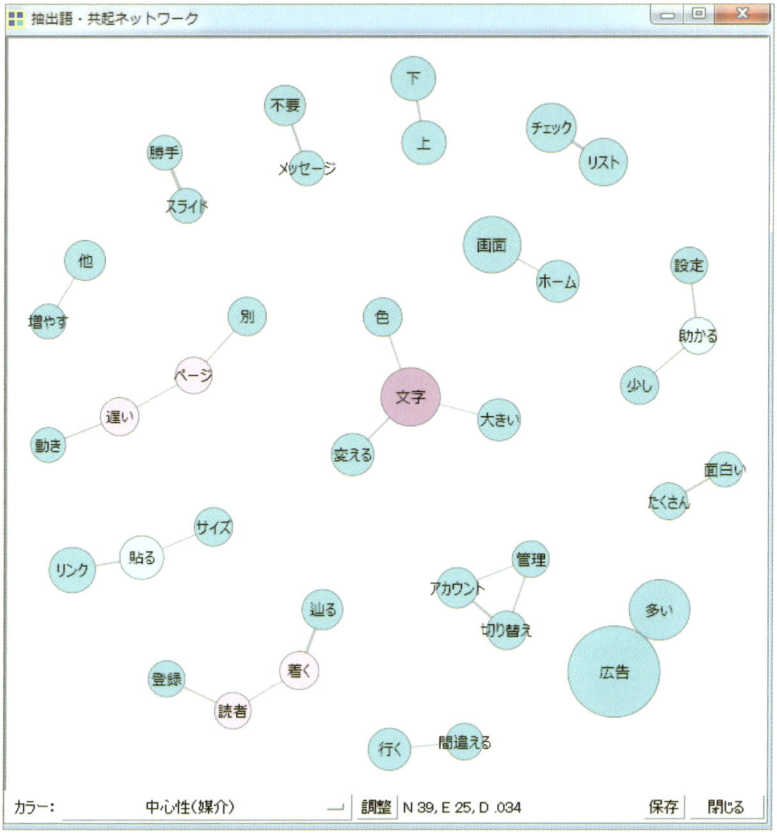

図13　「KH Coder」による共起ネットワークの図

図13を見ての通り、どのワードが組み合わせでよく利用されているか、良い点・悪い点などがすぐに分かるようになります。
アプリの分析において大切なのは、**ダウンロードから収益までを横断で確認**し、どこに課題があるかを発見して、**改善ポイント**を見つけていくことです。また順位や評価がどのようにダウンロード数に影響するかなどを見ておくことも大切です。筆者はあるアプリに関しては、図14のようなレポートを作成して評価を行っていました。

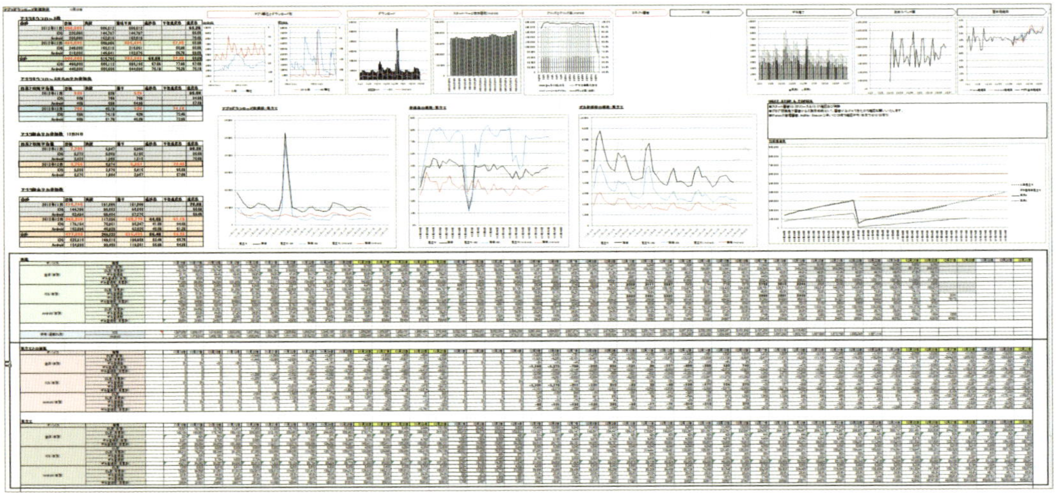

図14　筆者が作成したアプリのレポート。数値は仮

詳細はお見せできないのですが、図14の表は**ダウンロード**や**アプリ内での売上に関する目標**が設定されていました。
右上のグラフに関しては、集客から課金まで、つまり入口から出口までの状況が分かるように、いくつかの指標を追いかけていました。具体的には「**アプリ順位**」「**ダウンロード数**」「**起動数**」「**起動後のクリック率**」「**会員登録完了率**」「**課金率と課金額**」「**継続率**」などのデータになります。
下段の表は日別の目標数値と実際の数値を確認できるようにしていました。

Column

ソーシャルゲームの分析

このコラムでは、ソーシャルゲームの分析について触れたいと思います。
ソーシャルゲームは1人あるいは複数のユーザーで楽しむ、オンラインで遊べるゲームの総称です。遊ぶための料金は無料で、ゲーム内でのアイテムなどを有料購入するという形で売上を作っているものが多いです。大半のソーシャルゲームはスマートフォン上でWebあるいはアプリの形式で提供されています。大別すると、ゲーム内のカードを手に入れて強くしていくことで楽しむ「カードゲーム」と、ペットや作物などを育てる「非カードゲーム」の2種類があります。
ソーシャルゲームの目的は、Webサイトなどと一緒で収益を上げることになります。端的には、より多くの利用者にお金を使っていただくということです。ECサイトなどとは違い、来てすぐに商品を購入するという形は比較的少なく、利用して継続して楽しみたいと思ったときにお金を使う(＝課金)するということが多くなります。

●ソーシャルゲームの売上方程式

ソーシャルゲームには売上の基本的な考え方を表す方程式があります。

1日の売上 ＝ DAU × 課金率 × ARPPU

という方程式になります。
では、売上を構成する3つの指標を確認してみましょう。

DAU ･･･ Daily Active Userの略称で、その日のユニークな訪問者数を指します。これが週別・月別の場合はWAUやMAUという名称になります。ソーシャルゲームにおいては、アクセス解析でよく利用する「セッション」という概念は基本的には使われておらず、基本的にはユーザー単位で集計や分析を行います。これはソーシャルゲームでは、主に「ログイン」をしてサービスを利用することから、Webサイトよりはユーザー特定の精度が高いからという背景もあります。

課金率 ･･･ 該当期間の訪問者の中で、支払いを行った割合を指します。ECサイトで言う、ユーザー単位のコンバージョン率になります。サービスに対して「お金を払っても良い」と思っている人数が反映される指標になります。

ARPPU ･･･「Average Revenue Per Paid User」という長い文章の略称で、簡単に言うと「支払った人の平均単価」になります。サービスに対して「いくらまで使いたい」と思っている人数が反映される指標になります。また似たような指標としてARPU(Average Revenue Per User)という指標もあります。こちらは、ユーザー1人あたりの平均売上金額となり、サイトに1人訪れると平均いくらの売上になるかを表したものです。

●売上を増やすためには

基本的な考え方は「DAU」「課金率」「ARPPU」のいずれかを上げる必要があります。つまり「より多くの人にサービスを利用してもらう」あるいは「より多くの人にお金を払っても良いと思ってもらう」あるいは「より多くのお金を出しても良いと思ってもらう」のいずれかになります。
そしてこの3つの指標は、相互の影響を与えることが多いです。どの指標をどういう戦略で上げていくか。

Column

サービスの担当者やアナリストはまずそのプランを最初に決める必要があります。どの指標を利用するべきかは、「改善の余地がどれくらいあるか」「施策の難易度と実現度」などに依存します。またある指標を上げたら、次は他の指標を上げるという考え方もよく行われています。
そして多くのサービスでは、売上をKGIとし、DAU・課金率・ARPPUの3つの指標あるいは各指標の一部（例：新規登録数・継続率など）をKPIとして設定し、日あるいは週単位でのモニタリングと改善を行っています。

DAUの分析・改善

DAUは、アクセス解析の用語に置き換えると「訪問者」となります。多くのサービスでは、（特にサービス開始時に）DAUを伸ばすことを優先的に考えます。最初に人を集めて「盛り上がり」を作らないと、その後に人を集めるのが難しいのがソーシャルゲームです。
「友達招待をするための招待コード」や「アプリのランキングやレビューの改善」「有料集客（ブースト）」などが主な施策になります。同じプラットフォーム内での告知やキャンペーンも集客に大きな効果をもたらします。

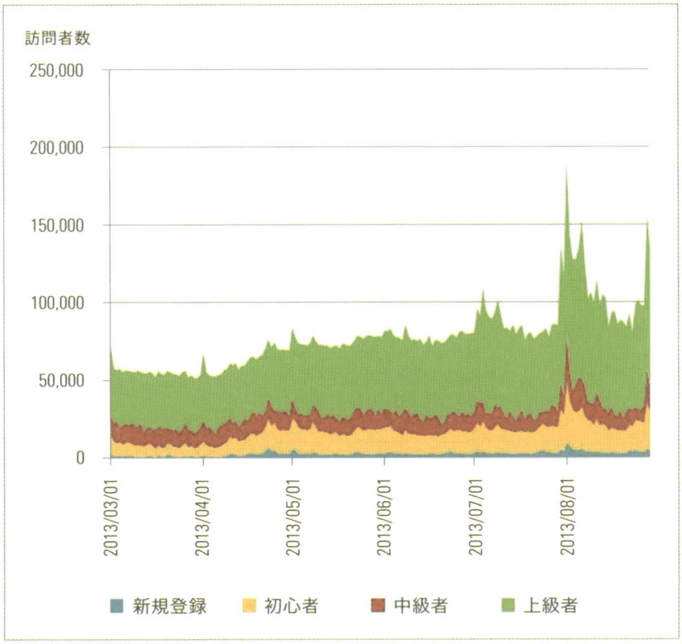

右図では日単位で訪れる人を「新規登録者」「初心者」「中級者」「上級者」という形で分けています。
「新規登録者」は名前の通り、その日に初めてサービスに登録した方です。「初心者」「中級者」「上級者」はそれぞれ累計の訪問日数が「2日～14日」「15日～30日」「31日以上」という形で分けています。この分類方法が正解というものではなく、各サービスや会社によってこの辺の分類の仕方は変わってきます。
このような分類を行うのは、サービスにおいて訪問日数（継続利用）と売上には強い相関があることが多いからです。
多くのソーシャルゲームでは、新規登録者や初心者がいきなり大量のお金を使うことは稀で、サービスをしっかり理解し、楽しんでもらい、「課金してもいいかな？」と思っていただくには日数が必要です。そこで、このような形で分類を行い、「どのユーザー層にどういった施策を行うべきなのか？」を考えて実施を進めていきます。
たとえば「新規登録者」であれば、「初心者」になってもらうためにも、明日もログインしたらアイテムをプレゼントするといった施策を行うことがあります。つまり、「**ユーザー×改善したい指標**」で考えることが大切です。
そして様々な施策を実施していく中で、どのユーザー層がどれくらい増えているか、その割合に変化があったかを見ながら、各施策を評価していきます。

Column

課金率の分析・改善

ソーシャルゲームの業界では、コンバージョン率は「課金率」と呼ばれており、

課金率 ＝ 課金人数 ÷ ログイン人数

と定義されます。課金率は様々な単位で確認します。代表的なものは「日単位」そして「月単位」、「イベント単位」になります。

ソーシャルゲームの課金率の特徴としては、まず多くのソーシャルゲームでは、「月初」に課金率が上がる傾向があります。多くのソーシャルゲームはスマートフォンで展開されていますが、月単位でスマートフォンの支払金額が決まっている利用者が多いため、多くのサービスでは「月初」に新しいイベントやキャンペーン、お得なアイテムを提供する傾向が多いです。

また、多くのソーシャルゲームでは「イベント」を定期的に実施しています。イベントとは、決まった期間の間に利用者同士で、協力したり競ったりして点数を稼ぎ、得点やランキングに応じて報酬をもらうという仕組みです。このイベントの初日も、課金率が上がる傾向にあります。

そして「キャンペーン」は、その内容によっては課金率が上がる要因になります。たとえばいつも100円のアイテムが、その日だけ30円で販売しているならば、購入する人数が増えて、課金率が上がります（その分はARPPUは下がりますが）。

課金率をソーシャルゲーム内で改善したり、上げたりということを考えるときに大切なのは、「より多くのお金をいただく」ことではなく、より「多くの人」にお金を使っていただくことになります。そのため、初めてお金を使う人を増やすということが大切になります。それを間接的にあらわす指標が「新規課金人数（あるいは課金率）」です。

新規課金率 ＝ 新規課金人数 ÷ 課金人数

つまり、該当期間やイベントにおいて初めて課金をしてもらった人数や割合です。どのようなアクションやイベント、あるいはサービスを始めて何日以内に初めての課金が行われているかを分析することは大切です。初めて課金したときに何を購入したのかを把握しておくことは、今後の課金率改善に大きなヒントを与えてくれるでしょう。

ARPPUの分析・改善

ARPPUは、前述の通り「支払った人の平均単価」です。つまり決まった期間において、平均いくらお金を使っていただいたかということを表しています。ARPPUが高くなる要因は主に2つあります。1つは「ガチャ」です。カードが存在しない非カードゲームでは、このガチャによる売上を作ることができません。

もう1つはカードゲームにおける「バトル」の要素です。このような争いが起きるところでは、勝ちたいという気持ちから課金をすることにつながり、課金が促進されるという傾向があります。

ARPPUは日単位・週単位・月単位などで確認することが多いです。サービス全体の進捗を確認するためには月単位が多く、その日に行われた施策を評価するときは、日単位を利用することが多いです。

ARPPUを上げるための施策は多岐に渡ります。基本的には「すでに課金している人に、お得かつ高単価の商品を用意する」というのが考え方になります。そのため多くのカードゲームでは、（比較的お金に余裕がある）月初に高単価の商品を用意することが多いです。また、イベントなどで手に入る「報酬」が魅力的かつ、適切な難易度で設定されていれば、取得のためにARPPUが増えます。

ソーシャルゲームの分析に関しては筆者のブログで10回の連載を書きましたので、よろしければあわせてご覧ください。 http://d.hatena.ne.jp/ryuka01/20131105/p1

Chapter 2 ▶ Section 11

ECサイト

▶ Section 11-1

ECサイトの目的を理解する

Chapter 2-11では**ECサイト**に関する分析手法や施策の事例を紹介いたします。
ECとは「Electrnoic Commerce（電子商取引）」の略称で、オンラインで商品やサービスの販売（つまり決済）が発生するサイトを総称します。「Amazon」や「ZOZOTOWN」のような商品を販売しているサイトや、「mora」や「honto」のような音楽や電子書籍の販売サイトなども含みます。広義においてはシステムやサービスなどを販売しているBtoB（Business to Business）サイトやオークションなどのCtoC（Customer to Customer）サイトもECサイトに含まれるのですが、大多数は**BtoC**（Business to Customer）サイトとなっており、Chapter 2-11でもBtoCのサイトを例に説明をいたします。BtoBサイトに関してはChapter 2-12で説明いたします。

ECサイトの特徴

最大の特徴は定義の通り**オンラインで決済が発生する**ということです。資料請求・お問い合わせ・会員登録のようにユーザーから直接売上が発生せず、広告収入やオフラインでの契約という形で売上が発生するサイトとは違い、サイトそのものがどれくらいの売上をあげているか直接把握することができます。従ってビジネスのゴールがオンライン上で完結するため、分析も比較的行いやすいです。
売上を把握できるということは、集客の費用対効果を確認したり、サイト内で行った改修がどれくらい売上につながったかを確認したりすることができます。そのためWeb担当者の取り組みがより可視化されるというメリット（時にはデメリット）があります。
また売上に大きく影響を与える要素として、集客やサイト内のレイアウトやデザインだけではなく、**商品の魅力や在庫**にも大きく左右されます。適切な商品選びや開発、仕入れの管理などWebサイトに依存しない部分にも気を使う必要があります。いくら使いやすいサイトで大量の集客をしたとしても、商品の在庫数以上に売ることはできません。
そして売上がいくら増えても、それ以上にコストがかかってしまっては意味がありません。ECサイトの最大の目標は売上をあげることですが、コスト・利益に関しても必ず確認をし、売上を維持しつつコストを削減する施策についても考えていくことが大切です。

モールと自社サイトの違い

ECサイトには2つの販売場所があります。1つ目が**モール**と呼ばれる、他のサイトで自社サイトの販売ページを構築したり、商品を販売したりといった形式です。代表的なものは「楽天」「Amazon」「Yahoo!ショッピング」などが挙げられます。自社でWebサイトを構築する必要がなく、手軽に商品の販売を始めることができます。2つ目が**自社でサイトを構築する**形式です。サーバーを用意する（あるいはレンタルして）、ECサイトやショッピングカート構築サービスなどを利用してサイトを立ち上げるという形です。どちらにもメリット・デメリットがあります。以下の表にまとめてみました。

項目名	モール	自社サイト
構築費用（初期費用）	低	中〜高（規模による）
運用費用	低	中〜高（規模による）
集客コスト	低（元々集客力があるサービスが多い）〜高い（その中でも広告出稿をする場合）	同じ集客量を集めようとしたら、モールと比較して高い場合が多い
立ち上げに必要なスキルや時間	低	中〜高（実装やサイトデザインなどを含むため）
取得できるユーザー情報	低〜中（基本は最低限の情報のみで、アクセス解析ツールなどを実装できない）	低〜高（アクセス解析などの実装次第）
他社依存	高（同じ商品を他のサービスでも取り扱っている場合）	中
リピーターや購入者へのアプローチ	低（メールを自由に送ることができないなど）	高

主な特徴として、モールは「**立ち上げや運用のしやすさ、ある程度の集客力がある**」ことが特徴で、自社サイトは「**分析やユーザー情報の取得＆アプローチが自由にでき、デザインも自分たちで作ることができるが、立ち上げの費用や必要なスキルはモールと比べて高い**」といったところでしょうか。たとえるなら、モールはデパートへの出店、ECサイトは店舗を構えるといったところです。

本書は分析に関する書籍なので、アクセス解析ツールなどを導入できる自社サイトを中心に紹介いたします。Googleアナリティクスに代表される多くのアクセス解析ツールでは、売上を取得することができます。しかし、そのためには実装が必要となります。購入完了ページにおいて、追加の記述を行う必要があり、その中に商品名・商品個数・売上などの情報を指定しないと計測ができません。サイトのエンジニアの方に相談をして実装を行いましょう。より分析が行いやすくなります。

また「MakeShop」「FutureShop2」「Eストアーショップサーブ」を始めとするECサイトやショッピングカートの構築サービスでは、Googleアナリティクスで売上を計測するための機能「Eコマース分析」に対応しています。サービス側で計測記述の追加が自動で行われるよう設定することが可能です。

図1　ECサイト構築サービス「FutureShop2」（http://www.future-shop.jp/）

ECサイトにおける購買プロセスを確認する

ECサイトにおける購買プロセスは以下の通りとなります。

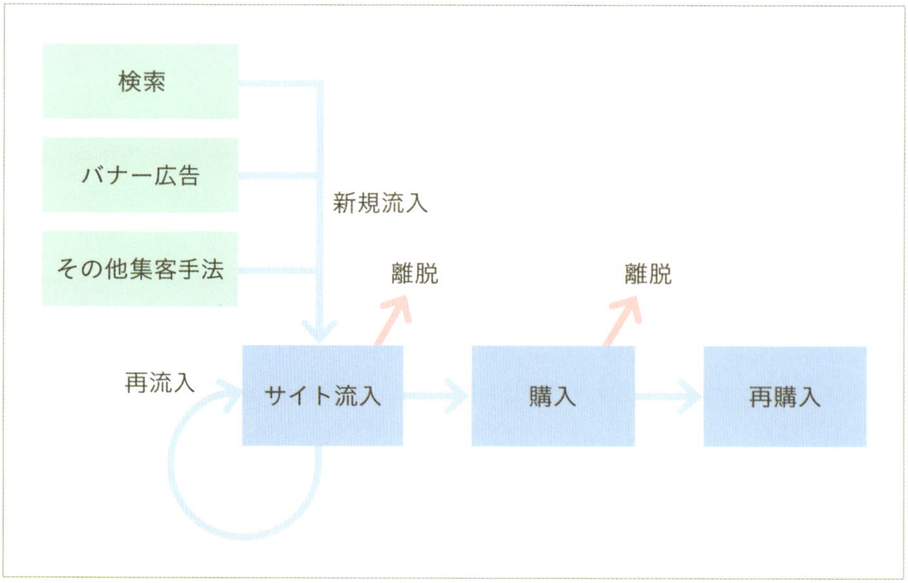

図2　ECサイトにおける購買プロセス

検索エンジンで商品を検索したり、別のサイトに掲載されていたバナーやリンクをクリックするなどの方法で皆さんのサイトに人が訪れます。その中で一部の人はそのまま商品を購入してくれますが、大多数の人は購入せずに離脱します。離脱した後に、二度とサイトに来なくなるか、あるいは再訪問が行われます。そして再訪問時(あるいは複数回訪問後)に購入をします。購入した人は1回だけ購入して二度と購入しないか、複数回購入を行います。
上記が大きな流れになります。従ってECサイトを改善する上で大切なのは「**たくさんの人に来てもらう**」「**再訪問をしてもらう**」「**再購入をしてもらう**」の3点に集約できます。人に来てもらう部分はChapter 2でも自然検索・リスティング・バナー広告などの項目で考え方と手法を紹介してきました。Chapter 2-11では主に「再訪問をしてもらう」そして「再購入をしてもらう」ことを中心に説明をいたします。

▶ Section 11-2

ECサイトにおける新規とリピーターの獲得の重要性

なぜ、再訪問と再購入が重要なのか?

サイトを初めて訪れる人を増やすことは、ECサイトをリリースした当初は非常に大切なのですが、同じくらいに、**再訪問**や**再購入**の人を増やすことも大切です。その一番の理由は再訪問や再購入の方が「効率が良い」からです。
以下は筆者が分析を行ったことがあるいくつかのサイトに関するデータになります。

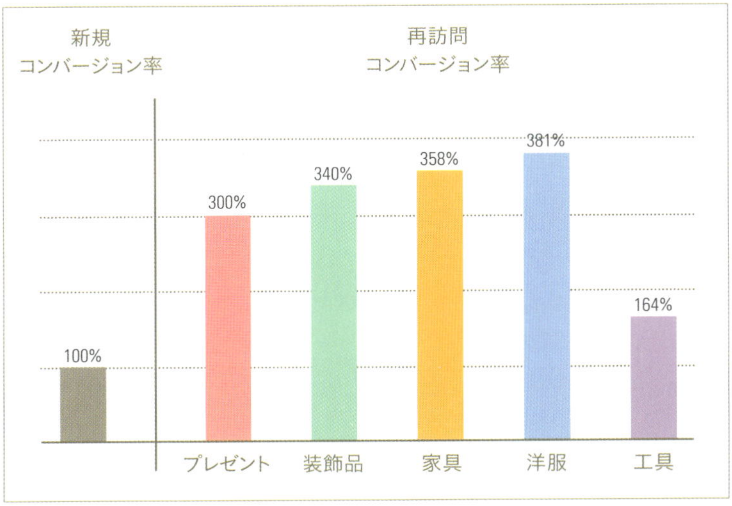

図1　最訪問者のコンバージョン率。各サイトにおける新規訪問者のコンバージョン率を100%としたとき

図1は、5種類それぞれのサイトの新規の人のコンバージョン率（＝購入率）を100%としたときに、**再訪問の人のコンバージョン率**を相対的に表示しています。どのサイトにおいても、**再訪問の人の方が購入する確率が高い**ことが分かります。特に商品の種類数が多く指名買いではない場合、あるいは購入単価が高い商品に関しては検討期間が長いということから、このような傾向が出やすくなります。

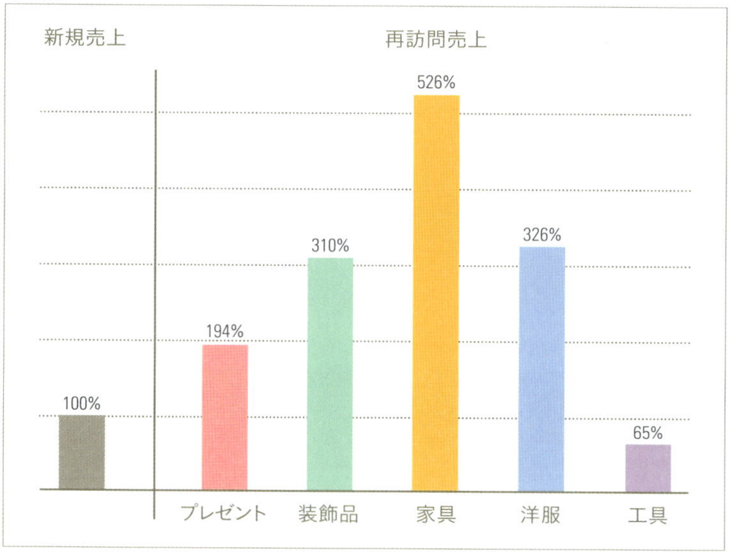

図2　再訪問者の売上。各サイトにおける新規訪問者による売上を100%としたとき

図2は、各サイトにおいて初めて訪れた人が作った売上を100%としたとき、再訪問している人がどれくらい売上を作っているかを表したものです。指名買いがおきやすい工具以外のサイトでは、**再訪問による売上が大きい**ことが分かります。このように再訪問をしてもらえれば購入する確率が上がり、また売上にもつながることが分かります。それでは同じように再購入の重要性を確認してみましょう。

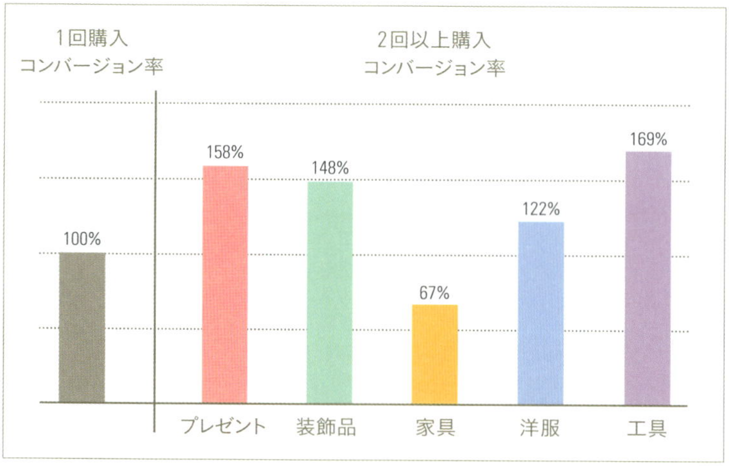

図3　2回以上購入する人のコンバージョン率。各サイトにおける1回目購入のコンバージョン率を100%としたとき

図3は、1回だけ購入する人のコンバージョン率を100%としたときに、2回以上購入する人のコンバージョン率を表示しています。単価が高く購入頻度が低い家具以外は、2回以上購入の方が高いことが分かります。この事実が意味していることは、購入したことがない人が初めて購入する確率より、**1回購入した人が2回以上購入してくれる確率が高い**ということです。サイトに情報を登録したことにより次回から入力の手間が省けたり、1度購入したことによりブランドを認知し、次回もまずは同サイトを見てくれたりなどの要因が考えられます。

米国のECサイトを対象に行われた調査※1でも、1回購入した人のうち27%がサイトを再度訪れ、2回購入した人は45%がサイトを再度訪れ、3回購入では54%、4回購入では59%とその数値がどんどん上がっていくことが分かります。

従って購入をしてくれた人は、再度の購入や来訪を行いやすくなると言えるでしょう。

また、いくつもの調査でリピーターの獲得費用は新規の獲得費用と比べて格段に安いことが分かっています。

新規の人を獲得するのは既存の人を獲得するより5倍〜8倍の費用がかかる

http://www.secondopinionmarketing.co.uk/articles/customerintelligence/value.aspx

新規の人を1人獲得するのは、既存の人を1人呼び戻すより5倍コストがかかる

http://tomfishburne.com/2013/11/acquisition.html

再購入者を5%増やすだけで利益は25%〜95%と大幅に増える

http://hbswk.hbs.edu/archive/1590.html

ユーザーが見えるような方程式を作成する

売上を分解するときに、以下の式がよく利用されています。

売上 = 訪問 × コンバージョン率 × 平均単価

つまりサイトの売上は、何回訪問があり、そのうち何%の人が購入を行い、購入したときに平均いくら利用されたかということになり、これは間違っていません。しかし、この分類方法では再訪問や再購入などを加味することができません。

また改善施策を考える際も「人を増やす」「購入する確率を上げる」「平均単価を上げる」という漠然としたものになってしまい、施策を考える難易度が上がってしまいます。

※1　http://blog.sumall.com/journal/the-importance-of-repeat-customers-2.html

ユーザーのことを加味した式を考える必要があります。そこで以下の式を考えてみました。

売上 ＝ (未購入人数×初購入の割合×平均単価) ＋ sum (リピート購入のユーザー分類別の売上)

という内容です。前半の部分はサイトを訪れている、購入をしたことがない人数のうち、何%が実際に購入をしてくれるか、そして購入時の平均単価を掛け合わせたものです。この分け方であれば「**未購入人数を増やす**」そして「**初購入の確率を上げる**」という形で、よりターゲットを絞った施策を考えることができます。

後半の部分は購入するユーザーをいくつかの分類に分けて、その分類ごとの売上を確認して足し上げるというものです。この部分を理解するには「顧客」と「個客」という考え方を理解する必要がありますので、まずはこの2つを確認していましょう。

顧客と個客と分類

顧客というのは、サイトに訪れるすべての人を表した総称です。

ECサイトでは訪れた人に商品を提案したり、特集を行ったりしています。基本的には同じ内容を全員に表示していることが多いです。

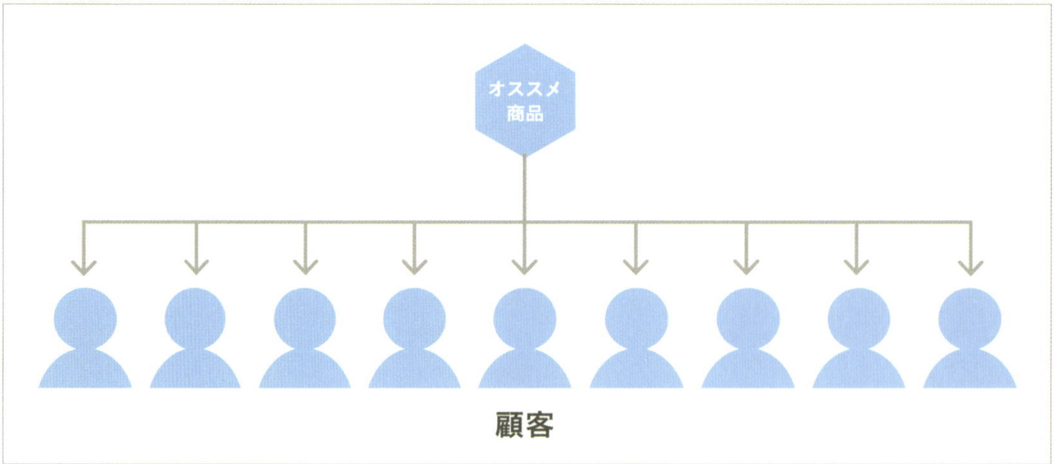

図4　同じ商品を全員に提示する

しかし、オフラインの店舗では、店員が訪れた人にあわせて**個別の提案**を行うこともあります。顧客を一人ずつ別の人として考えていることを「**個客**」といい(造語です)、その人に合ったオススメ商品を提示できたら、より正確な提案ができ、売上をさらに増やすことができるのではないでしょうか。

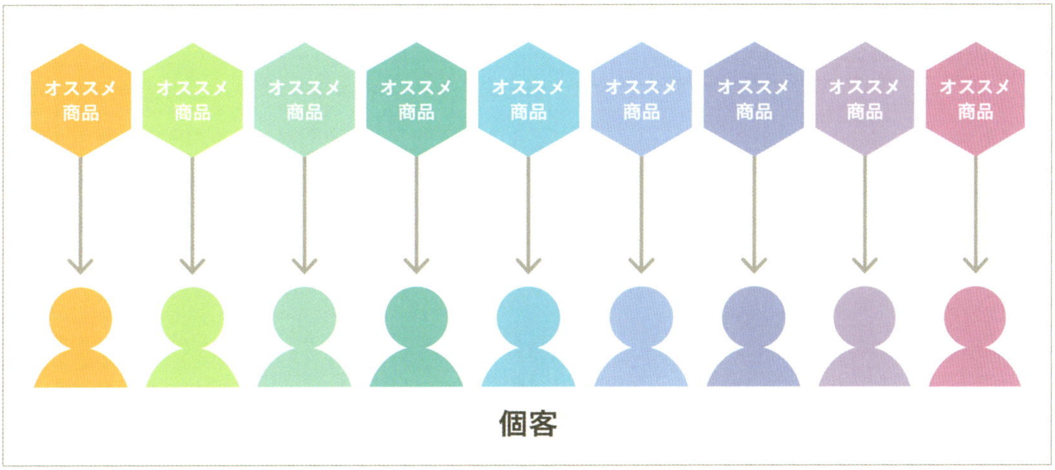

図5　その人に合わせてオススメ商品を提案する

しかし、オンライン上ではすべての人に別の提案をするというのは難易度が高いです。
店舗であれば、その人が着ている洋服や買い物袋のブランド名、過去の購入履歴、コミュニケーションの内容にもとづいて、新規の人からリピーターまで自由に提案を行うことができます。そこで、個客ごとに提案をするのではなく、何かしらの特徴により個客を分類し、その分類に合った提案を行うというのが「**分類**」の考え方です。

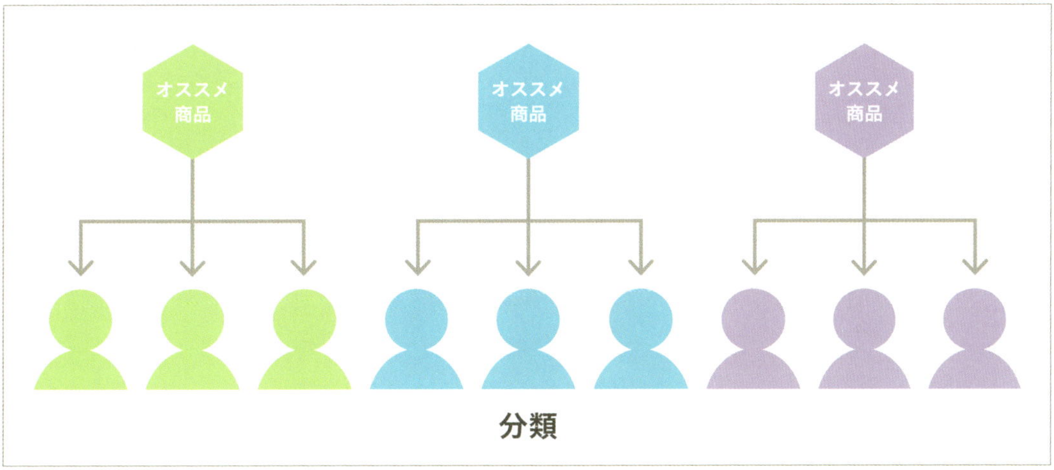

図6　個客を分類する

この分類ごとの売上が先程の式の後半部分になります。では、どのようにユーザーを分類すれば良いのか。いくつか例を見てみましょう。

基本的な分類の考え方

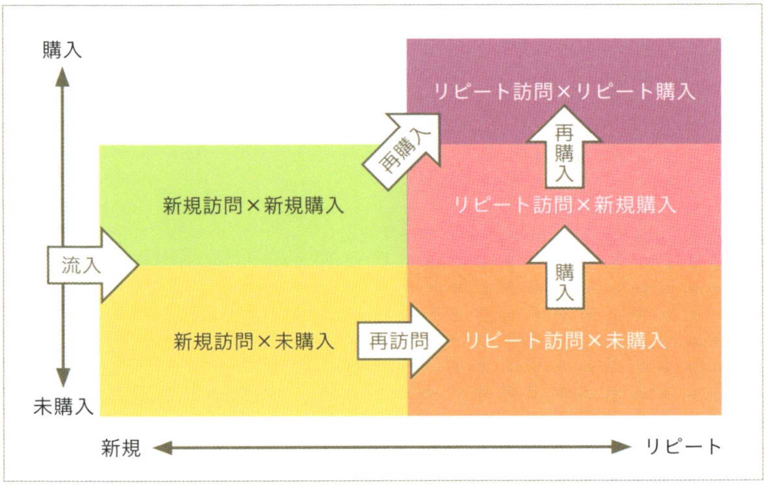

図7　分類のためのマトリックス1

一番シンプルな考え方は、新規・リピートと未購入・購入によるマトリックスを使った分類です。図7は個客を5種類の層に分類しています。下段2つの分類（「新規訪問×未購入」と「リピート訪問×未購入」）に関してはこの段階では売上に含まれません。しかし2つに分類することで、「新規訪問×未購入」の人にいかに再訪問をしてもらうか、そして「リピート訪問×未購入」の人にいかに購入をしてもらうかということを考えることができます。中段の2つの分類はいかに再購入を促すかという軸で施策を考えることができます。

購入者をさらに分類する方法もあります。図8は自然・健康食品を販売している「やずや」の分類になります。購入ユーザーを5つの層に分けて名称を付けています。

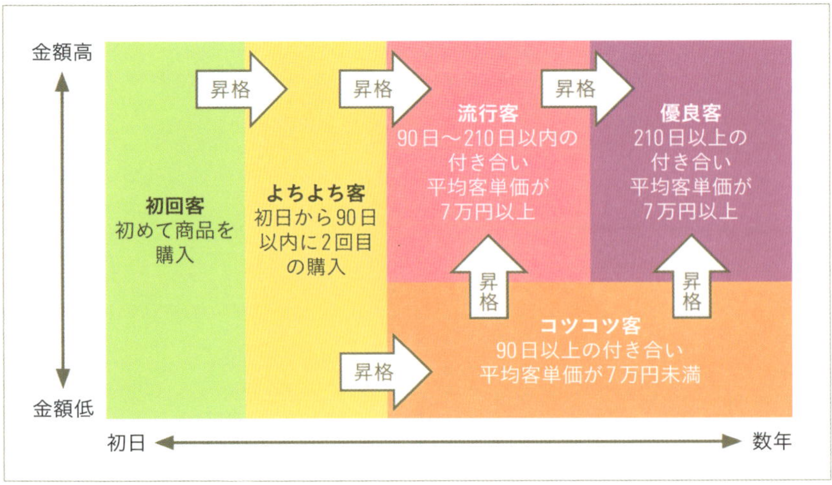

図8　分類のためのマトリックス2（橋本陽輔著、ビジネス社発行『リピーターになる時期は予測できる』を元に、編集部作成）

最も左に初めて購入した人の分類があり、右に進むにつれ利用期間が長くなり、上に進むほど購入金額が高くなります。後はそれぞれの層に対して施策を行い、ファン客を増やすということを実現しています。

注意点1：分類した人数を計測・分析できるようにしておく

このような分類を作成する上で注意点が2つあります。1つ目は「**その分類の人数を計測して分析できる必要がある**」ということです。せっかく分類を行っても、該当する人数が分からなければ、現状把握もできませんし、施策を行ったときにどれくらい改善したかも把握できません。アクセス解析ツールや顧客データベースに含まれているデータを使って分類を行いましょう。
たとえば、図9はGoogleアナリティクスの「アドバンスセグメント」機能（P.340参照）を利用して、2回以上購入かつ、累計の購入金額が50,000円を超えている人を抽出しています。

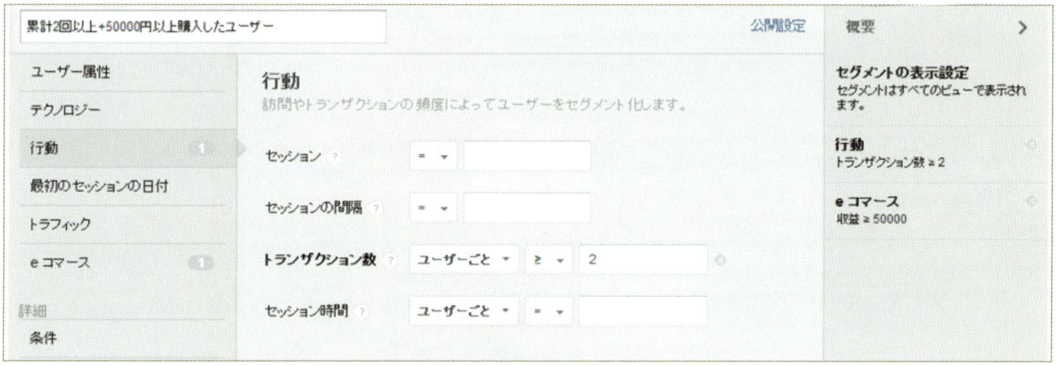

図9 ［アドバンスセグメント］設定画面を開き、左側で［行動］を選んで［トランザクション数：ユーザーごと］を「2」以上と設定し、［eコマース］を選んで［収益：ユーザーごと］を「50000」以上と設定

Googleアナリティクスの「アドバンスセグメント」を使って分類を行えば、各種レポートがその分類で確認することができます。

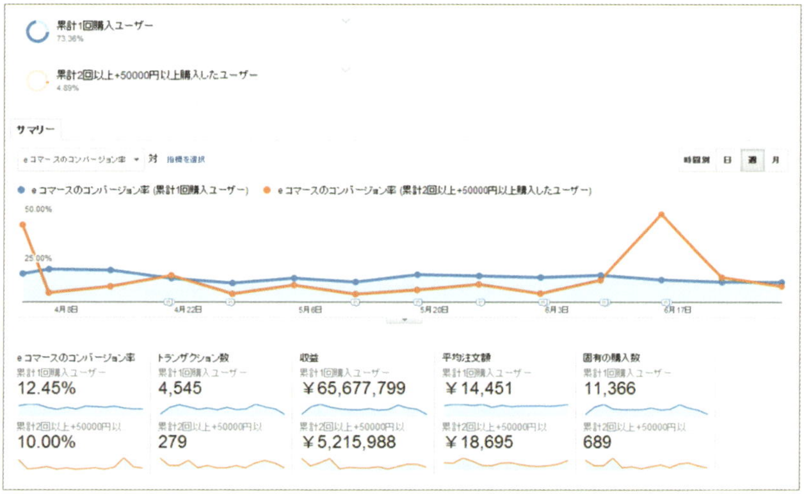

図10 図9のアドバンスセグメントを設定した状態で、［コンバージョン→eコマース→サマリー］を表示

注意点2: 分類に対して施策が行えるか

2つ目の注意点は「**その分類に対して施策を行えるか**」ということになります。せっかく分類をしたとしても、打ち手が打てなければ改善することができません。
たとえば「直近3ヶ月以上購入をしたことがない人」という分類を作ったとしましょう。その人たちを抽出してメールでクーポンを送付することが可能か否かといった観点になります。作った分類に対して施策を行えるかしっかり検討をしてみましょう。
また行える施策は多ければ多いほど良い分類と言えます。たとえばメールの配信を行うのであれば、メール配信サービスの機能を利用すると良いでしょう。

図11 (例)「かえ～るくん」のRFM分析を元にしたターゲットメール配信システム(http://kaerukun.jp/lp/001/)

新規獲得と再訪問・再購入の考え方

Chapter 2-11ではここまで再訪問と再購入の重要性を伝えてきましたが、再訪問や再購入の施策だけを行っていれば良いという意味ではありません。新規獲得には3つの重要性があります。
「立ち上げ時はリピートする人がいないので、まずは新規顧客を増やすことが最優先」「リピート施策は売上を一気に伸ばすのが難しいが、集客は適切な予算と内容で（すぐに）大きく売上を伸ばすことができる」「既存顧客は必ず減っていくため、新規流入施策は定期的に行う必要がある」という3点になります。大切なのは**新規とリピート施策の優先度をタイミングによって変えていく**ということです。

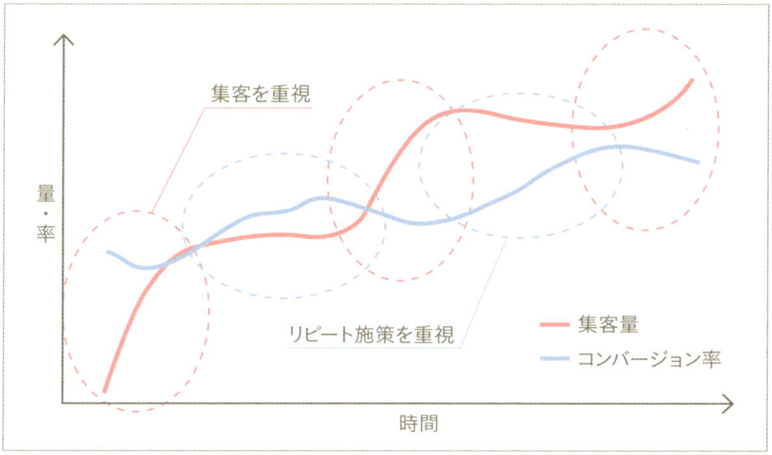

図12
集客量とコンバージョン率の推移

立ち上げ時は集客を重視し（赤丸）、コンバージョン率が落ち始めたら今度はリピート施策を重視（青丸）してコンバージョン率を上げ、上がってきたら、集客をさらに行ってといった形が良いのではと筆者は考えています。もちろん同時に実施しても良いのですが、「穴があいたバケツに水を注ぎ込んだり（コンバージョン率が低いのに集客を行う）」「誰も来ないお店に設備を増資したり（人がいないのにコンバージョン率改善施策を行ったり）」ということにならないように**数値を見ながら優先順位を変更**していきましょう。
最後に、米国で行われた調査※2で、新規あるいはリピート獲得のために有効な施策をまとめたものを紹介いたします。

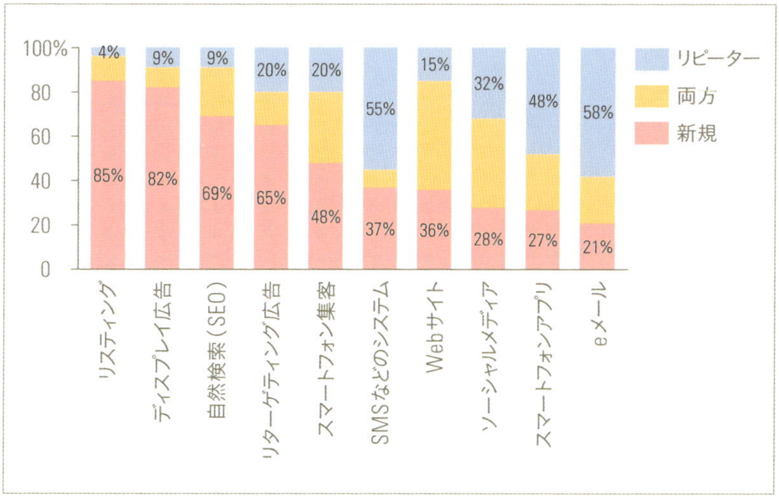

図13
新規あるいはリピート獲得のために有効な施策

※2　https://econsultancy.com/blog/63321-companies-more-focused-on-acquisition-than-retention-stats

新規獲得には「リスティング」「ディスプレイ（バナー）広告」「自然検索」「リターゲティング広告」などが向いており、リピーター獲得には「eメール」「SMS（LINEやメッセージングサービス）などのシステム」「スマートフォンアプリ」「ソーシャルメディア」などが向いていることが分かります。

次のSection 11-3では、主に再訪問や再購入につながる改善施策の事例をいくつか紹介いたします。

Section 11-3

ECサイトの改善施策事例

メディアごとに分けて、改善事例をいくつか確認してみましょう。筆者が日々サイトを利用したり、メールを受け取ったりしてこれは効果があるだろうなと感じた内容や、実際に分析をして効果があった事例を紹介いたします。今回はメールマガジン・スマホアプリ・Webサイトの3つから選んでみました。

メールマガジン

再購入を促すための代表的な施策とも言えます。早速いくつか内容を確認してみましょう。

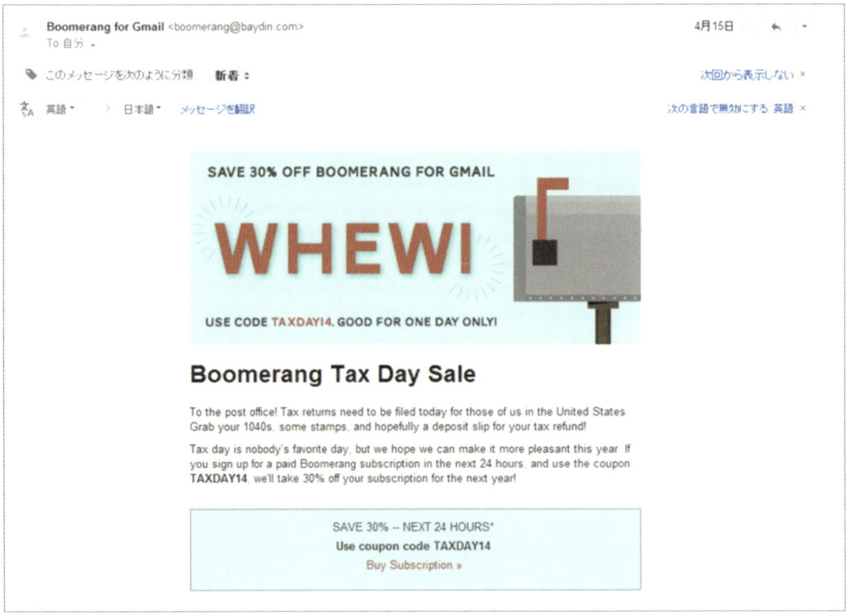

図1 「boomerang」からのメール例

Chap
2-11

こちらはGmailに自動配信や予約配信システムを追加するサービス「boomerang」からのメールです。内容としては「確定申告日は大変だよね。だからその苦労を少しでも和らげるために、今から24時刊以内に年間契約を更新したら30%割引にしますよ」という内容です。米国における確定申告日という、ビジネスをしている人（＝本サービスの対象者）にとって嬉しくない日を上手く逆手にとった形のアプローチとなっています。

図2「エディー・バウアー」からのメール例

2つ目は男性服を販売している「エディー・バウアー」の事例になります。
こちらは目立つ分かりやすい形でオファーを出しているのですが、良いなと感じたのが**2段階**のオファーになっているということです。
送料無料自体は最近は珍しくないのですが、低価格の購入でもそのメリットが受けられること、そして更に8,000円以上購入すれば割引が付くというものです。
エディー・バウアーの平均購入金額は8,000円よりも高いのではないかと推測しますが、特典の適用のハードルを平均購入金額よりも低く設けることで、初回購入や購入経験の浅い顧客の取り込みを狙ったのではないかと考えられます。

最後に紹介するのは、メールの内容そのものではなく、**再訪問につながる**ような、メールマガジンの登録の部分の事例になります。歯磨きやヘアケアなどを販売している「ライオン」の事例になります。
商品を購入するときに「お知らせメール」を受け取りますか？という質問が設定されていて、デフォルトで「はい」が選択されていることが多いかと思います。しかし、意識せずに登録した人は、その後開いてくれる可能性も低く、あまり意味がありません。そこでライオンでは、「受け取らない」が最初は選択されているのですが、以下のような画像をあわせてだしています。

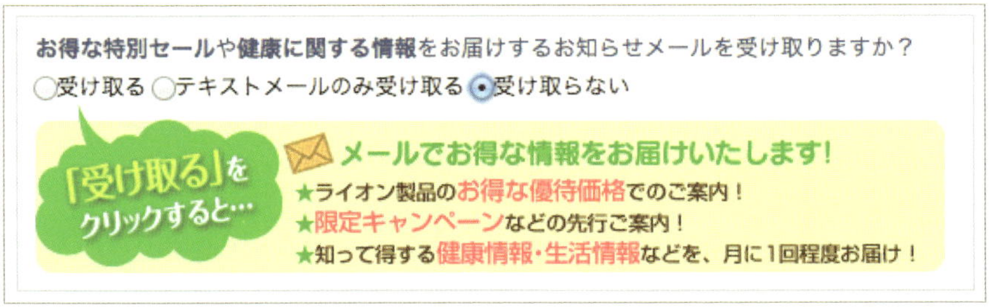

図3　「ライオン」のメールマガジン登録画面

「受け取る」を選択するとどういう内容のメリットがあるかを記載しています。これであれば、利用者が納得して「受け取る」を選択するのではないでしょうか。配信数ではなく、開封につながるメールアドレスを取得することを重視しているからこその見せ方だと感じました。

スマホアプリ

ソーシャルゲームを中心に、購入を促す見せ方がアプリでは非常に優れています。筆者が関わった分析案件で、購入率が改善した2つの事例をまずは紹介いたします。

図4　「ファーミー」のショップ画面

1つ目は、農園ゲーム「ファーミー」の事例です。ゲーム内で使えるアイテムを購入する「ショップ」をリニューアルしたときの内容になります。3箇所を改良しています。
上部のショップのアイコン画像では、セール期間中は「セール」のタグがアニメーションで動き、**すぐに目に入る**ようになっています。下部では2つの画像に**ラベルの工夫**をしています。「イベント限定」や「XX%OFF」といったタグ、「元の金額に対して取り消し線を入れる」などの工夫を行い、購入率を大きく改善することができました。

2つ目は、料理ゲーム「モグ」の事例です。こちらは**会員ランキング制度**を導入した事例になります。
1日100円以上購入をするとスタンプがもらえ、スタンプが貯まるとランクが上がり、様々な特典を受けられるという内容になっています。

図5　「モグ」の会員ランキング制度の画面

再購入率を上げる施策として有効に機能しています。最上位ランクでは、最上位ランクの人しか購入できない**VIPショップ**を用意することで、再購入率だけではなく、購入単価の改善も図っているという形になっています。
このようなランクシステムについては、後述するWebサイトの事例でも1つ紹介します。

最後に紹介する事例は、「**そのとき限りの割引**」を実現している事例の中では、非常に精度が高いと考えられる内容です。

図6　「Megapolis」の割引表示画面

こちらは「Megapolis」という街を作っていくゲームです。
ゲーム内で集めるお金でも建物を購入できるのですが、時間がかかるので有料での購入も存在します。そして街を育てていくと定期的に「レベル」が上がります。この「レベルが上がる」という嬉しいタイミングを狙って、前述の画像が表示されます。
特定の建物を、**今回限り**で66%割引で購入できるというものです。レベルアップして気分が上がっているところに、割引が表示されるというよく考えられた内容になっています。しかも、この画面を開いている限りの割引なので、右上の［×］ボタンを押してゲームに戻ろうとしたら、もうこの割引額では購入ができなくなってしまいます。**すぐに判断してもらうための仕組み**も含まれているというものです。ECサイトでも応用できるのではないでしょうか。

Webサイト

Webサイトでも様々な機能や施策で再訪問や再購入を促しています。この後のコラムで「**レコメンド**」ついて紹介するので、ここではそれ以外の手法を2つ紹介いたします。まずは再訪問につながる「**チェック機能**」についての事例です。

住宅情報サイト「SUUMO」では様々な内容を会員登録しなくても「**保存**」することが可能です。物件探しのように検討期間が長く、同業他社が多いサイトでは、**いかに物件探しを楽にするのかが大切**です。その中で再訪問の施策として、自分が行った行動を「保存」することで、次に訪れたときに一から再検索などをする必要がなくなります。
では、実際にどういう内容が保存できるのか、再訪問につながるような施策を行っているのかを確認してみましょう。

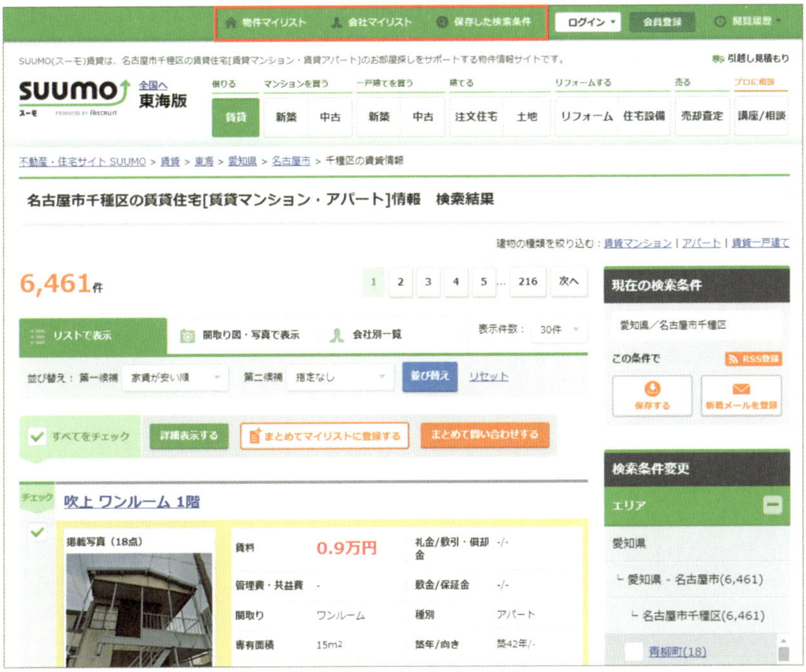

図7 「SUUMO」の画面

最上部には3つの「保存機能」を見るためのリンクがあります。

- 「マイリストに追加する」というオレンジ枠のボタンを押して登録した物件を確認するための「物件マイリスト」
- 不動産会社を登録し、その不動産会社を確認できる「会社マイリスト」
- 右にある白色にオレンジ文字のボタンである「保存する」という保存した検索条件をいつでも再利用できる「保存した検索条件」

これらはすべて**再訪問時にも利用できる**ような機能となっています。他にも今まで見た物件が一覧で表示される右上にある「閲覧履歴」、検索条件に対して新しい物件が増えたときにその情報が送られてくる「**新着メールを登録**」、RSSリーダーなどでいつでも最新情報が確認できる「**RSS登録**」などもその対象です。1つの画面で、利便性を上げて、再訪問を促す箇所がたくさんあることにお気づきいただけたのではないでしょうか。

次に、**再訪問と再購入**の促進を合わせて持った事例を見てみましょう。こちらはファッションのECサイト「Magaseek」の事例になります。前述した「モグ」と同じように、**会員ランク機能**を活用しています。会員になってスコアを貯めるとランクが上がるのですが、その手法が多岐に渡り、再訪問や再購入につなげている点がユニークです（なおかつ新規獲得にも有効だったりします）。

スコアについて

スコアとは、弊社サイトのご利用状況を点数化したもので、会員ランクを決定する値です。
ご購入金額がそのままスコアになるため（税抜¥10,000の商品を購入→10,000スコア獲得）、ご購入金額が中心になりますが、下記のようなサイトのご利用によっても獲得することができます。

アクティビティ	スコア	
	付与スコア数	付与されるタイミング
商品の購入	購入額（税抜）	返品可能期間の経過後（配達完了から10日～14日後）
新規会員登録	5,000スコア	ご登録完了後すぐ
メルマガ登録	5,000スコア	ご登録から30日後
マガシークカード登録	10,000スコア	マガシークカードご利用ID登録後すぐ
欲しいものリスト登録	100スコア	ご登録完了後すぐ
好きなショップ登録	100スコア	ご登録から30日後
入荷情報メール登録	500スコア	ご登録から30日後
お友達に教えるメール	100スコア	送信完了後すぐ （オートログイン状態では付与されませんので、ログインページからログイン後にご利用ください。）
コメント投稿	500スコア	承認後
レビュー投稿	1,000スコア	承認後
ソーシャルボタン（Facebook、Google+、twitter、mixiチェック）	100スコア	ご利用後すぐ

図8 「Magaseek」の「スコアについて」

スコアをもらえる条件として、多くのECサイトでよくある「購入」だけではなく、他にも入手方法が存在します。「**各種登録**」、友達へのメール送信やソーシャルボタンなどの「**宣伝**」、コメントやレビュー投稿などの「**口コミ獲得**」などになります。非常によく考えられたシステムで「後すこしでランクが上がるのに」というときに、登録や口コミなどを書いてくれるのではないでしょうか。
また、スコアを元に決まる会員ランクに応じてポイントが貯まるようになっていますが、このポイントも、通常購入でも貯まり、マガシークカードを使うとさらに貯まるパーセンテージが増えるなど、多段階でフィードバックを用意するという工夫がされています。

ECサイトあるいはECサイト以外でも活用できる改善事例を紹介してきました。それぞれのサイトで効果があった（と思われる）施策ばかりですが、皆さんのサイトでそのまま使えるかというと必ずしもその限りではありません。
ユーザーの分類やニーズにあった施策を考えて実施をしていきましょう。すべてのサイトに必ず効く改善施策はありませんが、今回紹介した内容は改善施策を考えるヒントにはなったのではないでしょうか。

Column

レコメンドとは

レコメンドとは「おすすめの提案」という意味を持ち、商品を何かしらの条件によって提案するという意味を持ちます。その手法は多岐に渡り、「ランキング」「スタッフのオススメ」「あわせて購入した方が良い商品」などがその一部です。

たとえばアマゾンでは「この商品を買った人が買った商品」「この商品を見た人が買った商品」などのレコメンドも行っています。

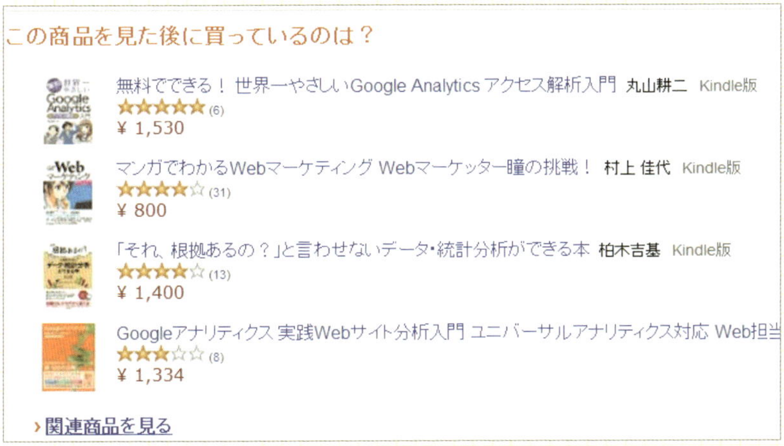

レコメンドは単一の商品を1個ずつ紹介するよりは、複数の商品を購入する可能性が高くなり、購入率や平均単価を上げるのに優れた手法になります。

レコメンドの実施方法

レコメンドは「スタッフのオススメ」のように手動で行う方法もありますが、ランキングなどをはじめとする多くの手法はシステムを使った方が良いでしょう。
自社で構築する方法もありますが、レコメンドのロジックの作成と表示などは難易度が高くなってしまいます。

Chap 2-11

Column

ECサイト構築サービスとも簡単に連携できる、レコメンドサービス「楽レコ」(http://www.luckrec.jp/)

●レコメンデーションの種類を理解する

レコメンデーションは大きく分けて3種類に分類することができます。

まず一番シンプルなのが、**実績をベース**にしたものです。主にランキングや商品の組み合わせを手動で提案する場合に利用されます。商品の売上を確認し、それを順位が高いものから並べるといった形式です。一番シンプルな考え方ですね。

次が**アイテムベース**のレコメンドです。組み合わせでよく利用される仕組みを機械的に集計し、商品Bと商品Dが相性が良いのであれば、商品Bのページでは商品Dを合わせて告知するという方法です。こちらも比較的シンプルな考え方です。

最後にレコメンデーションというと、この内容を指すことも多い**ユーザーベース**のレコメンドです。あるユーザーに対して類似したユーザーを探し出し、その類似しているユーザーが見ている商品や、購入している商品を提案するというものです。こちらの方法であれば、ユーザーの行動によって、あるときは商品Aを見ている人に商品Bが提示され、あるときは商品Aを見ている人に商品Cが提案されるといった形になります。先程のアマゾンの事例もこのユーザーベースのレコメンドを活用しています。

この類似度は、ユーザーが検索しているワードや閲覧・購買履歴、年齢・性別などの属性情報、あるいは利用者が自ら登録した情報が利用されることが多いです。これらの行動や属性を元に類似度を算出し、おすすめの商品を進めます。

Column

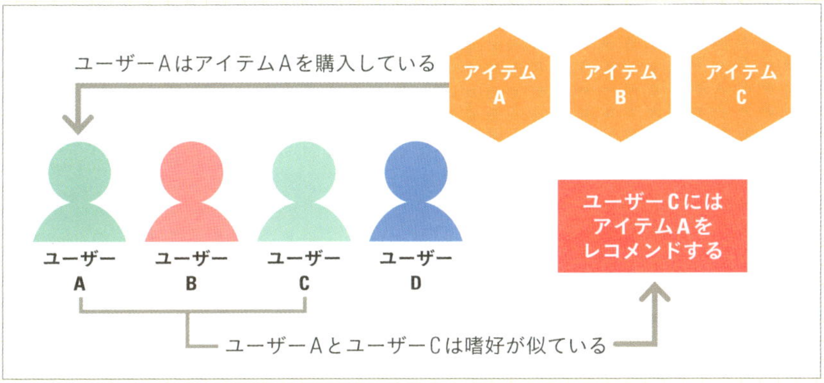

ユーザーベースのレコメンド

実際にどのような類似度を算出しているかに関しては統計学の世界になってしまうのですが、興味がある人は「**協調フィルタリング**」で検索をしてみましょう。詳しいロジックなどを確認することができます。レコメンド施策が成功するか否かは、どのレコメンドを使うか・その内容をどこに表示するか・レコメンドロジックの精度に関わってきます。いくら良いレコメンドの仕組みを入れたとしても、誰も見ていないところに掲載しては意味がありません。レコメンドを活用する場合は、これら3点を加味して判断を行いましょう。

購入単価を上げるための販売戦略

レコメンドというのは、商品をオススメすることで、購入を検討している人に、実際に購入をしてもらうための販売戦略です。そのため基本的には、購入率を上げるために利用される施策です。ここを取り違えないようにいたしましょう。レコメンドシステムを導入したことによって、購入率は上がったけど、平均単価が下がってしまったということはよく見かけます(結果的に売上が上がっている可能性も充分ありますが)。しかし、サイトによっては購入率ではなく、購入単価を上げるための販売戦略を取りたいというケースもあるのではないでしょうか。そのときに有効なのが「クロスセル」と「アップセル」という考え方になります。こちらについても簡単に紹介しておきましょう。

クロスセルとアップセル

「**クロスセル**」は購入した商品と合わせて別の商品を提案して購入していただくという考え方です。ハンバーガーを購入したら「ポテトも一緒にいかがですか？」という考え方ですね。レコメンドエンジンによってはこのシステムを兼ね備えているものもあります。他にも「**あと2,000円買えば送料無料。2,000円で購入できる商品はこちらになります**」などもクロスセルの一種になります。
「**アップセル**」は購入を検討している商品より性能が良くて値段が少し高い商品をオススメするというものです。家電などを中心に、似たような商品が複数ある場合に利用されます。例えば録画機であれば、「この10万円の商品であれば2番組同時に録画できますが、14万円の商品であれば6番組同時に録画できますよ」といった形の販売手法になります。逆に高すぎて購入を躊躇してしまうような商品に対して、安い商品を提示して平均単価ではなく購買率を上げるための施策として「ダウンセル」という考え方もあります。どちらの方式を利用するにせよ、提案する内容がユーザーにとって**明確なメリット**を作ることができるかがポイントに成ります。なぜ別の商品を薦めるのか(＝送料が無料になるから、2つ一緒に買うと少し安くなるから、ユーザー体験が高まるから)、なぜ高い製品を薦めるのか(差分の機能を実現するために別の製品を購入したら割高になるから)を考えた上で提案する内容を決めましょう。

Chapter 2 ▸ Section 12

BtoBサイト

▸ Section 12-1

BtoBサイトの特徴

Webサイトで何かしらの収益を上げる際には、**コンシューマー（利用者）から売上をいただく**方法と、**企業から売上をいただく**方法があります。前者を**BtoC**（Business to Customer）といい、Amazonや楽天などのサービスはこれらに該当します。また後者は**BtoB**（Business to Business）といい、システムやサービス、工業製品などを販売している会社がこちらに属します。本書は主にBtoCを意識して書いてきましたが、読者の方にはBtoBのサイトに携わっている方もいらっしゃるかもしれません。BtoBサイトに関しては、独自の分析方法がいくつかあります。Chapter 2-12ではBtoBサイトだからこそ気をつけないといけない点や、分析のポイントなどを紹介します。

BtoBサイトの大前提

多くのBtoBサイトでは、**Webサイト上でビジネスのゴールが発生することは少ない**です。たとえばある会社がFAX配信サービスや有料アクセス解析ツールなどを導入したいと考えている場合、まずは資料請求をサイト上で行い、その後に実際に打ち合わせや商談の場などを持って契約を締結します。そのため、オンライン上で直接売上が発生しません。そのため、Webサイトの成果を計測しにくいといった課題があります。

また、BtoCサイトと比較すると、**対象とする人数や企業数が少ない**ことが多いです。家電商品を扱っているBtoCサイトであれば、家電商品の購入を検討しているすべての人が対象となりえますが、サポートセンターの管理システムであれば、ある程度の規模のサポートセンターを用意している企業のみが対象となります。そのため、BtoBサイトで大切なのは、大量のユーザーを連れてくることではなく、見込み客（あるいはもっとも厳密には見込み企業）の来訪を増やすことになります。興味がない、あるいはそもそも販売対象外の人を多く連れてきても意味がありません。

そして、BtoCと比較すると商品購入に向けて、Webだけで営業活動を行っているということは極めてまれです。既存顧客へのアプローチ、新規顧客に向けての電話営業、セミナーの開催、イベントへの参加、営業による訪問などその経路は様々です。Webだけではなく、**全体を通しての最適化・最大化**が必要になります。この辺も留意しておく必要があります。

Webサイトの役割を明確にする

BtoBにおけるプロセスは、サイトに訪れた消費者がそのまま商品を購入するといったシンプルなものではありません。筆者が以前関わっていた、アクセス解析ツールの導入プロセスでは、以下のようなプロセスをとり、ツール決定から導入までを進めていました。

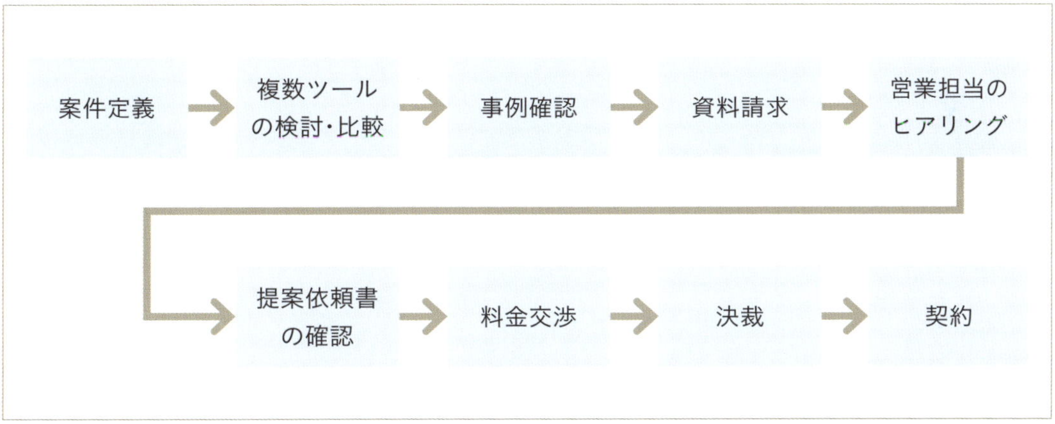

図1　アクセス解析ツール導入までのプロセス

見ての通り複数のプロセスがあり、その中の一部でWebを利用しています。この場合は、主に検討段階で利用するという形でした。すでに購入する商品が決まっており、値段に大差がない場合は、Webサイトで直接購入するというケースもあるでしょう。あるいはサービス提供側の意図として、詳しいサービスの紹介は説明会で行うため、まずは説明会に参加してもらうことを目的として設定していることも考えられます。このように様々な役割を担う可能性があるのが、BtoBサイトの特徴になります。

BtoBでは、**サイトの役割を明確**にし、それにあった**コンテンツを作成**したり、**指標を設定**したりする必要があります。すべての要件を1つのサイトで満たそうとすると量が多くなってしまう可能性もあります。また、たとえば「業種別事例」と「お問い合わせ」は別のサイトにした方が分かりやすいケースもあります。たとえば検討初期段階である「資料請求」と検討中期～後期段階である「見積依頼」は利用するタイミングも状況も大きく違います。

ビジネスロードマップを作成しよう

Chapter 1で紹介した**ビジネスロードマップ**はBtoBサイトにおいて非常に大切なダイアグラムになります。Webサイトだけでは完結しないからこそ、どういうプロセスがあり、どこに課題があるかを可視化するために非常に有効です。BtoBサイトの分析に取り組む方は、ぜひビジネスロードマップの作成を行ってみてください。往々にして、最大の課題はWebサイト上ではなく、その前後にもあったりします。次のSectionからは、BtoBならではの分析手法をいくつか紹介いたします。

▸ Section 12-2

BtoBサイトを分析する

BtoBサイトを分析する上で改めて、BtoBサイトのポイントを整理し、それにあった分析手法を紹介していきます。

項番	特徴	見るべきデータ
1	大切なのは訪問者やPV数ではなく、来訪企業数	訪問企業数のデータを見るためのツールの活用
2	様々な目的でサイトを訪れている	要件別の人数や利用率などを把握し、サイト構造を最適化する
3	主にオフラインが最終コンバージョン(収益)のポイント	Web上での成果を中間成果として金額換算する必要がある
4	問い合わせの質が大切	成果に対して量だけではなく質での評価も行うようにする

では、1つずつ確認をしていきましょう。

来訪企業数を計測する

来訪企業を計測する方法はいくつかあります。その中でおすすめのツールを3つ紹介いたします。
1つは無料で利用できる株式会社ユーザーローカルのスマートフォン解析ツール（http://smartphone.userlocal.jp/)です。アクセスしてくれた組織や今までの累計訪問回数などを見ることができます(図1)。その他にも、ユーザーの年代性別の推定や、地域別の詳細、リアルタイムなどの情報も確認することができます。

次に紹介するのは有料(月額5万円〜)ですが、企業分析の機能が豊富なサイバーエリアリサーチ株式会社が提供している「**らくらくログ解析**」です。こちらは同社が持っている企業リストにマッチングすることで、会社名だけではなく、業種や売上高、上場区分なども分類をしてくれるスグレモノのサービスです(図2)。
その他にも**アクセスしてきた企業のリスト抽出機能**（API利用可能）であったり、**レコメンド**や**動画分析**などの機能も用意されており、こちらも非常に特徴があるBtoB向けのツールとなっています。少し古い記事になりますが、筆者のブログでもレビュー記事を書いてありますので、よろしければ参考にしてみてください(http://d.hatena.ne.jp/ryuka01/20101104/p1)。

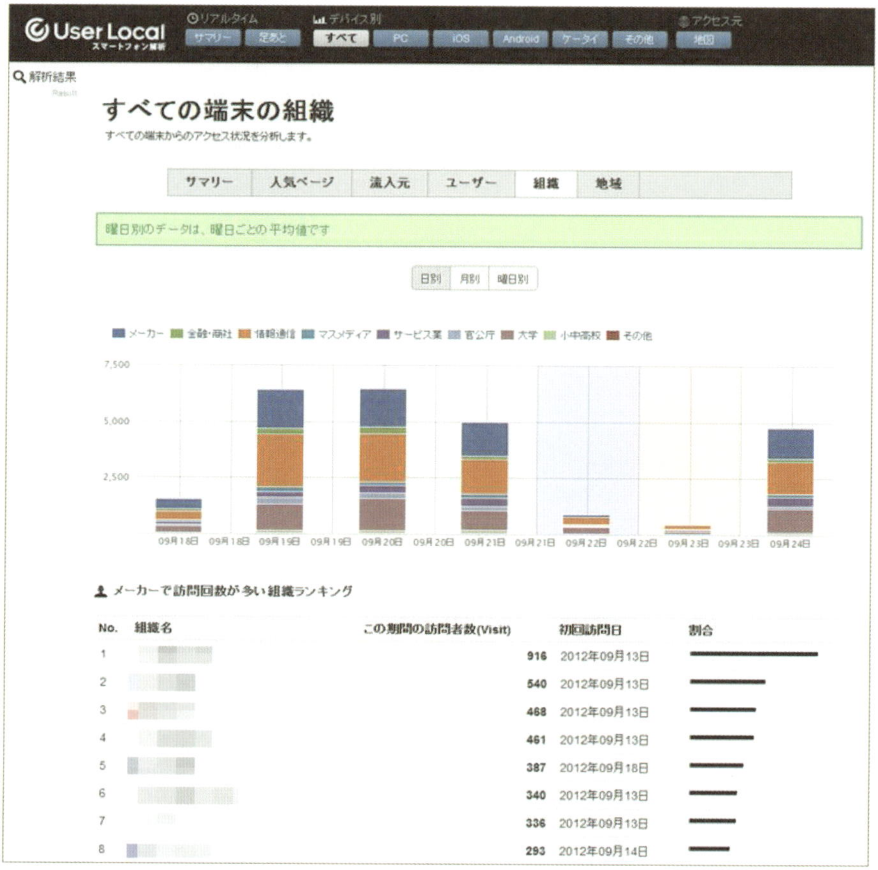

図1　企業アクセスに関する情報(ユーザーローカルのスマートフォン解析ツール)

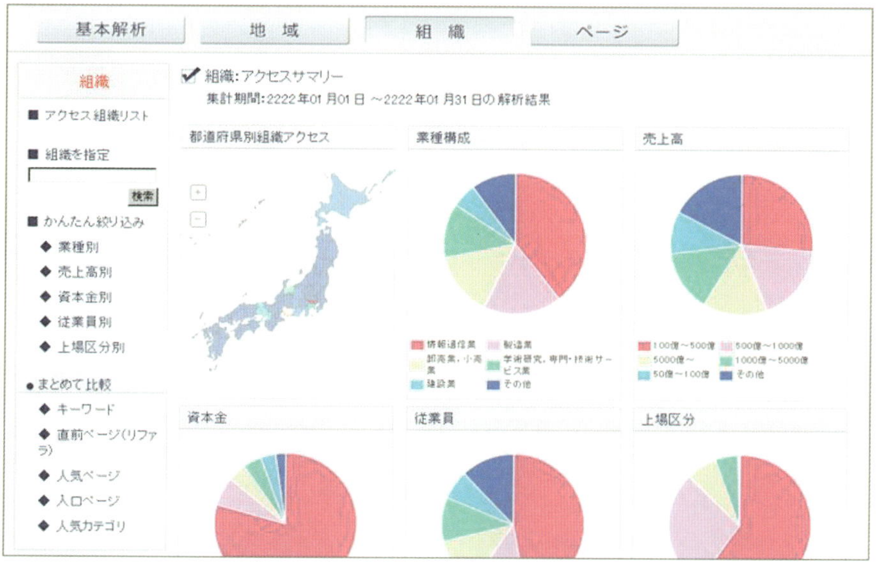

図2　「らくらくログ解析」の組織レポート

最後に紹介するのは、Googleアナリティクス上のレポートで企業名を見るための方法になります。この機能を提供している代表的なサービスとしては、上記の「らくらくログ解析」を提供しているサイバーエリアリサーチの「**どこどこJP**（http://www.docodoco.jp/index.html）」や、パワー・インタラクティブ株式会社が提供している「**企業情報解析ツール**（http://www.powerweb.co.jp/service/gasupport/business-info-analytics.html）」などがあります。

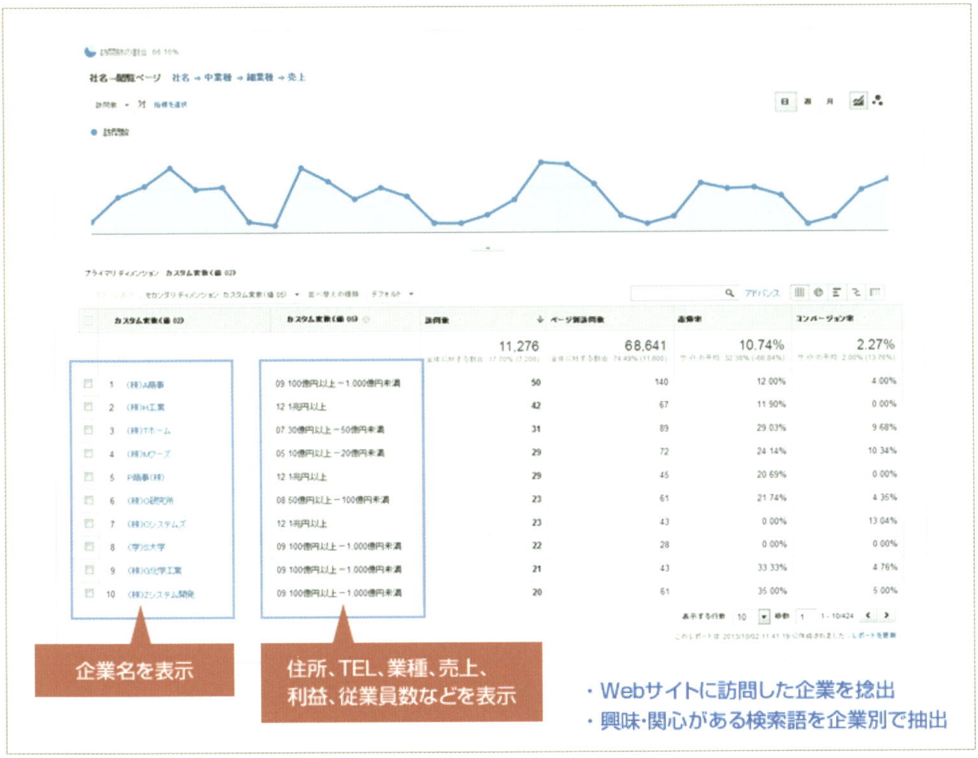

図3　パワー・インタラクティブ株式会社の「企業情報解析ツール」を利用した場合の、Googleアナリティクスレポートの例（http://www.powerweb.co.jp/service/gasupport/business-info-analytics.html より）

いずれも計測用の記述を追加すると、Googleアナリティクス上で企業に関する情報を確認することができます。Googleアナリティクスで用意されている「セグメント機能」なども もちろん利用できるので、会社ごとに、**どこから流入して**、**どのページを見ているか**などを詳しく分析することが可能です。

企業アクセス情報を見る目的は主に2つあります。

1つは新しい**営業先としての開拓**です。今までコンタクトがとっていない会社からのアクセスがあれば、そこにはビジネスチャンスがあるかもしれません。アプローチの方法は会社やサービスによって違うかもしれませんが、思わぬ企業からのアクセスがあるかもしれません。

もう1つの活用方法は、セミナーや電話でのオフライン営業を行った企業が、**その後サイトを訪れてくれたか**を確認するという使い方もあります。

また見ているページなどを分析することによって、検討においてどのステージにいるのかなど「進捗」を確認することもできます。進捗によってアプローチの仕方も変わるのではないでしょうか。

要件別の人数や利用率を確認して最適化に活用する

BtoBサイトにおいては様々な利用目的があります。資料請求から事例確認、お問い合わせなど多岐に渡ります。先程の企業情報ともあわせて、サイトに訪れている人や企業は**どういったコンテンツにニーズがあるのか**を確認しましょう。
他のコンテンツと比較して「事例」に対するアクセス割合が高ければ、事例を充実させてより説得力を増すということができるかもしれません。「同業他社との比較」がよく見られているということであれば、営業資料において同業他社との比較を充実させても良いでしょう。オンラインでの利用者の行動をオフラインでの活動の参考にしてみましょう。
また、検索キーワードやサイト内検索ワードも企業が抱えている課題や疑問を発見するためには有効です。
図4、図5は、あるECサイトの流入キーワードとサイト内検索ワードになります。

図4　流入キーワード［集客→キーワード→オーガニック検索］の画面を加工しています

図5　サイト内検索ワード［行動→サイト内検索→サイト内検索キーワード］の画面を加工しています

見ての通りキーワードが大きく違うことが分かります。サイトに流入するときはブランドや会社名で流入してきていますが、サイトに入った後は商品の種類や特徴などで検索していることが分かります。集客時とサイト内で、どういうニーズがあるかを把握できるのではないでしょうか。

中間成果の設定を行う

BtoBにおける最後のゴールは**成約**あるいは**契約**になります。しかしこれはオンラインで行われることはほとんどありません。売上はオフラインで発生する場合がほとんどです。しかし、この状態のままではWebサイトの集客にいくらまで予算がかけられるか、あるいは、サイト内で行った施策が売上にどれくらいインパクトがあったかを算出することができず、Webサイトの効果を可視化したり最大化したりすることが難しくなってしまいます。

そこで大切なのはWebサイトにおけるゴールを「**中間成果**」として定義をし、コンバージョンを取得できるようにして、金額を設定するということになります。

BtoBサイトであれば何かしらの問い合わせ手法があるかと思います（多くはフォームを利用したもの）。このアクションをまずは「中間成果」として設定し、アクセス解析ツールなどで取得できるようにしましょう。

その後に大切なのはこの中間成果に対して、**1コンバージョンあたりの価値**（金額）を設定することです。

中間効果算出の例

あるサービスを例にこの数値を算出してみましょう。以下があるサービスにおけるWebでのお問い合わせ以降の結果になります。

お問い合わせに対して、実際に打ち合わせにつながるのが25%
そこから契約につながるのが20%
契約あたりの売上は800万円
契約あたりの利益は10%

こういった情報があるとしましょう（この割合や単価に関しては現場の営業の方が把握されていることが多いです）。では、この場合1お問い合せあたり、いくらまでコストをかけることができるでしょうか。これは逆算することで算出できます。

1契約あたりの利益＝800万円×10% ＝ 80万円
1契約を確保するために必要な商談数＝1÷20% ＝5件
1契約を確保するために必要なお問い合せ数＝5件÷25%＝20件

つまり20件のお問い合わせがあれば、80万円の利益を生むことができます。

従って、お問い合わせ1件あたり、**80万円 ÷ 20 ＝ 4万円** 以内のコストであれば黒字、それ以上であれば、赤字ということになります。

後はこの金額を目標設定時に設定すれば（Googleアナリティクスの場合）完了です。

図6　Googleアナリティクスでの金額設定（Chapter 4-1、P.333参照）

1コンバージョンあたり「4万円」という設定があれば、広告やサイト内の改善に伴い増えたコンバージョン数を金額換算することができ、施策の評価を（たとえ、コンバージョンがオフラインだとしても）金額で伝えることができるようになります。また、広告予算の管理なども圧倒的に行いやすくなります。

問い合わせの質が大切

では、上記を踏まえたときに、以下の2つのケースであれば、どちらのパターンの方が営業にとって嬉しいか確認をしてみましょう。

❶ お問い合わせが5件、すべての別の会社から
❷ お問い合わせが10件、2社から複数の人が送付

件数だけ見ると❷になりますが、最終的な成約および売上につなげることを考えると❶の方が嬉しいのではないでしょうか、また、以下のようなケースも考えられます。

❶ 求人申し込みが100件。履歴書の志望動機の記入の質が低い
❷ 求人申し込みが20件。志望動機がしっかりしている

このようなケースでも、後の成約率を考えると数ではなく質が大切になってきます。また、すでに（他の流入チャネルから）お問い合わせが十分あるようなサービスであれば、お問い合わせは少なくてもよいから、セミナーの申し込みを増やして欲しいという営業の意図があるかもしれません。
単純にコンバージョンの数で見るのではなく、**企業数**や**コンバージョンの内容**（資料請求・お問い合わせ・セミナー参加など、どれが今、重要度が高い成果なのか）も加味した上で、**質が高いコンバージョン**を効率よく獲得できるようになれば、Webサイトの担当者も営業担当者も嬉しいでしょう。求めているコンバージョンやそこにかけられる金額は常に変わってきます。月や四半期くらいの間隔で見直しを行ってみましょう。

Section 12-3

BtoBサイトの改善事例

BtoBサイトの改善の考え方

BtoBサイトの利用は、ECサイトと比較すると非常に明確です。同業他社とオンラインおよびオフラインの双方で比較を行いながら、最終的には稟議を通して発注をするという形になります。この確率を上げるためにWebサイトで何ができるかを考えてみましょう。

コンテンツの網羅性

上記のプロセスに則ったコンテンツを分かりやすくサイトにおいておく必要があります。たとえば検討段階において必要なのは「導入事例」や「導入実績」、あるいは商品をさらに詳しく知ることができる「セミナー」や「資料請求」「ホワイトペーパー」かもしれません。このようなコンテンツを用意することで、まずは**検討の候補に上がる**ことが大事です。検討者が上司の承認をもらうための資料作りをサイト側が一部実施できているとなお良いでしょう。
候補に入った後は、**同業他社に勝ち抜くためのコンテンツ**が必要になります。「同業他社との比較」「気になる疑問に対する回答集」「価格例やオンラインでの見積もりシステム」「導入そして導入後のプロセス」が分かりやすく説明されているものがあると助かるでしょう。
筆者も6年ほど前にアクセス解析ツールの導入に携わったのですが、初期段階では「導入実績」と「機能の豊富さ」を重視しました。候補に上がったツールから発注をするまでは、「無料トライアルの有無」「サポートの充実度合い」「運用も含めたコストの見積もり」などを重視しました。もし自分がサービスを選定して導入するとしたら、どういうプロセスが必要で、どういう情報が必要なのかを書き出して、**自社サイトのコンテンツが必要充分か**をチェックリスト形式で確認してみましょう。

相手にとって必要な資料を用意する

米国では、ビジネスセミナーに参加したい人が、どうやって上司を説得するべきかという資料などが用意されている場合もあります。日本ではあまり見ないのですが、どういうメールを送るべきかのテンプレートや、理由をまとめたものなので、ダウンロードできます。これをBtoBのビジネスでアレンジしたら面白いのではないでしょうか。

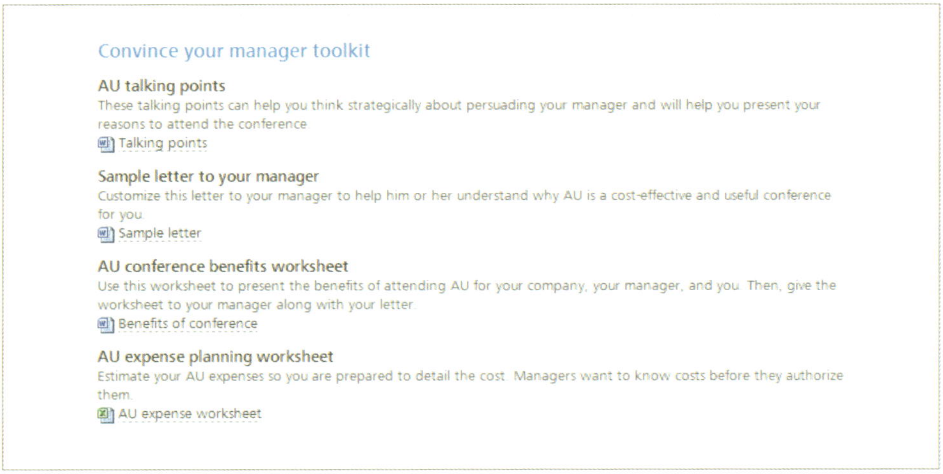

図1　AutoDesk University 2014のページより。「どういう講演内容なのか」「上司に送る内容のテンプレート」「参加するメリット」「かかるコストを管理するシート」がダウンロードできる

また日本でも、コミュニケーションツール「チャットワーク」のサイトでは、「稟議書サンプル」をパワーポイント形式で誰でもすぐにダウンロードできるようになっています。

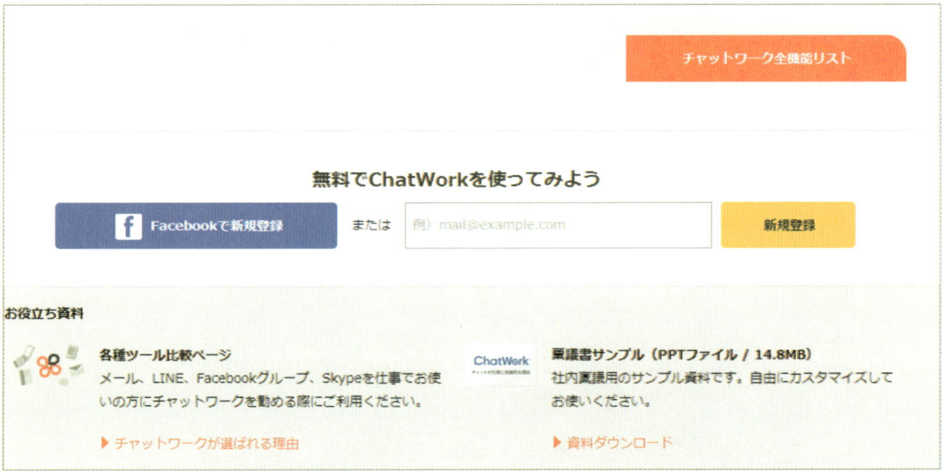

図2　「チャットワーク」http://www.chatwork.com/ja/

事例掲載に関する注意点

BtoBサイトで最も多く読まれているコンテンツは「**機能紹介**」と「**導入事例**」です。この「導入事例」に関しては注意点が3つほどあります。

1つは「**導入事例のバリエーションをできるだけ豊富にする**」ということです。特に問題なのが、大企業あるいは中小企業のどちらかしか事例を載せていない場合です。事例はその内容だけではなく、導入している企業の予算感や規模などもチェックされます。大企業の事例ばかりでは「うちのような中小企業にとっては高すぎるんだろうな」と感じてしまいますし、中小企業の事例ばかりでは「うちのサービス規模だと負荷に耐えられないのでは」などと考えてしまいます。会社規模だけではなく、様々な業種の事例を掲載できるような努力は必要です。

もう1つは、「**事例の文量が多すぎる、あるいは少なすぎる**」という注意点です。多すぎると、読んで満足してしまい、そこから資料請求などをしなくなってしまいますし、少なすぎてはそもそもどう活用しているのか分からないという風になってしまいます。同業他社のサイトも比較しながら、「あと、もうちょっとだけ知りたい」というコンテンツ量を用意しましょう。逆に事例の内容を選定することで、お問い合わせをする顧客を絞り込むといった逆の発想も可能です。

最後の注意点は**事例の内容や見せ方を工夫する**ということになります。ただの数値の羅列ではなく、どうしてそのような数値を出すことができたかという「背景」を、検討企業は必要としています。「数値がそこまで改善するかは会社によって違うよね」という最低限の認識は皆さん持っているかと思います。その中で、どうやったらツールやサービスを有効活用できたか。どういう環境や体制があったのかを知

図3 HPCシステムズのお客様インタビューと導入事例（http://www.hpc.co.jp/interview11_tus.html）

ることができると便利です。その中で特に伝わりやすいのは「インタビュー」形式ではないでしょうか。サービスを提供している会社が作った文章ではなく、会話形式であれば本当にその人がそう思っていることがよく伝わります。

関係性維持のためのコンテンツやコミュニケーション手法

用意するコンテンツは、課題解決のためのコンテンツだけでは不十分です。すでに**契約された企業**や、**一度商品を購入された企業へのアプローチ**も大切になります。アプローチには「アプローチする理由」と「アプローチ手法」の両方がセットで必要となります。
「アプローチする理由」の例としては「新しい事例の掲載」「新しいサービスや商品の案内」「セミナーの案内」「何かしらお得な内容のご連絡」「サポートの品質に関する調査」など様々なものが考えられます。そして「手法」も多岐に渡ります。代表的なものは「メール」ですが、他にも「電話」「手紙」「営業によるアポイントメント」「口頭（セミナーや会合などでお会いする）」といったものが考えられます。
関係性維持と売上アップのために、上記を戦略的に行う必要があります。またアプローチの手法は**顧客ランク**（利用いただいている金額）などによっても変わってくるかもしれません。この部分がしっかり事前にプランニングできている企業ほど、維持率が高いのではと筆者は考えています。
特にオススメしたい方法は、**定期的に顧客が見に来るコンテンツ**やサービスを用意しておくことです。またその中でコミュニケーションができるとなお良いでしょう。筆者が昔、関わったBtoBのサービスでは、月に数回、**利用者のトレンドや特徴**を分析したレポートをアップロードしたり、毎週新しい**Q&Aを追加**したり、定期的に**業界のニュース**をお伝えしたりする会員制サービスを運営していました。サービス利用者の60%が毎月訪問してくれており、新しい商品やサービスの告知は、まずこのサイトで行うことで、既存顧客への周知が低コストかつ高スピードで実現できていました。

多種多様なお問い合わせ手法を用意すること

1つのフォームですべて賄おうとしてはいけません。電話で直接聞きたい人もいるでしょうし、業界によってはFAXがまだ主流のところもあります。お問い合わせフォームも1つである必要はありません。複数種類のお問い合せがある場合は、それぞれごとにフォームを用意することで、それぞれ最低限の入力項目でお問い合わせができるようにしましょう。
ヒーター製品を取り扱っている株式会社スリーハイでは、お問い合わせに関する情報を1箇所にまとめています。

図4　株式会社スリーハイのWebサイト上部メニュー（http://www.threehigh.co.jp/）

また、非常にユニークな取り組みとして、電話での**お問い合わせ件数**を毎日掲載し、多くのお客様がお問い合わせしていることをアピールし、すぐその隣に電話番号を掲載しています。

図5　前日の電話でのお問い合わせ件数を表示

最後に：Webだけで考えない

BtoBサイトの大半は、オンラインで受注･発注が行われません。Web上で資料請求やお問い合わせを行ったり、セミナーの参加を申し込んだりして最初のコンタクトが生まれます。しかし、実際の契約は営業が商談を行い、そこで決まるといった形になります。この場合、Webサイトの貢献が可視化しにくいという課題があります。

また、営業から見ると、お問い合わせが多くても、その大半が契約につながらない場合は時間の無駄になってしまい、「質の低いお問い合せはいらない」と言われてしまうかもしれません。

Webサイトの目的が「とにかく効率良くお問い合わせ数を増やす」という風になってしまっていると、その後のコストが膨れ上がってしまい、利益が減ってしまいます。お問い合わせが足りないときは、お問い合わせを増やすという戦略で良いのですが、対応できない程度のお問い合わせ量になってきた場合は、「**契約につながりやすいお問い合わせ**」の母数や割合を上げていく必要があります。

この場合、集客の仕方やコンテンツの作り方も大きく変わってくるでしょう。契約をしたお客様へのアンケートや、データ統合などにより、契約をする会社は、どのようにサイトやサービスのことを発見し、どういったコンテンツや差別化ポイントが、自分の会社のサービスを選定するに至ったかを把握しましょう。そこで得られた気づきをWebサイトに反映していくことが大切です。

Chapter 3

分析結果の活用方法

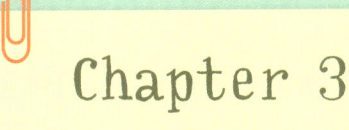

Chapter 3 ▸ Section 1

分析結果を改善に活かす

Chapter2では様々な分析方法や事例を紹介してきました。Webサイトやビジネスの改善において大切なのは、分析を行うことではありません。分析を行った上で、それを施策につなげることです。そこでこのChapter3では、分析結果を徹底的に活かすための方法を詳しく紹介していきます。分析結果をどのようにまとめるべきか、そして分析結果を活用するためのPDCAサイクルと事例、そして後半では、筆者が普段どのような仕事をしているかについても紹介いたします。

分析結果を活用するというのはどういうことか？

具体的な方法を紹介する前に、もう少し「**活用**」に関して考えてみましょう。活用というのはどういう状態を指すのでしょうか。ここで言う活用とは、**データから得られた気づきをビジネスの改善に役立てる**ということを示します。これには主に4つの考え方があります。

1. サイトの悪いところを改善する

1つ目は「**サイトの悪い所を見つけてそれを改善する**」という方法です。データから「このページは直帰率が高い」「この流入元はお金をかけているのに、全くコンバージョンにつながっていない」といった、ビジネスゴール達成に悪影響を与えている項目を見つけることができるかもしれません。サイトに対してやみくもに施策を行うのではなく、課題となっている箇所を特定することで、その部分にフォーカスした施策を考えることができます。分析結果を活用するという意味では一番分かりやすく、実際の活用例も多いと言えます。

2. サイトの良いところを伸ばす

2つ目は「**サイトの良い所を見つけてそれを伸ばす**」という方法です。まずデータから「このメールマガジンのコンテンツや件名は、流入とコンバージョンにつながった」あるいは「ある特集記事を見ている人は、サイトを再度訪れる割合が他の特集と比べて3倍以上ある」といった形の気づきを得ます。
良い所を伸ばすためには、「**該当箇所へのアクセス数を増やす**」あるいは「**同じような状態を他の場所で作る**」という方法がオススメです。ビジネスにとって良い影響を与える状態を発見し、その量を増やすということでサイトの良い所を活用することができます。こちらはサイト内に、参考になる成功事例が見つけやすいので、活用がしやすい考え方と言えます。

3. トレンドを活用する

3つ目は「**トレンド[※1]を発見し、そのトレンドを活用する**」という方法です。分析を進めていくと、**時系列における特定の傾向**などを発見することがあります。特定の曜日や時間帯あるいは期間において通常とは違った気づきがあるというものです。たとえば「金曜日の18時～21時が時間帯で見るともっとも訪問数が多い」あるいは「毎年1月の第3週から特定のキーワードでの流入が増える」といったものが考えられます。アクセス数が増えたり、減ったりするタイミングが事前に分かっていれば、それを加味した上で、サイト側でコンテンツや施策を用意することができます。あるいは、その前提でより精度が高い目標設計を行えるのではないでしょうか。

4. 目標に対しての進捗を確認して、原因を探る

4つ目は「**目標に対しての進捗とその原因を特定する**」という方法です。事前に設定した**目標**や**KPI**に対して進捗を確認し、達成している場合・達成していない場合、それぞれで**何が要因になっているか**を分析することは非常に大切です。達成につながっている施策があれば、それを今後も活用することができます。逆に達成していない場合は、その原因を特定することで改善ができるかもしれません。また、すぐにその箇所が改善できない場合は、過去の成功事例や目標到達したときに行った施策などを反映することが考えられます。
いずれにせよ、設定している目標期間の直前になって気付くのではなく、進捗の確認とその原因を早い段階で特定しておくことで、打ち手を打つチャンスを作り、成功につながる可能性を増やすことができるようになります。
分析と**施策**は、設定した目標を達成するために行うものであり、**常にセットで考える**必要があります。つまり、「今、行っている分析は施策につながるものなのか」そして「行おうとしている施策はKPIや目標の達成に貢献できるものなのか」という視点をセットで考えるということです。

では、このように発見して気づきを活用するために重要な、分析におけるPDCAサイクルを見て行きましょう。

分析を活用するためのPDCAサイクル

「**PDCA**」という略語を聞いたことがある方も多いかと思います。
P(Plan)、**D**(Do)、**C**(Check)、**A**(Action)の略で、事業活動の改善を行う際に習うと良いプロセスです。
分析を通じた改善活動においても固有のPDCAサイクルが存在します。

※1　トレンドについてはChapter1-5で説明しています。

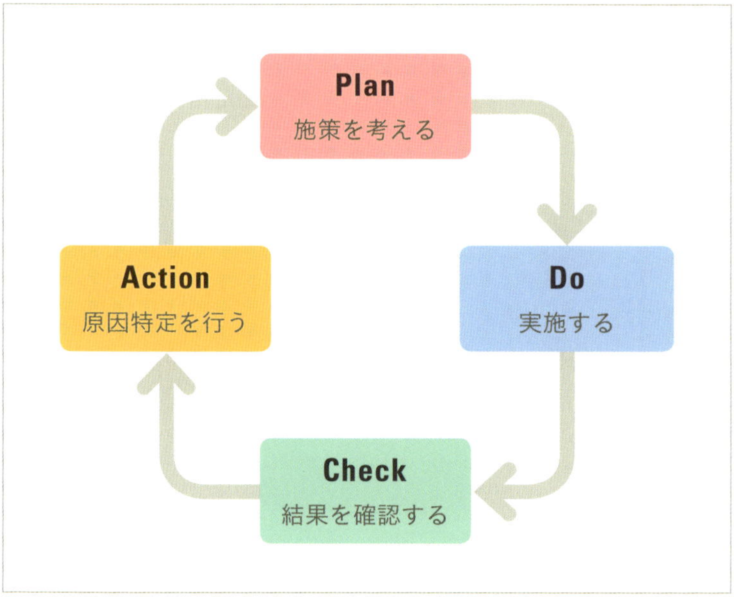

図1　PDCAサイクル

Plan

それぞれのプロセスを簡単に説明します。「Plan」では**Webサイトを改善するための施策**を考えます。考える際に大切なのは、**その目的をまずは明確にする**ことです。つまり最終的なゴールは、**売上**あるいは**サイトの目的達成回数**を増やすことです。行おうとしている施策はどのKPIを改善するために行うのかを、施策を実施する前に決めておきましょう。目的からずれた意味がない施策を行ってしまうことを防ぐことができます。

Do

「Plan」が終わったら次は「Do」の部分になります。サイトのコンテンツを作ったり、機能を追加したり、レイアウトを変更したりといった内容ですね。
Planした通りにいかないこともありますが、大切なのは**Planした目的や意図からは決してぶれない**ようにするということです。ぶれてしまうと、なんのために施策を行ったのか、そしてその評価を行うことができなくなってしまいます。

Check

「Check」は施策を行い、その結果を確認するところです。**施策によって望むような結果が得られたのか**を確認します。チェックがおろそかになってしまうと、施策が良かったか悪かったかも分かりません。

Action

最後に「Action」ですが、**得られた結果を次のステップに活用する**という部分になります。ここではサイトに関わる関係各位で、結果を元に情報交換を行います。何が良かったのか、悪かったのかを議論し、**次の施策につながる材料**がないかを確認しましょう。最後に、得られた気づきを元に次の施策を考えるという「Plan」に戻ってPDCAサイクルが初めて一周します。

PDCAサイクルを回す頻度

PDCAサイクルを回す**単位**は、対象者や施策の内容によって変わってきます。施策を行う現場では**日**や**週**単位でPDCAサイクルを回し、責任者への報告や目標達成の進捗に関しては**週**や**月**単位で回します。そもそものサイトの方向性やKPI・目標などの変更を行い、改善の仕方を大きく変えるという意味では**四半期**や**年**単位になるかもしれません。

いずれにせよ、複数の大きさのPDCAが存在し、それを回すということを意識するだけでも、「分析だけして施策につながらない」「あるいは施策を行ったまま放置する」といったたぐいのことはかなり減らすことができます。

PDCAサイクルを活用するべき3つの理由

以上がPDCAの概要になります。PDCAサイクルがなぜ有効なのでしょうか？
3つの理由を紹介いたします。

1. 行った施策を定量的に評価することで、良かった施策・悪かった施策を理解し、今後の施策実行スピードと精度を上げることができる

施策は得てして単発で終わってしまうことが多いです。また、一回目の施策が成功する可能性は100%ではありません。しかし、サイクルを意識し、前回の結果を次に活かして施策を行うことで、**成功の確率を少しずつ上げていく**ことが可能です。失敗したにせよ、成功したにせよ、実施したことにより新しい気づきを得ることができます。
また、PDCAサイクルを回すことで、**施策を行うときに気にしないといけないポイント**や、**考え方**が分かるようになります。最初の1回目は、単発の施策より少し時間がかかってしまう可能性もあります。しかし、繰り返しサイトを改善していくことを前提に考えれば、「急がばまわれ」という慣用句がまさに当てはまります。過去の経験を元に、いくつかのステップをショートカットできるようになったり、精度を上げたりできるようになります。

2. 評価を定期的に行うことで、作成に関わった人の貢献が可視化され評価につながる

PDCAサイクルの大切なポイントは、**Check**と**Action**の部分になります。実施した上で、その結果がどうだったのかを確認し、次に活かすというのは、**行ったことが可視化される**という側面も持ちます。特に改善効果があった場合、その作成に関わった人が評価されることは非常に大切です。
コンテンツや機能を作成したデザイナーやエンジニアさんは、自分たちの行ったことが、**どのようにビジネスに貢献できたのか**を気にする人も多いのではないでしょうか。良い結果をもたらしたことを伝えてあげたり、称賛したりすることで、**モチベーションやその人の理解を上げる**こともできます。たとえ、失敗したとしても、その内容を隠すのではなく、その事実を元に「（失敗の経験もあるし）次こそは成功させる」というきっかけになってくれれば、今まで以上に多くの施策をスムースに回せるようになるのではないでしょうか。

3. プロセスを理解し進めていくことによって、ミスや抜け漏れをなくし、品質を保証した改善を行うことができる

PDCAサイクルでは、その通りに進めることによって、**施策を行う際に発生しがちなミスを減らす**ことができます。施策を行ったけど効果測定ができなかった、あるいは、同じ失敗を複回繰り返すということもなくなっていきます。
それぞれの人の考え方で施策を行っていては、その人の能力に大きく依存してしまいますし、人が変わったときにまた一から進め方を考えないといけなくなってしまいます。しかし決まった考え方や進め方に取り組み浸透させておくことで、**最低限の品質そして継続性を担保する**ことができます。
サイトの改善を行い、ゴールに近づくための近道はありません。継続的に施策を行い、**サイト改善を定期的に進めていく**ことが大切です。従って、何かしらの施策をサイトで常に実施している状態が大切になります。そのためにも、このPDCAサイクルは活用できるのではないでしょうか。

PDCAサイクルはどこから始めれば良いのか？

PDCAという順番で説明をしてきましたが、必ずしも「P」から始める必要はありません。図2の通り、PlanあるいはDoなど、**どこから始めても大丈夫です。**過去の施策を元に新しい施策を考えても良いですし、感性を元にいきなり施策を始めても良いです。

どの順番から開始し、どのように回していくかはサイトのその時々の状況によって変わってきます。サイトを立ち上げる前あるいは立ち上げ当初はデータがなく（少なく）分析をすることができません。このようなときには、データがない状態で「**想定されるユーザーのニーズ**」や「**ゴールをより達成できると思われるアイデア**」を元に施策やコンテンツを考えてサイトに反映していきます。大切なのは、PDCAサイクルにある通り、**実施した結果がどうなったかをしっかり確認する**ことです。
逆にサイトのアクセス数も多く、数々の施策を行っている場合は、それらの結果を元に**サイトの課題を**

特定するActionの部分から始めて、その気づきを元にPlanを行うと良いでしょう。
さらに筆者のようなWebアナリストがサイト分析を依頼された場合は、いくつかの仮説を元に**Checkから入り**、その原因を特定し、新しい施策を提案するためのPlanを考えます。

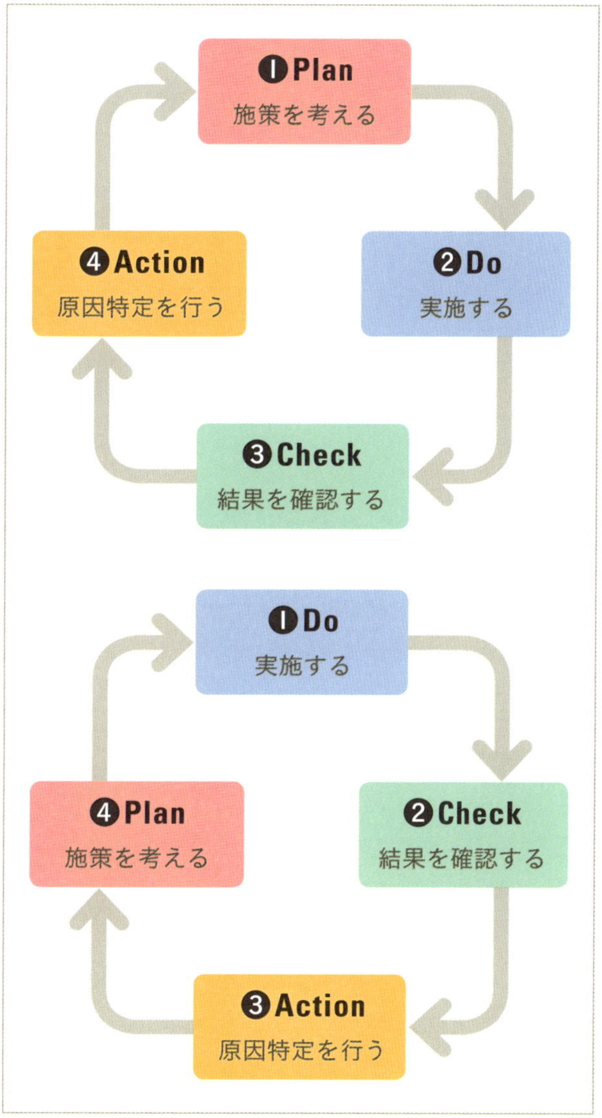

図2　PDCAサイクルはどこから始めても良い

PDCAサイクルの見直し

PDCAサイクルはサイト改善における必勝法ではありません。あくまでもビジネスゴールに到達するための、打数と打率を上げる方法になります。従って、PDCAサイクルそのものの見直しも定期的に行う必要があります。このSectionではそういった見直しのポイントを紹介していきます。

PDCAサイクルの見直しの必要性

PDCAサイクルを回していく上では、**サイクルを定期的に見直す**必要があります。今の進め方がベストなのか、より良い方法はないのか。次に施策を行う際には、何かしらの新しい取り組みを考え（＝Plan）、それを実施してみて（＝Do）、評価をして（＝Check）次に活かす（＝Action）ことも必要でしょう。今よりスピードアップできるところはないか、結果の共有と次の施策を考えるための会議自体を見直せないか、そもそものゴール設計は問題ないだろうか、あるいはサイトリニューアルのような大きな打ち手が必要なのだろうか。考えることは多数あります。ぜひ、「**PDCAサイクルそのものの、PDCAサイクル**」を行ってみると良いでしょう。

では、このPDCAサイクルを回すために、どのようなことを行い、気をつけなければいけないのか。各ステップの詳細と落とし穴、そしてその対策を見ていきましょう。

各プロセスの具体的な考え方 ― Plan

「Plan」は、施策を考えるプロセスです。Chapter 3-1の最初で紹介した「悪い箇所を直す」「良い箇所を伸ばす」「トレンドを活用する」「目標に対する進捗を確認する」といった観点から、目標およびKPI改善につながる施策を考える部分になります。

たとえば、メールマガジンからの流入とコンバージョン率に大きなばらつきがあり、メールマガジン経由の売上が安定しないという課題があったとしましょう。この場合は、コンバージョン率が高いメールマガジンの特徴を見つけ、効果が悪いメールマガジンの**内容**や**件名**、**配信タイミング**などを見直して配信してみるというのが施策になります。

あるいは、特定のキーワードでの流入がキーワード流入全体の2割を占めるにも関わらず、直帰率が90%を超えていて、コンバージョンやサイト回遊につながっていないとしたら、**ランディングページの改善**が必要かもしれません。

分析を進めていくと、多くの気づきが発見できます。それを次の実行につなげるためには、いくつか気をつけないといけないポイントがあります。

Planにおける落とし穴

Planにおける落とし穴は主に3つあります。それぞれの特徴と対策を紹介していきます。

気づきが見つからない

1つ目は、「**そもそも分析からどう気づきを発見すれば良いか分からない**」というものになります。これに関しては本書で様々な施策に関する分析方法を紹介してきたので、ぜひ参考にして分析を進めてもらえればと考えています。あるいは、より体系的に分析を学びたいということであれば、拙書『ウェブ分析論：増補改訂版（ソフトバンククリエイティブ社）』もオススメです。
基本的な考え方はChapter 1で紹介したように、**セグメント**と**トレンド**を活用してデータを見ることが大切です。そしてデータを見る以上、必ず仮説を持ってデータを確認しましょう。なぜ、そのデータを見る必要があるのか、そして、その結果が**A**だったら、こういう意味を持ち、**B**だったらこういう意味を持つということを、データを見る前に考えてみるということです。なんとなくすべてのレポートを見ても気づきはほとんど得ることができません。

施策が思いつかない

2つ目は、「**得られた気づきから施策が思いつかない**」というものになります。解析に取り組み始めた人、あるいは解析から取り組み始めた人はここでつまずくことが多いのではないでしょうか。
その数値に対して、何をすれば改善する可能性があるのか。ここは、経験が必要な部分でもあります。しかし、他にもいくつか施策を思いつくための手法があります。まずオススメしたいのは、**同業他社のサイトを徹底的に確認する**ということです。課題と感じている箇所やページに対して、同業他社ではどのような取り組みを行っているのか、参考になることが多いかと思います。

次ページの図1は、あるECサイトの入力フォーム改善のために行っていた調査の1つで、同業他社の購買フォームの入力項目と、その順番をまとめたものです。
また、図2〜4に同業他社を確認して良いあるいは悪いと思ったポイントをスクリーンショットとあわせてまとめています。

項目	サイトA	サイトB	サイトC	サイトD	サイトE	サイトF
名前	1	4	1	1	1	1
振り仮名	2		2	2	2	2
生年月日					3	9
性別					4	8
会社名・学校名				3		
メールアドレス	3	5	7	8	9	3
メールアドレス確認	4		8		10	4
電話番号	5	8	6	7	8	8
郵便番号	6	6	3	4	5	5
住所検索	7		4	5	6	6
住所	8	7	5	6	7	7
お届け先設定	9		9		11	11
お支払方法	10	1	10	9	13	13
クーポンコード					14	
お届け日時	11	2	11		12	12
備考	12	3	12			14
メルマガ購読						10

図1　他サイトのフォームの入力項目の順番をまとめた表

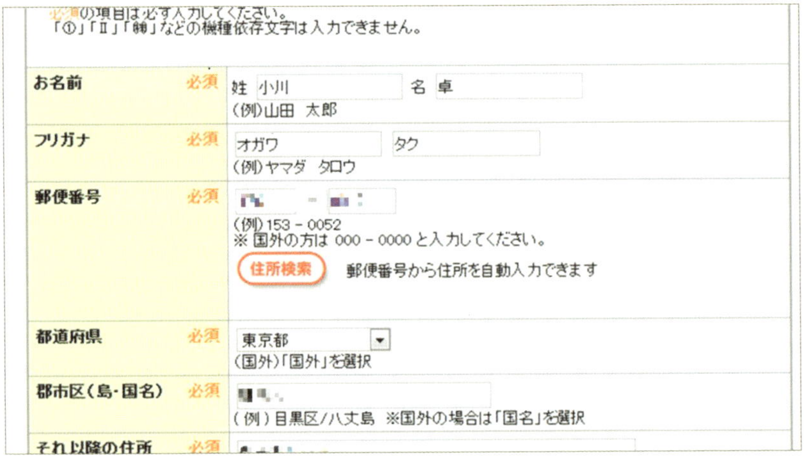

図2　他サイトのフォーム。オーソドックスではあるが、シンプルなレイアウトと最小限の注釈にとどめている

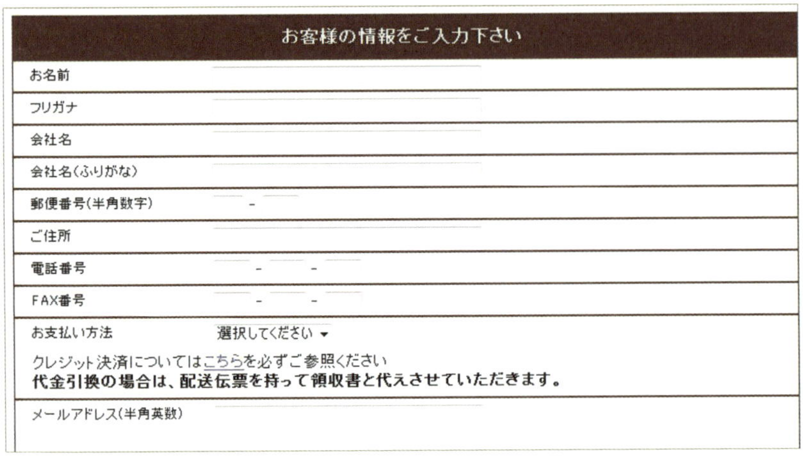

図3　シンプルな入力フォームですが、入力必須と任意の違いが分からず、個人購入の場合はどのように入力をして良いかが分からない

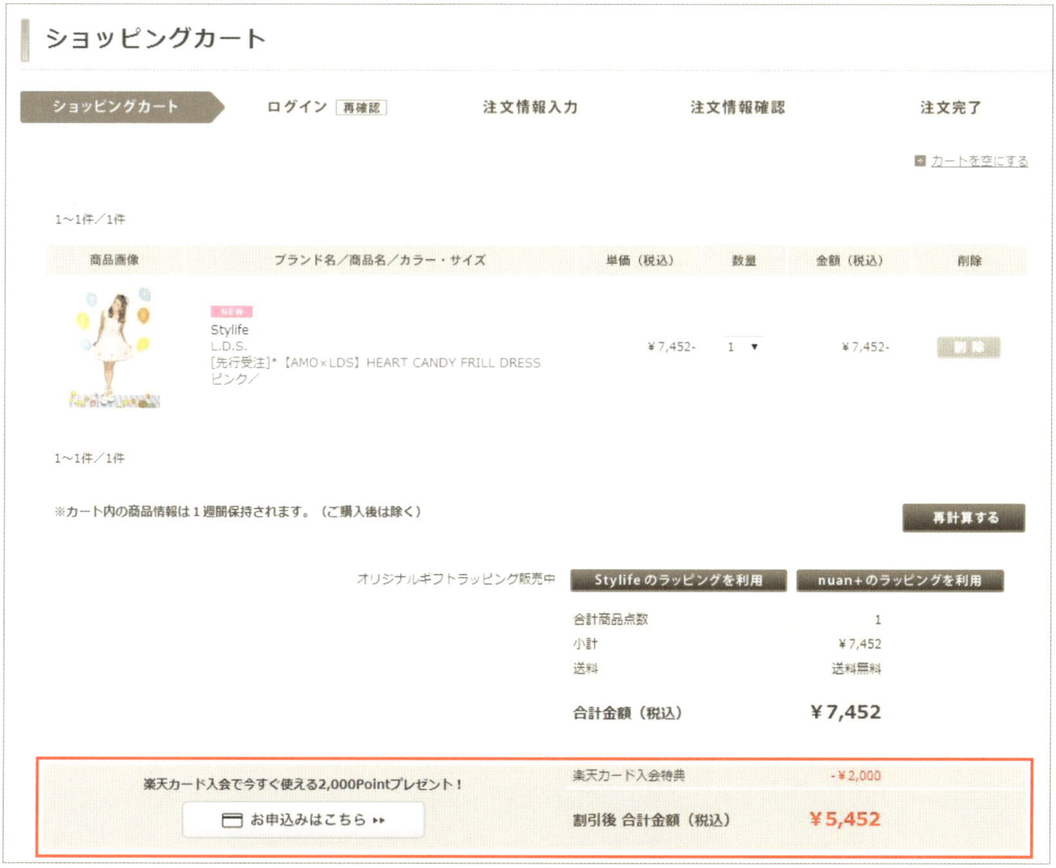

図4　他サイトのフォーム。すっきりとした色使いとレイアウト。カード申し込みで割引金額を表示し、その部分をアピールするというのを利用者にとって大切な「金額が安くなる」という部分で分かりやすく訴求している

施策の優先順位が決められない

3つ目の課題は「**複数の施策が出てきたときに、どの内容から実施するべきかが分からない**」という点です。より効果が出る施策を行いたいと考えるものですが、必ずしも「期待効果」だけで優先順位を決めないように気をつけましょう。

優先順位を決める上で大切なポイントは「**目的に対しての適応度**」「**期待値**」「**工数**」の3つになります。Chapter 1で紹介したビジネスロードマップにおけるKPI設計と考え方は似ています。

目的に対しての適応度

まず、実施しようとしている施策が、**ビジネスゴールに本当につながるものなのか**を改めて確認しましょう。ビジネスゴールにあまり関係ないような施策、あるいは相関があるかもしれないけど、因果関係がないものを実施しようとしていませんか。

たとえば「滞在時間」は多くのサイトでは、「滞在時間が長い訪問＝コンバージョン率が高い」という傾向がでます。では、サイトに来た人の滞在時間を増やすことが大切なのでしょうか。筆者は必ずしもそ

うは考えません。利用者の立場に立ってみれば、サイトに長く滞在したいわけではなく**目的としていることをできるだけ短い時間で行える**ことが良いのです。滞在時間が長いのは、主にフォームを入力したり、購入前に本当にこれで良いのかを考えたり確認したりするためです。特にトップページや一覧ページのような、ナビゲーションの役を担うページに関しては、長く滞在しているということは、逆にナビゲーションが分かりにくいことも意味します。

●期待値

期待値に関しては、経験がものを言う部分でもあります。つまり、施策内容を見て**これが当たるのか外れるのか**を判断する必要があるためです。PDCAサイクルを繰り返し回すことによって、その精度は上げることができます。しかし、経験がなくても2つの方法で判断することができます。
1つは改善しようとしている箇所の**ボリュームが大きければ大きほど、改善したときの効果が大きい**ということです。月に10件アクセスがあるページと、1,000件あるページではどちらから直した方が効果が大きいのかはすぐに分かるかと思います。
もう1つは、**利用者の行動にどのような影響を及ぼすか**です。より大きな影響を及ぼす方が改善効果が大きくなる可能性があります。ボタンの色を変えたときと、フォームの入力項目としやすさを見直した場合。どちらの方が利用者の行動に影響を与えるでしょうか。

●工数

工数に関しては、必ず考慮しないといけない内容です。考えた施策は放っておいても実施されるわけではありません。機能を作ったり、コンテンツを作ったり、デザインやイラストを用意したりといった行動が発生します。
ここが難しくて、時間がかかればかかるほど、そもそも実施できる可能性が減ってしまいます。作成に関連する人たちと情報交換をしながら、工数の見積もりを行うようにしましょう。使える時間は有限であり、**その限られた時間を何に当てるのか**を決めるのは大切です。
場合によっては、工数がかかるけど効果が大きく見込めるものであればチャレンジしてみるのも良いでしょう。しかし、大きな取り組みを行っている間、サイトは放ったらかしになってはいけません。自分自身あるいは、大きな取り組みに特定のタイミングでは関わってはいない人と、一緒に施策を考えて1つでも実施するようにしましょう。そのため、サイト改善のスケジュールや工数管理は大切になります。

各プロセスの具体的な考え方 ── Do

「Do」は、施策をサイトに反映して行うプロセスです。Doにおいて大切なのは、内容を作成することもそうですが、分析に携わる人としては、次のCheckに備えて、**評価項目を事前に決めておく**ことです。
行おうとしている改善施策に対して、**事前に現状の数値を把握**し、どこまで**数値を改善するのか**を決めておく必要があります。このプロセスを行うことによって「ビジネスゴールに関係ない指標を改善しようとしていないかをチェックする」「改善幅を事前に想像して設定することで、施策の成功判断が行える」といったことが可能になります。

以下の3つの数値は必ず確認し、設定しておきましょう。

Doで確認・設定しておくべき項目

・改善しようとしている箇所の現在の数値
例) 直帰率80%、遷移率25%、CVR 0.4%

・改善目標の数値
例) 直帰率80%→60%、遷移率25%→40%、CVR 0.4%→0.5%

・該当箇所が改善したことによって、ゴールにどのような影響を与えるか
例) 売上1400万円/月→1800万円/月

この中で設定がもっとも難しいのは2つ目の項目かもしれません。1つ目は現在の数値が確認できれば良く、3つ目の数値は2つ目の数値が決まれば、そこから算出することができます（該当箇所が変わり、その他の部分が変わらない前提で計算を行います）。

改善するラインを決めておく

では、行った施策によって、どこまで改善するのか。筆者は主に2つのラインを設定することが多いです。
1つは**最低限ここまで改善しないと、施策を行った意味がない**というラインです。これは「かけたコストや工数に対して、ここまで改善してくれないと利益を生まない」という考え方のときもありますし、「誤差の範囲内に収まらない箇所（＝筆者の場合は、通常は元の数値に対して2割の改善で見ます）」という考え方のこともあります。
事前に分かっている数値や情報によって変わってきます。可能であれば、**コストに見合うライン**で設定する方が良いでしょう。
もう1つのラインは、過去の施策を元に「**これくらい改善するはずだ**」という期待値のラインです。去年同様の施策を行った際に売上が100万円上がったとしましょう。今回もその施策を行うが、対象となっているページの訪問者数が1.5倍で、なおかつ改善内容もブラッシュアップされているのであれば、ラインとして150万円あるいは180万円くらいを設定します。

施策が想定通りに行われるかを確認する

Doに関して、数値の部分を説明してきましたが、**施策が思った通りに行われるか**を確認しておくことも大切です。工数やスケジュールの関係で施策の内容が狭まってしまったり、実現できなかったりということもよくあります。あるいは急に対応しないといけない別の案件が入ってくることもあるでしょう。このようなときにどのように考えて対応すれば良いのか。もっとも大切なのは「**設定しているゴールからずれない**」ということです。

すべての機能が実装できなかったり、対象としていた10ページのうち5ページしか適用できなかったりしても、改善しようとしている指標に対して施策が行えるのであれば、実施した方が良いでしょう。しかし遷移率を改善しようとしていたのに、遷移率が改善できないような施策に変わってしまいそうな場合は、その施策を停止した方が良いでしょう。
何かしらの変化をサイトに与えることは大切ですが、**変化を与えること（あるいは施策を行うこと）が目的ではありません。**

各プロセスの具体的な考え方 ── Check

「Check」は、行った施策に対して、**その結果を確認し、原因を特定する**というプロセスです。結果を確認する部分に関しては、事前に数値を設定しておけば、問題ないかと思います。行った施策を管理するために、施策の実施日を記録しておく、あるいは、アクセス解析ツールのメモ機能などを使って残しておくと、今後、過去の結果を確認するときにも、「数値上がっているけど（下がっているけど）あのときって何をしていたっけ？」と思い返す必要がなくなります。

どのように原因を特定するか

本プロセスにおける最も難しい部分は、**原因特定**の箇所ではないでしょうか。施策を行って、その数値が上がった場合や、下がった場合は、仮説が当たっていたか外れていたかという最初の判断は行うことができます。
しかし、数値が変わらなかったり、「なぜ」上がったのか、「なぜ」下がったのかと、いうのを探ろうとするところで止まってしまって、結局よく分からなかったとなってしまうこともあるのではないでしょうか。原因特定はそれなりに手間がかかるプロセスで、さらに分析をしたからといって必ずしも原因が見つかるわけではありません。
筆者は行った施策に対して、30分～1時間くらい分析して理由が発見できない場合は、それ以上は深入りしないように気をつけています。データだけでは分からないことも多々あります。

セグメントによる分析

では、30分～1時間の間にどのような分析を行っているのかを紹介いたします。といっても、難しいことは特に行っておらず、基本的には**セグメント**※2を利用した分析を、施策の実施前と後の期間で行っています。
たとえば、あるサイトでランディングページの直帰率を改善するための施策を行ったとしましょう。実施前の直帰率は70%、実施後は69%とほとんど変わりませんでした。
このような場合の分析方法は、Chapter 2-5で紹介した「ランディングページ」の分析方法をそのままなぞれます。**流入元や新規・リピートでのセグメントを行い**、セグメントに分けた場合でも直帰率に変動がないかを、実施前と実施後の期間で確認します。たとえば、先程の例で出した直帰率が、セグメントごとに見た場合、以下のような結果だったとしましょう。

	直帰率	新規直帰率	リピート直帰率
実施前	70%	80%	62%
実施後	69%	72%	68%

新規の直帰率が8pt下がり、リピートの直帰率が6pt上がっていることが分かります。そのため、新規の人にとっては離脱しにくいページになったが、リピーターにとってはかえって分かりにくくなってしまったことが分かります。
ただし、サイトのアクセス数や数値の変化が必ずしも大きくないことから、これが**誤差**であることも考えられます。では、これが誤差なのかを確認するため、施策を行う前の直近3ヶ月の新規とリピートのそれぞれの最大と最小の直帰率を確認してみましょう。

	直帰率	新規直帰率	リピート直帰率
最大の直帰率	78%	82%	72%
最小の直帰率	64%	68%	58%

上記のような結果で、実施後の直帰率に関しては、**過去の最大と最小の範囲内に収まってしまっています。**過去の期間において何かしら施策を行っていないとしたら、今回の結果は**誤差の範囲内に収まっている**と言えるかもしれません(筆者注:本書では触れませんが、有意差検定などの統計的手法を利用して、数学的に判断することも可能です)。
一見効果があった、効果がなかったという風に見えても、セグメントを行って数値を確認することで、**特定の人たちや条件に対して効いている**、あるいは**効いていない**ということを発見できれば、それは新たな気づきや、原因特定につながります。
他にもコンバージョン率を流入元ごとに確認したり、同じ売上でも購入された商品や、購入人数と単価に変化がないかなどのセグメントも原因特定には有効でしょう。

●定性面の情報にも気をつける

また、定量的な気づきだけではなく、**定性面**での気づきや情報も参考になります。同僚に意見をもらったり、**アプリのレビュー**や**ブログのコメント**なども活用したりしましょう。数値には現れなかったことが発見できたり、あるいは違う軸でのセグメントを思いついたりすることができるかもしれません。
筆者もあるページのデザイン改善を提案して実行してもらったときに、**逆に数値が改悪してしまう**という結果を発生させてしまったということがありました。スマートフォンのサイトだったので、デバイスなどのセグメントも確認したりしたのですが違いが現れませんでした。そこで、ブログのコメントを見て気づいたのは、**ページの表示が遅くなっている**のではということでした。
実際に施策前後で確認をしてみたところ、ページの読み込み時間が4秒も増えており、これが**離脱率の増加**につながっていました。利用していたアクセス解析ツールではページ表示時間も見ることができたのですが、その観点でデータを見ようと思っていなかったのです。

実施した内容の記録を残す

Checkに関して、もう1つ大切な要素があります。それは**Checkした内容を記録として残しておくこと**です。行った施策は1ヶ月もすればその詳細は忘れてしまいますし、3ヶ月も経てばいつ施策を行ったのかも思い出せなくなるでしょう。
記録を残しておかないと、次のActionにも活かせないですし、サイクルを回すことのメリットの1つでもある、**過去の結果を元により精度が高い施策を行う**こともできなくなってしまいます。
施策を管理し、その結果を記録するためのドキュメントを用意し、施策ごとに入力して保管しておきましょう。

右ページの図5と図6は、筆者が以前作成した管理シートのサンプルになります。必要な要素だけを抽出した形になっていますので、カスタマイズして利用してみてはいかがでしょうか。

各プロセスの具体的な考え方 ── Action

「Action」のステップでは、得られた気づきを元に、次のPlanにつなげるために、**結果と原因を振り返る**というプロセスを行います。具体的には、結果の共有とそこからの施策の検討という形になります。

周囲の人を巻き込む

自分自身で次の施策を考えてすぐに行っても良いのですが、筆者としてはぜひ**同僚や上司にその結果をまずは報告**してほしいと考えています。行った施策に関わった人に、そのフィードバックを行うことは、**解析のことを理解してもらったり、貢献を可視化したりする**という意味でも大切なアクションです。
1人でできることには限界があるので、**少しでも多くの人を巻き込むと良いでしょう。**
また、巻き込むのにはあと2つ理由があります。それは、**結果と原因特定に関してズレがないか**を確認してもらうということと、**次の施策を一緒に考えてもらう**ということです。
分析して結果について、違った視点を与えてくれるかもしれませんし、良い結果であればそれを他の場所でも試したいと思う人も出てくるかもしれません。特には思わぬ横槍が入ったり、ケチがついてしまうかもしれません。
しかし、そのようなケースは逆にチャンスだと筆者は考えています。少なくとも、自分が行った施策や分析には興味を持ってもらえているのです。可能であれば、**さらなる分析やコミュニケーションを通じて、その人を味方につけてしまいましょう。**PDCAサイクルを回す上で大きな力になってくれるかもしれません。

メルマガプレゼントキャンペーン

基本項目

キャンペーン実施日　2009/1/15～2009/1/31　予算　50万円(30万円図書カード+20万円コンテンツ制作費)　担当者　小川

キャンペーン概要　メールマガジン経由の流入で購入をした人に対して抽選で100名に3,000円分の図書カードをプレゼント。該当メールマガジンは1/15に配信。購入期間が1/15～1/31

キャンペーン目的　メールマガジンで掲載している特選商品の売り上げ増加。メールマガジンの開封率増加。

キャッチフレーズ　まだまだ寒いけど、春はもうすぐ到来！今の内に準備をしておこう！

関連キャンペーン　2008年7月に同じようなプレゼントキャンペーンを実施。想定以上の効果があったため、今回が第2弾となる。

評価指標と数値			
メルマガ経由の流入数	5,000(通常の2倍)	評価時期	2009/2/1
特選商品の売上額	200万円(通常の3倍)	評価時期	2009/2/14
メルマガの開封率	22%	評価時期	2009/2/1

成果

指標	達成数値	達成率	達成/未達成の要因
流入数	5450	109%	○開封率が目標よりも超えたため、流入量にそれに応じて増加
売上額	189万円	95%	▲商品の特集ページは見てくれるのだが、そこからの遷移率が思ったほど上がらなかった。そのため売上額は若干ショート。
開封率	24%	109%	○想定より高めに。要因はタイトルの分かりやすさと、開封タイミング高い日時を狙ったことにあると思われる。

知見と今後の対策

知見　今後の対策

図5　Check項目の管理シート作成例1

施策名：

ステータス：　集客

担当者

目的

施策概要

施策案の背景

実施日

期待効果　day　month

評価指標

	Android			iOS			合計
	クリック数	想定DL数	想定登録数	クリック数	想定DL数	想定登録数	登録数
12月15日							
12月16日							
12月17日							
12月18日							
12月19日							
12月20日							
12月21日							

スクリーンショット

結果

結論

考察

今後の打ち手

図6　Check項目の管理シート作成例2

コミュニケーションを大切にする

Actionのプロセスは、放っておいても実現されるものではなく、**自らが動く**ことが最も大切なプロセスになります。自分から**報告の場を儲けたり、相談しにいったり**ということが必要です。筆者はアクセス解析を中心とした業務を行っていますが、分析に使っている時間は実はそれほど多くありません。Actionに代表されるような**コミュニケーションや施策を考える部分**がもっとも大切だと考えているし、そこに時間を使うべきと考えています。もちろん、自分の手柄が欲しいという側面はありますが、自分が提供して気づきや分析によって、他の人が施策を考え、それが実行され成果を生むのであれば、全く問題なく、むしろとっても嬉しいです。

従ってActionにおける最大の落とし穴は、**情報共有不足**や、**コミュニケーション不足**によってもたらされます。また、前述のCheckで書いた通り、行った施策をそもそも記録しておかなければ、コミュニケーション自体がままならないので、こちらも忘れずに実施しておきましょう。

ActionからPlanにつながったときに初めて、サイクルが回り始めていることを実感できるのではないでしょうか。

Chapter 3 ▸ Section 3

PDCAサイクルを回すための具体的な取り組み

PDCAサイクルの必要性や、その各ステップを詳細に紹介してきました。言うは易し行うは難しで、実際にこのような取り組みを始めると、思ったようなスピードで進まなかったり、いろいろな所で引っかかってしまったりということをすぐに実感すると思います。 あるいは、実施する前からすでに課題の多さに頭を抱えてしまうのではないでしょうか。筆者もいくつかの起業やコンサルティング案件で、このPDCAサイクルを回すための取り組みを行ってきましたが、どの会社でもすんなりはいきませんでした。そこで、実際に筆者(あるいは筆者が在籍していた部署)がどのような取り組みを行い、PDCAサイクルを加速させてきたか。このSectionでは6つの事例を紹介いたします。

事例1：Planの段階において、事前に予測を立てるためのドキュメントを用意

施策を行う前に必ず見立てを行い、想定される効果を記入しておくというプロセスを取り入れることで、実施前に施策同士を比較して、どの施策から取り組むかを判断することができるようになります。図1は施策を事前に入力するエントリーフォームの例になります。

施策エントリーフォーム

記入日	2014年7月14日
エントリー日	2014年7月18日
承認日	2014年7月22日

施策タイトル	
起案者	(部署名)　　　　(氏名)
施策の種類	□集客拡大 □サイト内改善 □機能改善 □A/Bテスト □商品改善 □コスト削減 □その他(　　　)
重要度・緊急度	□A：緊急性が求められる致命的なエラーや即時性が大切な施策 □B：売上インパクトが大きい・早い段階での実施が必要 □C：改善要望・競合優位・カスタマ満足度アップなど □D：実施は必須ではないが、改善に繋がる案件
評価指標	□KPI □売上 □コスト □リーチ □回遊 □その他(　　　)
改善指標1	KPI名：(　　) 実施前(　　) 実施後(　　)
改善指標2	KPI名：(　　) 実施前(　　) 実施後(　　)
改善指標3	KPI名：(　　) 実施前(　　) 実施後(　　)
売上・コストインパクト	円/月　　円/年
想定工数	エンジニア(　　)人日 デザイナー(　　)人日 ディベロッパー(　　)人日 その他工数
施策概要	
リリース予定(希望)日	□未定 □決定(　年　月　日)

施策管理番号	
承認者	

本ファイルは以下のディレクトリーに保存の上、エントリーシートに行を追加してから、決裁会議へのエントリーをお願い致します

図1　施策のエントリーフォーム

図2は売上を達成するための基本的な指標を決めるために利用しています。

売上を、「**訪問×コンバージョン率×平均単価**」としたときに、どの訪問・コンバージョン率・平均単価の組み合わせで目標売上を達成するかを決定するためのものです。

それぞれの組み合わせで実際の売上を出し、過去の実績や施策の種類などから、バランスよく指標をあげるのか、特定の指標に注力するかを数値を見て決めます。ポイントはどのシナリオが一番現実性があるかを見定めることです。

日別訪問者・日別CV率・日別単価からの売上想定(各セルの単位は億)　売上＝日別訪問者×日別CV日別率×日別単価×30で算出

訪問者9万

単価/CV率	¥550	¥600	¥650	¥700	¥750	¥800	¥850
6.0%	0.89	0.97	1.05	1.13	1.22	1.30	1.38
6.5%	0.97	1.05	1.14	1.23	1.32	1.40	1.49
7.0%	1.04	1.13	1.23	1.32	1.42	1.51	1.61
7.5%	1.11	1.22	1.32	1.42	1.52	1.62	1.72
8.0%	1.19	1.30	1.40	1.51	1.62	1.73	1.84
8.5%	1.26	1.38	1.49	1.61	1.72	1.84	1.95
9.0%	1.34	1.46	1.58	1.70	1.82	1.94	2.07
9.5%	1.41	1.54	1.67	1.80	1.92	2.05	2.18
10.0%	1.49	1.62	1.76	1.89	2.03	2.16	2.30
10.5%	1.56	1.70	1.84	1.98	2.13	2.27	2.41
11.0%	1.63	1.78	1.93	2.08	2.23	2.38	2.52
11.5%	1.71	1.86	2.02	2.17	2.33	2.48	2.64
12.0%	1.78	1.94	2.11	2.27	2.43	2.59	2.75
12.5%	1.86	2.03	2.19	2.36	2.53	2.70	2.87
13.0%	1.93	2.11	2.28	2.46	2.63	2.81	**2.98**

訪問者9.5万

単価/CV率	¥550	¥600	¥650	¥700	¥750	¥800	¥850
6.0%	0.94	1.03	1.11	1.20	1.28	1.37	1.45
6.5%	1.02	1.11	1.20	1.30	1.39	1.48	1.57
7.0%	1.10	1.20	1.30	1.40	1.50	1.60	1.70
7.5%	1.18	1.28	1.39	1.50	1.60	1.71	1.82
8.0%	1.25	1.37	1.48	1.60	1.71	1.82	1.94
8.5%	1.33	1.45	1.57	1.70	1.82	1.94	2.06
9.0%	1.41	1.54	1.67	1.80	1.92	2.05	2.18
9.5%	1.49	1.62	1.76	1.90	2.03	2.17	2.30
10.0%	1.57	1.71	1.85	2.00	2.14	2.28	2.42
10.5%	1.65	1.80	1.95	2.09	2.24	2.39	2.54
11.0%	1.72	1.88	2.04	2.19	2.35	2.51	2.66
11.5%	1.80	1.97	2.13	2.29	2.46	2.62	2.79
12.0%	1.88	2.05	2.22	2.39	2.57	2.74	2.91
12.5%	1.96	2.14	2.32	2.49	2.67	2.85	**3.03**
13.0%	2.04	2.22	2.41	2.59	2.78	**2.96**	**3.15**

訪問者10万

単価/CV率	¥550	¥600	¥650	¥700	¥750	¥800	¥850
6.0%	0.99	1.08	1.17	1.26	1.35	1.44	1.45
6.5%	1.07	1.17	1.27	1.37	1.46	1.56	1.57
7.0%	1.16	1.26	1.37	1.47	1.58	1.68	1.70
7.5%	1.24	1.35	1.46	1.58	1.69	1.80	1.82
8.0%	1.32	1.44	1.56	1.68	1.80	1.92	1.94
8.5%	1.40	1.53	1.66	1.79	**1.91**	2.04	2.06
9.0%	1.49	1.62	1.76	**1.89**	2.03	2.16	2.18
9.5%	1.57	1.71	1.85	**2.00**	2.14	2.28	2.30
10.0%	1.65	1.80	1.95	2.10	**2.25**	2.40	2.42
10.5%	1.73	1.89	2.05	2.21	2.36	2.52	2.54
11.0%	1.82	1.98	2.15	2.31	2.48	2.64	2.66
11.5%	1.90	2.07	2.24	2.42	2.59	2.76	2.79
12.0%	1.98	2.16	2.34	2.52	2.70	2.88	2.91
12.5%	2.06	2.25	2.44	2.63	2.81	**3.00**	**3.03**
13.0%	2.15	2.34	2.54	2.73	2.93	**3.12**	**3.15**

訪問者10.5万

単価/CV率	¥550	¥600	¥650	¥700	¥750	¥800	¥850
6.0%	1.04	1.13	1.23	1.32	1.42	1.51	1.61
6.5%	1.13	1.23	1.33	1.43	1.54	1.64	1.74
7.0%	1.21	1.32	1.43	1.54	1.65	1.76	1.87
7.5%	1.30	1.42	1.54	1.65	1.77	1.89	2.01
8.0%	1.39	1.51	1.64	1.76	1.89	2.02	2.14
8.5%	1.47	1.61	1.74	1.87	2.01	2.14	2.28
9.0%	1.56	1.70	1.84	**1.98**	2.13	2.27	2.41
9.5%	1.65	**1.80**	1.95	2.09	2.24	2.39	2.54
10.0%	1.73	1.89	2.05	2.21	2.36	2.52	2.68
10.5%	1.82	1.98	2.15	2.32	2.48	2.65	2.81
11.0%	1.91	2.08	2.25	2.43	2.60	2.77	**2.95**
11.5%	1.99	2.17	2.35	2.54	2.72	2.90	**3.08**
12.0%	2.08	**2.27**	2.46	2.65	2.84	**3.02**	**3.21**
12.5%	2.17	2.36	2.56	2.76	**2.95**	**3.15**	**3.35**
13.0%	2.25	2.46	2.66	2.87	**3.07**	**3.28**	**3.48**

訪問者11万

単価/CV率	¥550	¥600	¥650	¥700	¥750	¥800	¥850
6.0%	1.09	1.19	1.29	1.39	1.49	1.58	1.68
6.5%	1.18	1.29	1.39	1.50	1.61	1.72	1.82
7.0%	1.27	1.39	1.50	1.62	1.73	1.85	1.96
7.5%	1.36	1.49	1.61	1.73	1.86	1.98	2.10
8.0%	1.45	1.58	1.72	1.85	1.98	2.11	2.24
8.5%	1.54	1.68	1.82	1.96	2.10	2.24	2.38
9.0%	1.63	1.78	1.93	2.08	2.23	2.38	2.52
9.5%	1.72	1.88	2.04	2.19	2.35	2.51	2.66
10.0%	1.82	1.98	2.15	2.31	2.48	2.64	2.81
10.5%	1.91	2.08	2.25	2.43	2.60	2.77	**2.95**
11.0%	2.00	2.18	2.36	2.54	2.72	2.90	**3.09**
11.5%	2.09	2.28	2.47	2.66	2.85	**3.04**	**3.23**
12.0%	2.18	2.38	2.57	2.77	2.97	**3.17**	**3.37**
12.5%	2.27	2.48	2.68	2.89	**3.09**	**3.30**	**3.51**
13.0%	2.36	2.57	2.79	**3.00**	**3.22**	**3.43**	**3.65**

訪問者12万

単価/CV率	¥550	¥600	¥650	¥700	¥750	¥800	¥850
6.0%	1.19	1.30	1.40	1.51	1.62	1.73	1.84
6.5%	1.29	1.40	1.52	1.64	1.76	1.87	1.99
7.0%	1.39	1.51	1.64	1.76	1.89	2.02	2.14
7.5%	1.49	1.62	1.76	1.89	2.03	2.16	2.30
8.0%	1.58	1.73	1.87	2.02	2.16	2.30	2.45
8.5%	1.68	1.84	1.99	2.14	2.30	2.45	2.60
9.0%	1.78	1.94	2.11	2.27	2.43	2.59	2.75
9.5%	1.88	2.05	2.22	2.39	2.57	2.74	2.91
10.0%	1.98	2.16	2.34	2.52	2.70	2.88	**3.06**
10.5%	2.08	2.27	2.46	2.65	2.84	**3.02**	**3.21**
11.0%	2.18	2.38	2.57	2.77	**2.97**	**3.17**	**3.37**
11.5%	2.28	2.48	2.69	2.90	**3.11**	**3.31**	**3.52**
12.0%	2.38	2.59	2.81	**3.02**	**3.24**	**3.46**	**3.67**
12.5%	2.48	2.70	2.93	**3.15**	**3.38**	**3.60**	**3.83**
13.0%	2.57	2.81	**3.04**	**3.28**	**3.51**	**3.74**	**3.98**

訪問者13万

単価/CV率	¥550	¥600	¥650	¥700	¥750	¥800	¥850
6.0%	1.29	1.40	1.52	1.64	1.76	1.87	1.99
6.5%	1.39	1.52	1.65	1.77	1.90	2.03	2.15
7.0%	1.50	1.64	1.77	1.91	2.05	2.18	2.32
7.5%	1.61	1.76	1.90	2.05	2.19	2.34	2.49
8.0%	1.72	1.87	2.03	2.18	2.34	2.50	2.65
8.5%	1.82	1.99	2.15	2.32	2.49	2.65	2.82
9.0%	1.93	2.11	2.28	2.46	2.63	2.81	**2.98**
9.5%	2.04	2.22	2.41	2.59	2.78	**2.96**	**3.15**
10.0%	2.15	2.34	2.54	2.73	2.93	**3.12**	**3.32**
10.5%	2.25	2.46	2.66	2.87	**3.07**	**3.28**	**3.48**
11.0%	2.36	2.57	2.79	**3.00**	**3.22**	**3.43**	**3.65**
11.5%	2.47	2.69	2.92	**3.14**	**3.36**	**3.59**	**3.81**
12.0%	2.57	2.81	**3.04**	**3.28**	**3.51**	**3.74**	**3.98**
12.5%	2.68	2.93	**3.17**	**3.41**	**3.66**	**3.90**	**4.14**
13.0%	2.79	**3.04**	**3.30**	**3.55**	**3.80**	**4.06**	**4.31**

訪問者14万

単価/CV率	¥550	¥600	¥650	¥700	¥750	¥800	¥850
6.0%	1.39	1.51	1.64	1.76	1.89	2.02	2.14
6.5%	1.50	1.64	1.77	1.91	2.05	2.18	2.32
7.0%	1.62	1.76	1.91	2.06	2.21	2.35	2.50
7.5%	1.73	1.89	2.05	2.21	2.36	2.52	2.68
8.0%	1.85	2.02	2.18	2.35	2.52	2.69	2.86
8.5%	1.96	2.14	2.32	2.50	2.68	2.86	**3.03**
9.0%	2.08	2.27	2.46	2.65	2.84	**3.02**	**3.21**
9.5%	2.19	2.39	2.59	2.79	**2.99**	**3.19**	**3.39**
10.0%	2.31	2.52	2.73	2.94	**3.15**	**3.36**	**3.57**
10.5%	2.43	2.65	2.87	**3.09**	**3.31**	**3.53**	**3.75**
11.0%	2.54	2.77	**3.00**	**3.23**	**3.47**	**3.70**	**3.93**
11.5%	2.66	2.90	**3.14**	**3.38**	**3.62**	**3.86**	**4.11**
12.0%	2.77	**3.02**	**3.28**	**3.53**	**3.78**	**4.03**	**4.28**
12.5%	2.89	**3.15**	**3.41**	**3.68**	**3.94**	**4.20**	**4.46**
13.0%	**3.00**	**3.28**	**3.55**	**3.82**	**4.10**	**4.37**	**4.64**

3億達成のためのシナリオ

パターン1(青枠)	訪問者をしっかり伸ばす。訪問者を13万～14万程度に増やし、CV率と単価を維持する	例)14万訪問者・スペンド9.5%・単価750円
パターン2(紫枠)	CV率をしっかり伸ばす。CV率12%をめどに、訪問者と単価を微増させる	例)11万訪問者・CV率12%・単価750円
パターン3(茶枠)	単価をしっかり伸ばす。単価850円まであげて、訪問者とCV率を微増させる	例)11万訪問者・CV率9.5%・単価850円
パターン4(赤枠)	バランスパターン。すべての指標を少しづつ伸ばす	**例)11万訪問者・CV率11%・単価850円**

※黒枠は過去実績パターン

→ 今期はパターン4での3億円達成を目指す

図2　訪問、コンバージョン率、平均単価をさまざまに組み合わせて試算した表

事例2：中長期での施策をPlanするための手法

施策単位でPDCAサイクルを回すことも大切ですが、半年や1年といった期間の**中長期プランおよびPDCAの実施**も大切になります。

そこで、月単位の目標設計や、重要な施策をまとめておくことも忘れないようにしましょう。設定した**KPIに対する進捗**や、実施しようとしている**主な施策**をまとめ、チーム内そして上司とも共有しておきましょう。いくつかの作成パターンを紹介いたします。

図3は、月別の施策を振り返り、課題となる指標や施策を洗い出すための「**信号生活**」シートです。上半分の赤背景のものが、**改善が必要な指標**になります。

また下半分では、主要な施策に対して、**月ごとの取り組みを箇条書き**にしたものを記述し、表の右側では**3ヶ月に1回今後の方針についてまとめたもの**を記述しています。こちらでも背景が赤のものは改善優先が高い施策になります。

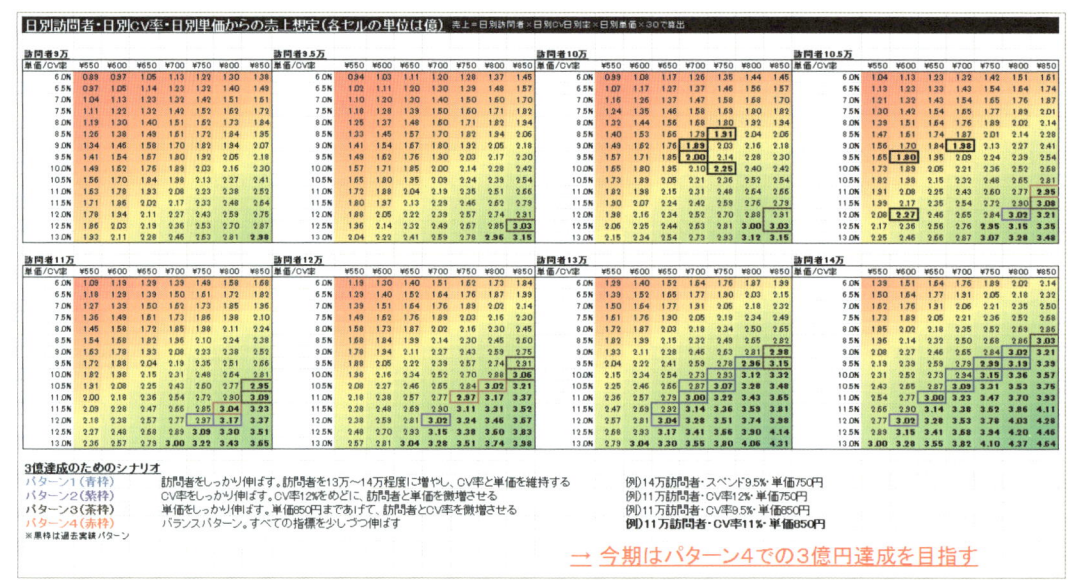

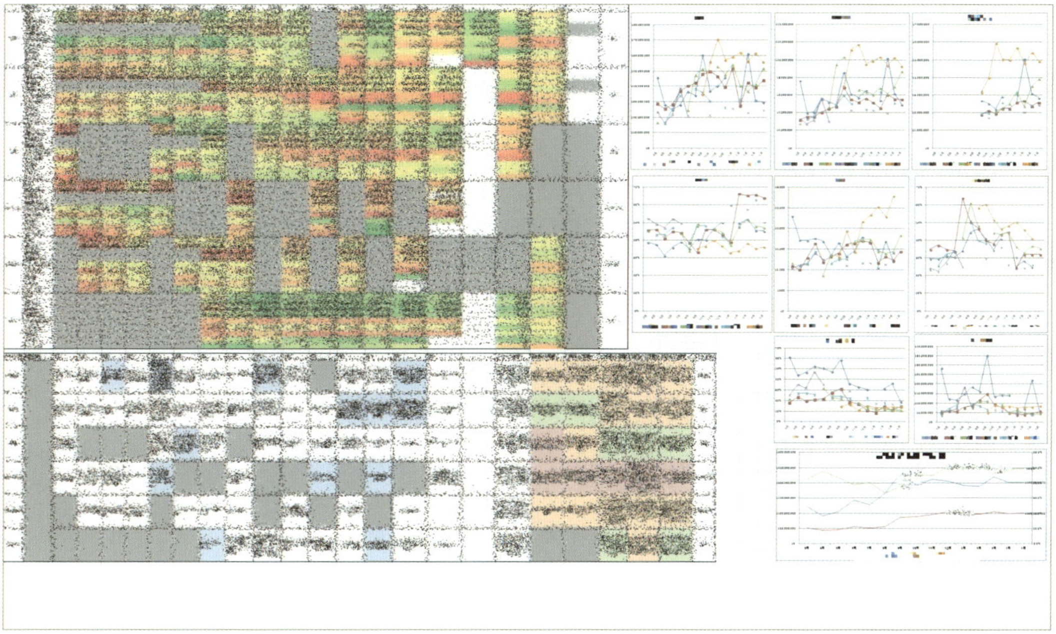

図3 「信号生活」シート。数値は仮です

施策名	期待効果	実施難易度	優先順位	実施時期	実施判断	会員登録増加数
施策1	◎	△	○	随時	内容1	150
施策2	**○**	**○**	**○**	**12/26〜**	**内容2**	**750**
施策5	△	○	○	12/6 及び 12/18 済	内容5	100
施策6	△	○	△	**12/24週**	内容6	
施策11	△	△	○	12/25週	内容11	100〜400
施策14	**△**	**○**	**○**	**1月7日**	**内容14**	**250**
施策15	○	△	○	1月	内容15	200
施策16	◎	△	◎	**2月以降**	内容16	50
					増加想定/月	1550〜1850

図4　会員登録を増やすための施策とその優先度順位付け、および期待効果

事例3：Doした施策の記録を残しておく

行った施策はアクセス解析ツール上に記録を残しておくと良いでしょう。半年後や一年後に数値を振り返ったときに、なぜこの時期に特定の指標が減ったり増えたりしたかを覚えていくのは至難の業です。担当の変更などがあった場合なども記録を残しておかないと、謎のままで終わってしまいます。

多くのアクセス解析ツールはツール上に記録を残しておくことができますので、これらを有効活用しましょう。

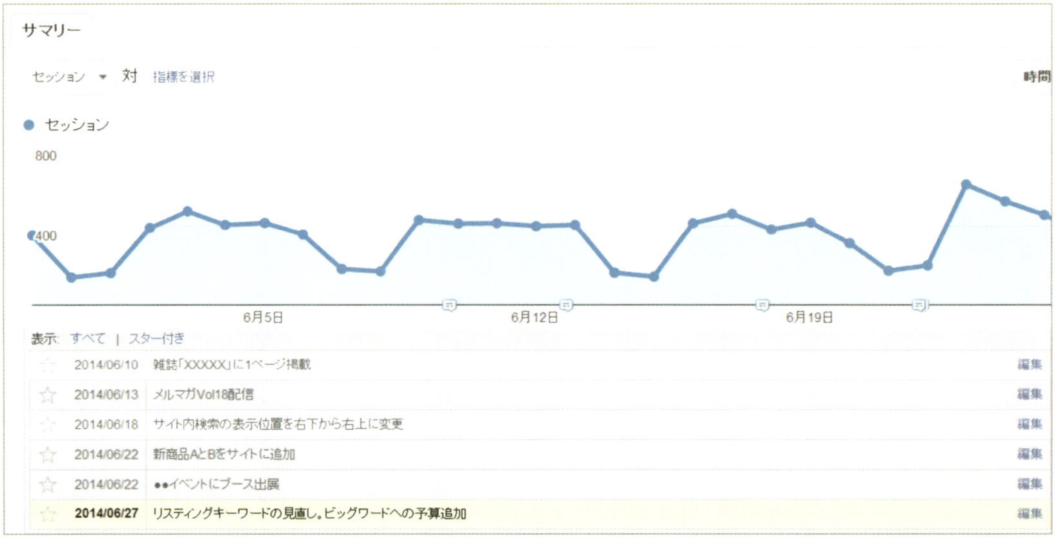

図5　Googleアナリティクスのメモ機能

図6　Adobe Analyticsのイベント情報登録画面

解析ツールが対応していない場合は、Excelでの管理などを行っておきましょう。

事例4：Checkを強化するための勉強会の実施

行った施策がどうなっているのかを確認するのは必ずしも自ら行う必要はありません。できれば、**より多くの人にデータを見てもらえる**ようになると良いでしょう。データを見る人が増えれば、データに興味を持つ人も増えますし、PDCAサイクルの促進にもつながります。

筆者はよく**解析ツールの勉強会**を社内で開催したり、データの出し方や見方についてアドバイスを行ったりしています。分析に興味がある人を一人でも増やすためにも大切な取り組みだと考えております。

株式会社リクルートにいた頃は約2年間、毎月勉強会を行い、500名以上の方にアクセス解析ツールの使い方を教えてきました。また株式会社サイバーエージェントでも担当しているサイト以外に、10サイト以上の分析やKPI設計の相談に乗ってきました。

基本的なツールの使い方から、データ取得や分析にかかえている人に対して相談に乗ったりと、その内容は多岐に渡ります。アナリストを目指すのであれば、まずは社内に**「分析をする人です」というのをアピール**しておくことも大切だと考えています。

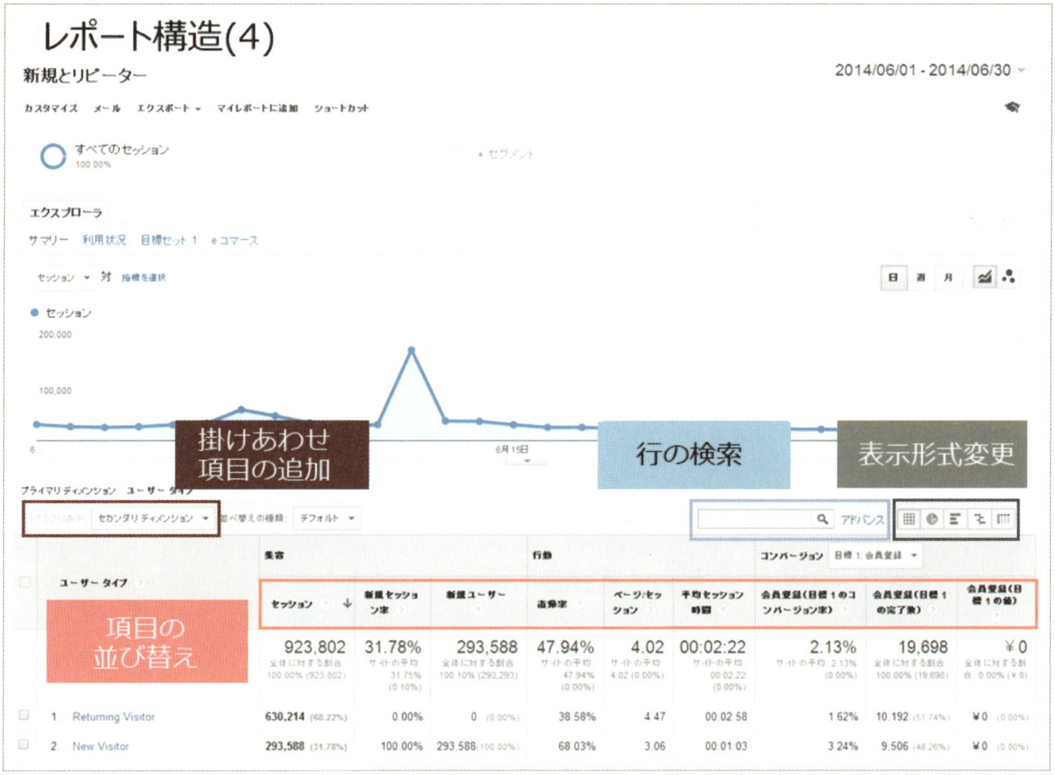

図7　勉強会の資料例

Point

良い勉強会を行うための注意事項

- ツールの使い方ではなく、気づきを発見するためのデータの見方を説明する。そのため、レポート画面が主軸ではなく、「流入元別にコンバージョン率を見たい」「デバイスごとの特徴を発見したい」といった課題や仮説ベースで説明をしていきます。
- 可能であれば、実際に画面の操作をしてもらう時間を設けると良いでしょう。そのために、いくつかのワークを勉強会の中で用意すると良いです。その際には操作説明だけではなく、ワークの回答画面も用意しておきましょう。
- 必ず資料は印刷して配布、あるいは事前にファイルを共有しておきましょう。スクリーンを見て欲しい、話に集中して欲しいと発表者は思うかもしれませんが、それは発表者側のわがままです。少しでも参加者にとって、分かりやすい形で資料を用意してあげましょう。
- ワークを行う際、ログインするところで詰まってしまうケースも多々あります。勉強会前にアカウント発行やログインの確認などは終わらせておきましょう。
- 勉強会は短ければ短いほど参加者にとっては嬉しいものです。最大でも2時間で収める方法をぜひ考えてみてください。
- 勉強会の後にアンケートを取りましょう。できればWebフォーム、難しければアンケート用紙にその場で記入してもらいましょう。後での記入は入力率が大きく落ちてしまいます。得られた結果を元に次の勉強会に向けて改善を進めましょう。
- 個別の課題や内容に困っている人は、その後に直接話をしたり、打合せをしたりしてフォローしてあげましょう。

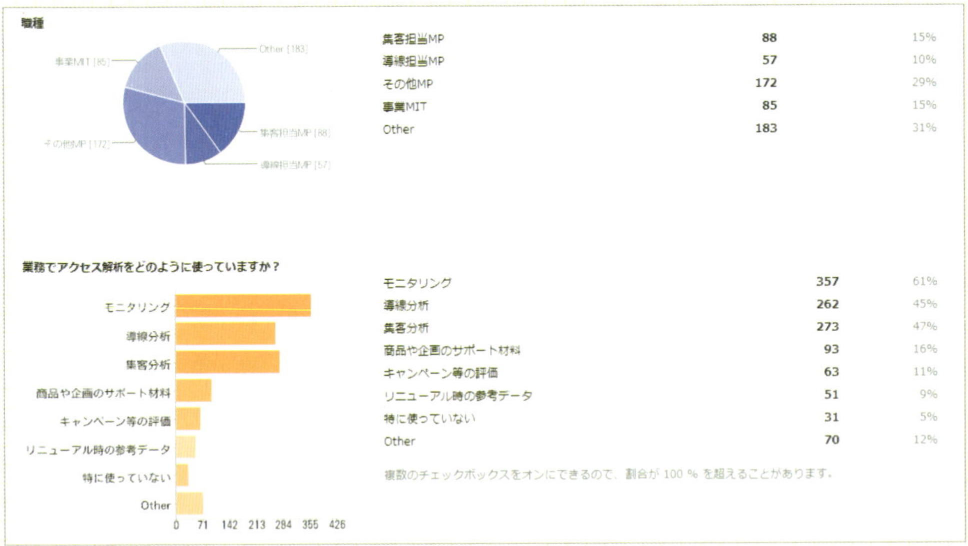

勉強会のアンケート結果例

事例5：施策を振り返り次のアクションにつなげる「KPT」の取り組み

KPTとは「Keep」「Problem」「Try」の略称で、行った施策を振り返るための仕組みとして株式会社サイバーエージェントで実施している取り組みになります。実施した施策の中で今後も継続的に行っていくべき「**Keep**」、実施した上で解決しないといけない問題である「**Problem**」、そして、今回の内容を受けて次にチャレンジするべき「**Try**」です。

その内容を報告用の資料にまとめ、そのサービスや企画に携わっている全員に対して報告会を行います。これはプランナーだけではなく、エンジニア、デザイナーなど、関わった人は全員参加しています。前半に発表者はその内容を発表し、後半で参加者から意見をもらって次回の施策を練っていきます。

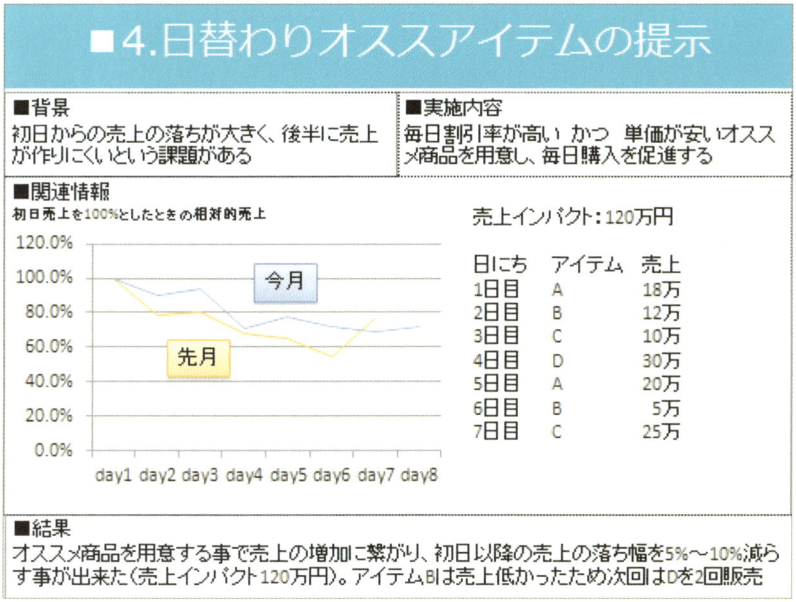

図8 KPT資料からの抜粋（サンプル）

報告会を行う上でのポイントは、**より多くの人に意見をもらう**ことです。**数値には表れにくい感想や定性的な意見**を促すようにしています。また似たような施策を繰り返し行うことも多いので、このタイミングで方向性自体は決めてしまい、**関係者全員をそのプロセスに巻き込む**ようにしています。資料を作成する側も作成する上で考えが整理できます。

参加者も自分達が関わった施策がどのような結果になったかを確認し、改善案を伝えられる場なので、社内で解析を浸透させる方法としては非常に有効です。

サイバーエージェントではさらに他のサービスのKPTにも自由に参加できるよう、ホワイトボードにスケジュールが常に書かれていました。他にもサイトやサービス横断の事例共有会なども別途、毎週開催しています。

取り組みのための資料の作成や準備は大変なのですが、次の施策を考える上では非常に効果が高く、また参加者にとっても自分の意見の場を伝えられる場所があるのは良いことではないでしょうか。
また事例共有会に関しては自社のサービスだけではなく、他社の事例なども積極的に情報交換が行われていました。変化が激しい業界やサービスを提供している会社なので、最新の情報を津遠位キャッチアップしておくことは非常に大切でした。

図9　KPTの様子。筆者が担当サービスのメンバーに施策の振り返りを行っています

事例6：PlanからActionにつなげるための施策管理と共有の仕組み

行った施策を管理するために様々な事例をまとめておくことは非常に大切です。新しい施策を考えるときの参考にもなりますし、過去の失敗を繰り返さないですみます。自分の中だけで残しておいても、他の人が利用することができません。そこで、**実施した施策をまとめておき**、その結果を他の人が参照できるようにしておきましょう。
こちらもいくつかの方法やフォーマットがありますので、紹介をいたします。

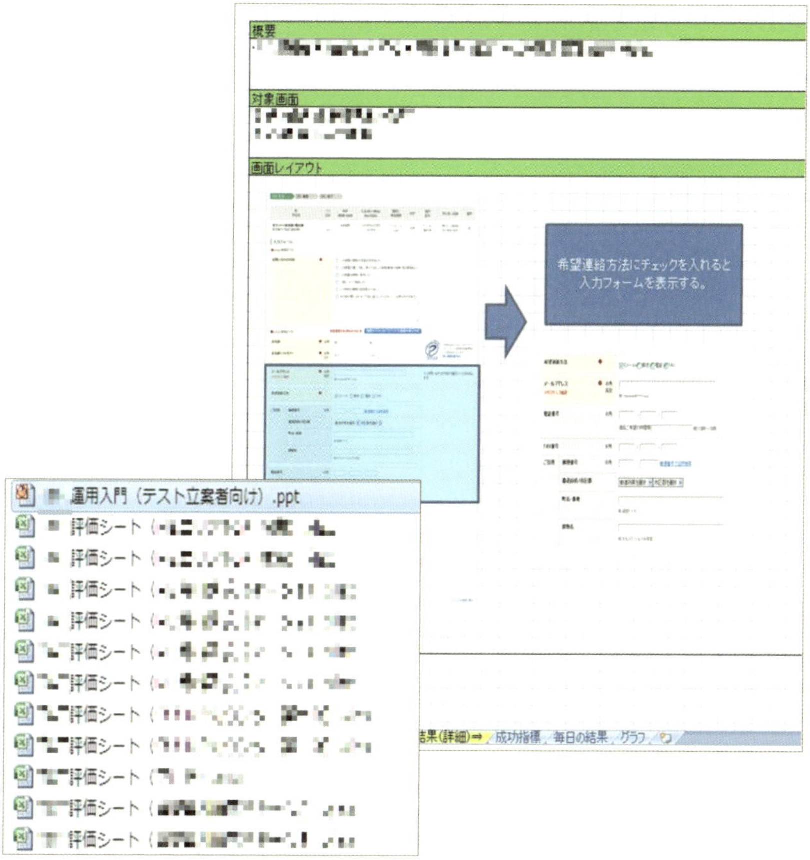

図10　A/Bテストごとにファイルを用意し、その中に実施に目的やスクリーンショット、結果のデータをまとめていました

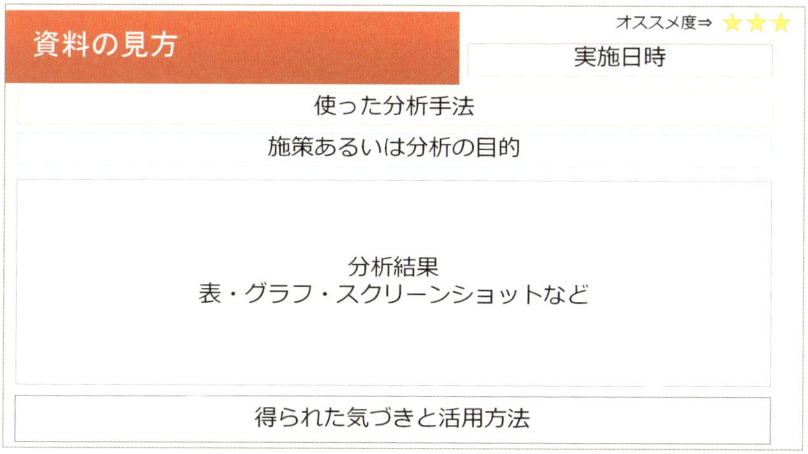

図11　施策管理のフォーマットとその記入例1

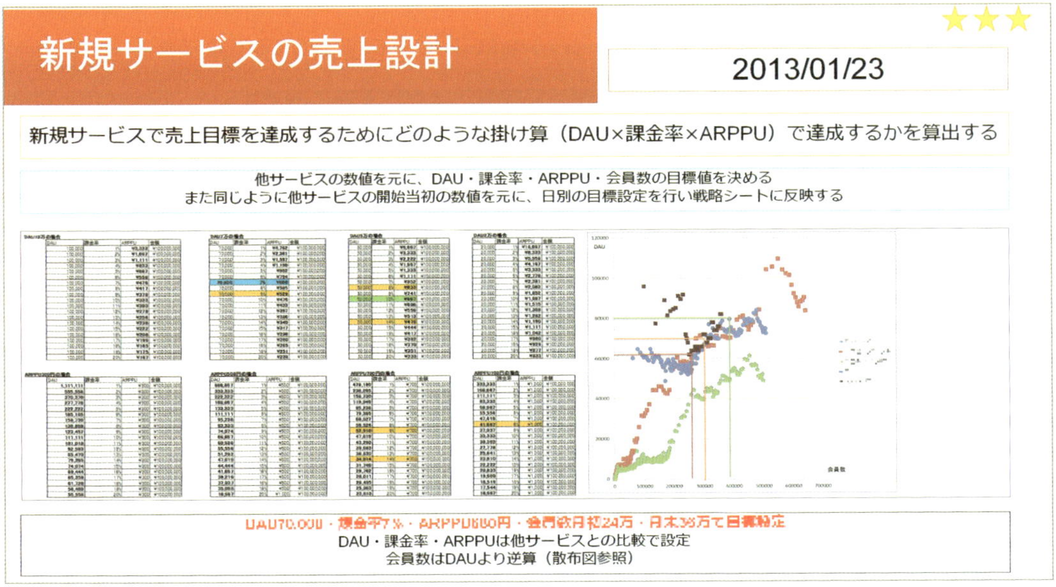

図12　施策管理のフォーマットとその記入例2

Chapter 3 ▸ Section 4

Webアナリストのお仕事

改善のプロセスについて説明をして参りましたが、Webアナリストは実際にどのようなお仕事をしているのか。イメージをお持ちいただくために筆者が行っている取り組みを元に紹介いたします。

3つの事例を紹介いたします。1つ目はコンサルティング案件のときにどのような活動を行っているか。2つ目は株式会社リクルートの住宅情報サービスであるSUUMO事業部にいたときの取り組み、最後は株式会社サイバーエージェントでアナリストとして行っている業務内容になります。それぞれの業務や見ているデータも大きく違いますが、すべて「アナリスト」の範疇としての仕事だという風に考えています。

コンサルティング案件の場合

時々、**コンサルティング**の案件をお引き受けすることがあります。ご依頼いただく方は個人だったり、企業としてECサイトを運営されていたり、あるいは制作会社やSEOなどを行っている会社、NPO法人など多岐に渡ります。コンサルティングでお受けする案件は主に2つです。
1つは**アクセス解析や分析の仕方を教えて欲しい**というもの。こちらに関しては、勉強会やワークショップでそのノウハウや手法をお伝えすると形式を取ります。もう1つは、**自社サイトあるいはその企業のクライアント様のサイトの分析依頼**という形になります。今回は後者についてお話をしてみたいと思います。

最初に確認する10項目

特定の企業サイトの分析の場合は、継続して1つのサイトを分析し提案を行う形を取ることが多いです。進め方としては、まずは対象サイトについて詳しくヒアリングを行わせていただきます。**サイトの目的**や**現状の課題**などを中心に確認します。
少なくとも以下の10項目に関しては必ず確認するようにしています。

- ビジネスおよびサイトのゴール
- 現状抱えている課題や実現したいこと
- 目標やKPI設定の有無と、設定をした背景
- 現在行っている施策および過去に行った施策とその結果
- 運用体制。何名が担当していて、それぞれがどのような役割を果たしているか
- 外注先の有無や外注先とのやりとり内容
- 該当する業界の現在のトレンド
- 同業他社の有無と、該当するサイト名
- 導入しているあるいは利用している分析関連のツール
- レポート作成の有無と、その内容

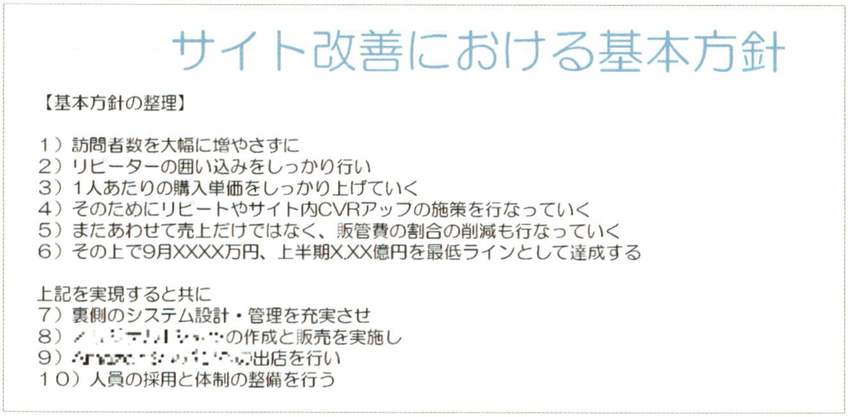
サイト改善における基本方針
【基本方針の整理】
1）訪問者数を大幅に増やさずに
2）リピーターの囲い込みをしっかり行い
3）1人あたりの購入単価をしっかり上げていく
4）そのためにリピートやサイト内CVRアップの施策を行なっていく
5）またあわせて売上だけではなく、販管費の割合の削減も行なっていく
6）その上で9月XXXX万円、上半期X.XX億円を最低ラインとして達成する
上記を実現すると共に
7）裏側のシステム設計・管理を充実させ
8）[redacted]の作成と販売を実施し
9）[redacted]出店を行い
10）人員の採用と体制の整備を行う
図1　コミュニケーションした内容を元に基本方針をまとめ、双方で確認する

施策や課題の洗い出し

ヒアリングを行った後に、**現在行いたいと考えている施策や課題**の洗い出しを話し合いながら決めていきます。その上で、その施策の実施や課題解決のために分析と施策提案の資料を作ることになります。あわせて、先方から上がってきたお題以外にも、特に重視するべきポイントなどを見つけるために、**サイト全体の分析**も行います。

たとえばサイトにおける課題が、「現状の売れ筋商品以外にも新しいジャンルを開拓して強めていきたいが、どのような商材や商品群が良いか分からない」という課題と「SEOやランディングページの改善を定期的に行ってきたが、このまま続けるのが良いのか、サイトの他の部分を改修すれば良いかが判断付かない」といったものがあるとしましょう。

この場合は、いただいた課題について分析を行うだけではなく、サイト全般の分析を行い、新たな課題やチャンスもあわせて発見しにいきます。たとえばメールマガジンあるいは入力フォームの改善などが可能かもしれません。あるいは、PCとスマートフォンにおける行動の違いなども探ることもあります。

分析を踏まえての提案

そして、分析を行ったら**施策とあわせて提案**を行います。このときに大切なのは、分析だけで終わらせないことです。ご依頼いただいている企業は別に分析結果を聞きたいわけではありません（分析手法を学びたいということもあるので、必ずしもというわけではないのですが）。それよりは、**どこをどのように改善すればサイトが改善できるか**ということを知りたいのです。たくさんのレポートを見せるのではなく、まずは最初に課題をどのように解決すれば良いか、そして施策がどれくらいの売上貢献を生むのかを提示しましょう。

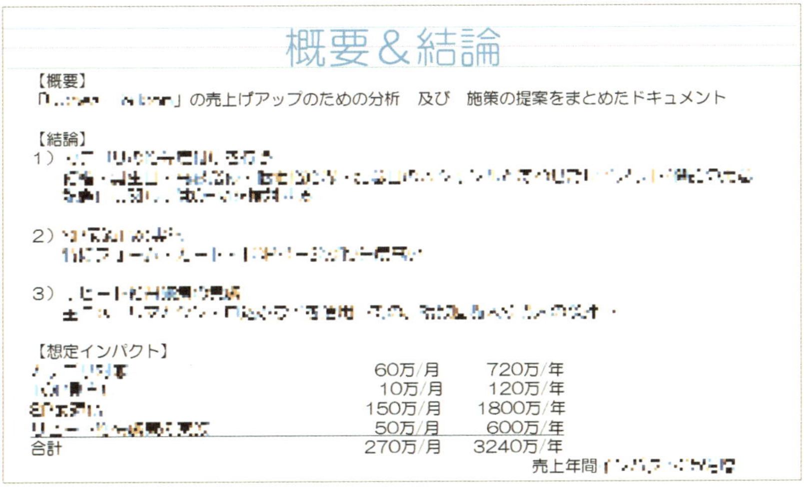

図2　提案資料の1枚目の内容

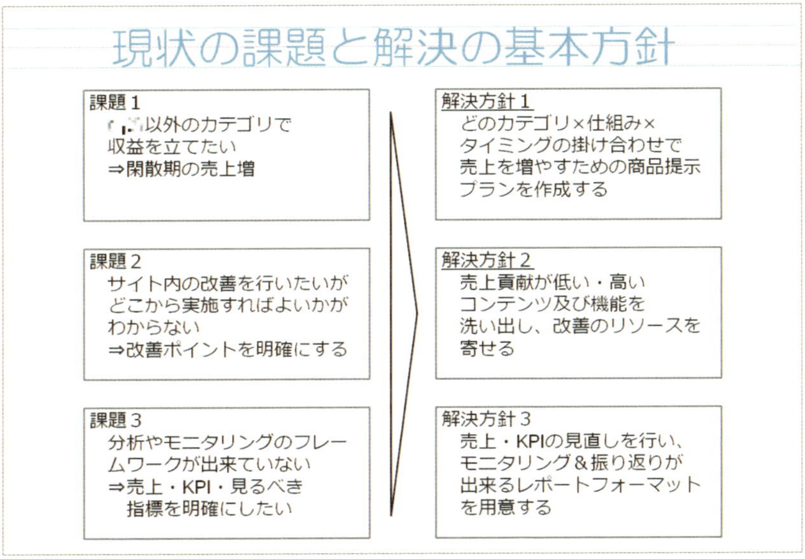

図3　提案資料の2枚目の内容

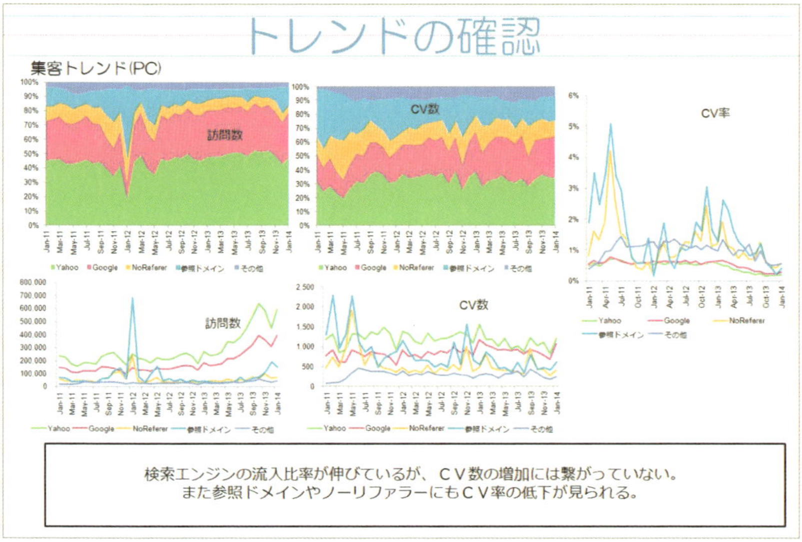

図4　提案資料の4枚目の内容（集客の現況把握）

分析の結果を報告し、施策の提案を行った後に、またディスカッションを重ね、更に分析を進めたり、あるいは、施策を行ってもらったりといった次のアクションを決めます。大体1時間～2時間くらいの打ち合せで内容を詰めていきます。

コンサルティングを行う上での注意点

この打ち合わせですが、思い通りに進むこともあれば、全く違う方向に話が進むこともあります。お互いに不幸にならないためにも、コンサルティングを行う上で私自身は以下の3点を大切にしています。

立場をはっきりさせておく

まずは、自分の役割を最初に明確にしておくことです。私自身からクリエイティブの提案や参考にしてもらうためのワイヤーフレーム（ページ作成の元となる設計書）を作ることはありますが、コンテンツを作成することはありません。このように**自分ができる・できない範囲**を明確にしておきましょう。

宿題を明確にする

次に打合せ時には必ず次回までに（あるいはいつまでに）どのような内容をお互いに実施するかという宿題を明確にしておくことです。お互いに想定と違った内容を実施してしまっては意味がありません。

実現性を考慮する

最後に**実現性を考慮した提案**を行うことです。そのために事前のヒアリングはとても重要です。サイトやビジネスにおいてすぐに改善できる範囲や、どうしても手を出せない所を明確にしておきましょう。**実現性がない提案ほど意味がないものはありません。**またたくさんの提案をすることに意味があるとも思えません。分析を行っていくと、様々なレポートや施策を提案したくなります。しかし、そこをぐっと我慢して、分析や提案資料に関しては不必要なものは削っていきましょう。大切なのは資料の量ではなく、その内容が受け入れられ、サイトに反映されるかです。

このような形で施策の提案から実施、振り返りを複数回繰り返していきます。無理に期間を伸ばしても意味がないので、複数回打合せを行ったら、**終了のタイミング**も決めておきましょう。
お金に関しては、成果報酬でいただくということはほとんどなく、主にかかった時間でお金をいただいております。成果報酬に関しては、ぜひチャレンジしてみたいと思うのですが、お互いにとって金額が読みづらいという観点もあり、なかなか実現していません。

SUUMOにおけるアナリストの役割

筆者は約2年間、住宅情報サイト「SUUMO」のWebアナリストを担当していました。そのときに、どのような業務をどういう方法を使って行っていたかを紹介いたします。
私の役割は主に3つありました。1つ目はSUUMOにおける**KPI**と**レポート設計**、および**取締役会での報告**。2つ目は分析依頼を受けて、**分析を行い施策の提案**をするという内容。3つ目は**アクセス解析全般**に関連する対応で、主に教育・実装サポート・問い合わせ対応などを行っていました。それぞれの業務を詳しく紹介いたします。

KPIとレポート設計

SUUMOにおける目標は**売上**になります。では、この売上を上げるために、どのような戦略を取るのか。そのためにもKPIの設計は非常に大切になります。SUUMOというのは広告掲載型のサイトであるため、サイト内で直接売上が発生することはありません。しかし、**サイトの訪問者**や**資料請求の割合**などを上げていくことは必要になります。難しいのは、売上とこのようなWebサイト上でのアクションが必ずしもつながっていないという部分にあります。サイトで資料請求した賃貸物件とは別の物件を契約することもあるでしょうし、そもそもサイトを見た上で、電話でお問い合わせすることもあります。

アクションに対する想定売上金額を設定する

そこでSUUMOでは各アクションに対して、**想定売上金額**というものを設定しています。これは、**広告掲載料**とそれに見合った**送客件数**によって決まっています。また、賃貸と新築マンションではその価値も違いますし、エリア（例：北海道・東北・関東など）によっても変わってきます。まずは**ゴールに関連するコンバージョン価値**を設定するところから始まります。

目標コンバージョンを計算し、現状の差分を確認する

また、売上は**物件の種類**と**エリア**ごとに目標が設定されています。そこで、上記の計算を行った上で、各物件の種類とエリアでどれくらいの**コンバージョン量が年間で必要か**を算出します。そこから過去の

データを確認し、現状のままだった場合のコンバージョン件数を確認し、**目標に対しての差分**を確認します。

下記は、どの物件種類とエリアが目標に到達しているか、していないかを把握するために作成したシミュレーションシートです。集客量やコンバージョン率を変更すると、それに対応してシミュレーション結果が変わるように設計されています。

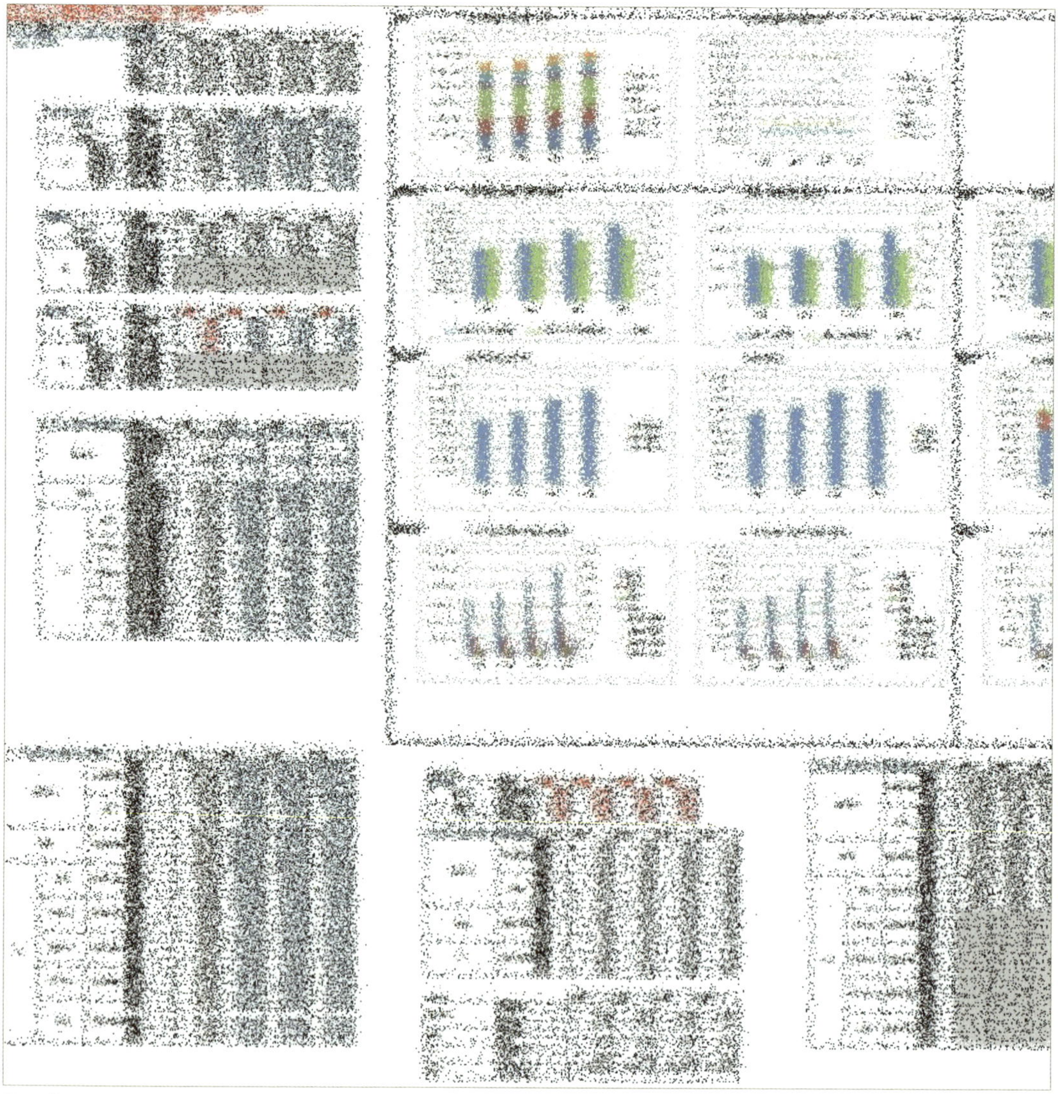

図5　集客量やコンバージョン率でシミュレーションできる表

ビジネスロードマップ上で改善ポイントを洗い出す

ここからがKPI設計の出番です。目標達成のためにどの指標をどれくらい改善する必要があるのかを検討していきます。

基本的な考え方はChapter 1で紹介した**ビジネスロードマップ**を利用しています。主要な導線と、それぞれの**現在値**を確認し、**改善できそうなポイント**を洗い出していきます。

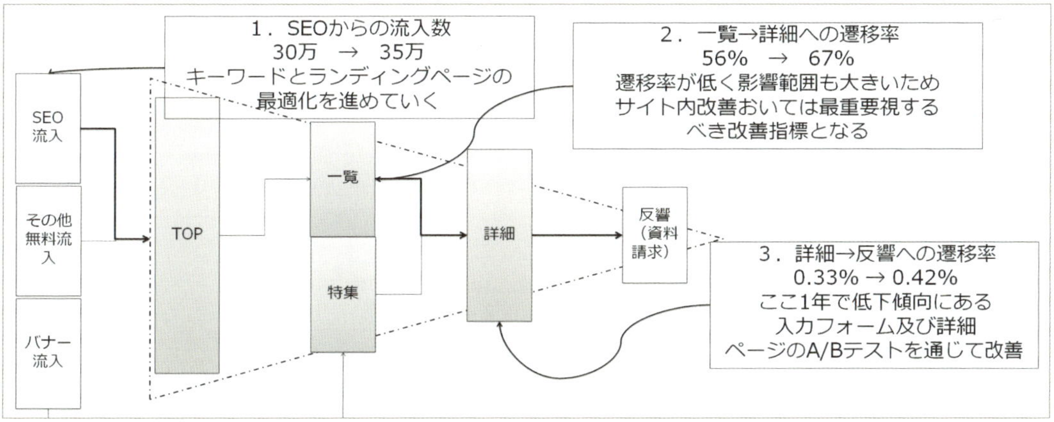

図6　KPIとして設定するポイントを絞り込んでいく（数値は仮）

関係各所との調整を行う

KPI設計を行ったら、後は**関係各所との調整**を行います。KPI運用を進めていくことに同意を得られなければ、設計をしても誰も改善しようというモチベーションは働かなくなってしまいます。施策に関してもこのKPIを改善するために行っていくということを約束しておく必要があります。担当している業務や部署によっては利害関係が一致しないことも多々ありますが、そこは上司にも協力をいただきながら、同意を取っていく作業が必要です。

月・週単位に施策を落とし込む

KPIを設計したら終わりではありません。目標に対して、**月あるいは週単位の施策の落とし込み**が必要なります。あわせて、**設計したKPIおよび関連する数値をレポートにしていく**というところも必要になります。このレポート設計は、現在の進捗を共有し、関係各位で共通認識を持つ上でも非常に大切な業務になります。SUUMOのときには、主に月単位で取締役会への報告を行っていました。

レポートを設計する

そのためのレポート作成と発表を担当することになった筆者は、まずどのような形でレポートを作成するかの設計を行いました。また報告は月単位になりますが、数値は日あるいは週単位で見たいということもあるでしょう。まずは、それぞれのレポートの基本方針を決めていきました。

その上で、特に月次レポートに関しては、**盛り込む内容やデータの取得方法**、**表示するフォーマット**などを細かく決めていきます。

モニタリングを行う上で

2:データの頻度によってアウトプットの形やルールを設定します

知見の追加や、データ取得後の加工など、行う後工程により提供出来るスピードが変わるため、アウトプット体系を頻度によって変えます。

	データ加工	グラフ作成	コメント（事実）	コメント（理由）	フォーマット	編集
日次	無し	無し	無し（※御相談）	無し	メール添付PDF	不可
週次	最小限	最小限	最小限	無し	Excel形式	可
月次	あり	あり	あり	あり	PPT	可
スポット	あり	あり	あり	あり	Excel形式	不可

★メールの件名を考える・HTMLメールで送る
日次のアウトプットフォーマット：SiteCatalystの「ダッシュボード」を定期的にメール配信する　ボードメンバー＋営業部長＋MPの情報共有ML
目的：日々の変化を素早く察知し、必要に応じて緊急のアクションを打つ
アウトプット例：★訪問者数・詳細数・★反響数（日単位だとPV・週単位ならWebクエリ）・新規/リピート・領域横断率（要確認）
※翌日配信

週次のアウトプットフォーマット：Excelで最低限の加工をしてメール送付（データを入れれば、グラフが出来る状態）
目的：月の目標の達成具合を確認し、必要に応じて施策へのテコ入れを行う。また来月以降に向けた施策の参考にする
アウトプット例：A数・集客の内訳・領域別のデータ）
※毎週木曜日配信（水曜日～火曜日のデータを水曜日に加工、木曜日送付）
※SiteCatalystでは複数の指標を一つのグラフで表示したり出来ないので、Excelが必要。データ取得はExcelclientを利用）
事実ベースのコメント追加は可能。
⇒目標との連動性は低い。商品のほうが売上連動なので目標を持っている。
⇒SUUMOオールとしての目標を持っていない（施策と紐づいていない）

月次のアウトプットフォーマット：現行のフォーマットを見なおして作成。特にいらない物・追加する物を精査する
目的：年間目標の達成状況を確認し、必要に応じて全体の方向性を変える材料とする。また現在のサイトの健康状態を理解するために活用する
アウトプット例：目標達成率・需要予測
項目は半分に減らし・気づきを2倍にしてレポーティングスピードも2倍にしたい。本当に必要なものだけ、変化があるものを基本的には残す。
見て終わるのではなく、次に繋がるものを提供する事を目標とする。

提供時期は翌月中を目指し、数値を使った簡単な数字増加・減少の分析を行います
需要予測モデルが完成したら、こちらを追加していきます。

図7　レポートの種類と基本方針を整理していきます

下記は、取得項目の一例です。列は左から右に向かって「項番」「レポートの掲載ページ番号」「提案内容」「PC・モバイル」「比較期間」「文章記入（事実）の有無」「文章記述（理由）の有無」「データ元」データ取得方法」「備考（担当者や注意点など）」「日別・週別・月別・それ以上の期間での利用有無」となっています。

項番	Page	概要	PC/モバイル	比較	文章記入（事実）	文章記入（理由）	データ元	取得方法	備考	日別	週別	月別	それ以上
1	3	純粋想起率		前月・前年	○	×	[redacted]	[redacted]		×	×	×	○
2	3	流入数（月間訪問者数）	PC	前月・前年	×	△	[redacted]			○	○	○	○
3	3	流入ユーザーの質（検索エンジン率）	PC	前月・前年	○	×	[redacted]		[redacted]	○	○	○	○
4	3	横断遷移率（領域UU÷全体UU）	PC	前月・前年	○	×	[redacted]			○	○	○	○
5	3	コンバージョン率（全体PC＋モバイル）	PC+MB	前月・前年	×	○	[redacted]		[redacted]	○	○	○	○
6	3	アクション数（週平均）		前月・前年	×	△				?	○	○	○
7	3	リピート率	PC	前月・前年	○	×	[redacted]			○	○	○	○
8	4	流入数（月別トレンド・前期比較）	PC	月別2年間	○	×	[redacted]			○	○	○	○
9	5	競合UU（ADPlannerから比率計算）	PC	月別6ヶ月	○	×	[redacted]	[redacted]		×	×	○	×
10	6	[redacted]	PC	月別過去1年	○	×	[redacted]	[redacted]	[redacted]	×	×	○	×
11	7	流入内訳（PC）	PC	月別過去1年	○	△	[redacted]		[redacted]	○	○	○	○
12	8	流入数（モバイル）	MB	月別過去1年	○	△	[redacted]		[redacted]	○	○	○	○
13	9	流入数内訳（モバイル）	MB	月別過去1年間	○	△	[redacted]		[redacted]	○	○	○	○
14	10	検索の流入比率（PC）	PC	月別2年間	○	×	[redacted]		[redacted]	○	○	○	○
15	11	SEO計測（[redacted]	PC	月別1年間	○	○	[redacted]		[redacted]	×	×	○	○
16	12	検索の流入比率（モバイル）	MB	月別2年間	○	×	[redacted]		[redacted]	○	○	○	○
17	13	SEO流入詳細（PC）	PC	月別2年間	○	△	[redacted]		[redacted]	○	○	○	○
18	14	ビッグワードの流入順位（PC）	PC	隔週数ヶ月	○	○			[redacted]	○	○	○	○
19	15	ビッグワード×エリア・駅の掛け合せ（順位の内訳）（PC）	PC	隔週数ヶ月	○	○				○	○	○	○
20	16	ビッグワードの流入順位（モバイル）	MB	隔週数ヶ月	○	○				○	○	○	○
21	17	ビッグワード×エリア・駅の掛け合せ（順位の内訳）（モバイル）	MB	隔週数ヶ月	○	○				○	○	○	○
22	18	領域横断遷移率（各領域のUU）	PC?	月別1年間	○	×	[redacted]			○	○	○	○
23	19-25	領域横断アクション率	PC?	月別2年間	○	×	[redacted]		[redacted]	?	?	?	?
24	26	コンテンツ送客	PC	月別2年間	○	×	[redacted]		[redacted]	○	○	○	○
25	27	記事カテゴリ・コンテンツ別アクション貢献	PC	週別1年間	○	×	[redacted]		[redacted]	○	○	○	○
26	28	コンバージョン率	PC	月別2年間	○	×	[redacted]		[redacted]	○	○	○	○
27	29-30	コンバージョン数と率（領域別）	PC	月別1年間	○	×	[redacted]		[redacted]	○	○	○	○
28	31	滞在時間と反響の相関	PC	月別1年間	○	×	[redacted]		[redacted]	○	○	○	○

図8　レポートに掲載するために取得する項目の管理表

●レポート作成フローとスケジュールを整理する

また、このタイミングで**レポート作成フロー**と**スケジュール**を整理していきます。レポートを作成するのに必要な時間や工数、また誰がどのデータをいつ出すのかを整理していきます。この時点で初めて、前月の結果をいつレポーティングできるかが見えてきます。そして上司や関係各位と調整をしながら、項目やスケジュールを確定していきます。

●決めたことに沿って運用する

後は実際に**レポートの作成**と**運用**のフェーズになります。月次レポートを作るのに、大体作業時間としては15時間ほどかかっていました（筆者＋データ取得者2名の合計工数）。また、レポートを作るタイミングで原因特定のために、さらなる分析を行ったり、関係者へのヒアリングも行っていたりしたため、報告は大体翌月中旬になっていました。速報に関しては、アクセス解析ツールから日次で配信していたので、その内容を確認してもらっていました。

レポートは大体50ページ前後となっていましたが、最初の数枚ですぐに現状と今後にむけての対策が分かるように**サマリーシート**を用意して、その内容を中心に説明していました（発表時間は大体5分～10分程度だったため）。

2012年2月度　サマリーシート

○アクション・売上共に達成　△キャンペーン終了に伴い一部数値が元通りに

○フォーム遷移率改善　○コンテンツ閲覧増加　×リスティング経由詳細遷移率が減少

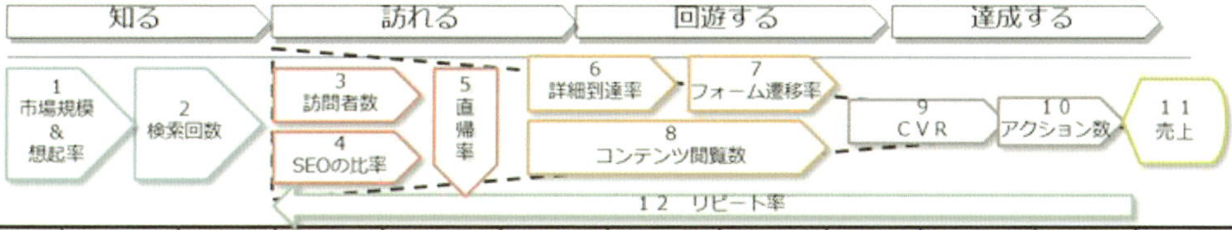

結果指標	1 市場規模 & 想起率	2 ブランド検索回数	3 訪問者数	4 SEOの比率	5 直帰率	6 詳細到達率	7 フォーム遷移率	8 コンテンツ閲覧数	9 CVR	10 アクション数	11 売上	12 リピート率
前年同月	800万 52%	100万	250万	25.9%	29.7%	38.2%	32.4%	24万	3.95%	**4.7万**	**2,500万**	56.4%
前月	850万 70%	120万	360万	23.8%	25.8%	35.6%	31.5%	26万	4.26%	**5.9万**	**3,800万**	52.3%
今月実績	同上	110万	340万	27.2%	27.7%	37.4%	33.9%	27万	4.27%	**5.5万**	**3,500万**	56.3%
	対前年 +18pt	対前年 +20% 対前月 ▲8%	対前年 +44% 対前月 ▲6%	対前年 ▲2.1pt 対前月 +3.4pt	対前年 +3.9pt 対前月 ▲1.9pt	対前年 ▲2.6pt 対前月 ▲0.8pt	対前年 ▲0.9pt 対前月 +2.4pt	対前年 +8% 対前月 +4%	対前年 +0.31pt 対前月 +0.01pt	**対前年 +26% 対前月 ▲7%**	**対前年 +1300 対前月 ▲300**	対前年 ▲4.1pt 対前月 +0.1pt
対前年評価と要因	○	▲	▲	▲	▲	×	○	○	▲	▲	▲	▲
		キャンペーン終了に伴い検索回数が減少	同左	昨年より改善。キャンペーン終了に伴い回復	キャンペーンが行われた前月よりは悪いが去年より改善	**遷移率が昨年より減少リスティング経由の到達率が悪い**	**入力フォームのABテストにより改善（詳細は後述）**	**TOPで表示されるコンテンツの見直しにより改善**		**前月より減少は想定範囲内目標達成率は105%**	**前月より減少は想定範囲内目標達成率は108%**	

図9　サマリーシート例1。数値は仮です

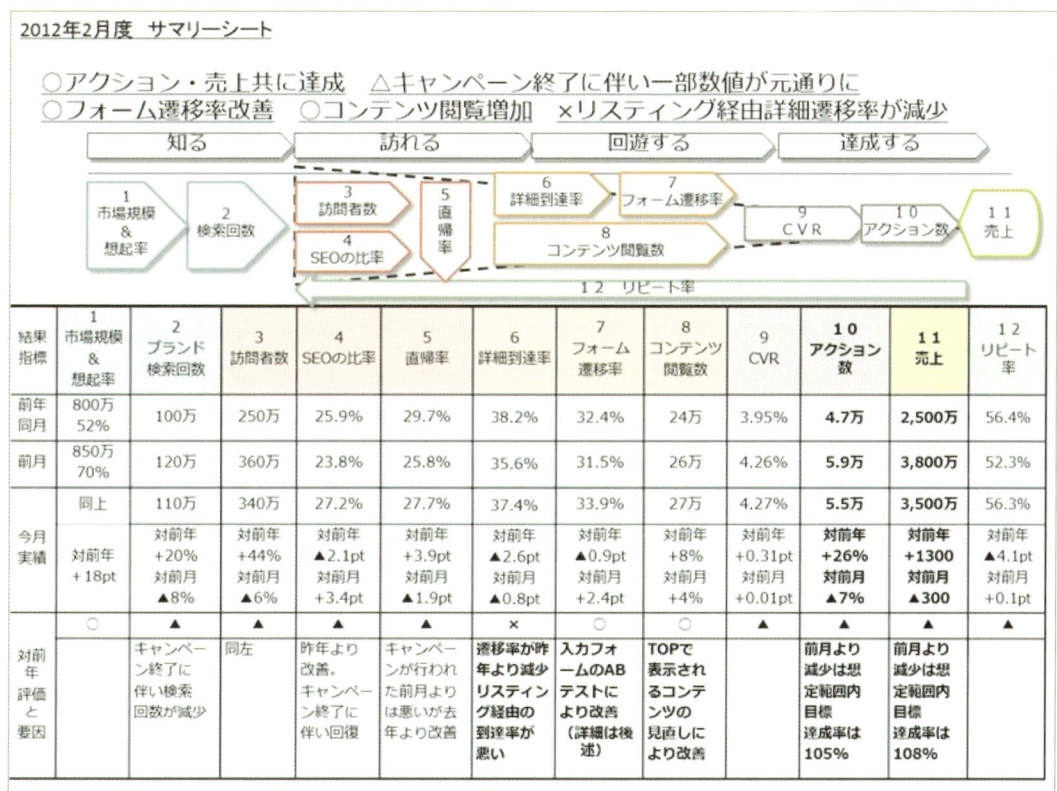

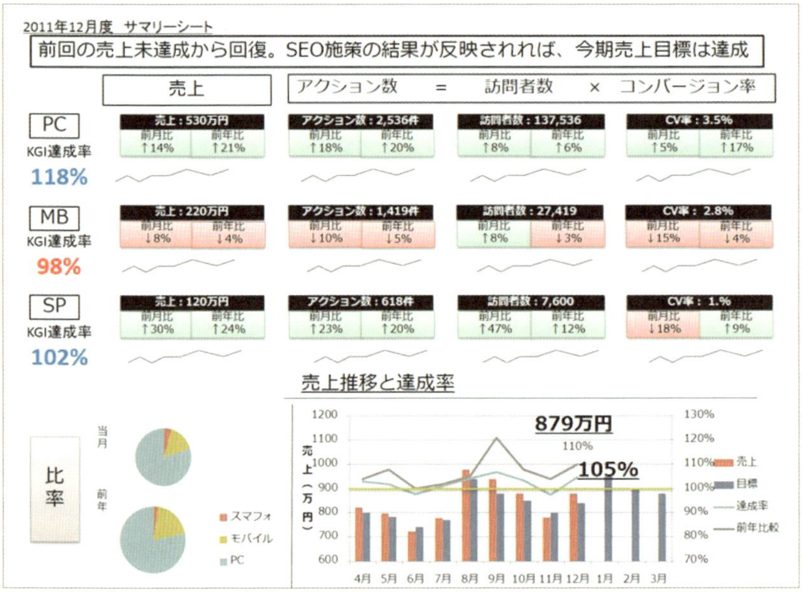

図10　サマリーシート例2。数値は仮です

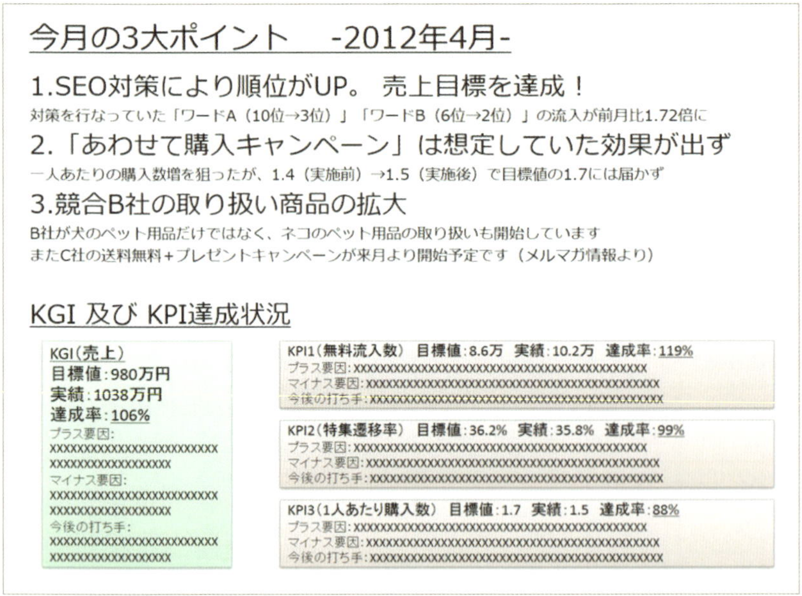

図11　サマリーシート例3。数値は仮です

●報告後のフォロー

報告を行った後は、そのときに出た質問に対して**別途調査**をして報告を行ったり、**レポートの内容を定期的に見直したり**しています。KPIでの経営や改善プロセスを浸透させるためにも非常に大切な業務でした。

分析依頼と結果の報告

様々な分析依頼を受けて対応していました。こちらも内容は多岐に渡り、**集客についての間接効果**の分析や、**ソーシャルメディアがサイトに与える影響**や、**入力フォームのA/Bテスト**などもありました。いったん、Webサイトの分析に関する依頼は基本、私の方で受けてそこで振り分けて対応していくという形になっていたかと思います。

分析依頼を受けたときに大切なこと

分析依頼を受けたときに大切なのは、その**目的をしっかりと確認する**ことです。ただのデータ出し屋になってはいけません。もしかしたらその時間で他の有意義な分析や提案ができるかもしれません。目的を確認すれば、もしかしたら他にも良いデータの取得方法があるかもしれません。または優先順位の調整が必要かもしれません。

また求められる**アウトプットのレベル**も依頼内容によって変わってきます。ただ、数値が分ければ良いのか、そこに気づきなどの文章は必要なのか、または報告用の資料まで作りこむ必要があるのか。事前に必ず確認しておかないと、お互いの期待値があわず、どちらかが不満足な結果で終わってしまうこともあります。不満足な結果は信頼をなくし、次から依頼が来なくなってしまうかもしれません。データが**一時的**に必要なのか、**定期的**に必要なのかも重要な確認項目です。

分析は依頼ベースではなく、自分から分析を行い、**提案をしていく**ことも必要です。依頼は受けていないけれど、課題感を元に、分析を進めてみると、思わぬ気づきが見つかるかもしれません。気づいたことはすぐに関係者に伝えておくことで、施策につながったりすることもありました。理想の状態は**毎日何か新しい気づきを発見すること**です。そのためにも、サイトの現状や事業における課題などを常に把握しておくことが大切になります。

アクセス解析全般への対応

アクセス解析そのものに関する問い合わせや相談も多岐に渡ります。その中でも圧倒的に多かったのは、**データに関するお問い合わせ**でした。「どうやったらこの数値を見ることができるのか？」あるいは「この数値が別のツールを比較すると物凄くずれていて、おかしいのだが」あるいは「こういったレポートを定期的に配信するためには何をすれば良いのか」といった内容です。1日数件は必ずいただいていました。

SUUMOではアクセス解析ツールを利用する人が100名近くいました。お問い合わせに対応するための専門の社内横断部署もあったのですが（筆者は以前その部署に4年ほどいました）、SUUMO固有の実装や設計に関しては部署内で解決するというのが基本方針だったため、筆者が対応していました。

アクセス解析の問い合わせ対応で大切なこと

データの整合性などの調査は特に手間がかかることも多かったのですが、このような対応で最も大切なのは、**調査方針**をしっかり決めておくということと、まずはチェックするべきポイントをリストアップしておくことです。また似たような問い合わせが多い場合は、それらをまとめておいて、関係各位に共有しておいても良いでしょう。直接、売上につながる業務ではないため、いかに**効率良く**対応していくかがポイントになります。

また、実装に関連する問い合わせも多かったです。新しいデータを取得したい、A/Bテストを行いたいといったようなケースです。こちらに関しては、自分自身だけでは解決できることはほとんどなく、**開発部署との連携**なども大切でした。

SUUMOにおいてのアナリストの業務は内容が多岐に渡り、様々なスキルを求められました。しかし、正しい数値を取得しレポートし、それを活かすという観点で、貢献を求められるし、実際に貢献することができたのではと考えております。

サイバーエージェントにおけるアナリストの役割

サイバーエージェントでは、アナリストが複数名所属する横断の部署に在籍しています。ここでは、複数の自社サービスを担当し、売上を上げるための分析や施策提案を行っています。

主な業務は4つになります。「**KPIの設計**」「**分析と施策の提案**」「**レベルデザイン**」「**分析のノウハウ共有と横展開**」です。それぞれの内容を紹介していきます。

KPIの設計

サイバーエージェントでは大体半年先まで、各サービスにおいて**売上目標が月単位**で設定されます。その目標に対して、どのように達成するかをプランニングする部分がこのKPI設計になります。ソーシャルゲームでは、

売上 = DAU × スペンド率 × ARPPU

という式によって売上が成り立っています※1。今後の施策やサービスの方向性などを加味して、月単位の売上目標に対して、**どのようなKPI数値を目指すか**を設定します。また、サービスによってはスマートフォン向けWebサービスとアプリでの売上の割合や、iOS/Androidの割合なども加味します。売上を達成する方法はいくつかありますが、今まで触れてきたようにその指標を改善できるような施策を考えられるかがポイントになります。

施策を考えるときに大切なこと

このステップを精度高く行うためには、**過去の施策の知見**をしっかりためておくこと、そしてサービス担当者とその認識をあわせておくことが大切です。Webサイトと違い、コミュニティやソーシャルゲー

※1　ソーシャルゲームの売上や見方については、P.245を参照してください。

ムに関しては**、短期間で売上を増減させる施策**を比較的簡単に行うことができます。実施することの難易度より、その中身によって効果が大きく変わってきます。扱っているキャラクターやモチーフがユーザーにとってどれほど欲しいものなのか、あるいはどの時間帯にどのような商品が販売していたら購入したいと思うのか。**ディテール**が売上への貢献を大きく変えます。また、**リピーターが多い**というのも大きな特徴であり、Webサイト以上に、同じ施策を繰り返していると、**飽きてしまったり**、**効率が良い方法を発見したり**ということで、効果がどんどん落ちてきます。変えないこと自体がリスクになりえるのです。

そのため、短期的に売上を上げる施策だけではなく、サービスやゲームの遊び方や仕組みを変えるような、**中長期**（開発期間1ヶ月～数ヶ月）での視点も必要になります。これは単純に売上だけではなく、サービスをどのように変えていき、利用者に対してどのような**新しい体験**や**遊び方**を提供したいかというのを考えて実践する必要があります。

基本方針＆戦略シート

2014年12月の目指すべき姿	

現状の課題	

状態の確認	現状	半年後	1年後
市場			
同業他社			
自社			
サービス利用者			

チャンスポイント	
基本アクション	
評価KPI	
実現のための体制	

図12　中長期で方針や戦略を考えるためのシート

KPIをモニタリングするレポートの設計

KPIの設計を行ったら、あわせてそれを**モニタリング**するためのレポートも必要となってきます。サイバーエージェントでは、**10秒単位で売上が更新される**仕組みを取っており、また多数の指標を1時間単位で確認することができます。どの指標をどの頻度で確認し、どういった形にレポートに落としこんでいくかはサービスによって変わってきます。
多くのサービスの場合は**日単位**で**売上**と**KPI**を確認しています。そして、月単位ではなく、**日単位で目標を設定**しています。先程、説明した通り、施策の実行スピードが早いため、週や月単位では施策のスピードに追いついていかないのです。たとえば、売上が最も伸びる月初であれば、最初の0時〜2時くらいまでの売上を見れば、その日、およびその月の大体の売上を見立てることができます。

目標に達しない場合の対応

最初の数時間で目標に達しないようであれば、**その日のうちに施策を反映させる**こともあります。このようなスピード感で動いているからこそ、施策に関しては**すぐに行えるものを事前に準備しておく**必要があります。施策といっても、何かしらのコンテンツを作ったり、機能を開発したりというものだけではありません。たとえば特定の２時間だけ、商品がすべて2割引で購入できたり、得点が2倍稼げたりといった、管理画面で設定し、すぐ反映されるようなものも多数含みます。

分析と施策の提案

PDCAサイクルのところで提示したような、**行った施策に対する分析**と**新しい提案**、あるいは日々の数値を見ながら気づいたことをどんどん提案していくという内容がここには含まれます。大小関係なく、様々な分析や提案を行っています。

提案の精度を上げるために

また、提案の精度を上げるため、そしてサービスの理解や方向性を深めるためにも、**担当サービスの打ち合せ**には積極的に参加しています。**新しい施策のアイデア出し**、**現状数値の振り返り**、後述する**パラメータ設計**、**体制**に関する相談など様々な打合せがあります。
筆者の一週間の業務を100%とすると、分析やレポート作成は30%、50%は打合せや議論に参加といった形で、分析の時間以上に、施策周りで時間を使っています。この場では、出てきた議論に対して**数値的なアドバイスや意見**を伝えたり、他のサービスで成功あるいは**失敗した事例の共有**などを行っています。
そういった意味では、アナリストだけではなくコンサルタントとしての役割も非常に大切になってきます。**施策の引き出しが多ければ多いほど**、サービスへの貢献度合いは大きくなってきます。
そのため、自社サービスや他社サービスの理解は欠かせません。業務の残りの20%は主に、自社や同業サービスを試してみて、気づきをまとめることに費やしています。

図13　分析と施策の内容はフォルダごとに日付をわけて管理。定期的な分析と施策を行い、事業への貢献を行います

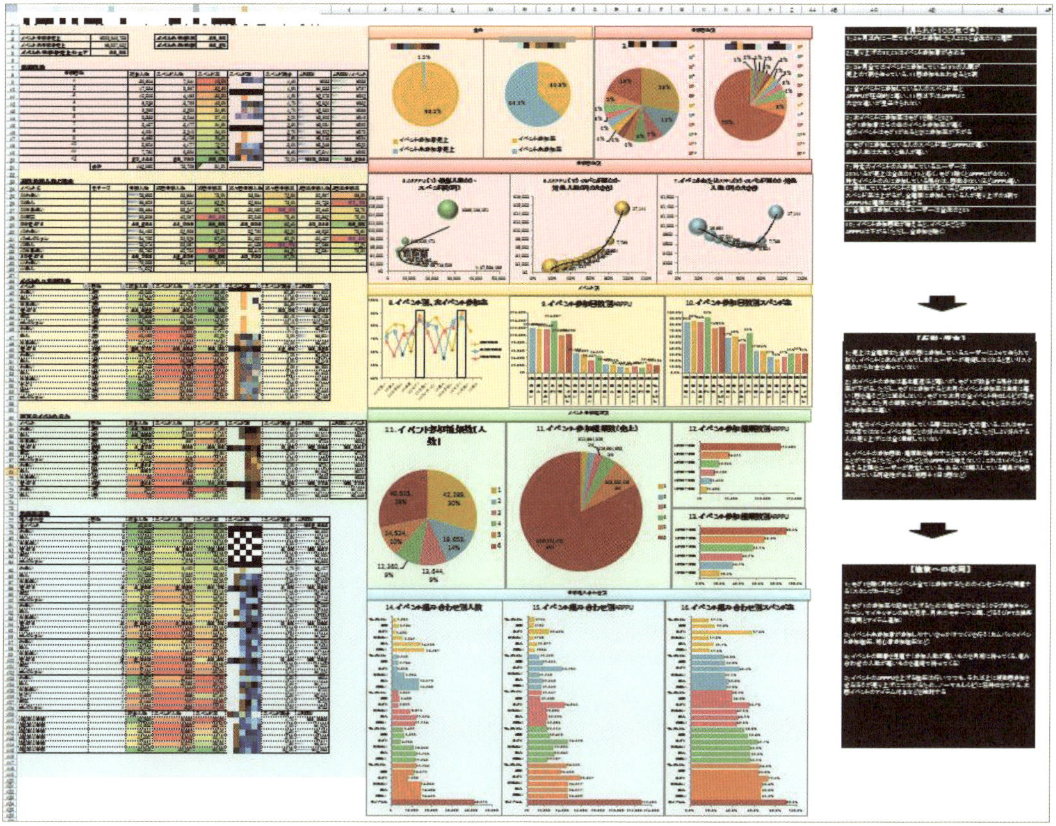

図14　直近12個の「イベント」の分析。イベントの継続参加や参加しているイベントの種類が売上やスペンド率、イベント期間中の利用金額にどのような影響があるかを分析し、その内容に基づいた提案を行っています

レベルデザイン

ソーシャルゲームの**レベルデザイン業務**[※2]もアナリストが担当することがあります。筆者も担当しているサービスのいくつかでは、レベルデザインの設計にも参加しています。
数値の設計を正しく行うためには、その前提となる分析が必須となります。敵の体力を1つ設定するにしても、参加者の攻撃力の分布がどうなっているかが分からなければ、**適切な難易度設計**ができません。簡単すぎても、難しすぎても利用者によっては楽しくなく、頑張ったり、お金を使ったりしたいと思いません。ちょっとした設定ミスが数百万円の売上ダウンに簡単につながってしまいます。そのため、設計した後に、開発環境でのテストにも時々参加しています。

定性的な意見も収集する

また、レベルデザインは**サービス担当者の定性的な意見**も非常に大切です。「前回と比べて難しいと感じた」という人がいれば、その詳細を確認し、データで検証します。そのためにはサービスを継続的にプレイしていることも重要になります。
「ユーザー体験を数値に落とし込む」という作業は、コミュニティやソーシャルゲームならではの特徴ですが、Webサイトの改善にも活かせることが多々あるのではと感じています。たとえば、あるイベントで決めないといけない設定は以下の通りになります。

イベント概要	・料理を食べたり食べられたりして点数を競うイベント ・食べると満腹度が上がり、満腹になると食べても点数が上がらない ・満腹度は時間の経過で減少。あるいはアイテムを利用することですぐに0にできる ・時々出てくる「料理の鉄人（キャラクター）」に料理をふるまって満足させることができると、ボーナス得点が貰える ・特定の点数を取ったり、ランキングに入ったりすると報酬が貰える ・またガチャを回すことで得点の倍率が上がるアイテムを用意する
レベルデザイン項目	・イベント開始日時・イベント終了日次 ・食べたり食べられたりしたときにもらえる点数。また料理ごとに違う場合はその料理ごとの設定 ・食べたときに上がる満腹度・満腹度の上限 ・何分で満腹度が減るか ・満腹度を回復するためのアイテム名・値段 ・何点とったら何の報酬を貰えるのか （その点数までにかかる時間・使う金額・過去の実績などを元に最適な報酬を配置する） ・ランキングで貰える報酬の設計 （ランキング何位から何位がどの報酬を貰えるのか。使う金額や過去の実績を元に最適な報酬を配置する） ・料理の鉄人の種類・満足条件の設定 ・料理の鉄人の出現ロジックと確率の設定 ・ガチャに入っているアイテムの点数 ・ガチャに入っているアイテムを入手したときに、どれくらい得点の倍率が上がるのか ・ガチャの各アイテムの出現確率 ・ガチャおよびイベントで利用できるアイテムの値段 ・アイテムをセットで販売する際のその中身と値段 ・イベントの告知タイミングやその内容の決定

※2　ソーシャルゲームのイベントが利用者にとって適切な難易度になるように、数値の細かいチューニングや設定を行う業務

上記のように設定する項目は多数に渡り、その内容が変わると売上にも大きく影響を与えてしまいます。ユーザーがどのように行動するかを過去の実績なども踏まえながら設定を行っていきます。
たとえば満腹度に関しては、一定時間で何回食べたり・食べられたりするか、自然回復を前提としたときにイベント期間中で取得できる最大の点数、回復アイテムを利用した場合アイテムを何個使うと何点取れるかといったデータや分析が必要となります。
イベントを終わった後に、PDCAサイクルの取り組みで紹介したKPTで振り返りを行います。設計の想定通りに利用者がアクションを行ってくれたのか、想定と比較して上手く行かなかった内容はなかったか、実際に遊んでもらった上での体感難易度はどうだったのか。これらのデータや意見を集約して、利用者が楽しめるように次のレベルデザインに役立てていきます。

分析のノウハウ共有と横展開

最後に紹介する業務が、**ノウハウ共有**と**横展開**です。こちらもPDCAの事例で紹介したような、施策の共有やストックの部分になります。
サイバーエージェントのように、複数のサービスを展開している場合、他サービスでの事例は、数値での結果も出ている参考になる事例ばかりです。

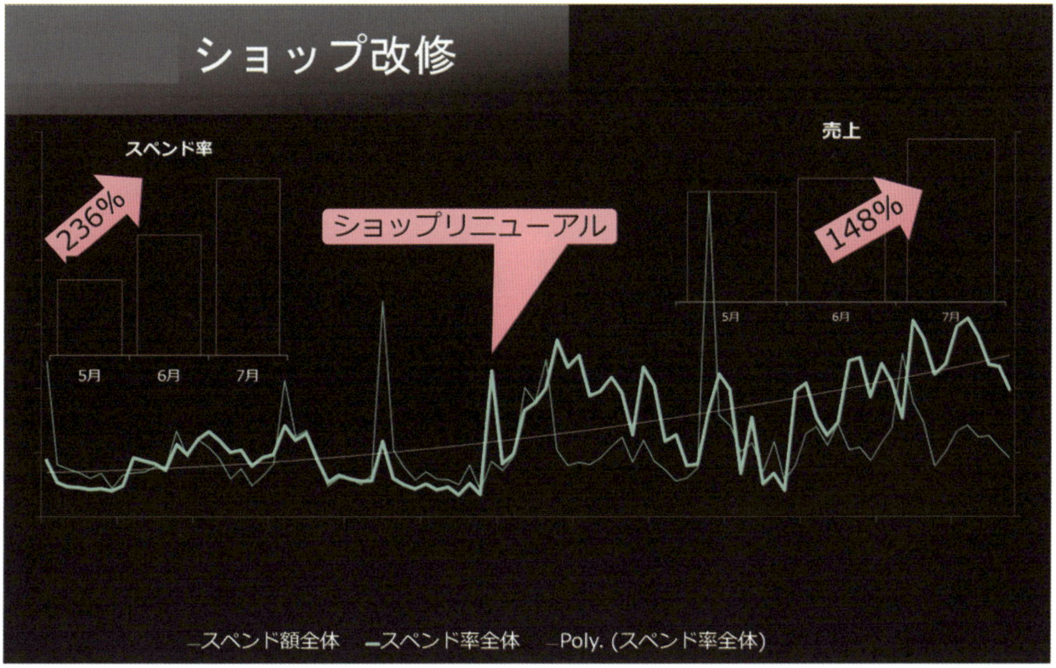

図15　ショップリニューアルによるスペンド率と売上改善の事例

筆者が所属している分析の部署では、毎週自社や同業他社の**事例を発表する場**があります。毎回、複数名の方が発表し、その内容を議論したり、担当サービスに活かしたりしています。そのときにはぴんと来なくても、困ったときにストックされている内容を確認したら思いがけずヒントを得たり、問題をピンポイントに解決したりする施策を発見できることもあります。
担当サービスにも、実績があることということで説得力を持って伝えることができます。サービスAである商品の売上が2倍に増えた施策を、他のサービスでも展開したら同じように2倍近く売上が上がったということはよくあることです。

他にも組織をそもそもどうしていくか、どのように部署を成長させていくかという議論などもありますが、分析という部分にフォーカスすると主に上記のようなお仕事をしています。分析と施策共にスピード感を求められますが、その分すぐに結果が確認でき、どんどん新しいことにチャレンジできるのが魅力です。

Chapter 4

Googleアナリティクスの主要機能と情報リソース

Chapter 4 ▶ Section 1

本書でよく登場した分析方法の設定

本書ではGoogleアナリティクスのスクリーンショットを数多く掲載しました。また、本書を読んでいる多くの方は、自社サイトあるいは担当しているクライアントのサイトにGoogleアナリティクスが導入されているのではないでしょうか。 そこで、本書で紹介した分析方法でよく利用する5つの機能に関して使い方を紹介しておきます。

機能1：アカウント作成とレポートの階層構造

Googleアナリティクスのレポートには、3つの階層構造があります。「アカウント」「プロパティ」「ビュー」の3つです。

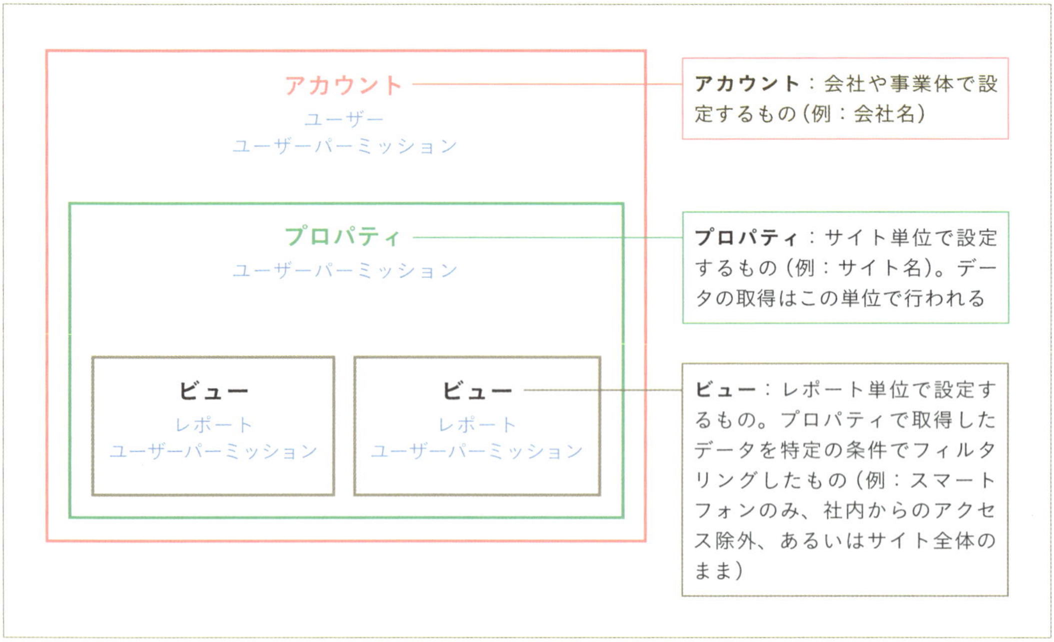

図1　Googleアナリティクスのレポートの3つの階層

01 アカウントの作成

まずは、アカウントの作成を始めましょう。Googleアナリティクスのサイト（http://www.google.com/intl/ja_jp/analytics/）にアクセスして新規アカウントを作成またはログインし、［アナリティクス設定］の中の［アカウント］のプルダウンから［**新しいアカウントの作成**］を選択します。そして以下のように設定します。

アカウント名：アカウント名を入力
ウェブサイト名：分析対象のWebサイト名を入力
ウェブサイトのURL：対象となるWebサイトのドメイン部分を入力
業種：Webサイトの業種を選択
レポートのタイムゾーン：日本のサイトであれば「日本」を選択

図2 「新しいアカウント」画面

02 トラッキングコードをページに追加する

利用規約に同意すると、**トラッキングコード**が表示されます（図3）。
このトラッキングコードを計測したいすべてのページに追加する必要があります※1。追加を行えば、後は計測が開始されます。

※1 ここでは詳細には触れませんが、一般的には、エディターなどでHTMLファイルを開き、</head>よりも前に貼り付けます。

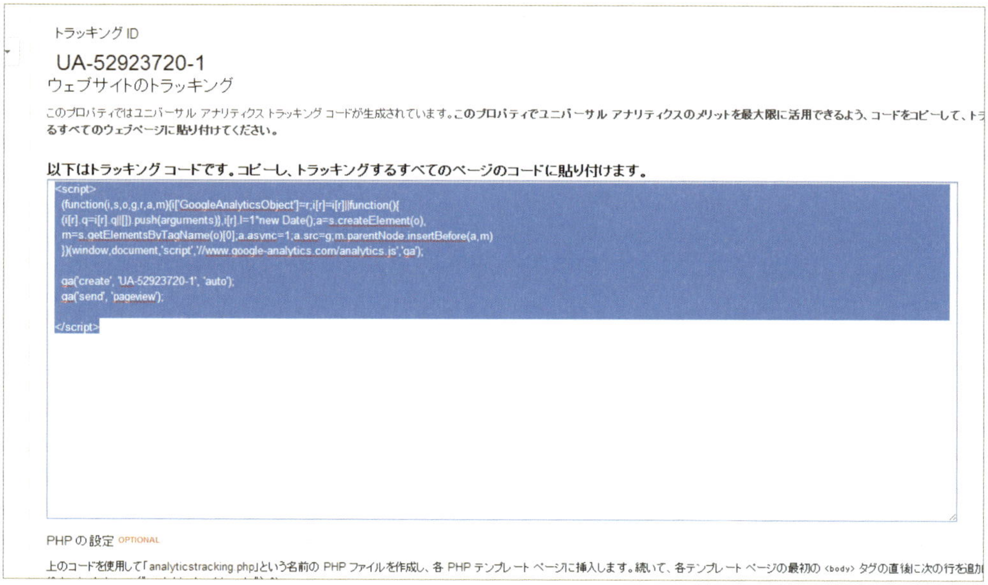

図3　トラッキングコードが表示される

03 設定を確認する

上記の設定が完了して［アカウント設定］のトップ画面に戻ると、

アカウント：アカウント名
プロパティ：Webサイト名
ビュー：すべてのWebサイトのデータ

といった状態が確認できます。
この設定でレポートが作成されます。レポートを見るには、上部の［**レポート**］をクリックします。
また複数のビューを作成したい場合は、［アカウント設定］の画面で、対象アカウントとプロパティを選択した上で、［ビュー］のプルダウンから［新しいビューを作成］を選んで作成しましょう。
ポイントは、計測用のトラッキングコードは**「プロパティ」単位で発行される**ということです。つまり特定のプロパティ配下に複数のビューを作る場合は、データの取得元は一緒になるということです。そのため、基本的には「1サイト＝1つのプロパティ」という単位で設定を行うと良いでしょう。

上記はあくまで計測開始をするための最低限のステップになります。特定のIPアドレスからのアクセスを除外したり、ユーザー管理を行ったりという場合は、そのための設定を行う必要が別途あります。
実装が正しく行われているかを確認するため、計測記述が入っているページにアクセスをしてみましょう。数秒後に「リアルタイム」のレポートでアクセスがあることが確認できれば、正しく実装が行えています。

機能2: 目標設定

Chapter 1で紹介した通り、Webサイトの分析を行う上で必ず設定しないといけないのは「**目標**」になります。この目標を決めた後に、その内容を必ずGoogleアナリティクスにも反映をしておきましょう。Googleアナリティクスでは2種類の目標設定を行うことができます。URLや特定のアクションなどを設定するためのもの、そして、売上に関する目標設定の2つになります。
それぞれの設定方法を確認いたしましょう。

01 「目標」の設定画面を開く

Googleアナリティクスにログインし、[アナリティクス設定] を選択。対象となるレポート(ビュー)を選択し、[目標] を選びます。

図4 [目標] を選択

続いて、[＋新しい目標] を選択します。

図5 [＋新しい目標] を選択

02 目標の種類を選択する

Googleアナリティクスでは目標の種類に応じたテンプレートが用意されています。設定しようと考えている目標に最も近い種類の目標を選択して「次のステップ」を押します。
なお、マッチする目標の種類がない場合は「カスタム」を選択しましょう。

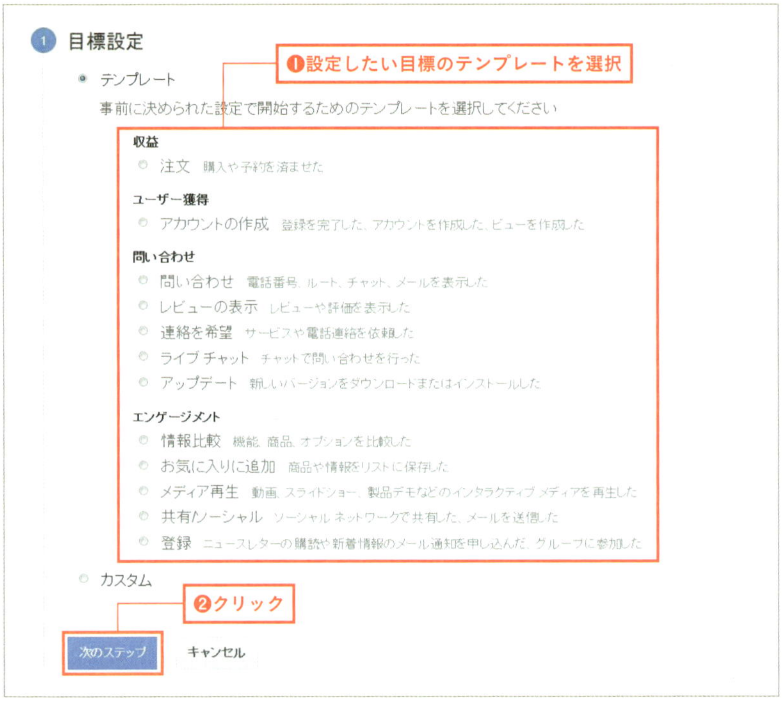

図6　目標のテンプレートを選択

03 目標の説明を確認する

「目標の設定」では、[名前]と[タイプ]が自動的に選択されます。前のステップで選択した内容を元に作成されていますので、問題なければ「次のステップ」をクリックしましょう。
修正をしたい場合は、名前あるいはタイプを変更してください。

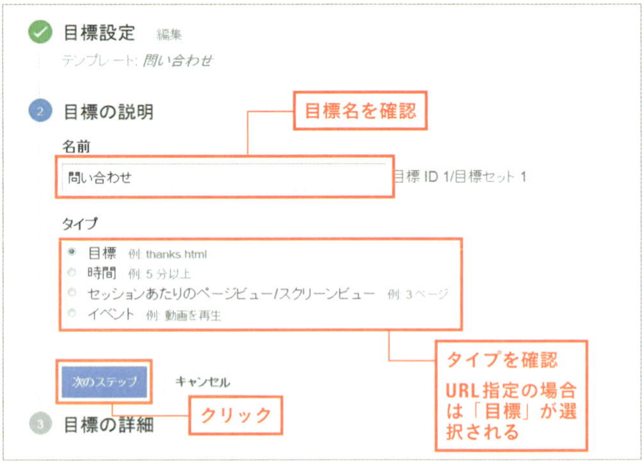

図7 [名前] と [タイプ] を確認

04 「目標」の詳細を設定する

さらに目標に関する設定を行います。

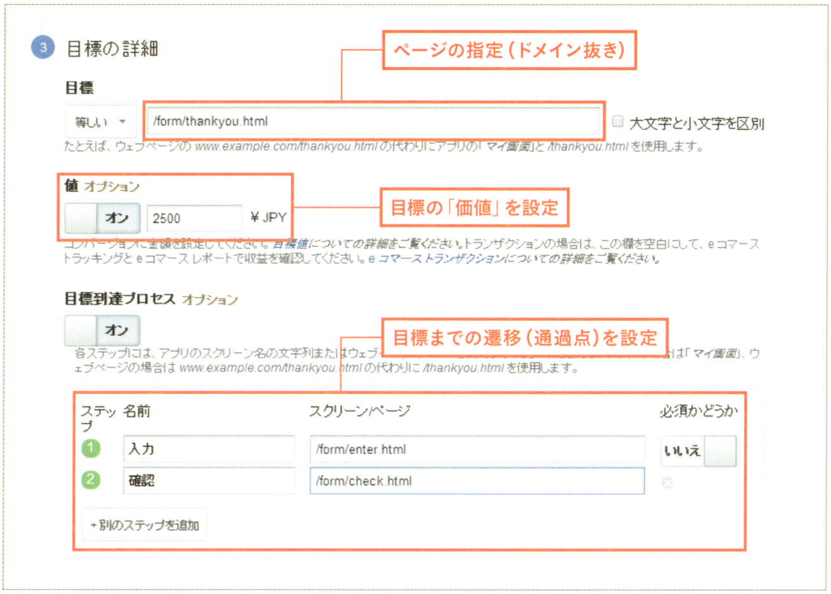

図8　目標の詳細を設定

目標：URLの条件を設定（ドメインを抜いた形で設定）
値：目標の価値を設定。アクションが発生した際の「価値（金額）」を設定。たとえば会員登録だったら1件あたり100円の価値があるといった形で設定。いくつかのレポートで金額を確認できるようになる
目標到達プロセス：目標に至るまでの遷移を設定しておくと、各ステップの遷移率を確認することができ、どこで離脱が発生しているかを把握できる。たとえば会員登録であれば、利用規約同意画面・入力画面・確認画面などを設定。完了ページの設定は必要ない

上記で設定は完了となります。設定を行うと、上部の［レポート］から、図9、図10のような形で［コンバージョン→目標］のレポート群を確認できるようになります。

図9　レポート例：［コンバージョン→目標→サマリー］

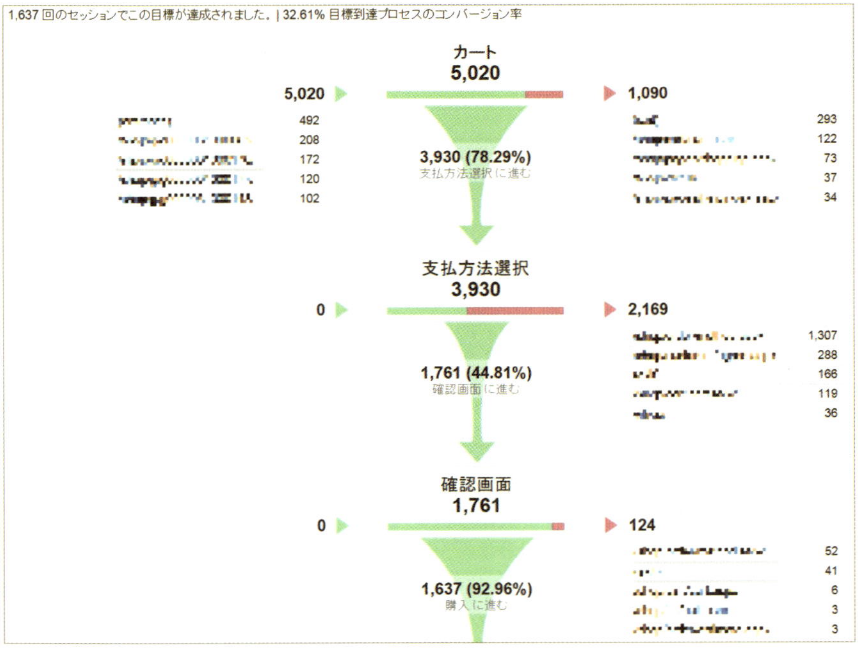

図10　レポート例：[コンバージョン→目標到達プロセス]

Point

目標設定に関しての仕様や制限

目標設定に関してはいくつか仕様や制限がありますので、ご確認ください。

1. 目標は1ビューあたり最大20個まで設定可能。またこれとは別に、次で説明する売上の目標を設定可能
2. 目標は設定したタイミングから計測可能なため、それより過去に遡っての集計は行われない
3. 1回の訪問で目標が2回達成されても1回としかカウントされない。該当ページのページビュー数を見ることで重複もカウントできる
4. 作成した目標を消すことはできないが、上書きあるいは計測停止が可能
5. 目標値のデフォルトの通貨は「ドル」になっている。「円」に変更するためには、[ビュー] の [ビュー設定] を選択し、[通貨の表示] の項目を「米ドル」から「日本円」に変更する
6. URLの目標の詳細で選択する [マッチタイプ] の条件（完全一致・部分一致・正規表現一致）は、[目標URL] だけではなく、[目標到達プロセス] で設定するURLにも同じ条件が適用される

機能3:「eコマース」の実装

「**売上**」に関する目標の設定方法を紹介いたします。サイト上で売上が発生するような**ECサイトの場合**は、こちらを使うことになります。売上に関しては、Googleアナリティクスの管理画面の設定だけでは取得をすることができません。購入完了ページに専用の計測記述を追加する必要があります。実施方法は以下の通りとなります。

01 [eコマース設定]の設定を行う

まずは、売上に関する情報を計測するための設定を行うため、[アナリティクス設定]を選択します。[ビュー]の[**eコマースの設定**]を選択します。[ステータス]の切り替えボタンをクリックして[オン]を選びます。

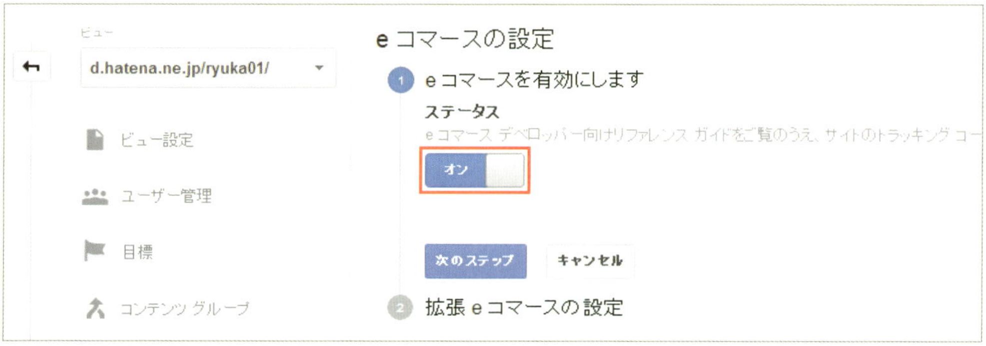

図11 [ステータス]を[オン]にする

「次のステップ」を押すと、「拡張eコマース」のオン/オフを選ぶことができます。カートでどの商品を追加したかなどを実装して計測したい場合は[オン]を選んでください。ここでは「オフ」前提で説明をいたします。

02 購入完了ページにコードを記述する

設定が完了したら、後は購入完了ページのコードに計測記述を追加する形になります。実装は以下のような形になります。

```
<script type="text/javascript">

  var _gaq = _gaq || [];
  _gaq.push(['_setAccount', 'UA-XXXXX-X']);    //通常の計測記述部分
  _gaq.push(['_trackPageview']);                //通常の計測記述部分
  _gaq.push(['_addTrans',   //購買に関するオブジェクト名
    '1234',                 // 決済番号(必須)
```

```
        'Acme Clothing',           //サービス名　あるいは　単品しか購入できない場合は商品名
        '11.99',                   // 合計金額（必須）
        '1.29',                    // 消費税
        '5',                       // 商品数
        'San Jose',                // 市
        'California',              // 都道府県
        'USA'                      // 国
    ]);


    _gaq.push(['_addItem',         //商品に関するオブジェクト名。複数追加可能
        '1234',                    // 決済番号（必須）
        'DD44',                    // 商品（SKU）コード（必須）
        'T-Shirt',                 // 商品名
        'Green Medium',            // カテゴリ・サイズ・色など
        '11.99',                   // 単価
        '1'                        // 購入個数
    ]);
    _gaq.push(['_trackTrans']);             //購買データをGoogleアナリティクスに送るためのオブジェクト名

//以下、通常のGoogleアナリティクスの記述
    (function() {
        var ga = document.createElement('script'); ga.type = 'text/javascript'; ga.async = true;
        ga.src = ('https:' == document.location.protocol ? 'https://ssl' : 'http://www') + '.google-analytics.com/ga.js';
        var s = document.getElementsByTagName('script')[0]; s.parentNode.insertBefore(ga, s);
    })();

</script>
```

コメントに関しては分かりやすいように筆者が追記したものです

詳しい実装方法に関しては、変更される可能性もありますので、適宜、以下のURLをご確認ください。

https://developers.google.com/analytics/devguides/collection/gajs/gaTrackingEcommerce

なお、商品数や商品名、決済番号などは、該当箇所に値をセットする必要があります。そのため通常のGoogleアナリティクスの記述と違い、同じ内容を全ページに入れておけば良いというものではありません。エンジニアの方に相談するか、カートのサービスを利用している場合は、そちらの操作方法や設定画面などもあわせて確認をしてください。

03 レポートを確認する

設定を行うと、[レポート]画面の[コンバージョン→eコマース]内のレポート群で、売上に関する詳細を取得できるようになります。

セカンダリ ディメンション ▼　　アドバンス

商品カテゴリ	数量 ↓	固有の購入数	商品の収益	平均価格	平均数量
	5,911 全体に対する割合: 100.00% (5,911)	5,867 全体に対する割合: 100.00% (5,867)	¥33,164,586 全体に対する割合: 100.00% (¥33,164,586)	¥5,611 サイトの平均: ¥5,611 (0.00%)	1.01 サイトの平均: 1.01 (0.00%)
1.	735 (12.43%)	725 (12.36%)	¥2,718,080 (8.20%)	¥3,698	1.01
2.	555 (9.39%)	550 (9.37%)	¥2,928,500 (8.83%)	¥5,277	1.01
3.	510 (8.63%)	510 (8.69%)	¥6,090,720 (18.37%)	¥11,943	1.00
4.	350 (5.92%)	350 (5.97%)	¥1,412,850 (4.26%)	¥4,037	1.00
5.	331 (5.60%)	330 (5.62%)	¥988,500 (2.98%)	¥2,986	1.00
6.	308 (5.21%)	308 (5.25%)	¥3,372,100 (10.17%)	¥10,948	1.00
7.	293 (4.96%)	293 (4.99%)	¥1,230,600 (3.71%)	¥4,200	1.00
8.	270 (4.57%)	270 (4.60%)	¥1,197,000 (3.61%)	¥4,433	1.00
9.	253 (4.28%)	248 (4.23%)	¥929,100 (2.80%)	¥3,672	1.02
10.	248 (4.20%)	238 (4.06%)	¥2,204,224 (6.65%)	¥8,888	1.04

図12　商品カテゴリ別の売上。[コンバージョン→eコマース→商品の販売状況]を開き、表の上部で[商品カテゴリ]を選択

分布

購入までの日数　トランザクションまでのセッション数

トランザクション数

2,395

全体に対する割合: 100.00% (2,395)

トランザクションまでのセッション数	トランザクション数	全体に対する割合
1	1,316	54.95%
2	380	15.87%
3	172	7.18%
4	127	5.30%
5	67	2.80%
6	51	2.13%
7-25	235	9.81%
26-49	34	1.42%
50+	13	0.54%

図13　購入までの訪問回数。[コンバージョン→eコマース→購入までの間隔]を開く

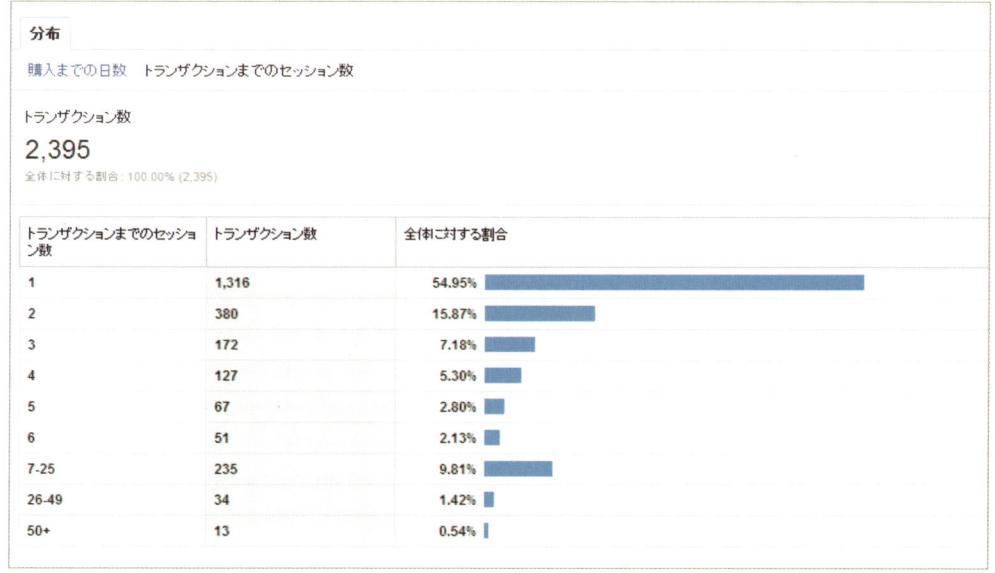

機能4:「セグメント」の設定方法

セグメント機能を利用すると、ビューの中にあるデータに対して、特定の条件で絞り込みを行うことができます。たとえば「新規訪問だけ」、あるいは、「検索エンジンからの流入だけ」といった形です。セグメントは「システム」という名称で最初から使えるものがいくつか用意されています。また自分でセグメントを作成することもできます。使い方と作成方法を紹介いたします。

既存のセグメントを追加する

[レポート]の画面でセグメントを使いたいレポートを表示し、グラフの上部にある[+セグメント]を押します。

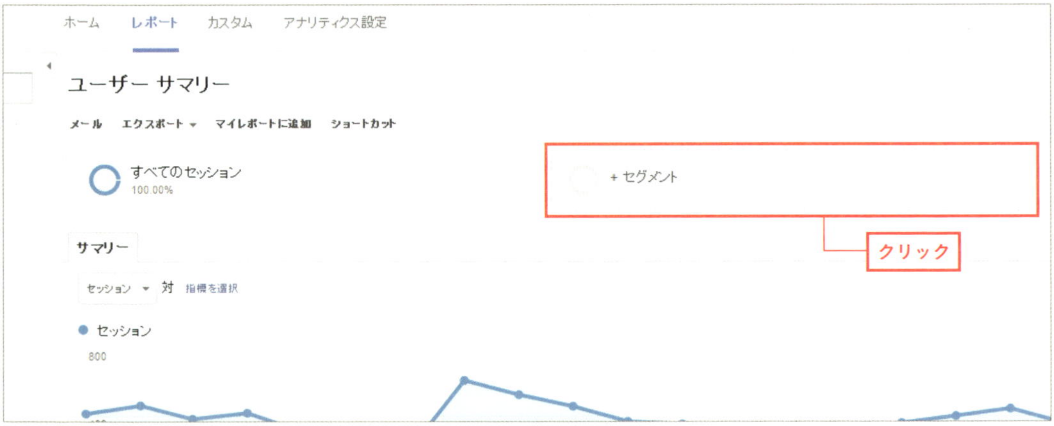

図14 [+セグメント]をクリック

左のメニューから[システム]を選択し、使いたいセグメントをダブルクリック、あるいは、[リストからセグメントを選択してください]までドラッグします。

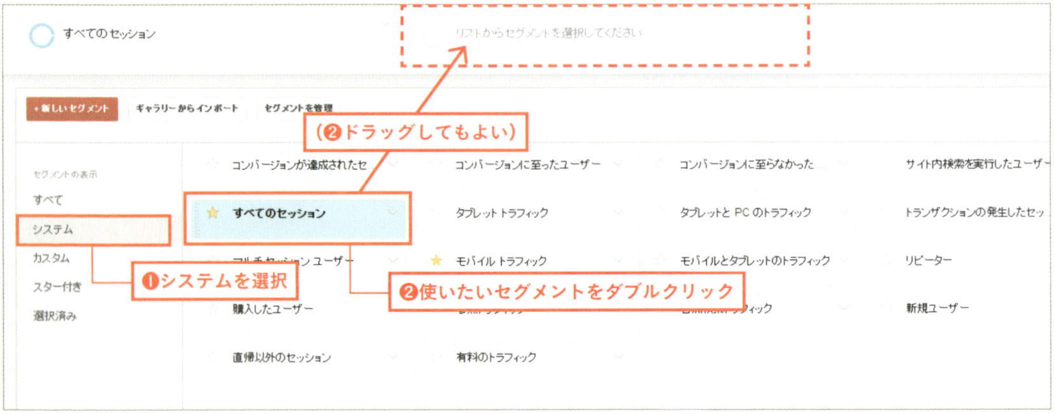

図15 使いたいセグメントをダブルクリック

最初から使えるセグメントは全部で22種類あります(2014年7月時点)。その中でもよく利用するのは「**新規ユーザー**(はじめての訪問)」「**リピーター**(2回以上の訪問)」「**検索トラフィック**(検索エンジンからの流入)」「**直帰以外のセッション**(2ページ以上見た訪問)」「**モバイルトラフィック**(スマートフォンからのアクセス)」あたりでしょうか。

アドバンスセグメントを追加する

しかし、分析を行っていく中で「特定のページだけ見た訪問」あるいは「Aというページを見た後にBというページを見た」あるいは「2回以上購入しているユーザー」といった形のセグメントを見たくなるかもしれません。

その際には自分でセグメントを作成しましょう。[+セグメント]に続き、「+新しいセグメント」を押すと、自由にセグメントを作成することができます。これをアドバンスセグメントといいます。

図16 [+新しいセグメント]を選択

図17がセグメント作成画面になります。左側でメニューを選び、右側で条件を設定します。

図17 アドバンスセグメントの設定画面

設定できる条件は多岐に渡り、最初はとまどってしまうかもしれません。まずは各メニューの概要を説明いたします。

項目名	意味や設定できるセグメント
ユーザー情報	・ユーザー属性に関する情報を利用できる ・年代、性別、言語、購買移行が強いジャンルなどを選べる ・最新の計測記述を利用していて、なおかつ、一定量のアクセスがあれば利用できる（［ユーザー→ユーザー］の分布内のレポートで数値が入っていれば利用可能）
テクノロジー	・技術情報に関する情報を利用できる ・オペレーティングシステムやブラウザの種類・画面の解像度など、またモバイルか否かの設定もここで行える
行動	・ユーザーの行動に関する情報を利用できる ・セッション（訪問回数）、セッションの間隔（前回訪問からの時間）、トランザクション数（購入回数）、セッション時間（訪問時の滞在時間）の４種類の設定がある。
最初のセッションの日付	・初めてサイトに訪問した日にちや期間をセグメントとして設定することができる
トラフィック	・流入元に関する情報を利用できる ・流入次のドメインやキーワードなどが対象
（拡張）eコマース	・売上に関する情報を利用できる（要実装） ・商品、収益、特定の商品カテゴリなどが対象
条件	・複数の条件をOR（いずれか）AND（両方共）で設定することができる ・キーワードに○○を含み、かつ特定のページを閲覧したといった形 ・Googleアナリティクスで取得しているほぼすべての項目を利用することができる
シーケンス	・特定の条件を、特定の順番で行ったという情報を利用できる ・例としてはAというページを見た後に、Bというページを見て、その後に購入をしたなどが挙げられる

自分でアドバンスセグメントを作成する場合は、必ず**条件をしっかり考えて**から設定しましょう。なんとなく作成を始めてしまうと思い通りにいきません。

条件として選択した項目は、設定画面の方の右側に表示され、また「テスト」というボタンを押すと、作成前に何件が該当するかを確認することができます。対象者が存在するはずなのに、0件と出てしまう場合は、どこかの設定を間違えてしまった可能性があります。

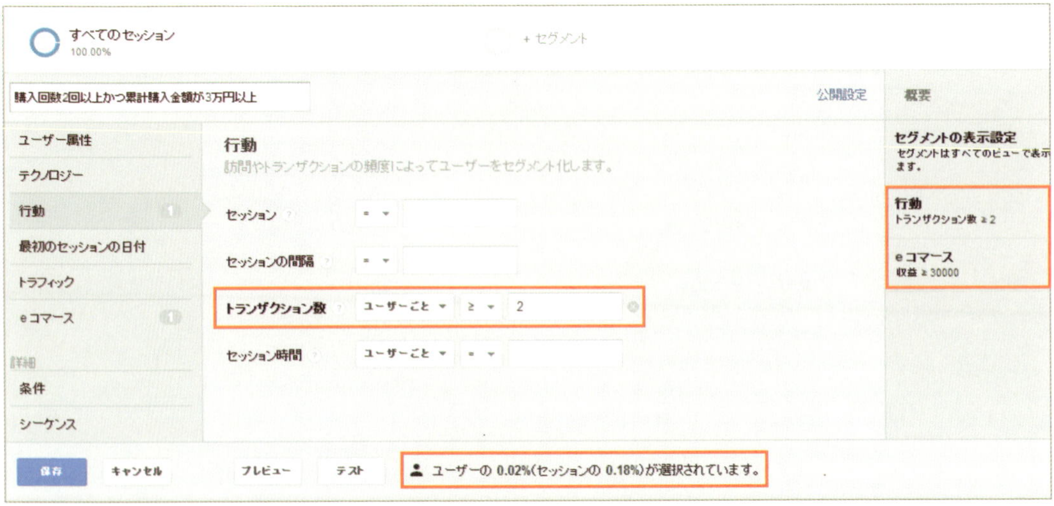

図18 「購入回数2回以上かつ累計購入金額が3万円以上」の設定と、対象ユーザー割合

いきなり自分で作成するのが難しい場合は「＋新しいセグメント」のボタンの右横にある「**ギャラリーからインポート**」を選択すると、世界中の人が作成して公開しているセグメントを自分のサイトに反映することができます（英語）。いくつか人気のセグメントを取り込んでみて、編集をしてみるところから始めても良いかもしれません。

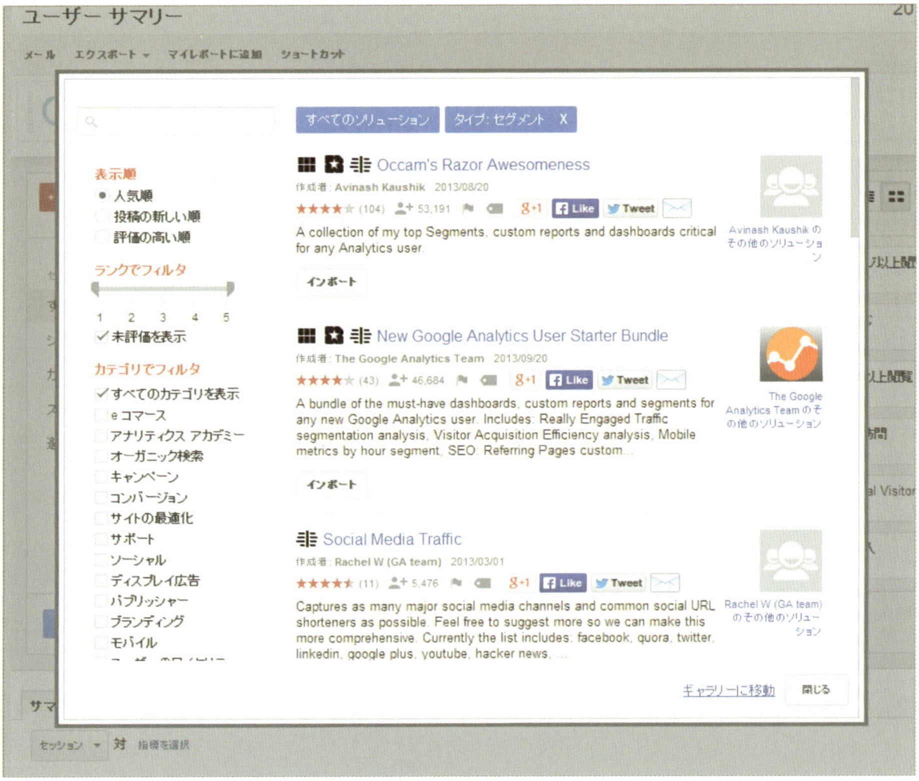

図19 セグメントのギャラリー画面

機能5: 広告パラメータの設定

AdWords以外の広告に関しては、「**広告パラメータ**」というものを付与しないと、Googleアナリティクスでは広告からの流入としては計測をしてくれず、他の流入元と同じ場所にグルーピングされ集計されてしまいます。そこで、広告パラメータをURLに付与することで、広告からの流入であることをGoogleアナリティクスに伝えます。この方法を使えば、「広告出稿ページにバナーが2箇所ある場合の区別」、あるいは「メールソフトやQRコードなど、Webサイト以外からの流入」も計測ができるようになります。

「Googleアナリティクス」では「URL生成ツール」というツールが用意されていますので、こちらを利用いたします。

「URL生成ツール」は以下のURLからアクセスができます。

https://support.google.com/analytics/answer/1033867?hl=ja

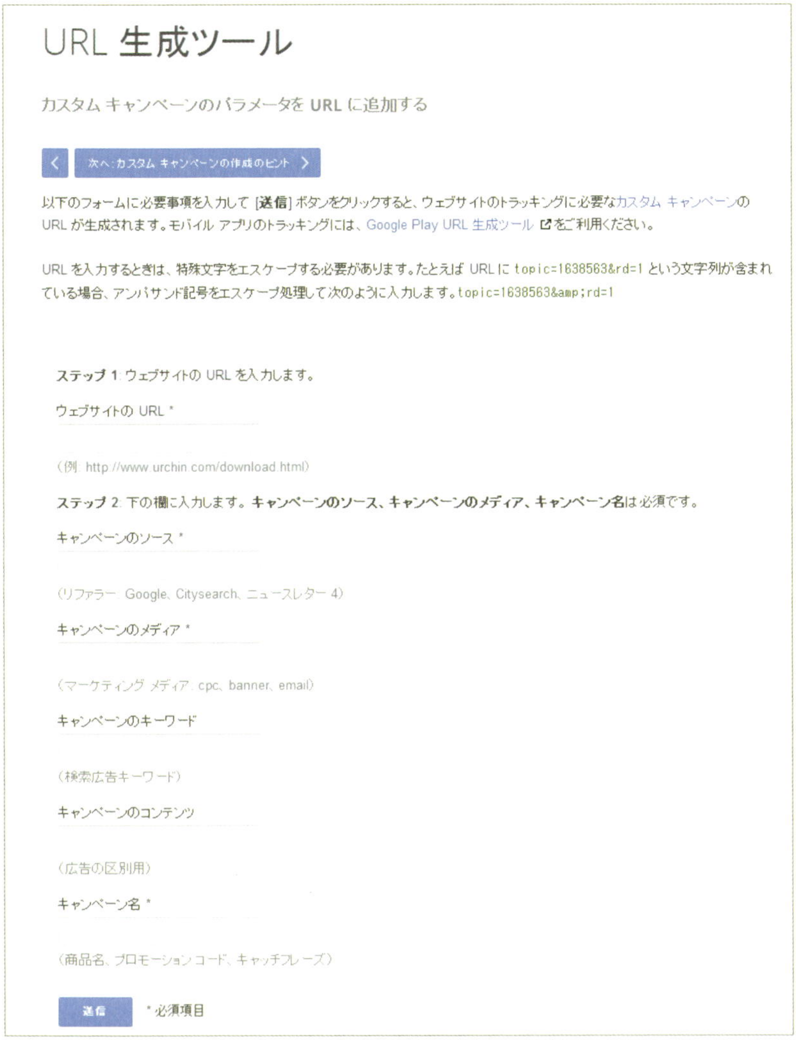
URL 生成ツール
カスタム キャンペーンのパラメータを URL に追加する
次へ:カスタム キャンペーンの作成のヒント
以下のフォームに必要事項を入力して [送信] ボタンをクリックすると、ウェブサイトのトラッキングに必要なカスタム キャンペーンの URL が生成されます。モバイル アプリのトラッキングには、Google Play URL 生成ツール をご利用ください。
URL を入力するときは、特殊文字をエスケープする必要があります。たとえば URL に topic=1638563&rd=1 という文字列が含まれている場合、アンパサンド記号をエスケープ処理して次のように入力します。topic=1638563&rd=1
ステップ 1: ウェブサイトの URL を入力します。
ウェブサイトの URL *
(例: http://www.urchin.com/download.html)
ステップ 2: 下の欄に入力します。キャンペーンのソース、キャンペーンのメディア、キャンペーン名は必須です。
キャンペーンのソース *
(リファラー: Google、Citysearch、ニュースレター 4)
キャンペーンのメディア *
(マーケティング メディア: cpc、banner、email)
キャンペーンのキーワード
(検索広告キーワード)
キャンペーンのコンテンツ
(広告の区別用)
キャンペーン名 *
(商品名、プロモーション コード、キャッチフレーズ)
送信
* 必須項目

図20　URL生成ツール

上記が入力例になります。1つずつ項目を確認していきましょう。

ウェブサイトのURL：飛ばし先のページのURLを入力
キャンペーンのソース：参照元を指定する。メールマガジンの場合は参照元がないので、筆者はメールマガジンの種類を記入している
キャンペーンのメディア：広告手法や広告掲載先の情報などを記入。メールマガジンなのでここでは「email」と記入している
キャンペーンのキーワード（任意）：リスティングなど、特定のワードがある場合に記入
キャンペーンのコンテンツ（任意）：複数のコンテンツや飛ばし先が同じだが手法が違う（例：バナーとテキストリンク）などの際に利用する

キャンペーン名：広告名やリンク名などを判別するために利用。ここではメールマガジンの配信日と、メールマガジンの上から見て何番目かのリンク（「_1」の部分）という組み合わせでリンクごとにユニークな値をつけている。リンクごとに見る必要がない場合は、前半部分（配信日）だけでも問題ない

このような設定を行った後に「URLを生成」のボタンを押すと以下のようなリンクが生成されます。

http://test.com/present/?utm_source=weeklymail&utm_medium=email&utm_campaign=20120825_1

下線部が、入力した内容が反映された部分になります。
後はこのURLをメールマガジンで利用すれば、そのリンクがクリックされた回数やコンバージョンにつながった回数を確認することができます。
それぞれの変数（「ソース」「メディア」「キャンペーン名」）ごとにGoogleアナリティクスでデータが集計されレポートが確認できます。［トラフィック→参照元→キャンペーン］内の各種レポートで確認できます。

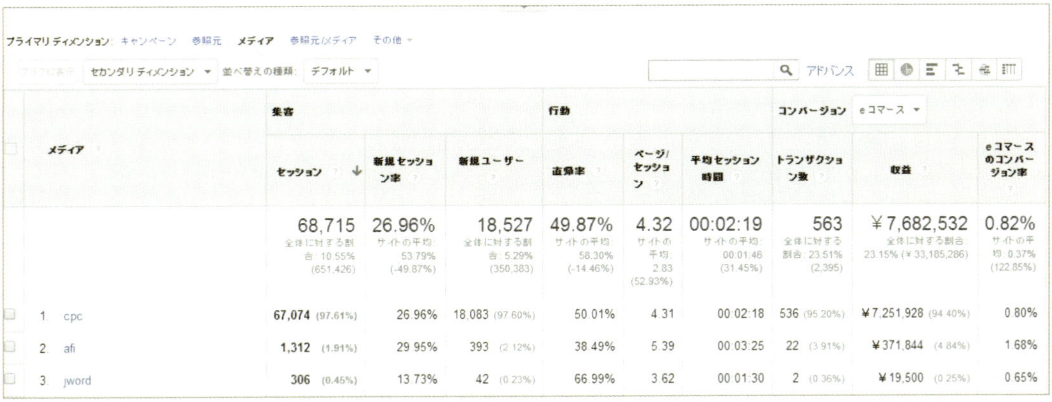

メディア	セッション	新規セッション率	新規ユーザー	直帰率	ページ/セッション	平均セッション時間	トランザクション数	収益	eコマースのコンバージョン率
	68,715 全体に対する割合: 10.55% (651,426)	26.96% サイトの平均: 53.79% (-49.87%)	18,527 全体に対する割合: 5.29% (350,383)	49.87% サイトの平均: 58.30% (-14.46%)	4.32 サイトの平均: 2.83 (52.93%)	00:02:19 サイトの平均: 00:01:46 (31.45%)	563 全体に対する割合: 23.51% (2,395)	¥7,682,532 全体に対する割合: 23.15% (¥33,185,286)	0.82% サイトの平均: 0.37% (122.85%)
1. cpc	67,074 (97.61%)	26.96%	18,083 (97.60%)	50.01%	4.31	00:02:18	536 (95.20%)	¥7,251,928 (94.40%)	0.80%
2. afi	1,312 (1.91%)	29.95%	393 (2.12%)	38.49%	5.39	00:03:25	22 (3.91%)	¥371,844 (4.84%)	1.68%
3. jword	306 (0.45%)	13.73%	42 (0.23%)	66.99%	3.62	00:01:30	2 (0.36%)	¥19,500 (0.25%)	0.65%

図21　例：［トラフィック→参照→キャンペーン］で上部［メディア］タブを開いたところ

Chapter 4 ▶ Section 2

Googleアナリティクスに関する情報リソース

最後にGoogleアナリティクスに関する情報収集や、分からないことがあったときに使えるサイトやリソースなどを紹介いたします。

Googleアナリティクスに関する情報収集や便利なサイト

Googleアナリティクスではお問い合せ用のメールアドレスや電話番号はありません。何か分からないことがあったら、知っている人に確認するか、自分で調査をして確認する必要があります。
そこで、便利なサイトやリソースを最後に紹介いたします。

名称	URL	概要
アナリティクス ヘルプ	https://support.google.com/analytics/?hl=ja#topic=3544906	公式のヘルプサイトになります。分からないことがあれば、まずはここで確認をしましょう。
アナリティクス フォーラム	https://productforums.google.com/forum/#!forum/analytics-ja	公式のQAサイトになります。ヘルプを見て分からない場合は、この中に回答がないかを確認してみましょう。見つからなければ、ぜひ質問をしてみてください。
公式ブログ	http://analytics-ja.blogspot.jp/	最新の機能リリースや情報に関してはこちらで確認をすることができます。
GAフォーラム	http://gaforum.jp/	株式会社クロスフュージョンが運営しているサイトです。豊富なスクリーンショットや記事があり、非常に参考になります。
カグア！Googleアナリティクス解説ブログ	http://www.kagua.biz/	最新の機能やレポートを使ったり、勉強会を実施されたりしている、吉田様のブログになります。更新頻度も高く、筆者もよく見ているブログです。
Google Develpers Google Analytcs（英語）	https://developers.google.com/analytics/	技術的な内容に関してはこちらの公式サイトをご覧ください。実装やAPI回りの情報が充実しています。
GA IQ	https://google.starttest.com/	Google社が提供している、Googleアナリティクスの認定試験になります。内容は英語ですが、オンラインセミナーで基本的な機能や特徴を説明してくれるため、試験を受けなくてもテキストは非常に参考になります。

なお、上記の内容および「導入と初期設定」「複数ドメインでの計測」「クリック計測」「広告パラメータの設定」「セグメント」「カスタムレポート」をはじめとする、よく使う機能の参考サイトに関しては、筆者のブログ記事（図1）にまとめさせていただいているので、よろしければあわせてご覧ください。

図1 Googleアナリティクスでよく聞かれる事に答えるためのオススメサイト8つ＋記事20本 http://d.hatena.ne.jp/ryuka01/20130218/p1

Chapter 4ではGoogleアナリティクスでよく利用する機能を中心に5つの機能を紹介してきました。しかし、本書ではこれ以外にも様々なGoogleアナリティクスのレポートを活用した分析に言及しました。Googleアナリティクスを利用したことがない人、あるいは、まだ利用経験が浅い人にとっては本書の説明では不十分かもしれません。そこで筆者が作成したGoogleアナリティクスのレポートや機能の使い方を資料にまとめました。よく利用するレポートや、今回紹介した以外の様々な機能などを掲載したものになります。

本書のサポートサイト（http://book.mynavi.jp/support/pc/5116/）からダウンロードいただくことが可能ですので、ぜひ本書とあわせてご利用ください。なお、資料に関しては2014年7月時点でのスクリーンショットや機能などを元に作成しておりますため、その後の更新には必ずしも対応できないことをご了承ください。

索引

索引

おわりに

本書を読んでいただきありがとうございます。執筆に1年以上かかってしまいましたが、結果的に私がWebサイトの分析や改善についてお伝えしたい内容をすべて盛り込むことができました。しかし、Webサイトの改善に関する内容は常に進化し、アップデートされていきます。私も毎月・毎週・毎日新しい発見をしています。書籍は残念ながら毎日更新することはできません。その代わり、皆さんが本書をきっかけに、毎日情報を更新するきっかけを得られればと考えています。

本書を読んで気になった箇所や感想などありましたら、ぜひ筆者まで直接ご連絡ください。Twitter（ryuka01）、Facebook（TakuOgawa）、メール（otofuukei@gmail.com）などでご連絡いただければ返信をさせていただきます。皆さんからの声を元に、私自身も更に知識を深められればと考えております。また、本書を元に皆さんのサイトで何かしらの取り組みを行われた際には、ぜひその情報を共有いただければ嬉しいです。詳しい説明を聞くために伺わせていただきたいです。

最後に、締切を伸ばしまくってしまったにも関わらず細かい部分まで確認いただき、書籍をまとめていただいたマイナビ編集部の伊佐様、また本書で事例として紹介させていただいたメンズファッションプラスをはじめとする各サイトやサービスに携わっていらっしゃる皆様、普段から懇意にさせていただくことにより多くのインプットをいただいている皆様、家でも仕事ばっかりの私をサポートしてくれた妻に感謝いたします。

ありがとうございます。そして今後も引き続きよろしくお願い致します！

2014年7月　小川 卓

AUTHOR

小川　卓（おがわ たく）

1978年生まれ。ロンドン大学（UCL）・早稲田大学大学院卒。マイクロソフト・ウェブマネー・リクルート・サイバーエージェントなどで活躍。ウェブサイトの分析・改善施策の提案などを企業内および個人で行っている。
主な著書に『ウェブ分析論：増補改訂版』（SBクリエイティブ）『ウェブ分析レポーティング講座』（翔泳社）『クチコミページと社長ブログ、売上に貢献しているのはどちら？』（技術評論社）などがある。ブログ「リアルアクセス解析」を2008年より運営中。また全国各地で講演会や勉強会の講師を行っている。デジタルハリウッド大学大学院 客員准教授・アナリティクスアソシエーション プログラム委員・Adobe Analyticsユーザー会「eVar7」代表などを担当。

STAFF

ブックデザイン　Concent,inc.（深澤 充子）
DTP　AP_Planning
編集　伊佐 知子

現場《ゲンバ》のプロがやさしく書《カ》いた

Web《ウェブ》サイトの分析《ブンセキ》・改善《カイゼン》の教科書《キョウカショ》

Google《グーグル》アナリティクスと、その他《タ》ツールを使《ツカ》った実践的《ジッセンテキ》ノウハウ

2014年8月20日　初版第1刷発行

著　　者　小川　卓
発 行 者　中川 信行
発 行 所　株式会社マイナビ
〒100-0003　東京都千代田区一ツ橋1-1-1　パレスサイドビル
☎048-485-2383（注文専用ダイヤル）
☎03-6267-4477（販売）
☎03-6267-4431（編集）
E-Mail：pc-books@mynavi.jp
URL：http://book.mynavi.jp
印刷・製本　シナノ印刷株式会社

ISBN978-4-8399-5116-0

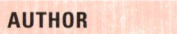